Sofía

Más allá del árbol del bien y del mal

MARCELA JIMÉNEZ DE LAS SALAS

Sofía, Más allá del árbol de bien y del mal
© Marcela Jiménez De las Salas - 2020
🄾 @coachmarcelajimenez

ISBN: 978.958.48.9221-8

DISEÑO DE CARÁTULA:
Melisa Ribero Jiménez
Riberomelisa93@gmail.com

DIAGRAMACIÓN E IMPRESIÓN:
Espiral Creativo
E-mail: espiralcreativo.editores@gmail.com
Tel.-Whatsapp: 311 8616654
Bogotá, D.C. - Colombia

PRIMERA EDICIÓN: Mayo de 2020

Está edición consta de 1000 ejemplares impresos en
formato digital por demanda.
Su contenido **NO** debe ser usado ni reproducido
en forma total o parcial por cualquier medio y lugar
sin el permiso de la autora, porque esto acarreará
sanciones y multas establecidas por la Ley.

Impreso en Colombia - Printed in Colombia

Dedicatoria

A quienes alguna vez han sufrido
o están sufriendo por amor.

Introducción

Una separación, por más desgarradora que
sea, no es el final sino el comienzo del
camino hacia el más perfecto de
todos los amores.

*Es mi deseo que todas las mujeres y
hombres lastimados levanten su voz hasta
crear una conciencia colectiva
sobre la verdad escondida en muchos
hogares del planeta.*

Tabla de Contenido

EL ADIÓS

*"Una tragedia no es tal
sino para el que la vive".*

Sofía

Esa noche, fría como mis manos y mis pies entumecidos, sin más compañía que la de un café caliente que derretía sobre mis labios los cubos de mi pesar, yo, Sofía Valor supe que la razón de mi existir se me iba de las manos como un suspiro, como una burbuja de aire que estalla y desaparece, como una nube que se desdibuja en el horizonte. El llanto incontenible volvió a rociar con sal y vinagre mis heridas abiertas. Tal vez con un poco de esfuerzo podría despertar de ese sueño espantoso y sumergirme en una tina de agua tibia que limpiara hasta el último de mis pensamientos, me reconfortara el alma y mi corazón herido de muerte e incapaz de soportar más dolor.

Nadie podría decirme que había un dolor mayor porque no lo creería, nada podía ser más fuerte que esa sensación que me desgarraba por completo desde lo más recóndito de mi ser. Seguramente era así para todos los matrimonios y la idea romántica de una pareja que se ama por siempre sólo vivía en mis pensamientos color rosa. En mi deseo de mantener un hogar y una familia unida me había negado esa verdad que a la fuerza y sin anestesia estalló en mis narices, arrastrándome en el lodo del sufrimiento y la desesperanza. Aquello era la muerte, no, la muerte debía ser menos dolorosa.

Debo admitirlo, Santiago Torres era mi vida entera, mi refugio seguro, el hombre al que amaba y con el que me había empeñado en construir una relación hermosa que pudiera superar cualquier diferencia, cualquier silencio o distancia. Mi optimismo, a ratos pisoteado, me había permitido durante los últimos quince años mantenerme segura de que juntos podríamos allanar los obstáculos o dificultades en el camino hasta llegar juntos al ocaso de nuestras vidas.

Sin embargo, me resultaba muy difícil entender que yo viviera sólo para él mientras él había empezado a vivir para tantas otras cosas, ¿Dónde estaba la diferencia?, ¿En que yo era mujer y él hombre?, ¿Una cuestión de género sencillamente? ¿Acaso las mujeres poseemos la habilidad de amar, esperar, entregar y soportar más? No, definitivamente no lo creo, pienso que tanto hombres como mujeres tenemos la misma capacidad de amar, de entregar y de recibir, aunque existen seres humanos incapaces de recibir amor y también de darlo; cruel realidad que termina por lastimar al que más da, pero también al que no sabe recibir. Si el amor no es en doble vía entonces es una relación que no enriquece. El sufrimiento es el reflejo de un amor inmaduro, inequitativo y egoísta. Realmente creo que es muy difícil alcanzar ese punto de madurez, entrega e incondicionalidad que hace de una relación una experiencia superior.

Esa noche hacía un frío intenso, de esos que hielan el alma y engarrotan los dedos; un frío estremecedor que me sumió en el pozo de la tristeza, de los recuerdos desafortunados, de las suposiciones y las comparaciones que eran los aliados de esa depresión que seguía empeñada en desolar mi alma en la noche fría del abandono. Se colaron por la primera ventana entreabierta que vieron y sin pedirme permiso tomaron del café recién servido hasta quitarle el dulce con su amargura y apagar toda luz de esperanza. Permitirles entrar era entregarles la vida en un instante.

Cuando intento describir cómo me sentía, me veo como una tierra asolada donde el tiempo parecía no existir, el vacío era total, el todo era nada. Eso era yo. Nada, ausencia de esperanzas, de motivos, de consuelo, de palabras, ausencia de Santiago, el hombre por quien había vivido cada uno de los días de mis últimos quince años para encontrarme de repente sola, abatida, buscando en lo profundo de mi ser la respuesta a tanto dolor. En medio de la confusión de ideas y emociones podía admitir que convertir a otro en la razón de nuestra existencia ya es morir. Agotada me quedé tendida en el sofá de cuadros multicolores que ahora parecía negro y gris, el mismo sofá tantas veces tapizado con nuestros cuerpos, cubierto aún con el olor de Santiago. Su amor se había esfumado de mi vida, así como el río de lágrimas que me inundó para luego secarse, tal y como se esfuman las promesas, los sueños que no se recuerdan más, una sonrisa en la memoria, o los rostros de amores lejanos; todo se estaba desdibujando del cuadro de mi vida. Hasta ese amor que llenó el cosmos con una luz que se fue debilitando dejándome en la más completa penumbra, porque la inmensidad de mi amor no había sido suficiente para iluminar la oscuridad del desamor ni para evitar el adiós más devastador.

Pero una tragedia no es tal sino para el que la vive y en ese momento pude palpar mi absoluta soledad. Me identifiqué con tantos casos de separaciones que conocía, a nivel profesional y personal, muchos marcados con la tinta indeleble del engaño, del sufrimiento de mujeres ultrajadas y abandonadas. Y ahora yo misma era una víctima más de esa violencia conyugal que sobrepasa todo límite y toda comprensión humana, que como un huracán va dejando a su paso mujeres desgarradas por el abandono, ávidas de ternura, de comprensión, de una explicación que ayude a sanar. El panorama no era nada alentador. Los divorcios dejan tras de sí una vasta estela de consecuencias, hijos destinados a crecer sin sus padres, afectados en su ser desde muy pequeños, contra su voluntad y deseos; hombres convertidos en enemigos acérrimos de sus compañeras de juventud a las que de un golpe han sacado de sus vidas, negándoles ese espacio ganado con esfuerzo, sacrificio y entrega incondicional. Es una tragedia que se repite día a día en cada lugar del mundo donde los lazos de amor que unen parejas y familias se transforman en cuerdas gruesas de odio y destrucción.

¿Será que era mucho pedir una explicación? Tal vez una respuesta me pudiera dar un motivo del cual aferrarme para seguir viviendo en medio de esa muerte prematura que me estaba ganando la batalla. Repentinamente me vi reflejada en la pared como una sombra agonizante con un puñal atravesado entre pecho y espalda.

Cuando reía mucho mi madre me decía que ojalá esas lágrimas de risa no se convirtieran en llanto. Generalmente era el aviso de un regaño que a su vez fue engendrando el temor muy guardado de que luego de una gran alegría sobreviene una gran tristeza, traducido a la creencia de que atraemos lo que más tememos. Tal vez por eso las últimas horas que pasé con Santiago fui tan feliz como una niña rebosante de ilusiones nuevas, aliviada de que las nubes negras hubieran abandonado nuestro hogar y muy reconfortada con sus promesas de no abandonarme nunca. Una sola palabra de él era suficiente para alejar de mí toda duda y todo temor. ¿Cómo no había presentido que a escasas horas de ese refrigerio de amor recibiría una bofetada directa que me distorsionaría hasta el último asomo de alegría? Estaba lejos de entender que hilos invisibles entretejen nuestro destino y nos llevan por caminos insondables. Hacemos planes, pero en realidad no sabemos cómo van a suceder las cosas ni el desenlace que éstos van a tomar.

Partí muy joven de Cayena, mi ciudad natal, tierra de brisas y alegría, ubicada tan cerca del mar que el latido de sus olas impregnó mi vida de aires y rumores marinos, de música tropical y colores fuertes, de leyendas eternas y búsquedas incansables e incomprensibles para muchos que me llevaron en un arranque de libertad a buscar otros amaneceres, otros ambientes, otros amores y horizontes donde darles rienda suelta a mis sueños. A eso llegué a la gran ciudad, al otro lado de mi mundo, a ese lugar de historias de siempre y de nunca jamás desconocida para mí, dispuesta a maravillarme con cada puerta que abriera en busca de sabios, artistas, escritores, hadas camufladas en cada rincón que me guiaran y hasta magos con el poder de criar animales encantados porque estaba segura de que el conejo blanco con sombrero de copa me estaría esperando detrás de alguna puerta probablemente invisible.

Encontré una gigantesca aldea moderna dueña de los paisajes más verdes, con un clima muy agradable, ubicada en lo alto de las montañas y más cerca de las estrellas. Una metrópoli centrada en la pujanza y el desarrollo logrado por esos avatares inexplicables de la historia que le fueron dando una identidad cada vez más apartada de sus raíces y más parecida a una colcha de retazos. Era Congruencia, la capital del país de las censuras y la permisividad, la gran ciudad, epicentro de proyectos, estudios, cultura, negocios; marcada por el centralismo propio de quienes la administraban y gobernaban a su antojo, guiados por sus intereses personales que han predominado sobre los sociales y verdaderamente importantes. Esta urbe que crecía a pasos agigantados era reconocida por su tradición de adorar a numerosos santos y vírgenes milagrosas que, cuenta la tradición, fueron sus fundadores. A ellos se les debe el legado de un sinnúmero de leyendas, rituales, cultos, procesiones, celebraciones y novenas religiosas que hacen parte de su patrimonio histórico. Ciudad de las búsquedas, las indulgencias y los favores políticos, capital sempiterna de un país cruzado por el fuego de la guerra en medio de la promesa recurrente de una paz, cercana para unos, lejana para otros, esquiva para la gran mayoría de sus habitantes, dolientes eternos de los rigores de una paz inexistente que solo se asoma en los proyectos políticos de turno, como bandera que manipula las ilusiones de quienes una y otra vez le apuestan a lo mismo. Esta vasta región había sido poblada desde hacía más de 600 años por personas procedentes de todas las latitudes en busca de oportunidades, de tesoros escondidos, de un futuro para sus hijos y de tierras prometedoras donde sembrar pues la aldea moderna era reconocida por la bondad de sus campos y plantaciones, especialmente de maíz, alimento por excelencia de los habitantes de la región.

Yo, Sofía Valor, llegué de una región vecina pero distante, después de atravesar un mar y otro mar y volar sobre la montaña para finalmente arribar a Congruencia, descubriendo una geografía, una historia, un clima y un cielo diferente, pero especialmente su cultura y su gente, muy distintas a las de mi Cayena del alma. En ese entonces no sabía que la mayor diferencia estaría en la manera de amar de las personas de uno y otro lugar. En mi tierra las mujeres aman con el alma y los hombres con la verdad, allí es fácil hablar y conocer el corazón de los demás y aún en medio de la equivocación o el desamor, un adiós siempre amable es una manera de agradecer al otro por el tiempo compartido. En mi caribe siempre cálido es posible confiar y creer porque ser confiables es el sello de nuestra identidad. Con esa creencia arraigada en mi equipaje de que en todas partes los seres humanos son diáfanos, sinceros y leales aterricé en este nuevo lugar menos soleado, menos radiante y menos espontáneo, donde me recibió una llovizna pertinaz, incapaz de enfriar mis anhelos de vivir esta nueva aventura.

Nunca olvidaré el día que mi vida se cruzó con la de Santiago Torres, cambiando inexorablemente mi rumbo, mis planes y prioridades porque al decidir amar, tal vez sin saberlo, acepté morir un poco a mí misma para vivir en él y por él, en una ciudad ajena a mí, sujeta a un ritmo acelerado de vida donde todos corrían tras sus propias ambiciones y con sus afanes particulares, pasando muchas veces por encima de los demás. Una urbe llena de inseguridades, competitiva, desconfiada, diversa, indiferente, pero a la vez receptiva, incluyente y excluyente en sus leyes y acciones. La gran ciudad de todos y de nadie. La retrospectiva me llegó. Allí estaba yo, confiada, ingenua, extrovertida, llena de entusiasmo con mi nueva vida y conectada misteriosamente con un desconocido que en un instante me derritió con su mirada, llevándome al umbral de lo inesperado e inexplicable. El rojo de mi vestido irradió mi rostro mientras que él me sonreía con una timidez que no podía disimular. Pudo ser todo lo atrevido y osado que hubiera querido, pero no lo fue. Tampoco yo fui todo lo indiferente que hubiera preferido. Un encanto indescifrable impregnó el aire de inocencia y sortilegio. Algo esotérico acababa de ocurrir, algo que me marcaría para siempre.

Mi otro equipaje era más pesado. Un portafolio abultado de sueños, proyectos e ilusiones y un buen número de libros rescatados de mi biblioteca antes de que terminaran siendo regalo casi obligado de quienes me prometieron cuidarlos y conservarlos como el tesoro que había sido para mí. Desde niña soñé con estudiar para defender a las mujeres y a los niños que fueran abandonados por sus padres, arrojados abruptamente a un mundo cruel que ansía devorarlos e inclusive a los hombres humillados en su papel de esposos o compañeros, dejados por sus mujeres, echados a la soledad y al destierro, avergonzados en su hombría, porque de eso también hay bastante y cada vez más, quizá como una manifestación creciente de la competencia de géneros, desconociendo que tal igualdad no debe ser una lucha de poder.

Cuando llovía copiosamente en mi tierra mi tía abuela Gloria solía decir que estaban lloviendo maridos, entonces me apostaba curiosa desde el balcón de mi casa para observar cómo y en dónde caerían los varones asustados que aún no debían estar preparados para tamaña responsabilidad, por si fuera poco, llegarían sin capacidad alguna de negación, azotados y mojados por la inclemente y cómplice lluvia.

No me cabía duda de que no me gustaría estar nunca en ese tipo de repartición. No quería ser un paraguas ni un escampadero improvisado para un hombre urgido de calor que seguramente llegaría muy sucio, golpeado y empapado por la tormenta. La sola visión de un individuo confundido, atolondrado y desubicado me producía risa. Nada más alejado a mi concepto de amor. Pronto descubrí que en la gran ciudad abundaban hombres deseosos de algo que les llenara sus vacíos, pero nadie me podía asegurar que no vendrían de ser arrastrados largo rato por arroyos contaminados de sinsabores y decepciones. En todo caso tenía la certeza de que el hombre de mi vida llegaría de una manera tan clara, diáfana y directa como el sol de mi ciudad, sin lugar posible a dudas ni tácticas rebuscadas de conquista porque cuando el amor llega, "...así de esa manera...uno no tiene la culpa...". El amor es avasallador, intrépido, impetuoso; conecta hasta el último poro del ser, transciende toda frontera real o imaginaria y una vez dentro ya no hay poder humano ni estrategia extrema capaz de asustarlo porque es un ardor que consume toda voluntad y todo precepto. Lo descubrí al conocer a Santiago Torres y escuchar su voz diciéndome simplemente "hola".

Ese día supe que el ímpetu del amor comienza con las caricias delicadas de las palabras que penetran sin tocar hasta rasgar las distancias y anular los temores. ¿Cómo podían decir que los hombres vienen de Marte y las mujeres de Venus? Si eso era cierto entonces Santiago se había colado por mucho tiempo entre las venusinas o si existía la reencarnación él había sido una mujer en otra vida y había aprendido a conocer perfectamente el alma femenina y por eso era capaz de hablarme de una manera que tocaba mi corazón con tanta facilidad, haciendo brotar una fuente inagotable de risas, marca personal de nuestra relación. Éramos como almas gemelas, que cuando se encuentran ya están preparados y dispuestos porque llevan tanto tiempo buscándose que cuando se reconocen quieren reponer el tiempo perdido y no volver a separarse nunca más. Probablemente por eso nos fue tan fácil aceptar, sin temor a equivocarnos, que éramos el uno para el otro, que nuestro amor nos duraría toda la vida y aún nos sobraría para la eternidad.

Pero las historias de los seres de carne y hueso no se parecen a los cuentos de príncipes y princesas. Cada persona tiene un pasado que generalmente es imposible de ignorar y que puede empañar las historias más bellas. Nosotros no fuimos la excepción, demasiado perfecto para ser verdad...demasiado amor como para que no tuviera un solo lunar, demasiada felicidad e ingenuidad...eso pensaba, recostada en el sofá cubierto de ilusiones y recuerdos. Quince años atrás había visto todo bajo el lente del optimismo, del deseo y de una inocencia sobre la vida que me hizo desconocer la trascendencia del lunar inmenso y real de mi historia de amor.

Un lunar con nombre propio. Eudine Parra, oriunda del extremo sur del país, de una población habitada por personas emprendedoras y pujantes. Por su trabajo Eudine vivía lejos de Congruencia, pero desde hacía muchos años formaba parte de la vida de Santiago de una manera tan cómoda que a él le había parecido ideal pues le permitía vivir a su antojo. No vivía con Eudine, no tenían hijos, no se invadían sus espacios y en esa practicidad no se habían dado cuenta que el fundamento de su relación no era el amor sino la comodidad. Santiago estaba tan seguro de no amar a Eudine como de su decisión de querer compartir su vida conmigo. Antes de conocernos pensaba que su relación de muchos años con ella era razón suficiente para hacerla su esposa y romper ese compromiso no era tarea fácil, entonces viajó con el único propósito de dar por terminado su vínculo con Eudine, dedicada a observar y descubrir con sus inmensos ojos negros, enmarcados en sombras de nostalgia, la historia encerrada en prehistóricos fósiles, cavernas, suelos y calladas rocas. Al verlo su corazón se comprimió pues diez años de su vida compartida a retazos con Santiago le daban la seguridad de conocer hasta su manera de caminar, por eso mismo, la sonrisa que ese día no le regaló le hizo entender que algo extraño estaba sucediendo. Santiago estaba frente a ella, con la mirada evasiva y la sonrisa perdida, buscando en sus bolsillos las palabras adecuadas para decirle lo que ella en su corazón ya sabía. No alcanzó a entender la razón de ese adiós intempestivo pero muy dignamente lo aceptó en ese momento, sin soltar la esperanza de que aquella aventura de Santiago no fuera más que eso, una aventura como tantas otras que habían pasado sin pena ni gloria. La paciencia era una de sus grandes cualidades y ese sería su reto, esperar.

Santiago regresó a la capital, la misma donde había forjado su historia y su carácter; se sentía aliviado y lleno de entusiasmo. No se había

16

imaginado que su rompimiento con Eudine fuera a ser tan fácil. Nuestra celebración le ayudó a confirmar que había hecho lo correcto. Poco nos duraría ese primer intento porque pasada una semana Eudine decidió luchar por el hombre sobre el cual tenía derechos legales; abandonó todo lo que estaba haciendo, cosa que nunca antes había visto posible y salió hacia la ciudad de los amores y los desamores. Esa fue una prueba reina para Santiago y para mí, porque embelesados como estábamos no sospechamos ni un instante del retaque que nos vendría por parte de una mujer golpeada en su amor propio y en su dignidad, ni de los aliados que en torno a ella montarían una fortaleza dispuesta a separarnos a toda costa.

Santiago llegó a su casa y para su total sorpresa se encontró con Eudine llorando desconsoladamente en los brazos de Victoria Acero, la madre de Santiago quien sin decir palabra le dirigió una de sus miradas más desaprobadoras. A pesar de estar acostumbrado al carácter recio de su madre no pudo evitar sentirse incómodo, como en sus tiempos de escuela cuando citaban a sus padres y la que llegaba era su mamá; mejor le hubiera sido no meterse en problemas que exponerse al castigo materno. En su decisión de separarse de Eudine no había consultado con sus padres porque sabía perfectamente que no aprobarían semejante salida que rayaba contra todo lo que le habían enseñado con el ejemplo de un matrimonio de casi cuarenta años de convivencia ininterrumpida.

Eudine se quedó en casa de Santiago, apoyada como estaba por todos los de la familia, pero en ese intento extremo de retenerlo lo apartó más de su lado, olvidando tal vez que Santiago no podía ser manipulado por ninguna presión, ni siquiera la de sus padres y hermanos. Su rebeldía de siempre saltó a flor de piel, haciéndolo más resistente a todo ataque, decidido como estaba a no dar su brazo a torcer. Cabizbajo, pero no derrotado llegó a buscarme. Yo le esperaba con todas sus pertenencias, pero la noticia me dejó sin aliento.

En su desesperación de no separarnos a Santiago se le ocurrió un plan B, a todas luces extremo. Prueba difícil, pero no imposible, por el contrario, llevarla a cabo nos permitiría estar aún más seguros de haber luchado contra todo y contra todos por nuestro amor. En ese entonces por mi mente y mi conciencia no pasaba la comprensión de que tarde o temprano debemos asumir las consecuencias de nuestros actos y que todo lo erróneo que podamos hacerle a otro, así sea por amor, se nos devolverá multiplicado. Ley ineludible de vida.

Santiago reunió a Eudine con sus padres y hermanos que mantenían su posición de respaldarla. Les dijo que estaba dispuesto a hacer su mejor y último intento de salvar esa relación para tranquilidad de todos. Si pasados tres meses las cosas no funcionaban, entonces él estaría en libertad de separarse. Todos aceptaron, creyendo que la propuesta de Santiago era verdadera, ninguno alcanzó a sospechar que la suerte de esa unión ya había sido definida por Santiago, dueño y señor de su destino. El estaría con Eudine solamente para poder mostrarles a sus padres, hermanos, familia y amigos que había hecho hasta lo imposible por mantener su matrimonio, pero que nada había funcionado.

Eudine se dedicó a organizar su nuevo apartamento, el que creía sería su nido de amor. Dejó todo, se olvidó de todo y por días enteros justificó la aventura de Santiago conmigo como una consecuencia de haberlo dejado solo, así que no volvería a cometer el mismo error. Pondría todo su empeño en que sus vidas fueran lo mejor. Se convertiría en el centro de su atención y en esa tarea se metió tan de lleno como antes lo estuviera en sus cuevas de exploración. No quería apartarse de él ni un segundo, no quería darle motivos para salir tras de mí ni de ninguna otra mujer, no quería volverle a fallar empujándolo a otra infidelidad. Eso es parte del modelo aprendido por las mujeres, culparnos por lo que no es nuestra responsabilidad y Eudine no era la excepción a la regla. También pensaba que era el momento de tener esos hijos a los que siempre se había rehusado, y en una situación como la que estaba viviendo todos los consejos le venían en esa misma dirección. Estaba segura que un hijo haría que Santiago echara raíces, que se olvidara de su obsesión por mí; un hijo le daría un sentido nuevo a su relación tan lastimada. Un mes fue todo lo que Santiago me pidió, estaba seguro que no sería necesario llegar a los tres meses que él mismo había propuesto.

Deseando que el tiempo pasara más rápido y queriendo estar apartada de lo que estaba sucediendo, decidí irme unos días a mi terruño. El sol y la brisa me harían descansar de tanta presión. Caminar sobre la arena me ayudaría a no contar los días que faltaban para estar con Santiago.

Viajé dejándole solamente una carta en la que le decía que prefería estar alejada de él durante el tiempo que durara la prueba a fin de no interferir ya que no quería presionarlo de ninguna manera ni ser la causante de su separación. Así lo pensaba, aunque mi corazón me dijera que mi vida solamente tendría sentido al lado de este hombre.

Los días en mi provincia me resultaron sombríos, la alegría parecía haber huido a algún lugar desconocido. Nada me producía descanso ni me hacía olvidarme de Santiago, tan lejano y a la vez tan cercano. Lo llevaba en mi piel y en el alma, difícil de explicar. ¿Qué pasaría si pasado el mes Santiago no pudiera separarse?, ¿Qué pasaría si Eudine estuviera dispuesta a soportar cualquier cosa con tal de no perderlo? A Santiago le daba mucha lástima encontrarla rezando cada noche y encendiéndole velas a todas las vírgenes y santos conocidos e imaginados, aferrándose a las costumbres más religiosas de su familia. El enorme rosario que colocó en la pared de la habitación le parecía a Santiago una muralla infranqueable en su ya deteriorada comunicación; igualmente verla pasando una camándula tras otra lo alejaba más de ella. Prefería que siguiera entregada a sus fósiles, rastreando en las cavernas o cantando después de tomarse todo el brandy que encontrara a su paso. Todo eso le producía un distanciamiento mayor de ella y de los santos y santas que invadieron rápidamente el apartamento. Definitivamente Santiago pensaba que la religión era un salvavidas en medio de la ignorancia porque muchas noches encontraba un grupo de mujeres con ceño fruncido y mirada tosca, haciendo cadena de rezos por ese hogar. Nunca aceptó participar porque le parecía estar en un funeral del que no se conocía el muerto, pero por quien hacían duelo anticipadamente; otras veces sentía que lo miraban como el anticristo y querían exorcizarlo antes que rezar por él. Eudine recurrió a todo, hasta ir cada día a la oficina de Santiago pretendiendo hacerse necesaria en su vida, en cosas de las que nada sabía. Organizaba reuniones con amigos, cenas, celebraciones, con tal de tener un motivo que obligara a Santiago a llegar más temprano.

Por mi parte no imaginé que mi repentino viaje aceleraría el curso de los sucesos. Impredecible es el actuar de un hombre enamorado porque creyendo haberme perdido, Santiago se fue a buscarme, suponiendo que me encontraría feliz y sonriente, disfrutando de la brisa tropical de mi tierra mientras él moría de angustia pensando que me perdería.

La brisa del mar lo llevó a encontrarme mirando hacia un horizonte que me hablaba de él, esperando en medio del crepúsculo un amanecer cargado con mensajes de esperanza.

Santiago había estado en mi ciudad muchos años antes de conocernos. Su padre había tenido que ir en misión militar y lo había llevado con sus hermanos mientras su mamá trabajaba activamente por los derechos de los niños para que no fueran sometidos a ningún tipo de explotación ni abusos y mucho menos lanzados abruptamente a un mundo que quiere obligarlos a dejar de ser niños y a defenderse de todo tipo de violencia y abandono. A él le había parecido un lugar mágico, deliciosamente cálido. Le había encantado la música alegre que hacía mover sensualmente a sus despampanantes mujeres ... como la hermosa morena con la que tuvo su despertar sexual y de la que no supo ni su nombre, seguramente eso explicaba su exagerado gusto por las mujeres de color a la hora de pensar en sus fantasías sexuales. Fue gracias a esa mujer desconocida que no tuvo necesidad de volver a mentirle a sus amigos sobre lo que se sentía con una mujer de verdad, no sacada de su imaginación. Independientemente de las muchas anécdotas Santiago soñaba igual que yo con irse un día a vivir a la orilla del mar, en una casa con muchas ventanas y vista panorámica a la playa. Una casa que pudiera llenar con su música y decorar con sus instrumentos y equipos, sin preocuparse por las quejas de ningún vecino. Reíamos cada vez que afirmaba que llevaba la música de mi tierra en su sangre y por eso se había hecho músico.

Si lo hubiéramos planeado no habría resultado así. Santiago y yo juntos en la ciudad de mi infancia, de mi primera juventud, apartados de todo y disfrutándonos sin más testigos que el mar. El suponía que me había ido en busca de algún amor pasado que me hiciera olvidarlo, por eso verme allí, huyendo del dolor de saberlo con Eudine lo hizo amarme todavía más. Ese incontenible deseo de estar juntos anticipó la decisión de Eudine porque al quedarse esperando por él toda la noche, decidió que su dignidad tenía un límite. Santiago regresó con toda la intención de decirle que no era capaz de continuar en ese intento de salvar lo insalvable, pero se encontró con un apartamento vacío de amor y lleno de reproches, tapizado de lágrimas de impotencia y rabia por todas partes. Eudine se había ido llevándose todo, sin ninguna explicación, excepto una foto de los dos tomada el día de su matrimonio tan reciente como efímero. Tal vez para recordarle que ella había cumplido a su palabra, pero él no.

Aquello fue un golpe de suerte para Santiago y también para mí. Nada podría empañarnos la alegría de estar juntos; su decisión de compartir nuestras vidas era definitiva y el camino ya estaba libre. Su plan había funcionado y de eso se sentía orgulloso pues ya nadie podría recriminarle nada. Todo lo intentó, sencillamente no funcionó y eso lo dejaba en libertad para disfrutar conmigo la plenitud de esa victoria. Una y otra vez nos imaginábamos a la orilla del mar o debajo de un árbol haciendo el inventario de cada una de nuestras canas, rememorando nuestras aventuras, nuestros logros, nuestro amor a prueba de balas. Esos eran nuestros sueños, el cansancio y el tedio no tenían cabida alguna porque el único temor era que la vida no nos alcanzara para disfrutarnos. No parecía existir una historia de amor y entrega superior a la de nosotros. Éramos las almas gemelas que finalmente se habían encontrado y no se separarían nunca más. Solamente era necesario esperar a que el contrato legal que Santiago tenía con Eudine Parra fuera disuelto porque la unión religiosa no existía realmente. No podía haber mayor compromiso que la decisión de ambos, la palabra de Santiago estaba muy por encima de cualquier papel, juez, notario o sacerdote. ¿Qué más podíamos pedir? No es exagerado decir que me sentía la mujer más feliz y Santiago el hombre más afortunado.

Quince años después, aquí sentada en el sofá de cuadros azules, pienso que todo ese equipamiento no fue suficiente para que el amor no se nos desgastara, aunque no podía precisar en qué momento las notas de nuestra hermosa melodía se fueron acallando. Ningún estruendo, ninguna campanada, ninguna nube oscura ni un ave negra picoteando en la ventana que presagiara la cercanía de la desgracia. No hubo fiebres altas o luces rojas e intermitentes que indicaran la presencia de alguna bacteria incontrolable en nuestras vidas. Difícil de medir, imposible de precisar. Así eran las cuestiones del amor y del desamor. Seguramente lo mismo vivió y pensó Eudine. No pude evitar soltar un suspiro de remordimiento al recordar que quince años atrás sólo me fijé en que no existían lazos fuertes entre ellos. Finalmente, ¿Qué era más importante, un papel firmado ante notario o un pacto de amor? Lo cierto es que ningún amor es capaz de soportar el desdén, el engaño, la ausencia prolongada y ningún ser humano tampoco.

Mi trabajo se fue convirtiendo en el refugio obligado cuando las nubes negras y silenciosas se instalaban en nuestra relación. Como abogada de familia debía escuchar muchas audiencias lo cual me ayudaba a quitarle importancia a mis propios problemas o desavenencias familiares. Las evidencias me mostraban que la mayoría de hombres salen de sus casas queriendo olvidarse de todo, como si romper el vínculo significara borrar todo lo demás. Desconociendo que un corazón destrozado y unos sueños abortados no se pagan ni con todo el oro del mundo. Ese tipo de situaciones era el pan de cada día en mi ejercicio profesional, pero de alguna manera era también mi fuente de información y un tema recurrente con Santiago quien siempre me expresaba su rechazo total a ese tipo de desenlaces matrimoniales. ¿Cuándo fue entonces el comienzo de nuestra debacle en medio de tanta perfección? ¿Cómo precisar el momento exacto de quiebre?

Santiago había llegado tarde de jugar con sus amigos, los mismos que habían irrumpido hacia poco en su vida logrando transgredir su escala de valores hasta hacer de ellos su prioridad, por encima de su familia y muchas veces también de su trabajo. Por ellos había cambiado sus gustos, sus actividades, sus fines de semana, sus horarios. Todo cambió en Santiago para darle cabida a quienes, curiosamente tenían una característica en común, haber abandonado a sus esposas e hijos a su suerte, creyendo que se puede ser padre a la distancia o a través del auricular de un teléfono. Lo más importante para ese círculo nefasto de nuevos mejores amigos de Santiago era vivir una vida de diversión sin límites que les compensara sus profundos vacíos y desesperanzas no reconocidas ni resueltas.

Yo en cambio seguía fiel a mis mejores amigas, como Amada Baute, quien siempre estaba en el momento indicado y con la actitud adecuada. Era una mujer alegre, nacida en Los Nísperos, un pueblo ubicado en el extremo más extremo del país de las pasiones y también de la indiferencia. Un lugar donde todo podía ser posible, donde las mujeres bailaban cadenciosamente sin mover los hombros ni las caderas. Allí convivía el temor con la guerra, el miedo con el sueño, las armas con el hambre, mientras hombres extraños y camuflados vigilaban las fronteras llevando consigo su cargamento de vidas humanas por las que sin compasión alguna pedían altas sumas de dinero, negociando con la vida como con cualquier mercancía, en un absurdo mercado de oferta y demanda que en el fondo no era más que la expresión indolente de una lucha de poder, oscura e inhumana en la que unos grupos marginados de toda ley buscaban de esa manera demostrar su peso político, generando terror en los habitantes y dolor en muchas familias, despojándolas del derecho de volver a ver a sus seres queridos; cautivos inocentes que muchas veces pagaban con sus vidas. Ese era el pan de cada día en ese retirado, ignorado y vasto rincón del país de nunca jamás, habitado por pequeños que a diferencia de Peter Pan han sido obligados a crecer, a convivir con la violencia, a empuñar un arma y no de juguete o a crecer mutilados porque un día jugaron como niños, pero en lugar de bombas de agua se tropezaron con monstruos enterrados por personas indolentes que les mordieron sin compasión, quitándoles para siempre el privilegio de ser niños, de saltar y jugar hasta cansarse no hasta ser amputados miserablemente.

Igual que yo, Amada había llegado a la capital de este país de ensueño y de horrores no declarados o escondidos, en busca de otro rumbo para su vida. No olvidaba el calor de su tierra ni la música con la que había crecido, sus delicias gastronómicas ni el amor apasionado y machista de sus hombres, de los cuales había huido a tiempo. Fue Amada quien me acompañó en ese momento difícil de mi existencia o de mi muerte. Hablando cuando era necesario y callando tanto como la incertidumbre lo permitía, porque entre amigas es más fácil suponer y hacer conjeturas en el interés mutuo de encontrar una explicación a lo inexplicable, una razón suficientemente válida para calmar el sinsabor del amor traicionado. Amada había vivido en carne propia el dolor del engaño y de los celos que se apoderaron de su mente hasta controlar todas sus emociones. Sabía perfectamente lo que eran las mentiras, la burla de un esposo inmaduro e infiel. Las noches enteras sin dormir, imaginando dónde y con quién estaría. Y es que las mujeres por más que nos digamos maduras, preparadas y estructuradas, nunca estaremos lo suficientemente blindadas para el engaño, pero tampoco los hombres, en ese terreno donde la debilidad no tiene género ni estrato, sólo corazón.

Podía ser más fácil no saber que saber, pero juntas llegamos a la conclusión de que es preferible saber que vivir engañado. Es más valiente perecer un poco que morir por siempre en la ficción de un amor irreal y por mucho que el engaño duela hay un límite en la dignidad que no se debe cruzar a fin de preservar ese amor propio que por escondido que esté es el que realmente nos sostiene.

Eso decía a menudo otra amiga común quien en una noche de desespero se disfrazó con gorra y overol, consiguió una camioneta y siguió sigilosamente a su esposo. Durante más de cuatro horas estuvo dentro del carro esperando a que él saliera de un edificio de apartamentos y cuando finalmente lo hizo, a eso de las dos de la mañana, estaba en compañía de su asistente, la misma con quien estaría trabajando en una licitación importantísima. Desde su escondite mi amiga pudo ver en primer plano con efectos en 3D el beso apasionado con que se despidieron, un beso que le pertenecía a ella pero que frente a sus ojos era entregado sin tapujos a otra mujer, partiendo su alma en mil pedazos, quitando toda posibilidad de negación o de incredulidad, así como toda posibilidad de dar marcha atrás en la decisión de su esposo de irse a vivir con su asistente, según él por culpa de los celos de su esposa, porque para el que engaña la culpa siempre es de su compañero de vida. Ahora, si mi amiga, aprendiz de detective, no hubiera tenido el suficiente amor por ella y por sus hijos hasta hubiera aceptado volver con él, en alguna noche de soledad y de nostalgia, pero hay cosas que la dignidad, definitivamente no permite.

No me detuve a pensar si era prudente o no hablar de aquellos temas porque eran tantas las historias que conocíamos, que de sólo pensar en semejante prontuario de infidelidades mi confianza ilimitada en Santiago era bombardeada de muchas maneras, suponiendo cosas que, como toda suposición, pueden ser o no ser, pero de la cual nunca se tiene certeza. La duda ya había echado sus raíces en mi interior y aquello sería como una bola de nieve, una maraña interminable de sucesos, ¿Dónde empezó? ¿Dónde terminó? Quizá el tiempo me lo diría o tal vez nunca podría precisarlo, yo era solamente un personaje más de aquella novela, triste protagonista de una historia real que se salía de mis manos o que nunca estuvo en mis manos, la marioneta de turno de los deseos de Santiago, una pieza más de un drama de amor y desamor. Otro capricho en una lista desconocida de muchos caprichos.

Entre nerviosa y confundida Aydee Santamaría, la secretaria de Santiago se sorprendió de que yo respondiera el celular de su jefe y se apresuró a justificar los mensajes que le había dejado. ¿Por qué me mentía?

Aydee era de Korozó, una pequeña ciudad costera cercana a Cayena, heredera de toda una historia de colonización, pero donde la fuerza de su raza nativa predominaba más allá de los años y ella era una muestra de ello. También era hija del mar, del sol, de la música, del baile, de la risa contagiosa, de la palabra alegre, de los amaneceres felices. Al igual que yo había llegado a esta gran metrópoli en busca de sus sueños sin dejar de añorar cada mañana el desayuno con arepa de huevo y jugo de corozo que su mamá le preparaba. Muchas veces me había compartido sus antojos de pescado frito, de patacones, de arroz con coco, de guandules con carne salá, de sancocho, de yuca cocida con suero, de un buen queso con bollo limpio o de mazorca y de todas las cosas que en esta gran ciudad no conseguía y de las que solamente en sus esporádicos viajes podía deleitarse hasta reventar o en los recuerdos de cada mañana llena de nostalgia por los manjares de su casa tan lejana, ¿pero y Santiago? ¿Qué pasaba por su cabeza? Yo no podía creer que él me engañara con esta niña a la que le llevaba veinte años de diferencia o más.

Eran generaciones distantes en el tiempo, con costumbres diferentes, lenguajes que separaban, expectativas excluyentes, caminos divergentes. Mi mente era un remolino incesante de ideas y conjeturas. Amada sólo atinó a decirme que eso me pasaba por confiada y por haberme alejado de la oficina de Santiago, eso no se debía hacer, las mujeres nunca podían dejar de marcar su territorio porque en cualquier lugar salta la liebre. Ese jamás había sido mi pensamiento porque en mí no había cabida para el engaño. No me imaginaba cuidando a Santiago por pura desconfianza, creía ciegamente en él, en su amor y en que sobre eso nada podría prevalecer. Él era un hombre de palabra, el mismo aquí y allá como acostumbraba a decir, así que no podía entender lo que estaba sucediendo ni quería sentirme culpable por haberlo dejado solo, ¿acaso un amor se sostiene si es vigilado y acechado? No lo creía así, Santiago no era un niño y tanto él como yo teníamos nuestras ocupaciones, a las cuales no podía dejar para ir tras él todo el tiempo, eso me parecía absurdo e infantil. Además, cuando una persona quiere engañar a otra lo hace de la manera que sea, siempre tendrá la oportunidad, el momento y la disculpa perfecta; era una cuestión de principios, así de sencillo, ética básica. Sentí molestia de sólo pensarlo, yo no era su niñera sino su compañera de vida.

Aydee Santamaría vivía a toda velocidad desde el primer día que llegó a la ciudad de la rumba y la diversión como si el tiempo se le fuera a acabar. Así había sido siempre pero ahora su prioridad y premura era descubrir el mundo y el submundo de esta metrópoli donde podía encontrarlo todo a manos llenas. Una ciudad enorme donde se daban cita toda clase de búsquedas y expresiones en un ambiente donde confluían demonios propios y extraños mezclándose con el ruido de la rumba frenética. En esta urbe que podía ser cualquiera, Aydee se sentía a las mil maravillas, viniendo como venía de un caserío de calles destapadas al que le podía dar la vuelta muchas veces al día, una tierra donde todo el mundo se conocía, donde el calor se metía desde temprano por su ventana y el polvo de las calles era su compañía inseparable. Siempre soñó con salir de su pueblo; amaba su caserío, su gente y en especial a su madre, pero era capaz de pagar el precio de vivir sin ella en la ambición incontenible de conocer el mundo y sus habitantes, lejos de los cuatro postes que marcaban su cuadra y el andén alto que bordeaba su casa. La vida se le pasaba velozmente así que no podía desaprovechar ninguna oportunidad de diversión y trasnochar era para ella parte de su cotidianidad y de su realización. Sus días no tenían principio ni fin, las horas eran para bebérselas de un sorbo. En ese estilo de vida pronto empezó a enredarse en muchas relaciones extrañas y absurdas que por un tiempo le llenaban la vida para luego estrellarla en el piso de la decepción, llevándola a tomar más, a fumar más, a buscar más, a perderse más. Pocos sabían que con todo eso pretendía olvidarse del padre que las abandonó estando ella muy niña, vengándose de alguna manera de las muchas lágrimas que su mamá derramó por el engaño de Augusto Santamaría, quien una tarde cualquiera se perdió en el polvorín del caserío para irse detrás de su amante y nunca más se supo de él.

¿Cómo podía una niña mujer como Aydee Santamaría fijarse en un hombre tan diferente a ella como Santiago? Por más que lo pensaba no alcanzaba a entenderlo. Realmente era una especulación muy difícil de descifrar. Racionalmente me parecía absurdo e incomprensible pero el dolor y la certeza inexplicable en mi corazón me decían que lo absurdo también es posible.

No quise mencionarle a Santiago las dudas que me perseguían mientras él estaba absorto frente al televisor, uno de sus escapes predilectos, su cómplice para evitar las palabras, el refugio para sus muchos pensamientos. Miraba un partido de fútbol, su alimento intelectual preferido, frente a una pantalla que le hacía sentir que podía tener el control de todo, en el clímax de su relación hombre-televisión. Su celular sonó con insistencia, pero él no lo escuchó y yo no lo respondí, en realidad nunca me sentí con ese derecho o libertad porque era parte de su privacidad y de sus espacios. En el momento de tiros directos a una portería casi descubierta que marcaría la diferencia entre el vencedor y el perdedor, un tiro de gracia echó por tierra todas las esperanzas del equipo blanco, dándole un triunfo inesperado al equipo negro. De nada sirvió todo el esfuerzo ni las buenas intenciones del equipo blanco, la suerte estaba echada y Santiago celebraba como propio ese final inesperado. Por supuesto no le dio mérito a la estrategia inigualable, ni a la entrega y calidad demostrada por el equipo perdedor, lo que importaba era el fin. No me parecía justo, pero preferí no decir nada, con la auto justificación noble y dañina de evitar discusiones. Mi maleta se seguía llenando con un envoltorio pesado de celos y desconfianza. Era incapaz de abrirle mi corazón a Santiago por el temor mayor de perturbar la paz anhelada y esquiva de nuestra convivencia, tantas veces confundida con silencio o evasivas. Quería desconocer que esas actitudes también son manifestación de una relación insana y de un comportamiento agresivo. Sabía lo que era el precio de callar, pero siempre pensaba que era el menor de los precios posibles. Lo observé sin decir nada, tratando de adivinar en sus gestos si algo me ocultaba, mi corazón me decía que sí, que ese hombre con el que compartía mi vida y mi cama me ocultaba muchas cosas. El aguijón del dolor y de la desconfianza me atravesó de lado a lado. No hay pareja que pueda sobrevivir a la desconfianza en el intento infructuoso de permanecer. Luego pretendí hacerme la dormida, pero era imposible dormir con tantos pensamientos atropellados en mi mente. Me sentía como la protagonista de la película "Durmiendo con el Enemigo" que desesperada busca una salida a su situación. Un duendecillo burlón me recordó que la noche que fuimos a verla Santiago salió sumamente molesto de la función porque el mensaje le había parecido horrible. Su reacción me resultó exagerada, pero como siempre preferí no llevarle la contraria. Santiago dormía plácidamente. Lo que yo no sabía es que muchas noches él también fingía dormir para evitar hablar porque prefería seguir viviendo una doble vida.

Quince años, parecía mentira, quién lo diría, parecía ayer, ¡en qué momento había trascurrido todo ese tiempo! Me levanté de la cama cansada de dar vueltas, sin lograr que el sueño llegara a aquietar por unas horas mi mente y mi corazón. Me miré sin ganas en el espejo iluminado del baño. Era la misma, eso creía, no me veía distinta a la mujer que veía todos los días, ¿qué tanto había cambiado? Nunca lo sabría porque el tiempo va desdibujando los rasgos de una manera tan suave que creemos vernos igual sin ser así, somos como una foto que poco a poco va perdiendo color y brillo. En fin, eso no me preocupaba realmente porque la vida es mucho más que la apariencia personal, es un estado del alma y mi alma era la que estaba siendo destrozada. Me miré de cuerpo entero, hacía mucho rato no lo hacía porque mi mirada siempre estaba puesta en Santiago y en la manera de resolver esa relación que se nos estaba escurriendo entre las manos como un pescado resbaloso. Tres embarazos, sólo dos completos porque el primer bebe se devolvió voluntariamente como resistiéndose a venir a este mundo sin haberlo pedido. Una sensación de culpa por no haber tenido hijos varones me volvió a embargar, en la absurda idea de creer que los hijos varones pueden retener a los hombres. ¡Cuánta estupidez nos meten a las mujeres en la cabeza afectando nuestra valía! A esa hora me puse a mirar infinidad de fotos que me confirmaron que sí habían pasado quince años. Así en el espejo creyera verme igual, en las fotos me apreciaba muy alegre, sonriente, ilusionada, llena de vida, mientras que la circunferencia del espejo me mostraba una mujer preocupada, desilusionada, confundida, acechada por la incertidumbre, la desconfianza y los temores; alguien a quien la felicidad le estaba rehuyendo y a quien su matrimonio la estaba llenando de amargura y dolor. A pesar de la alegría y de mis ganas de vivir, la incomunicación siempre dañina y el trato muchas veces inadecuado de Santiago se habían instalado en mi hogar haciéndome una víctima más de la tiranía, en este caso masculina, que atropella sin compasión y sin memoria. ¿Será que ese debía ser el destino fatal de todas las parejas después de tantos años

de convivencia?, ¿Y nuestro anhelo de ser felices y comer perdices, qué? Seguro que, si le hubiera preguntado en ese momento al espejo, espejito, espejito dime quién es la más tonta de las mujeres, el espejo me habría respondido, tú, Sofía Valor, tú y nadie más que tú. Por eso me abstuve de preguntar. Sin embargo, como tonto consuelo, pensé cuántas mujeres estarían en ese momento hablando con su espejo sobre la infidelidad de sus esposos y sobre el abuso enorme que conlleva sentirse traicionada. Lo que no pensé fue que al igual que yo, muchas mujeres estarían comparándose con ellas mismas o con una rival más joven como era Aydee, lo cual es uno de los golpes más bajos a la autoestima y a la dignidad de cualquier mujer. La comparación con la misma persona o con otras, e inclusive comparar momentos actuales con tiempos pasados son otra manifestación clara de que la persona está atravesando por una profunda crisis. La comparación, en cualquiera de sus modalidades sólo trae más dolor y humillación a la persona que está sufriendo, pero nunca construye.

Cansada de ver fotos y de evocar tantos recuerdos en el silencio de la noche, anhelé tener el poder de devolver el tiempo y sentir un abrazo reconfortante de Santiago que se llevara toda angustia, así como la impotencia que sentía, los deseos de llorar, de gritar, de recibir una explicación que me llenara el alma y me sanara las heridas. Pero en su cueva-cabina de sonido a prueba de cualquier comunicación externa él estaba a salvo de que mi sufrimiento silencioso pero real lo tocara o de que sus palabras lo delataran. El camino más fácil era callar, en otras palabras, huir…. "El matrimonio es como un carruaje", me había dicho muchas veces Don Severo Torres, el padre de Santiago, "si uno de los caballos pierde el control y sale para otro lado, todo el carruaje se desbarata hasta perderse". Lo que nunca me dijo fue cómo hacer para enderezar el carruaje hasta hacerlo volver a su cauce y mucho menos cómo hacer para que mi compañero de viaje no abandonara su lugar, dejándome sola con la pesada carreta.

Sin darnos cuenta nos olvidamos de quiénes somos y para dónde vamos, dejando languidecer nuestros sueños más preciados, muriendo inevitablemente cada día hasta llegar a ser unos muertos en vida que comparten una casa, una cama, unos hijos y muchas cosas meramente materiales porque el hilo conductor de un alma a la otra, de un corazón a otro se pierde si no se alimenta y el alimento es comunicación, es compartir, es disfrutarse cada día, es construir el amor cada mañana, cada noche, cada instante.

¡Cuánto extrañaba los enanitos de mis historias! Personajes maravillosos nacidos de mi corazón en tiempos de risas y a los que recurría cada vez que quería decirle algo muy secreto a Santiago, eran el equivalente a los chistes internos de hoy; mis aliados perfectos y divertidos hasta el día que Santiago disgustado por algo los espantó para siempre. Nunca más volvimos a mencionarlos como tampoco mencionábamos el muro invisible que empezó a separarnos. Un muro que aparentemente ninguno de los dos autorizó construir y por el cual ninguno respondía pero que nos distanciaba sin remedio, aumentando el hambre de caricias hasta hacerme doler la piel y el alma porque cada día anhelaba más el amor de Santiago, al que cada día también sentía más lejano.

Un cielo azul como de amanecer me cubrió, invitándome a descifrar sus figuras. Al fondo estaba Santiago danzando y riendo sin parar sobre el prado espeso y verde. Se veía tan hermoso que corrí a abrazarlo. Lo amaba y lo deseaba como el primer día. Santiago también corrió, pero no hacia mí sino hacia un árbol que de repente comenzó a moverse acomodándose a la anatomía de Santiago quien extasiado se dejó envolver por una bocanada de humo oscuro que salía de aquella cosa parecida a un árbol con boca enorme. Yo no podía creer lo que veía, aquel árbol viscoso, verde-café-rojizo me miraba con unos ojos enigmáticos de largas y negras pestañas. Le hice señas a Santiago para que se levantara de ahí, pero él no me miró. Entonces reparé cuidadosamente al extraño árbol y ¡Oh! ¡No! lo que tenía frente a mí era un cuerpo enorme con manchas profundas en su piel y lunares rojos en su cara, sus ojos estaban entreabiertos muy sensualmente y sus brazos voluptuosos atrapaban a mi marido completamente desnudo, sin que él hiciera nada por soltarse. Aquello no era un árbol, sino una dragona de ojos ensoñadores color almendra y pestañas sin fin. Por sus orificios nasales exhalaba un humo denso y de olor desagradable mientras que con sus uñas afiladas hurgaba dentro de Santiago buscando encontrar el punto exacto donde reposaba su alma, ese lugar secreto donde él guardaba su amor por mí. Santiago siguió embelesado, dejándose sumergir en el humo de la dragona de ojos color almendra y pestañas infinitas hasta que quedaron cubiertos con los pesados velos de la pasión a través de los cuales pude ver cómo mi extraña rival exhibía en sus garras el alma preciosa de Santiago y los cordones de oro fino que habían unido su alma a la mía. La dragona se llevó a sus labios carnosos el manjar fresco del alma recién capturada de Santiago, engulléndola con la seguridad del que cree que acaba de lograr la victoria entre la vida y la muerte.

Santiago me estremeció hasta hacerme volver de mi alucinante pesadilla. Entre sollozos le pude contar lo que acababa de ver y su reacción fue peor que las imágenes que estaban tan vívidas en mi memoria. Me gritó que estaba aburrido de mis reclamos, de mis celos infundados, de mi llanto. Estaba cansado de mis acusaciones, de mis fantasías y hasta de mis sueños. Ante eso estallé como sólo puede hacerlo una persona que ha reprimido durante mucho tiempo su dolor y su angustia y sin más esperanza ve desbaratarse su tesoro más preciado. Difícil de entender y de explicar, aún más difícil de aceptar, pero en medio de los velos pesados del conflicto la dragona hizo su aparición descaradamente, llenando la habitación con la nube densa de su aliento chocante y baboso.

Para comprender basta un instante, pero no es suficiente comprender, hay que aceptar, reconocer, asumir y sobre todo ceder. Lo que siguió fue una discusión absurda, en la que cada uno decía lo que le parecía sin tener en cuenta al otro. Lo único que importaba era defenderse y herirse al mismo tiempo. Fue la erupción tantas veces controlada de un volcán gigantesco que sin más contención nos inundó con su lava, esparciendo por cielo y tierra fragmentos de ira, resentimientos, celos, desconfianza, aburrimiento, soledad, humillación, indiferencia, amenazas, estupor, dolor y lamentos… Santiago estaba hastiado de compartir su vida con una persona que se quejaba, aburrida y asfi-xiante a quien no tenía por qué dar explicaciones de sus actos. Sofía reclamaba atención, explicaciones, tiempo, cariño, consideración, respeto, compromiso, lealtad, apoyo, comprensión, sinceridad… Cada uno hablaba lenguas diferentes, cual réplica moderna de la Torre de Babel. Reclamando cada quien lo suyo sin querer entender nada de lo que el otro decía. Discusión de sordos que gritaban y gritaban en el deseo de hacerse oír y entender. En medio de la mayor exasperación posible salió a relucir el tema de Aydee que tanto yo había querido evitar y por el que tantas noches preferí morder mi almohada, pero que con el dolor y la desesperación al límite ya era imposible callar y menos con el aliento venenoso de la dragona que enrarecía más el campo de batalla. Con sólo mencionarla Santiago estalló aún más en cólera, saliendo a la defensa de su secretaria, de su mejor amiga y mujer incomparable. Ese dardo me hizo caer herida de muerte. El silencio del dolor intenso selló mis labios, no había palabras que pudieran expresar mi dolor. Sólo pude ver cómo un resorte invisible empujaba a Santiago tan lejos de la cama que solamente la pared lo detuvo. Un enredo total de sábanas, almohadas, emociones y anhelos reprimidos dejaron un cráter hirviente en donde antes estuviera el cuerpo henchido de furia de Santiago. Aún aturdida salí tras él, una vez más, como otras veces, suplicante y cargando con la culpa de los dos, pero lo que escuché me dejó totalmente horrorizada, tanto que tuve que hacer acopio de todas mis fuerzas para devolverme a la alcoba y encerrarme con llave, arropada del pavor más profundo hacia mi completamente desconocido e irascible marido.

Lloré en silencio largamente, cerrando mis ojos para imaginar que Santiago llegaba y se acostaba a mi lado, que me acariciaba el cabello y me abrazaba como muchas otras noches. Imaginar que todo había sido producto de una pesadilla me ayudaría a descansar. Era otra manera de escapar de mi triste realidad.

Me levanté temprano sin haber descansado nada y con magulladuras por dentro y por fuera. Bajo la ducha dejé que el agua resbalara por mi cuerpo. Anhelaba que la corriente de agua tibia me limpiara de la noche amarga que había tenido, oscura noche del alma, que en realidad no sería la más oscura de todas. Ese baño prolongado me permitió disfrutar de un instante de inconsciencia y desconexión total. Sólo el agua existía, sólo el agua me llenaba y me limpiaba mi ser. No quería aplicar la auto observación de mi mente ni hacer el inventario de mis pensamientos y emociones. Necesitaba que mi mente se callara y fuera independiente de mí, que no me compartiera sus conclusiones ni sus suposiciones o temores, nada… Solamente quería sentir el agua sobre mi rostro y mi cuerpo, libre de todo raciocinio. Quería ser agua, murmullo, jabón que se desliza, agua que limpia, sonido del agua al caer. Me negué a pensar. Estaba cansada de pensar. Preparé un desayuno que seguramente no fue el mejor. Recogí mi cabello tan cansado como yo. Me puse una sudadera oscura que hacía juego con mis pensamientos y emociones y mis zapatos de caminar que a tantas partes me habían acompañado sin quejarse de lo duro del camino. Despedí a mis dos princesas sintiendo que el amor por ellas era mi verdadera razón de vivir. El sol y la luna de mi vida y el principal motivo para mantener mi matrimonio con Santiago porque siempre soñé que daría a mis hijos un hogar estable, feliz, seguro, confortable. Ese hogar por el que hubiera cambiado mi helado de los domingos, el paseo por el campo, los días de playa o mi tren eléctrico y mi radio de pilas e inclusive a Sandra, mi única muñeca , en esa época más grande que yo. Años después la volví a ver en casa de mi tía Magali. Ya no era grande, había engordado y sus ojos azules habían sido cambiados cuando le comenzó a fallar la visión.

A pesar de todo lo que caminé esa mañana y del cansancio acumulado no quería regresar a casa por temor a más discusiones con Santiago. Lo de la noche anterior había sido más que horrible, nunca habíamos discutido tan fuertemente, pero las crisis contenidas generalmente sacan lo peor de las personas; aunque durante el último año las peleas habían ido aumentando de intensidad, de tono, de forma, de argumentos dañinos, de lucha de fuerzas, de resistencia. Nos habíamos ido haciendo inmunes a nuestras palabras y seguramente por eso cada vez éramos más fuertes y más infelices por no decir que más débiles y desgraciados, incapaces de superar las discusiones siempre originadas por el tema de Aydee Santamaría, la niña mujer que por vivir tan de prisa no tenía tiempo para recapacitar en las consecuencias de sus actos ni en que con su locura sin propósitos estaba arrastrando con la estabilidad de otros, en especial la de Santiago y nuestra familia. Era el tema evitado pero recurrente, negado pero presente que nos estaba separando cada vez más, al punto que por primera vez en nuestros quince años de convivencia estuvimos durmiendo en habitaciones separadas durante más de una semana, sin que Santiago admitiera ni por un instante su error ni lo mucho que estaba agrediendo nuestro hogar con esa relación negada. Tampoco yo fui capaz de acostarme al lado de quien sabía que me engañaba por más que durante años me hubiera dicho que no se cansaría de amarme y de dar gracias todos los días por estar a mi lado. Palabras que el viento borró sin avisarme.

Fueron días aciagos en los cuales mientras yo pasaba las noches en vela en la alcoba contigua, mis hijitas hacían esfuerzos enormes por contentarnos. Demasiada carga para ellas que de un momento a otro se vieron viviendo en medio de un fuego cruzado que las torpedeaba sin compasión. Las palabras esquivas hicieron nuevamente su aparición sin poder superar lo insuperable. Pegando con pasión primaria nuestras diferencias irreconciliables. Era lo único que ya parecía unirnos como última tabla de salvación a la que nos agarrábamos con más fuerza sin saber que en esos intentos vanos solamente estábamos poniendo remiendos débiles a una relación que necesitaba ser sanada de raíz, no por encima; lo que hacíamos era poner parches aparentemente nuevos sobre un vestido desgastado y roto. Al principio parecía funcionar, pero finalmente se rasgaba por cualquier otro lado, aunque en este caso las rasgaduras siempre venían del mismo lado por el que se escapaba el amor y los esfuerzos de ambos. Me sentía cansada de ver en lo que se había convertido nuestra relación de tantos años. No podía evitar pensar que había tenido todo para ser feliz y exitosa y que por amor lo había echado a perder. Enamorarme de Santiago en esta primera escala de mi viaje soñado había sido una locura, un tremendo error y estaba pagando un precio muy alto por ello.

Luego de mucho andar me sentí muy triste de estar evitando llegar a casa. Estaba aburrida de esa sensación y de esas emociones encontradas que me estaban desgastando. No quería encontrarme con Santiago, por lo menos hasta no saber qué iba a suceder, así que en ese recorrido sin rumbo fijo llegué a casa de Leticia, mi amiga del alma, con la que teníamos infinidad de cosas en común. Habíamos estudiado juntas, vivido juntas y compartido nuestras épocas de baile, de sueños, de risas, de despreocupación, en un tiempo en que vivir era sinónimo de alegría. Leticia veía la vida con más calma y con una espiritualidad tan espontánea que más parecía mi ángel de la guarda. Ambas veníamos de hogares desbaratados o disfuncionales como se les dice ahora y nuestros padres no se hablaban por falta de perdón, a pesar de los años que llevaban separados, cada uno por su lado. Las dos queríamos darles un hogar estable a nuestros hijos, y ahora, como si toda esa afinidad no fuera suficiente, también compartíamos la experiencia tan dolorosa del engaño. Sus palabras me ayudaban mucho, ella me decía que el engaño no vive en el tercero, en el que se atraviesa, sino que el engaño vive dentro de cada persona, así como el perdón que en su caso tuvo que ser muy grande para recibir de vuelta a su esposo y darle otra oportunidad, con una visión muy diferente y con la certeza de que, así él se marchara nuevamente, ella seguiría viviendo. Esa era su ganancia. Cruel resultaba admitirlo, pero aquella experiencia se convirtió para Leticia en su mayor fortaleza porque si antes dudaba de sí misma, si por momentos había pensado que sin su esposo ella se perdería en el laberinto de la locura, la depresión y la oscuridad total, ahora sabía perfectamente que su vida no era él y que ella tenía la entereza y la capacidad de vivir sola, de ser feliz sin él y atreverse a hacer cosas que antes sólo hacía con él. Escuchar a Leticia hablar del dolor de un engaño y del consuelo de un perdón absoluto era un bálsamo sobre mis heridas. En verdad tenía que digerir todo aquello, encontrar una solución y hablar con Santiago. No todo estaba perdido. Decidí hablarle desde la positiva experiencia de Leticia y su marido. Él los conocía y podría ver en ellos un buen ejemplo a seguir. Con los sabios consejos de Leticia podría llevar una conversación con altura y dignidad sin necesidad de lastimarnos. La ofensa nunca es una buena alternativa. Si definitivamente la única opción era separarnos entonces lo haríamos ejemplarmente, civilizadamente, con respeto, dándonos la libertad que por alguna razón Santiago otra vez anhelaba tener. Le propondría renegociar nuestros acuerdos con sensatez, estableciendo la manera de seguir compartiendo con nuestras hijas para darles el mejor ejemplo posible, pero ante todo estaba decidida a mostrarle la alternativa de salvar nuestro hogar, nuestra familia y la relación por la que tanto habíamos luchado juntos. Podíamos volver a comenzar, con amor todo es posible, y yo no tenía dudas de querer seguir con él a pesar de las dificultades, yo lo ayudaría a salir de esa aventura que lo tenía confundido. Hablaría con Aydee, le diría que no nos hiciera lo que ella misma había padecido por la separación de sus padres, seguramente entendería. Ese era el momento de aplicar todas las recomendaciones que diariamente le daba a quienes decidían separarse y a quienes ayudaba hasta último momento a que recuperaran y restauraran su relación. Si eso funcionaba con muchas parejas ¿Cómo no aplicar lo mismo en mi propio matrimonio?

Qué afortunada me sentía de poder contar con una amiga-hermana del alma como Leticia, ella tenía la capacidad de hablar a mi corazón, de decirme la verdad sin lastimar, de mostrarme otro panorama. Leticia era capaz de defender a Santiago sin invalidarme o defenderme sin juzgar a Santiago encontrando un punto medio y perfecto en el que todos salíamos ganando. No estaba a favor del divorcio porque sabía que en una separación todos pierden, pero tampoco podía estar a favor del engaño ni de cualquier manifestación de abuso, podía haber una manera de conciliar y ella estaba segura que yo podría encontrar ese camino. Esto me produjo una gran tranquilidad porque me permitió ver que había una luz de esperanza para no echar a la basura nuestra historia de más de quince años por la que valía la pena insistir, luchar, conquistar, esperar, tolerar, comprender. Quería llegar a casa; descansar, arreglarme y ensayar lo que le diría a Santiago cuando regresara por la noche. Tenía toda la tarde para preparar una cena especial, me pondría el vestido verde aguamarina que tanto le gustaba a él, arreglaría mi cabello y recuperaría mi mejor sonrisa para esperarlo. Pondría las velas rojas y serviría nuestro vino favorito, lo invitaría a hablar sin reclamos y sin gritos, con la verdad de un corazón sin sombras. Si yo daba el paso, seguro que él entendería y si en mis manos estaba nuestro futuro y el de nuestras hijas entonces lo haría, porque es más sabio el que cede. Volví a creer que juntos seríamos capaces de derribar todas las diferencias y con ese arsenal de infinito amor y esperanza me sentí plenamente renovada y llena de nuevas fuerzas para continuar.

Absorta en mis pensamientos entré a la casa donde una sensación inesperada de estar en un lugar diferente me golpeó tan pronto entré... Esa no era la casa que había dejado por la mañana. No, aquella casa respiraba diferente, olía diferente, se veía diferente. Corrí a mi alcoba y ya no me quedaron dudas, un tendido de cenizas cubría mi cama, la que antes permanecía cubierta de rosas rojas y amarillas o que a veces encontraba llena de las más hermosas notas musicales. En un abrir y cerrar de ojos todo había cambiado. Parecía como si un remolque hubiera entrado a mi casa destruyendo su construcción de años, con sus cimientos y columnas de luchas, distancias, silencios y pesares añadidos los últimos meses. Mis ojos no daban crédito a lo que veía, pero la evidencia era más fuerte que mi deseo de no ver. ¿Cómo era posible que Santiago pudiera desbaratar en unas pocas horas lo que nos había costado tantos años realizar? ¿Cómo había sido capaz de hacer semejante barbaridad sin detenerse a pensar en el daño que me haría no sólo a mi sino a nuestras hijas y a él mismo? No había dejado rastro de su ropa, de sus discos, ni sus instrumentos, equipos ni fotos. Había cargado con todo, el piano, las guitarras, los tambores,

36

el televisor, el equipo de sonido que habíamos comprado hacía poco, su equipo de buceo, el de automovilismo, los cuadros, los recuerdos comunes, abrigos, bicicletas de carrera, raquetas...hasta las pelotas marca Bye. Sólo dejó en el último rincón del clóset el corsé ortopédico que había usado luego del accidente automovilístico que lo dejó reducido a una silla de ruedas por casi seis meses, durante los cuales lo cuidé con esmero a pesar de la rabia que me daba verme respondiendo por una situación que yo no había creado, pero ahí estuve todo ese tiempo para él, incondicionalmente, como siempre. Esa invalidez temporal me puso de manifiesto que en cualquier momento podría quedar viuda y mis hijas huérfanas por el simple capricho de Santiago de buscar emociones fuertes que llenaran sus vacíos, los mismos que mi amor no alcanzó a llenar. Ese fue el recuerdo que me dejó, algún mensaje codificado que yo no lograba descifrar, tal vez una manera de decirme que era lo único que me agradecía, ...no lo sé. Lo cierto es que se había llevado todo. Fue un adiós silencioso que causó todo el estruendo del mundo sobre mi vida y la de mis pequeñas hijas. Por eso, esa noche lloré hasta la última de mis lágrimas, sin poder y sin querer contenerme, lo mismo daba. Santiago había decidido por todos, él siempre decidía y hacía su voluntad al punto que ni para un final deplorable me tuvo en cuenta.

En ese momento vi un barco hundiéndose, lleno de agua por todos lados y su capitán saliendo presuroso sin mirar atrás y sin decir por lo menos ... adiós.

LA OSCURIDAD

Con mi corazón y mi alma en cuidados intensivos pronto estuve en la silla de torturas de Regina Sarta quien no solamente no me ayudó a salir del laberinto oscuro en el que me encontraba, sino que alimentó mi autocompasión y sensación de miseria e incomprensión, sacudiendo sobre mí su plumero de confusión, curiosidad e indolencia hasta hacerme estornudar de dolor. A empujones me llevó hacia el cuarto de las cosas olvidadas con el propósito de despertar mi memoria a recuerdos que había querido borrar. Mi caos mental era tal que cada vez que salía de la terapia semanal me sentía más y más desolada. Iba en busca de alivio y recibía otro golpe sobre mis alas ya quebradas. Difícil era verme como la gaviota plateada con plumas de ilusión que había querido remontar las estrellas, volando desde mi ciudad de colores y alegrías a este lugar en el que estaba dejando mis pedazos. No lograba saber dónde había quedado mi compañera de vuelos, la niña inseparable que me acompañaba a subir a la rama más alta del árbol de guayaba que había en el patio de mi casa; un patio con olor a maíz tierno, a gallinas ponedoras, a rosas injertadas de muchos colores, a patos que danzaban en el lago que mi madre, Esmeralda Amórtegui, les construyó para que calmaran la sed y el calor sofocante del mediodía, cuando el sol parecía posar sus ojos directamente sobre las cayenas y las rosas de mi patio de juegos y fantasías. En ese mismo laguito quedaron ahogadas las bromas pesadas de Teresa. Un empujón liberador que le di hizo que la sonrisa burlona de mi vecina quedara en el fondo del agua. Quizá desde ese preciso día aprendí que era necesario defenderme sola de cualquier agresión aunque en ese entonces no sabía que las intenciones de Teresa hacia mí eran diferentes a las de una niña. Tiempo después entendí que ella quería introducirme en un mundo al cual había llegado como consecuencia de los abusos de un tío depredador que la llevó a aborrecer a los hombres. En ese tiempo yo no era todavía una mujer, en mis pechos no brotaba la pasión ni en mis labios el deseo y por mi mente no pasaban las ideas de Teresa, mi vecina grande que me miraba con ojos de gallina persiguiendo lombrices. Por eso los intentos de mi vecina no prosperaron y yo, una vez más y sin saberlo, fui protegida de los lobos rapaces que de ahí en adelante rondarían mi vida queriendo devorar a manteles el banquete de mi inocencia juvenil.

El lago era también el lugar favorito de los tres perros guardianes de mi casa, tan distintos, pero tan acoplados a vivir juntos porque en sus diferencias aprendieron sabiamente a complementarse y respetarse sabiendo que se necesitaban para enfrentar ladrones, ahuyentar espíritus y espantar otros perros que venían tras las gallinas del corral. Eran los encargados de separar a Tita, la chivita color caramelo, del escandaloso pavo pavón que no ocultaba su angustia de ser la cena de navidad. Y casi se sale con la suya porque Tita se indigestó de tanto comer yuca cruda hasta reventarse con sus propios gases.

Niuca Alemán era mi preferida. Tenía un color chocolate intenso que acentuaba sus facciones de loba esteparia, pero como toda dama, por distinguida que fuera, algún punto débil debía tener y efectivamente el de ella salió a relucir una tarde en que protegida bajo la sombra de un árbol que le refrescaba sus pensamientos y le acariciaba sus sueños principescos, una presencia inesperada acaparó toda su atención y sus sentidos. Un perro de color indescifrable, dueño de unos ojos ensoñadores y una sonrisa encantadora, pero absolutamente desconocido para todos, llegó sigiloso como un ladrón, atraído por la brisa marina de la tarde y el perfume femenino, inocente y a la vez provocativo de la doncella canina. Sin mucho preámbulo, sin pedir permiso ni presentarse, sin hacer demostraciones de galantería ni promesas de amor eterno, el recién aparecido, cuyo nombre nunca se supo, abordó a la bella Niuca Alemán, quien quedó atrapada bajo la mirada penetrante que la recorría de arriba abajo haciéndola ceder a todas sus pretensiones, deseos y fantasías, olvidando su linaje, modales y recato, arrastrada por la pasión nunca antes explorada. La pena moral y la vergüenza de mi mascota por un amor no correspondido no le permitieron volver a levantar su mirada que se quedó perdida en una espera sin esperanzas hasta que una mañana lluviosa decidió no volver a abrir sus ojos. Se fue con un largo suspiro como sumergiéndose para siempre en el río caudaloso de su dolor.

Mi corazón se llenó de un tardío sentimiento de solidaridad hacia mi mascota preferida, tan preferida que jamás volví a tener otra. Como tampoco volví a tener otro árbol de guayaba como aquel en el que pasé tantas tardes acariciando pensamientos que volaban de una hoja a otra, de una rama a otra, de una nube a otra. Mis diminutos amigos de entonces escuchaban mis historias acerca de un mundo hermoso donde todas las personas vivían felices y las familias crecían unidas en amor y comprensión. Un lugar donde los hombres valoraban a sus mujeres y los hijos encontraban en su hogar el sitio más seguro y protegido; un refugio confortable donde los sueños se respetaban porque todos sabían que cualquier sueño por imposible que pareciera, un día sería realidad. El mío era tan grande que sólo mis amiguitos del árbol de guayaba lo conocían.

Desde la rama predilecta de mi árbol me olvidaba por completo de los conflictos repetitivos de un hogar sin paz y sin amor, un hogar que me hacía doler el abdomen o por ahí cerquita cada vez que mis padres se enfrentaban hasta producir chispas y tornados que arrasaban cortinas, muebles, adornos, vajillas antiguas y nuevas sin que nada fuera sagrado en esos duelos sin cuartel de los cuales seis pequeños inocentes y tres perros leales éramos los testigos presenciales involuntarios y asustados porque hasta el pavo grosero y los patos cuacua corrían a buscar escondedero en el gallinero. Eran momentos en que no se sabía quién gritaba más, si los padres de esa patria agonizante y desangrada llamada familia o los caninos que hacían sus apuestas siempre a favor del ama de la casa. Por mi parte tenía mi estrategia para escaparme de esos estados alterados de conciencia de mis padres, donde la ira hacía su festín y la agresión servía banquete. Era en esos momentos de angustia o impotencia que prefería volar con mis amiguitos, siempre dispuestos a acompañarme. Con ellos llegaba hasta la rama más alta desde donde podía ver la devastación sin cuartel de mi hogar. Antes de que oscureciera me bajaba de mi árbol para evitar que mi mamá o mis hermanos descubrieran mi lugar secreto. Fue una época maravillosa, sólo que de tanto volar olvidaba hacer las tareas y en el salón de clases solamente mi cuerpo estaba presente pero mi mente muy lejos, en alguna aventura fascinante de la que generalmente me tocaba volver y aterrizar forzosamente ante los llamados de mi profesora Anita que me traían de regreso obligado a mi pupitre, aeropuerto improvisado de mis expediciones, al que llegaba perdida por completo de toda realidad, por lo menos de esa realidad del salón de clases. Mis ausencias eran más frecuentes en la clase de geografía por lo que poco pude aprender sobre los accidentes geográficos y su localización ya que sin proponérmelo, cada vez que la maestra los mencionaba yo me ubicaba en el mapa enorme, remontándome veloz a la montaña más cercana desde la cual podía divisar mejor los valles y los ríos. Desde ese entonces guardaba el deseo de ir a conocer ese lugar llamado Ilusiones, ubicado en lo alto de la montaña y que mi maestra decía era Congruencia.

Con el paso de los años los vuelos de mi alma y de mi mente inquieta se fueron hacia castillos encantados y príncipes valientes de mirada ensoñadora y sonrisa perfecta. Fue muy triste cuando nos mudamos de la casa del lago y del árbol de guayaba a causa de la separación definitiva de mis padres que ya no tuvieron más fuerzas para seguirse desangrando en sus luchas cotidianas que apagaban los buenos momentos. Esa razón y condición concluyentes, ajenas a mí y a mis hermanos, incluyó mi árbol, el lago de patos y rosas, las gallinas, los perros, los amigos del barrio con quien jugábamos a la candelilla, la oa, el escondite y hasta mis vuelos al país de nunca jamás. Realmente nunca supe qué hizo mi mamá con nuestro ejército de mascotas que también sufrió las consecuencias de la debacle al tener que ser dejados en adopción en diferentes casas. La única que se salvó de ser donada fue Josefina, la morrocoya de edad desconocida, por estar enterrada evitando que mis hermanos la usaran de patineta y le colgaran tapas que sonaban cuando caminaba o la voltearan para ver como movía sus paticas como montando triciclo; llevaba tanto tiempo escondida que cuando apareció encontró un panorama tan diferente que la hizo extrañar a los niños Valor raspando su grueso cascarón para que se asomara mientras le cantaban !Arre Josefina!

Al pasar de los años, llevada por una callada nostalgia, volví a la misma calle, del mismo barrio, de la misma ciudad cálida y fresca con calles decoradas de cayenas, pero en lugar de lo que llevaba en mi memoria, tan revolcada por la doctora de la mente, encontré un edificio de apartamentos que me reconoció desde sus raíces más recónditas, regalándome oleadas suaves de aroma a maíz tierno mezclado con el sonido inconfundible del gallinero y el saludo de los perros. Desde su construcción imperecedera el nuevo edificio conservaba la memoria de un inconsciente colectivo que, para mi regocijo y consuelo, subyacía en un nivel más profundo y desconocido que el sótano, resguardado de la dureza del concreto y del hierro fundido de sus columnas que habían acabado con la casona de ventanas generosas y techos altos, de corredores amplios y patio enorme. Ese era el precio del cambio, del desarrollo, del crecimiento de una ciudad que no se detiene a preguntarle a la tierra si le gustaría seguir cultivando maíz, llenando de infinidad de colores las rosas, dando lombrices a las gallinas y pasto a las chivas o si por el contrario prefiere sostener el peso de las columnas que en un abrir y cerrar de ojos hicieron desaparecer al único árbol de guayaba capaz de dar entre sus frutos una niña – guayaba que no se las comía por no encontrarse un gusano.

Era el importe de la civilización, el equivalente de la comodidad moderna. Si las ciudades viven sus propios procesos de transformación, si una calle desaparece para darle paso a un puente, si una casa es derribada para poner un edificio lleno de celdas donde aglutinar seres humanos inexpresivos que corren todos los días tras los mismos afanes y entretenimientos pasajeros. ¿Por qué Regina debía entonces hacerme doler lo que antes no me había dolido?

¿Para qué el revolcón de recuerdos si mi árbol no volvería a estar allí para acogerme? Tanto ruido y finalmente mi historia con Santiago no tenía punto de contacto con mi infancia casi olvidada. Evocación inútil en momentos en que mi vida se debatía entre la esperanza y la desesperanza de un alma cansada de sufrir; pero la mujer escondida tras la bata de doctora, la experta en los vericuetos de la mente humana parecía regocijarse, y mucho, con las tragedias ajenas que le aprobaban su pericia en la interpretación de eventos pasados, siendo yo un sujeto más de su observación.

La relación que se estableció entre ella y yo fue una especie de sado-masoquismo, hablando con expresiones siquiátricas. Yo jugaba a contarle cualquier evento de mi vida, distanciándome como prota-gonista, sólo para comprobar el placer perverso que se dibujaba en el rostro poco agradable de la recién aparecida médica de la mente. Yo disfrutaba sabiendo que tenía una semblanza propia y que nadie podría quitármela ni cambiármela, ni siquiera yo misma. Lo vivido me había permitido ser lo que ahora era. Mi historia era real y veraz, tanto como mi dolor permanente por la ausencia de Santiago. Un dolor con el que tendría que acostumbrarme a convivir por el resto de mi existencia. Ya él no estaba presente pero mi amor por él no entendía su ausencia, ¿será que amamos a la persona o a la imagen de esa persona? Porque si el amor fuera simplemente físico, una vez desa-parecida la persona, el sentimiento también debería desaparecer. Sentí un alivio muy grande el día que Regina Sarta me anunció el final de las terapias. Capítulo cerrado, un tiempo inútilmente perdido, un accidente más, un esfuerzo vano en la búsqueda del sosiego que tanto necesitaba. ¿Qué me aportó? No me devolvió a Santiago ni me dio la clave para recuperarlo, tampoco me mostró el camino a seguir ni me enseñó la manera de evitar que mis hijas también sufrieran. Aceptar la realidad era un proceso en el que solamente yo podía seguir traba-jando hasta lograr salir de la repentina oscuridad del alma que estaba viviendo y en alguna parte debería estar el aviso de Salida, no podía perder la esperanza. El cambio o la aceptación de mi nueva condición llegaría sin tanto esfuerzo, si es que llegaba algún día. Por lo pronto ya había logrado liberarme de las sesiones sin propósito constructivo de la psiquiatra de rostro inexpresivo a la que decidí borrar de mi mente, segura de que nunca más me la volvería a cruzar.

No obstante, una de las interpretaciones a posteriori de las sesiones que me hiciera la doctora de la mente, me hizo descubrir que tenía un ingrediente vital en mi estructura de personalidad, representada

44

simbólicamente por dos circunferencias, una parte me conectaba al cielo y la otra a la tierra. Santiago había funcionado como mi polo. En ese claro rol de practicidad muchas veces él había asumido el papel de robador de sueños, por lo insensible o desinteresado en las cosas que movían mi alma. Otra hipótesis de la psiquiatra se centraba en la repetición de los patrones de una generación a otra, de acuerdo con la cual tanto Santiago como yo traíamos en nuestro subconsciente una información grabada que tarde o temprano repetiríamos y ése era el temor que manejábamos, cada uno a su manera, de llegar a vivir la misma tragedia familiar mía. En ese rechazo tan inconscientemente condicionado nos habíamos condenado, acercando a nuestras vidas lo que más temíamos. Nuevamente estaba en escena la creencia de que atraemos lo que más tememos, augurio fatal que muy posiblemente llevó a Santiago a precipitar la ruptura, evitando con ello el sufrimiento mayor de llegar a ser abandonado como lo había sido mi padre, Vicente Valor. Un consuelo tonto, pensé, aquello era absurdo por más que creyera que realmente lo que más tememos es lo que más acercamos a nosotros. No alcanzaba a comprender que alguien pudiera escoger la opción de sufrir lo indecible evitando un dolor hipotéticamente mayor.

Vicente Valor, mi amado padre, había llegado a Cayena procedente del otro lado de la montaña, de un lugar muy remoto, una especie de villa conocida como La Virginia, rodeada de arroyos, quebradas y mucha vegetación, antes de que la modernidad llegara a tumbar sus árboles y a secar sus pantanos, acabando con sus pastos para alimentar los ganados de producción industrial. Sin embargo, Vicente era hijo de una de las familias tradicionales y humildes de la región de donde salió huyendo de la violencia de un padre estricto y de una madre religiosa a la enésima potencia quienes lo obligaron a trabajar desde muy niño, castigándolo con azotes que pretendían domar su espíritu rebelde. Luego que su madre le amarró de rodillas a un árbol durante un día con su noche, mi padre decidió que cuando lo soltara no volvería a esa casa y así lo hizo a escasos días de cumplir catorce años de edad. Mucho fue el camino que recorrió, pero hacerse hombre a edad tan temprana le marcó un carácter enérgico y un corazón a prueba de balas. Sus ojos teñidos de pesares y tatuados con una mirada perdida en el horizonte nunca aprendieron a mirar con esperanza; sus manos fuertes le ayudaron a ganarse la vida honestamente. Pero en su fuero interno un deseo muy grande fue convirtiéndose en una obsesión, tener un hogar y muchos hijos a los cuales darles el amor y el cuidado que él mismo no había recibido de sus padres. Por eso, cuando llegó a esa ciudad costera y la brisa de la tarde le refrescó su rostro acalorado, la sonrisa de la mujer que le atendió en la posada le robó para siempre su corazón tan neófito en el arte del amor.

Esmeralda Amórtegui, dueña de los ojos más hermosos que Vicente Valor hubiera visto, le recibió con la alegría espontánea de las mujeres de la región de Las Cayenas tan negadas a llorar y a sufrir. Su conversación amena hizo resurgir en Vicente Valor una risa contagiosa que creía haber dejado enterrada junto al árbol de los castigos en su tierra con olor a café y a pastos recién cortados. Por ella volvió a cantar los boleros que despertaban a Esmeralda y hacían suspirar a las vecinas. Junto a Esmeralda se sintió renacer, se sintió un hombre valorado y amado, con una razón poderosa para vivir. Por ella renunció a sus viajes y se instaló definitivamente en Cayena donde había encontrado alivio para su alma errante y repleta de resentimientos. Con ella tuvo los únicos hijos y el único hogar que tendría durante toda su vida. Disfrutó, sin saberlo expresar muchas veces, la llegada de cada uno de sus seis hijos, aunque lastimosamente las diferencias cada vez más marcadas con mi madre enturbiaron la relación hasta que llegó el desenlace final. Fue Esmeralda quien un día resolvió abandonarlo, sin consultarle, sin decirle adiós, cansada de los injustificados y constantes brotes de celos de mi padre Vicente Valor que la asfixiaban. En realidad no fue un abandono sino una búsqueda desesperada de oxígeno para poder seguir viviendo.

Derrumbado en la silla de cuero que encontró en la casa hasta entonces llena de ruidos infantiles y de la risa inconfundible de Esmeralda y de sus hijos, Vicente Valor entendió tardíamente que a pesar de haberle entregado a Esmeralda Amórtegui todos sus sentimientos y de haber logrado con ella realizar el sueño de tener un hogar, la imposibilidad de superar los celos que lo atormentaban día y noche en el terror mayor de perder a la mujer que quería, así como la agresividad y el carácter fuerte que lo había marcado desde muy niño, terminaron por cansar a Esmeralda del infierno en que se había convertido su convivencia. Fue duro para mi padre entender que había perdido lo único realmente valioso que tenía, pero su orgullo de hombre abandonado no le permitió ir tras la mujer que le había hecho conocer el amor, la felicidad y ahora la desgracia. Aquella casa desocupada y silenciosa fue lo único que le quedó como un recuerdo imborrable. En ese momento fue capaz de extrañar hasta el ladrido antes insoportable de los perros, el graznar de los patos y el aletear de las palomas que seguían buscando la mano de Esmeralda. Sentado en la mecedora que lo acogió, solo, abatido y cabizbajo dejó derramar una lágrima de dolor y de impotencia, sellando en un instante la mejor etapa de su vida, ahora irrecuperable e inolvidable. En sus manos había estado y aún estaba la posibilidad de arreglar su hogar, de mantener su familia, de enderezar su camino, pero él eligió seguir viviendo atado a un pasado amargo del cual no se soltaría nunca. Precisamente esa esclavitud de su alma y esas heridas sangrantes nunca cicatrizadas de su corazón fueron las que le compartió a Santiago traspasándole todo su veneno porque al contarle su crónica de soledad y dolor por el abandono de Esmeralda Amórtegui y su incapacidad de rehacer su vida, sembró en Santiago una semilla muy grande de incertidumbre sobre el amor verdadero de las mujeres cayenas que abandonan al hombre que las ama. Este hombre que habló desde su resentimiento olvidó precisarle a Santiago que una característica de las mujeres de la tierra de las brisas y los colores es que sabemos amar mientras somos amadas y respetar mientras somos respetadas, lo cual no fue el distintivo del amor de Vicente por Esmeralda Amórtegui. Santiago Torres se quedó anclado en la versión de Vicente, adoptando sin dudarlo el relato serpenteado y tenebroso del duelo inacabable de Vicente Valor en el que él, como uno de los protagonistas, no asumía responsabilidad alguna por lo sucedido. El único pecado de Esmeralda fue haber anhelado el amor de un hombre que no la humillara de ninguna manera, sino que le diera ese hogar con el que tanto había soñado desde niña. Pero el amor era así de inexplicable para muchos pues mientras Vicente la amaba como a nadie, igual la menospreciaba como el que más y mientras ella anhelaba su amor, también le rechazó como ninguna otra, prefiriendo apartarle de su vida en el temor creciente de que nunca pudieran ser capaces de convivir en paz. Con su partida, casi huida, evitó una tragedia mayor que se veía venir y no precisamente a lo lejos. Decisiones extrañas e incomprensibles de los seres humanos que en medio de las luchas propias de nuestra naturaleza generalmente creemos escoger lo mejor para luego entender que eso mejor realmente no lo fue. Y al final de cuentas conclusiones insensatas ante la imposibilidad de desandar lo andado.

Para Santiago resultaba muy fácil hacer de juez en esa narración a todas luces parcial, de dos seres a los que ni siquiera conocía mucho, pero para mí no, así que renuncié a ser quien dictara sentencia sobre los actos de mis padres. Entendía que ellos habían tenido sus motivaciones y decisiones propias. Lo cierto es que algo en Santiago cambió desde ese día. Uno de los hilos conductores de la comunicación que iba de su corazón al mío se quebró. Con frecuencia hacía alusión a ese tema recordándome que yo no era una persona confiable pues en cualquier momento me comportaría como mi madre. El trasfondo no dicho o el temor no confesado era que él mismo podría comportarse como Vicente Valor.

Ellos dos, los hombres más importantes de mi vida, tenían mucho en común. Un parecido que iba más allá de esos ojos que acariciaban al mirar y de sus sonrisas capaces de derribar cualquier argumento. Mucho más allá de esas manos que, así como sabían acariciar también estaban prestas para golpear al objeto de su amor. Entre ellos existía una especie de identificación de espíritus de la que muy tarde me percaté. Mi madre en cambio me lo advirtió desde un principio, por esa extraña sabiduría de las madres que pueden ver más allá de lo que ven los hijos. Tan pronto conoció a Santiago Torres ella supo que yo me había enamorado de un hombre que terminaría por borrar mi sonrisa, por matar mis sueños, por trastocar mi alegría en llanto y que me haría tan infeliz como lo había sido ella con Vicente Valor. Un hombre que me mostraría los senderos más oscuros y tenebrosos del amor hasta llevarme a la muerte del alma. Efectivamente, mi madre sabía mucho más del género masculino que yo, seguramente en su experiencia había visto que esos individuos de mirada profunda, enigmática y cautivante, de sonrisa perfecta y palabras que enamoran al primer golpe, tienen la facilidad de convertir sus armas de conquista en armas de destrucción y desengaño. Así las cosas, era muy probable que la hipótesis de Regina fuera cierta, pero no podía decir que fuera la verdad absoluta ni la explicación plena al enigma de por qué el amor del hombre que nos ama y al que amamos nos mata sin piedad. Y es que la historia apenas comenzaba.

La doctora de la mente hilaba muy delgado al desconocer las profundidades del alma que esconde las conductas insanas de muchos individuos que en momentos de conflicto sacan a relucir su lado más sombrío y velado. La falta de valores y principios cede su lugar a la dureza, la carencia de afecto, la intolerancia, el odio, la crítica, en fin, tantas cosas que conviven en quienes, por elección o ignorancia, se mantienen en ese estado de conciencia tan básico. Esta falencia arraigada impide relacionarse de una manera sana, constructiva y respetuosa, asumiendo que todo conflicto necesariamente significa ausencia de amor. Optan por una negación completa y facilista de los compromisos y los pactos instalándose cómodamente en la tiranía del desamor, generalmente unilateral y uno de los errores más comunes del ser humano. En consecuencia, las barreras del odio, de los ataques a granel, de las distancias irreconciliables se establecen cuando no hay un punto de encuentro cierto, firme e inamovible de un alma a la otra y cuando la persona que disiente considera que sus herramientas más valiosas son, justamente, las que causan mayor dolor en su adversario. En ese plano terminan ubicando a su pareja, afianzando con ello la separación. Consecuentemente dan por hecho que tal separación no se puede plantear y menos llevar a cabo en términos de amor, reconocimiento genuino y respeto. Seguramente porque para los individuos con personalidades violentas las soluciones pacíficas no llevan a ninguna parte y menos a satisfacer su necesidad excesiva de manifestar un poder que humille hasta degradar completamente a su contrincante. Eso es oscuridad del alma, la misma que ha llevado a la sociedad a perderse y consolidarse equivocadamente en las alternativas de violencia de la inmensa mayoría de grupos sociales, entre ellos de algunos hombres hacia muchas mujeres, debido al detrimento o desconocimiento del valor y propósito de cada persona, de la pareja, de la familia y de la vida misma.

Regina nunca me habló de eso, pero yo, que venía de una historia de desintegración familiar que me había golpeado desde antes de nacer y que hasta el momento había sido mi única herencia, sin necesidad de ser una psiquiatra revuelve-emociones-saca-conclusiones podía saber mejor que nadie y entender que el hombre que se resiste a cambiar su estado depredador, primario, salvaje, es el peor enemigo del hombre, probablemente porque conoce tanto a los de su misma especie que es capaz de desarrollar las estrategias de ataque más crueles y despiadadas. En cada ser humano habita la luz y la oscuridad; la conciencia y la inconsciencia, pero donde reina la oscuridad todo se torna tan impenetrable que ni el más mínimo rayo de luz puede llegar a iluminar la otra parte del ser donde habita la opción sanadora y liberadora. La oscuridad es tan irreconciliable con la luz que si la persona no tiene en su haber un deseo profundo de salir de ese pasadizo subterráneo, difícilmente podrá romper la tradición de dolor y rencor que tanto ha marcado a la humanidad que pelea y devora, sin saber muchas veces cuál es el motivo de su disputa y de sus conflictos tan irreconciliables. Pelear es oponerse, es levantarse en armas contra el que piensa diferente. Resulta complejo entender que las peleas deben ser contra nuestras limitaciones personales a fin de matar lo que no nos ayuda a ser integralmente felices, lo que nos impide avanzar en el camino de imponernos sobre la oscuridad interior que asesina el amor y la vida a puñaladas.

Pensaba en mis pequeñas hijas, no quería que ellas perdieran su inocencia ni que desaprovecharan su infancia anhelando ser grandes, como si creciendo pudieran borrar los momentos tristes que estábamos viviendo. Esa no era la solución, lo sabía por mí misma pues a raíz de la separación de mis padres y queriendo seguir siendo niña, pero creyendo que debía crecer más rápida-mente, a fuerza de desearlo me di a la tarea de ocupar el lugar de mi madre ausente, estirando como pude un hogar que ya estaba deshecho, asumiendo unas responsabilidades reales y unos problemas inevitables. Ese fue mi curso intensivo y preparatorio de la esposa sumisa en la que me convertí después, una mujer dispuesta a renunciar a mis derechos y deseos a fin de complacer los de Santiago. Mi esfuerzo permanente se enfocaba cada día en ser la mejor esposa, compañera, mamá, amiga, nuera, cuñada, tía, sin que por ello me sintiera perfecta pero sí dispuesta a servir de la mejor manera posible. Tal y como cuando mi papá llegaba y mi objetivo era hacerlo sentir en el hogar que habíamos vuelto a tener. Una memoria que sin proponérmelo repetí con Santiago a falta de otro modelo más apropiado del cual carecía. Un modelo copiado de leyendas y películas de hombres y mujeres que vivían amores excepcionales. Yo misma fui esa heroína de la historia de amor que creía estar escribiendo con Santiago. ¿Acaso no merecía que mi amado cargara mi foto y hasta mi placa como en esa novela maravillosa de "La Montaña Mágica"?

El auto-conocimiento me llevó a creer que no debía luchar más por las cosas mundanas y superfluas sino aprender a ser una persona humilde, sencilla, libre de toda soberbia y hasta de toda pretensión. Me dediqué entonces a experimentar mi mente, observando cada paso, acción y pensamiento sin perder detalle. Vivía activando mi presencia mental total a fin de reconocer los muchos distractores que habitaban en mi percepción y en mi entorno: "...experimento mi mente en permanente actividad, muy llena de pensamientos, unos positivos otros no tanto, indiferentes, superficiales, profundos, complejos, simples, calificativos, reflexivos, regresivos, entusiastas, depresivos, amorosos, permisivos, intolerantes...en fin, tantos y tan diversos que me hacen ver mi mente saltando de uno a otro lado, llena de burbujas de gas que estallan a cada momento...experimento mi mente en permanente búsqueda de respuestas a interrogantes que no terminan, demasiadas preguntas y pocas respuestas. Una lucha permanente con otra parte de mí que sólo desea estar plácida, serena, sin más preguntas" .... y más adelante...
"ahora miro mi mente y está llena de luz, a veces siento que funciona con energía solar, está recargada de entusiasmo, de ganas de exponerse, contemplativa del infinito, del azul verdoso del mar que la expande o la comprime. Es integralidad, es universo, es unidad perfecta, es creación de amor, esperanza renovada, entusiasmo, deseo. Es un no-yo ilusorio en ese propósito absoluto de simplemente ser. Momento mágico que deseo perpetuar sin distracciones".

Pronto me percaté que por pasar tanto tiempo auto observándome dejaba de vivir real y espontáneamente porque me perdía de lo externo de cada suceso por estar con mi atención enfocada a lo interior. Estaba reduciendo la experiencia de vivir al ejercicio permanente de grabar todo lo que mi mente percibía para luego transcribirlo al papel. Era algo así como una observación de la auto observación que terminó por cansarme porque no podía hacer nada desprevenidamente por saberme observada por ese otro yo que moraba dentro de mí. ¡Necesitaba ser, no dejar de ser!

No sólo mis deseos de prosperidad se habían oscurecido al instalarme en la zona de escasez o de conformismo, sino que muchas cosas también se habían ido quedando rezagadas como los propósitos de juventud que reposaban en el baúl de las cosas olvidadas. ¿Qué se había hecho ese mundo luminoso que ansioso había estado esperando verme alcanzar mis sueños? Solamente sabía que estaba viviendo la noche oscura y negra de mi existir donde igual me daba caminar en una u otra dirección. Total, mi norte estaba extraviado porque Santiago, mi alma gemela, se había ido dejándome tan pero tan desolada que en un instante se apagaron todas las estrellas del cielo. Me había quedado sin horizonte y sin ganas de vivir. Santiago me había encontrado plena, feliz, llena de vida, de sueños, de entusiasmo y me dejaba seca, humillada, despedazada. Eso era estar en la oscuridad, así me doliera admitirlo, sólo que en ese momento no sabía que era una etapa necesaria del proceso.

Santiago Torres era parte de mi libertad de escoger. Había sido mi elección de vida, mi esposo, mi compañero, el padre de mis hijas. Pero en aquella oscuridad, en esa soledad en que me sumergía luego de acostar a dormir a mis pequeñas para que no me vieran desmoronarme, me podía permitir hacerlo. Mientras ellas estaban despiertas les mostraba la faceta de una mamá a ratos triste pero tranquila, fuerte, segura de sí misma, capaz de darles la serenidad suficiente y la tranquilidad de que todo estaría en orden. Los momentos más difíciles llegaban con el atardecer, cuando mis hijitas regresaban del colegio y corrían a sentarse al lado del teléfono a esperar la llamada del papito quien para ese entonces vivía en Libertad a unas diez horas terrestres de Ilusiones, que era la zona de Congruencia donde vivíamos. Yo evitaba escuchar lo que conversaban porque me partía el alma los besos interminables que le mandaban sin reclamarle nada, sin pedirle nada. Solamente lo amaban y en cada palabra me daban las lecciones más duras de lo que es el amor incondicional. Lo amaban, sin importar la distancia o los problemas que él tuviera conmigo. No le reclamaban la manera cómo se había ido ni lo que estaba haciendo. Lo amaban y eso era todo.

Fueron días difíciles y sombríos, pero en medio de mi situación tan deplorable nunca me permití desfallecer delante de mis hijas ni tampoco les hablé de la oscuridad devastadora que estaba viviendo porque ante todo quería que ellas sintieran que la vida no se acaba porque un hombre se marche de su hogar. Si algo quería dejarles sembrado era que la dignidad y el amor propio pueden sostener a una persona.

Anhelaba encontrar la fórmula para sacar a Santiago de mi mente, de mi cuerpo y de mi corazón. No tenerlo a mi lado era sentirme mutilada, como quien sigue sintiendo una pierna que le ha sido amputada. Santiago vivía en mí, sentía su calor, su aroma, su piel, pero abría los ojos y él no estaba. No sabía si era peor dormir y soñar con él o estar despierta y sentirlo tan cerca. Me sentía profundamente desintegrada.

Faride Soto fue una de las pocas personas que me impulsó a salir adelante porque ella misma había vivido una historia de abusos indecibles que la habían tenido al borde de la muerte. Logró huir de un esposo violento para instalarse en Congruencia, su nueva ciudad, con sus dos niños aún muy pequeños. Era una mujer valiente que se había quedado sola por haberse dedicado a trabajar y por un miedo profundo a volver a sufrir. Sin embargo, como una compensación a su esfuerzo, en su edad madura se dio la oportunidad de estrenar esposo, alguien que pudo derribar sus temores a una nueva relación. Juntos llegaron a compartirme su historia, a decirme que un hombre o un esposo no lo es todo en la vida y que yo podría salir a flote con mis hijas. Curiosamente, el compañero de vida de Faride, experto en aura y ambientes, diagnosticó que el espacio en el cual Santiago y yo habíamos convivido durante quince años era el menos indicado. Según el doctor Aires, especialista en Energías Alternativas, los filos de las paredes cortaban el fluir de la energía creadora. Los techos tenían demasiadas columnas, no había ventanas que permitieran el paso de la luz y el aire necesarios para limpiar el ambiente. Había demasiados rincones donde se concentraban las cargas negativas. El área del amor había sido dejada fuera de la casa. La alcoba principal estaba en el lugar de la incomunicación y como si todo eso fuera poco, los refuerzos y listones que pendían amenazantes sobre la cama inducían a la muerte y la destrucción. Esas habían sido las causas de nuestra separación, asombrosamente tardía pues todo indicaba que debíamos habernos separado mucho tiempo atrás y en circunstancias más graves, trágicas, de muerte inclusive.

¿De muerte? "La he de ver muerta" fue lo que me dijo Santiago en nuestra última discusión que me hizo sentir pánico de lo que estaba sucediendo. No dije nada, sólo lo recordé. Un recuerdo más en la lista.

Muerte era lo que yo experimentaba cuando Santiago llegaba a Ilusiones, una vez al mes, a verse con nuestras hijas, desconociendo que a mí se me iba el aliento de vida que me quedaba viendo el panorama de mi familia descuartizada y desintegrada. Mis hijitas se iban felices de poder compartir con su papito y desconsoladas por dejarme a mi sola. Luego regresaban a contarme cada uno de sus pasos. Isabela, que tanto conocía el alma de su papá, me decía que él se alegraba de estar con ellas pero que en realidad estaba muy abatido. Les compraba cosas, las complacía en todo queriendo llenar el vacío que había dejado con su partida. Pero ¿de nuestro proyecto de familia y de vida, ¿qué? Todo parecía indicar que era yo quien debía tomar una decisión. Muchas voces me advertían sobre los riesgos de seguir retardando el proceso legal, pero en mi interior sentía que no debía proceder, sólo esperar. Independientemente de cualquier esperanza de retorno, era por dignidad y por coherencia de vida, de pensamiento, de honestidad. ¿A qué tenía derecho? El derecho a ser feliz con el hombre que amaba se esfumó con su partida. ¿Qué derecho podía reclamar? El de las leyes lo conocía perfectamente, como abogada sabía que muchas cosas legales son superficiales y hasta absurdas. La ley es un instrumento, más no una solución. Una imposición para quienes de una u otra manera no se sujetan a ella. La ley no me devolvería jamás el amor de Santiago ni su presencia, y mucho menos su fidelidad. Ninguna ley puede obligar a nadie a amar a otro y menos a compartir un proyecto de vida ni a luchar por una familia. La ley es la aplicación de la justicia, pero en este caso ¿qué era lo justo y qué lo injusto? Es un medio para solucionar los aspectos prácticos de los conflictos, nunca una fuente para sanar vidas ni para devolver la esperanza o el amor perdido. Eso sería pedir demasiado. Realmente pensaba que reducir el amor a unos papeles y a unos procesos formales era acabar con lo último que me quedaba, el derecho a guardar un recuerdo de una separación digna, así en la práctica no lo hubiera sido ni de lejos.

¿Cómo hubiera querido separarme? Jamás deseé separarme, pero dadas las circunstancias me hubiera gustado hacerlo con tranquilidad, con altura, en paz, como una decisión mutua de dos seres que, por respeto a su testimonio de vida, a los hijos y al tiempo compartido tienen el deber y el derecho inalienable de decirse la verdad sin ánimo de agraviar sino de sanar y rescatar lo valioso de esa relación. Eso fue lo que siempre le pedí en medio de nuestras discusiones sordas y absurdas, que me hablara con la verdad, pero él nunca fue capaz de hacerlo o si lo hizo fue tan cruel y tan humillante que yo lo tomé como una ofensa más, como un escape o una oportunidad para agredirme. En esos casos aplicaba perfectamente la máxima de que es de sabios hablarle al otro con la verdad que aquél sea capaz de entender. En realidad no podía afirmar que existiera una forma correcta y sana de separarse, pero sí estaba segura que la vía escogida por Santiago era la más deplorable de todas. Lo más grave del asunto es que yo misma no había podido hacer nada para cambiar esa condición tan miserable. Es innegable que las diferencias se emparejan siempre por lo más bajo. ¿Qué le costaba haber hecho un último intento de separarse de una manera apacible y digna de recordar? Hasta le propuse unos días antes de su partida que organizáramos una reunión familiar, una cena de despedida y que en medio de la tribulación que pudiera significar la separación nos compartiera sus motivos, nos diera una explicación tanto a mi como a las niñas, algo que pudiéramos atesorar como un gesto final y amable, pero él ignoró mi petición como tantas otras súplicas que noche tras noche y en muchos amaneceres de desvelo y de llanto le hice. ¿Qué más me faltó hacer?

Acepté consejos, fórmulas y hasta novenas milagrosas. Amada Baute, fiel devota de la virgen de las Mercedes y de Santa Reconciliación me dijo que todo lo que estaba viviendo era por mi falta de devoción a las santas vírgenes que son las que todo lo pueden. Recé cada novena sintiendo que repetía aquellas líneas como un loro cansado y aburrido, pero lo hice con devoción y con mi esperanza puesta en algo desconocido, liberándome por anticipado de cualquier culpa posible por no aceptar consejos o de un mayor castigo por parte de las santas misericordiosas. En esa misma búsqueda desesperada de consuelo comencé a ir a misa todas las noches con mis pequeñas hijas. Con fervor y desespero íbamos persiguiendo una respuesta divina, pero noche tras noche encontrábamos las mismas palabras dirigidas a todos y a ninguno. Volvíamos a casa con la tranquilidad de un deber cumplido y con un velo de desesperanza cada vez más alargado sobre nuestras cabezas. Me sentía desalentada de los mismos golpes en mi pecho que me aumentaban el eco de "por mi culpa, por mi culpa, por mi grandísima culpa".

Suficiente era darme látigo cada vez que se posaba sobre mí el sopor denso de la culpabilidad. Durante horas enteras me preguntaba ¿Qué más me faltó hacer para retener el amor de mi esposo?, ¿Qué más me faltó dar en esa relación? Estuvimos de acuerdo en no volver a esas ceremonias religiosas, no importaba que ellas fueran niñas, las tres estábamos en la misma dolorosa incertidumbre y lo que necesitábamos eran palabras de esperanza. Por el contrario, continuaba viendo a Santiago sumergirse en un lago turbio y oscuro, acompañado de mujeres que reían agarrándolo, abrazándolo, besándolo. El parecía no percatarse de sus rostros desfigurados, entregado al placer absoluto, más allá de toda razón.

Por sueños como este llegué a pensar que mis oraciones y peticiones eran escuchadas por mil espíritus burlones que luego llegaban por las noches a mostrarme la nueva vida de Santiago. Sin embargo, en esa decisión de no continuar asistiendo a misa influyó mucho mi relación temprana con la iglesia, cuando mi abuelita Felicia Mantilla me obligaba a ir todas las tardes a rezar por el regreso de mi mamá, de la que no se sabía nada desde que se marchó a trabajar a Sihay, un lugar distante de Cayena, donde el comercio era lo más importante y donde miles de personas llegaban persiguiendo sus sueños de riqueza para regresar finalmente con las manos vacías, como fue el caso de ella. Años de trabajo duro con la ilusión de ahorrar para regresar con el dinero que le permitiera comprar su casita. Los años pasaron, las fuerzas disminuyeron y el dinero nunca llegó porque se le quedaba en los gastos de una vida diaria y en lo que nos enviaba. Deplorable juego de sumar y restar en el que las matemáticas no ayudan a solventar la realidad. Esa fue la experiencia de Esmeralda hasta que renunció a seguir juntando monedas. Con su rostro recubierto de valor y de lágrimas ya secas por el sol regresó con su maleta más vacía que al marcharse, pero recargada de ganas de seguir viviendo.

Era el tiempo del colegio, de la edad en que las niñas piensan en jugar con sus amiguitas sin ninguna preocupación. A mis escasos once años, al regresar de la escuela donde estudiaba, me tocaba caminar con Luis Miguel, mi hermano menor, las quince cuadras que nos separaban de la parroquia para llegar antes de que comenzara la misa de seis. Desde que nuestros padres se separaron y mamá decidió irse a trabajar muy lejos de casa para conseguir el dinero de nuestro sustento, mis hermanos y yo vivíamos con la abuela Felicia y la tía Maga. Todas las tardes como en un ritual, Luis Miguel y yo íbamos muy juiciosos y puntuales a la iglesia. Al principio llegábamos a prender las velitas por el regreso de nuestra madre. Pronto nos hicimos amigos de Eduardo, el monaguillo asistente del sacerdote. Con él recorríamos el sendero decorado con cayenas pintadas desde el rosado más suave hasta el rojo más apasionado que llevaba a los sótanos y a los nichos fríos y oscuros donde reposaban las cenizas de muchos difuntos a quienes parecía no molestarles que tres niños los visitaran ni que nuestros ecos recorrieran cada rincón de las bóvedas silenciosas. Fue ahí que supe que la muerte producía frío porque ese era el único lugar al cual no se asomaban los poderosos rayos del sol que en el otro costado parecían derretir el firmamento sobre el cemento. También conocimos la historia y especialidades de todos los santos de la iglesia. San Francisco era el santo de los animales, o sea que a él se le podía pedir por la salud de todos los animales de la creación y hasta de muchos que no se reconocían a sí mismos como tales. San Jorge, conocido como el santo militar, seguramente a él le imploraban de rodillas y secretamente todos los militares en situaciones tan apremiantes que les doblegaban su orgullo patrio. San Ignacio de Loyola, conocido como el santo de los ejercicios espirituales. San Patricio, San Ignacio, San, San y Santas, Teresa, Marías, Genoveva, Clara, y muchas más.

Antes de la misa Eduardo nos indicaba la virgen a la que debíamos encenderle las veladoras para que nos trajera de regreso a mamá. Fue un tiempo divertido, en especial por el reto que nos pusimos de hacer que Eduardo se riera durante la misa, por lo que se veía obligado a bajar la cabeza para evitar que el sacerdote se diera cuenta que sus mejillas de continuo pálidas se habían vuelto de un rosado intenso como de fresas frescas. Estábamos felices con nuestro nuevo amigo, pero como dice el refrán que encierra otro temor común, "las cosas buenas no duran para siempre". Una tarde llegamos a la iglesia más temprano que de costumbre, nos quedamos en la terraza de la entrada contando historias de santos y santas, de espantos y de ánimas cuando de repente vimos como una aparición venida del más allá....era nuestro tío Ignacio, el mismo que no me permitía tener amigos ni amigas y que decía mentiras sobre mí a mi papá cuando venía a visitarnos, el mismo que por las noches se acercaba a mi cama a tocarme y despertarme mientras me decía que me quedara quieta o me castigaba. Él me aseguraba que no me haría nada, pero una de esas noches me embadurnó mi cabeza de pegante por lo que me puse a gritar hasta despertar a mi tía Maga. Ella sí sabía que aquello no era pegante, pero con gran ternura lavó mi cabello a esas horas de la noche, mientras me hacía una serie de preguntas prudentes y necesarias para precisar hasta dónde había llegado el lobo disfrazado de tío; un tío autoritario al que mi madre le había encargado mi cuidado durante su ausencia; ése era el que estaba observándonos desde la acera de enfrente con su ceño fruncido y su expresión de reproche. El miedo nos invadió y nos hizo correr puertas adentro de la iglesia para arrodillarnos tan fervientemente como nunca antes, sólo que esa tarde la petición casi a coro de mi hermano y mía fue "Papá Dios que no nos haya visto, que no nos haya visto". Demasiado tarde lo pedimos porque antes de terminar una mano fuerte sobre mi hombro y otra sobre mi hermanito fue la respuesta apocalíptica que no venía precisamente del cielo, como tampoco el dedo acusador proyectado en todas las paredes de la Iglesia, señalándonos la puerta de salida.

La versión del tío abusador fue que había descubierto que yo iba a la iglesia a encontrarme con mi novio, el monaguillo, y que él mismo había visto que yo iba a hacer otras cosas muy diferentes de rezar. Por mucho tiempo me quedé convencida que de verdad era la novia de Eduardo, así, a secas, porque nunca supe su apellido ni nunca más lo volví a ver. Obviamente fue el final de nuestros paseos a la iglesia y tal vez a causa de eso Papá Dios no nos devolvió a nuestra mamá sino mucho tiempo después, muy tarde para acompañarme en mis momentos más difíciles, como el paso sorpresivo de niña a mujer, o las muchas noches idénticas en que el tío Ignacio insistía en sentarse al lado de mi cama y no precisamente para cuidarme ni para contarme la historia del lobo feroz porque él mismo era el más feroz de todos los lobos. Una noche cerré mis ojos con fuerza, con tanta fuerza que me quedaron doliendo y le pedí a los ángeles que se lo llevaran para siempre, que lo desaparecieran de mi vista; al abrirlos ya no estaba allí. Mucho tiempo después descubrí que el ángel que había puesto punto final a las macabras visitas nocturnas había sido mi tía Maga, un ángel de la guarda que Papá Dios había enviado para cuidarme en ese tiempo.

Esmeralda Amórtegui regresó una tarde en que nadie la esperaba, era tan hermosa que cuando sonreía hasta el sol se inclinaba a mirarla. Con ella a mi lado me sentía segura y protegida y lo que menos deseaba era que volviera a irse. Muchas otras dificultades vendrían, pero en ese momento me sentía muy feliz de que mamá estuviera nuevamente con nosotros. Me encantaba salir con ella a recorrer las calles y a disfrutar de la brisa decembrina, mientras caminaba de su mano pensaba que cuando grande quería ser igual de hermosa a ella por eso uno de mis pasatiempos favoritos era ponerme sus tacones y su ropa de vivos colores. Me sentía orgullosa de mi mamá, a pesar que ya no estuviera con mi papá del que tampoco hubiera querido separarme nunca. No pasó mucho tiempo antes que la vida me mostrara el valor tan grande de tener una mamá cercana.

Rochy era una de mis amiguitas del colegio, era mayor que yo, tenía unos ojos muy lindos y un cabello rubio y brillante que se movía como cola de caballito pony cada vez que caminaba. Ella tenía un novio a escondidas, un teniente que había sido herido en combate. Rochy me pidió que la acompañara a visitarlo al hospital militar un miércoles a medio día, antes de llegar al colegio. Fue una corta visita, pero al día siguiente las profesoras del colegio se enteraron de lo que consideraron una falta grave. Las dos fuímos llamadas a la rectoría a declarar sobre lo sucedido. Un día tras otro tuve que contar exactamente lo mismo en un interrogatorio que duraba horas. Inclusive llegaron al punto de pasarme un bloc de papel periódico y un lapicero de tinta roja para que escribiera todos los hechos, me hubiera gustado conservarlo. El último día de tortura me pusieron delante de todo el colegio como el ejemplo de lo que no se debe hacer, calificando mi conducta de pésima, inclusive me amenazaron con expulsarme del plantel, quedando con matrícula condicional. Lo peor para mí fue que a partir de ahí las profesoras no volvieron a tenerme en cuenta. Nunca más me sentí feliz en ese lugar y los días que tuve que seguir hasta terminar el año se me hicieron interminables. No alcanzaba a entender qué era eso tan reprochable que había hecho como para que me trataran así. Sólo una voz me consoló, la de mi mamá que también tuvo que ir a declarar, salvándome de la sentencia de expulsión. Cuando salimos del colegio mi mamá en lugar de regañarme me dijo "Hija, esto es para que te des cuenta que no todas las personas merecen tu amistad, que esto te sirva para comenzar a distinguir entre los que son amigos y los que no lo son, esa niña en realidad no era tu amiga. No te preocupes, apenas es el comienzo, muchas cosas te sucederán, muchas te lastimarán, muchas veces verás que las amistades no son lo que tú crees". Tenía razón porque si Rochy hubiera valorado mi amistad todo lo demás habría perdido importancia, pero ella nunca más me habló. Ni siquiera después de muchos años en que nos encontramos en la misma universidad. Yo la reconocí y quise preguntarle por qué no había querido seguir siendo mi amiga si yo no la había defraudado. También me hubiera gustado saber si seguía con su teniente de cabello rubio y ojos azules para poder pensar que todo aquello había valido la pena, pero ella fue inaccesible. Tal vez ese incidente alcanzó a lastimar mi inocencia de niña, pero lo cierto es que me llevó a tener claro que no quería llegar a ser como mis profesoras, mujeres amargadas y preguntonas que pretendían ver lo torcido donde no lo había. Hubiera querido escribirles una carta contándoles lo que ellas querían escuchar, pero en ese tiempo no tenía esos pensamientos. Tampoco podía contar lo que no había visto porque no sabía que mientras me comía un helado en la sala del hospital militar, en la habitación contigua Rochy disfrutaba de su adolescente amor, dejando que el teniente herido en su pierna, pero no en sus manos, le levantara la falda corta del colegio debajo de la cual no llevaba más que sus pantys de algodón blanco. Tampoco supe que mientras paseaba de un lado a otro con mi helado de vainilla, más de un teniente de ojos oscuros, deseaba también levantar mi falda de colegiala y comprobar la suavidad de mi piel casi infantil. Nada de eso supe, pero muchos años después pude entender que mis beatas profesoras sí lo sabían y eso precisamente era lo que esperaban escuchar. No escucharlo, ni siquiera por la presión que ejercieron, fue lo que las defraudó y las hizo soñar con un teniente desconocido acariciando sus piernas ya no tan suaves ni perfectas, hasta hacerlas doler de deseo. No quería ser como ellas, porque nada de lo que un hombre y una mujer hagan por amor puede ser reprochable. No importaba si Rochy no había querido seguir siendo mi amiga, yo sí fui una gran amiga hasta el final. Ese incidente marcó muchas cosas en mi vida, y eso era apenas el comienzo, el primer entrenamiento que me afirmaría mi capacidad inmensa de amar más allá de las circunstancias.

Tomás Amórtegui Casas llegó desde La Mandriosa con sus tres embarcaciones hasta la tierra del amor, la música y la alegría en busca de tesoros y aventuras, más aventuras que tesoros, pero de uno y de otro encontró por montones. Cual conquistador de esas tierras casi baldías puso su estandarte en los 24 hijos que tuvo, sin contar los que había dejado en su provincia del otro lado del mar y de los cuales solamente

60

se trajo consigo a Victorino, el mayor, quien pronto aprendió de su padre las estrategias de seducción con las que enamoraba a propias y extrañas en un reto personal de perfeccionamiento y osadía. Fue Tomás, "el capitán", quien le enseñó a su hijo Victorino Amórtegui, a conquistar a las mujeres recién conocidas con sus misteriosos y encantadores ojos verde azul marino, heredados por Esmeralda, como un vivo retrato del abuelo Victorino, al que nunca conocí. Victorino Amórtegui Valbuena creció en un ambiente de hombres recios, de carácter fuerte, acostumbrados a tratar a las mujeres como un objeto de servicio, sometidas a los caprichos varoniles y atadas a los muchos hijos que sobre ellas iban depositando sus maridos casi salvajes y a todas luces autoritarios y machistas. Se casó muy joven y de manera apresurada con Manuelita Mantilla, ante el avanzado primer embarazo de los doce que tendría. Fue la única esposa de Victorino Amórtegui, "el pirata", y esa condición la obligó a aceptar por años las infidelidades de su pícaro marido, evidentes en los otros once hijos nacidos por fuera del matrimonio, entre los cuales estaba Esmeralda como fruto de una cuasi incestuosa y fugaz relación de Victorino con Felicia, su cuñada menor. A nadie extrañó que Felicia fuera una más de las víctimas de Victorino, ni siquiera a Manuelita, que en lugar de ofenderse con su hermana menor se sintió culpable de haberla descuidado.

Me llevó tiempo y esfuerzo poder entender tremendo enredo, pero cuando alcancé a descifrarlo, después de escuchar tras las paredes y atando cabos, me pareció que aquella mancha imborrable de mi familia me mostraba también el lado hermoso de los seres humanos, el valor del perdón de Manuelita hacia su esposo y su hermana y el gran valor del amor, porque la abuela Manuela ayudó a criar a Esmeralda, que en realidad no era su hija sino su sobrina. Y la capacidad de Felicia de sobreponerse a la vergüenza y salir adelante más allá del profundo temor a los hombres que a raíz del abuso del que fue víctima por parte de su cuñado, la marcaron para siempre como una mujer sometida y temerosa de decir lo que realmente hubiera querido decir. Estos modelos, sin saberlo, me habían rodeado desde siempre, algunos acercándome con la luz y otros con la oscuridad, como la escasa o nula relación con Dios porque en casa nunca se hablaba de él. Vicente Valor, mi padre, decía que esa era una decisión que debía tomar cada uno en su edad adulta. Mi madre en cambio, era muy amiga de las procesiones, de los santos y de recorrer las iglesias en la Semana Mayor para ver unos monumentos que para mí y mis hermanos eran trapos morados que cubrían a las estatuas del polvo y de las miradas curiosas. Sin embargo, mamá nos hacía caminar año tras año detrás de un féretro transparente que misteriosamente avanzaba hacia adelante y hacia atrás en una marcha fúnebre que nos llenaba de temor. Aquello no era nada divertido para nosotros. Por mi parte estaba convencida que esos muertos que paseaban en urnas de cristal llevados en hombros, eran sacados del cementerio y eso me producía una sensación muy desagradable. Por eso cuando entraba a la iglesia me acercaba a tocarlos para ver si eran de verdad o si podían decirme algo, pero en lugar de eso me encontraba con los mismos yesos fríos del año anterior, amarillentos y opacos. Aun así, asistíamos sagradamente a la procesión de la Virgen del Carmen porque mi madre, Esmeralda Amórtegui, le había prometido que si le daba la vida a su hija menor se la consagraría en nombre y la llevaría todos los años a su procesión. Así lo hizo mientras vivimos con ella y aún después porque Carmen del Rosario, mi hermana menor, sobrevivió a un delicado embarazo de Esmeralda como consecuencia de las permanentes desavenencias con su marido, con el que poco o casi nada la pequeña Carmen del Rosario pudo compartir porque ni siquiera su llegada hizo posible arreglar una relación tan agrietada, por el contrario, Carmen llegó a cerrar tristemente esa cronología de amor, celos, ofensas, gritos, infidelidades, ausencias y desamor que finalmente terminó en una separación irreconciliable matizada con odios y dolores eternos, con heridas infectadas y con una distancia insalvable. Los celos de Vicente Valor llegaron a su máximo límite al conocer a su última hija, más pequeña que un rosario, porque cuando vio su cabello ensortijado y tan oscuro como el azabache y sus ojos tan negros como la noche en medio de un bosque no imaginó que aquellos rasgos tan hermosos y diferentes fueran los mismos de su bisabuelo, Cipriano Mantilla, un hombre negro, grande y fuerte que en una noche de valentía se fugó con Dominga de la Santísima Trinidad. Una rubia celeste con piel de porcelana, ojos azules como de cielo iluminado y cabellos largos del color del sol adormecido que procuraba disimular en las trenzas tejidas cada mañana y tapadas cada domingo por el velo liviano que colocaba sobre su cabeza, tan liviano y transparente que no le permitió cubrir el rubor de sus mejillas, producto de la pasión que Cipriano Mantilla despertaba en ella al mirarla pasar cuando salía de misa los domingos.

De esa unión nacieron veinte hijos, en la creencia de Cipriano de que de esa manera no perdería jamás el amor de su mujer a la que hizo olvidar de toda su alcurnia y elegancia para que ningún otro hombre pudiera arrebatársela. Dominga vivió toda su vida útil preñada de su negro, dedicada a cuidarlo, a parir y a cuidar sus hijos. Su única diversión siguió siendo la de ir a misa los domingos con una mantilla que cubriera su casi eterno y abultado vientre para evitar las burlas de quienes le decían que parecía embarazo de burra.

El tiempo iba marcando su propio ritmo, así para mí pareciera haberse estancado. La lectura me mantenía distraída de mis pensamientos y del dolor a ratos languidecido, firme por lo menos en mi decisión de no perder la dignidad ni la compostura. Sin embargo, esa decisión fue tan débil que se quebró ante una llamada inesperada. En ese sinsentido en que se había convertido mi vida recurrí a Débora Luengas, una amiga lejana pero solidaria, que había sufrido en carne propia el proceso de una separación larga y tortuosa para todos. Era una mujer llena de mucho resentimiento hacia los hombres. Desconfiaba al máximo de todos y estaba convencida que cuando un hombre cambia de la noche a la mañana con la esposa es porque otra mujer existe en su vida. Para ella Santiago no era la excepción. Sabía de qué hablaba porque su esposo, que era la envidia de sus amigas por su dedicación al hogar, cambió abruptamente hasta pedirle la separación para correr a casarse con quien llevaba más de cinco años siendo su amante y de la que Débora supo demasiado tarde. Esa experiencia le daba la autoridad para no creer en ningún hombre. Santiago encajaba en su definición del típico marido infiel que abandona y ultraja sin piedad.

Yo temblaba de pies a cabeza mientras esperábamos en el lugar donde supuestamente encontraría a Santiago con su amante. Una cosa era saber de experiencias similares de otras mujeres y otra muy distinta ser una de las protagonistas. Los minutos pasaban y ni Santiago ni su sombra ni su aroma aparecían en el panorama, pero estando a punto de desistir, Renata, el carro inconfundible de Santiago Torres llegó veloz, camuflándose con las sombras de la noche. Como salida de la nada apareció la figura espigada de Aydee Santamaría para subir al vehículo que inmediatamente se puso en marcha, como presintiendo que más de un par de ojos los observaban.

Desde mi escondite en el interior del carro de Débora pude ver el encuentro entre Santiago y su secretaria. Lo que me habían dicho en la llamada misteriosa resultó ser cierto. Fue tanta la angustia y el dolor que sólo atiné a esconder mi rostro en el asiento trasero mientras el carro rojo pasión se perdía raudo en la complicidad de la noche. Débora trató de calmarme, pero la calma no puede venir en medio del caos y la tormenta de pensamientos. Moverme en medio de esas arenas movedizas era arriesgarme a caer más y más bajo. Me sentía alelada, dopada, dominada por ese dolor desgarrador, absolutamente incapaz de romper lo que estaba sucediendo en mi vida. Nada peor podría sucederme, nada...solamente me dejé llevar...como un zombi, carente de toda voluntad.

Una casa sombría y con olor penetrante a cigarrillo y a café espeso nos recibió a esas horas de la noche. Una mujer madura, con pañuelo en la cabeza, cigarrillo en los labios a medio sostener y sonrisa indescifrable cual rictus comenzó a jugar con unas cartas que tenía sobre la mesa y sin más rodeos me dijo que mi esposo me engañaba, que no volvería y que luego de un proceso legal largo y demoledor yo me casaría con otro hombre que sí me amaría hasta el infinito. El mundo se me vino encima en ese instante, pero no por lo que acababa de escuchar sino por darme cuenta que lo realmente desconcertante, ridículo y vergonzoso son los caminos extremos y absurdos que una persona desesperada puede buscar y explorar en el anhelo de encontrar respuestas que solamente le hundirán más en el abismo de la ignorancia y la inutilidad. ¡Oscuridad total!

Por supuesto que no creí en ninguna de esas afirmaciones absurdas de la bruja de turno. Si fueran ciertas ¿por qué Débora había perdido definitivamente a su esposo? Si tuviera poder y clarividencia como decía ¿Por qué la misma vidente había sido abandonada por su marido al que mantenía crucificado con alfileres y alumbrado con velas negras? Rechacé la imagen que me mostraba de Santiago, buscando la manera de ser más cruel conmigo, afectando a nuestras hijas, odiándonos, matándonos lentamente. La idea de casarme con otro hombre no tenía cabida en mi mente ni en mi corazón en esos momentos de tanto dolor y búsqueda de respuestas y de alivio. ¿Cómo podría compartir mi vida con otro hombre?, ¿Cómo poner a mis hijas a vivir con un extraño que al igual que mi padrastro o mi opresivo tío, quisiera abusar

64

de ellas y hacerles la vida imposible? No, eso era totalmente descabellado. Deseché de plano toda opción imaginaria o real. Sabía que los hombres estaban listos a caer sobre una mujer separada porque no faltó el amigo que me propusiera noches de pasión para subir mis energías como si yo fuera una caja de baterías que por no usarse podría descargarse para siempre. Una manera muy primaria de pensar es esa de que las cargas o las emociones se emparejan siempre en una cama. Nada más alejado de la realidad, por lo menos de mi realidad.

Para mí el amor no era algo de quitar y poner como un vestido que se cambia por otro. No era como mover muebles, botar cosas o pintar el apartamento, en el deseo de silenciar un poco la montaña de recuerdos dejada por Santiago en todos lados. Me di entonces a la tarea de transformar hasta la última de las paredes, pero curiosamente muchas de ellas se resistían a cambiar de color. Intenté con uno y otro tono hasta que finalmente quedó un color como el de mis pensamientos. Plano e indefinido, ni alegre ni triste, ni esperanzado ni desesperanzado. Un color descolorido y sin brillo que a duras penas lograba tapar los colores fuertes y definidos que antes predominaban en mi hogar, como resistiéndose a morir. Así era mi amor, pensé, para borrarlo era necesario cambiarme toda y quitarme hasta el último gramo de esperanza.

No podía precisar cuál era la luz y cuál la oscuridad de mi amor porque ese sentimiento de entrega absoluta que rayaba en adoración me había dado los años más radiantes y felices de mi vida, pero ese mismo amor me tenía ahora muriendo en la oscuridad más completa y desoladora.

EL ENCUENTRO

*"La felicidad está más cerca de
lo que creemos, sólo que algunas
veces carecemos de la sabiduría
para reconocerla cuando está justo
ahí, a nuestro lado."*

Sofía

Sucedió así, de repente, sin buscarlo, sin proponérmelo, huyendo de mis fantasmas reales e imaginarios. No quería seguir siendo parte de la historia macabra del desamor...una lágrima rodó por mis mejillas, una más, una de tantas lágrimas infructuosas. Apreté mis manos dentro del abrigo con cuello de lana virgen que me protegía del frío penetrante en esos días de invierno. En medio de mi desasosiego la idea de que una mujer no es completa hasta que no tiene un amante comenzó a hacerme eco. Mi risa un poco burlona volvió a mi mente igual que el día que me lo dijeron como parte de una propuesta indecente. Otras veces lo había escuchado, pero en este momento particular de mi vida me descubrí pensando que no era tan descabellado, por el contrario, si hacía lo mismo que suponía hacía Santiago, tal vez podría comprenderlo un poco, desahogarme, oxigenarme y con suerte hasta llegar a salvar nuestra relación.

Inmersa en mis pensamientos de infidelidad terapéutica no reconocí a Salvador Aparicio que caminaba hacia mí. No sé si fue mayor la alegría de verlo después de tanto tiempo o la sorpresa del encuentro tan inesperado que llegó a romper con mi monotonía. Conocí a Salvador durante mi época de universidad, recién llegada de Cayena, todavía con el olor a mar y a frutas dulces en mi cuerpo, en el tiempo en que mi sonrisa era mi marca personal, como dirían ahora, porque no sabía lo que era sufrir por ningún hombre y Santiago no vivía ni siquiera en mi imaginación. Salvador formaba parte de mis mejores recuerdos. Tiempo de risas, de baile, de paseos, de enamorados que no lograban pasar mis barreras ni llenar mis estándares. Sin embargo, guardaba un estupendo recuerdo de Salvador de quien no volví a saber porque, sin ninguna razón que recuerde, cualquier día desaparecí de su vida, como si la tierra me hubiera tragado. Así que era una oportunidad para zambullirnos en el torrente de palabras no ensayadas que nos acom-pañaron largo rato y que se fueron repitiendo con más frecuencia. Salvador estaba decidido a meterse de lleno en mi vida y sacarme de mi relación con Santiago porque, aunque yo no le confesara todo, él podía leer entre líneas lo que sucedía y en realidad no era difícil. Con él comencé a sentirme como una alienígena, con un hombre que no sólo me hablaba de tantas cosas, sino que me escuchaba, me hacía reír y sentirme apreciada, admirada, valorada, hasta lograr acariciar mi alma, asomándose delicadamente en mi interior sin los juicios ni las prevenciones que tanto lastiman al amor. Con él pude entender que un hombre tiene una manera distinta de percibir la realidad, especial-mente la que tiene que ver con el amor y el desamor, y que le tocaban en lo más profundo de su masculinidad, así no estuviera pasando por una situación como la mía.

Salvador Aparicio ya no estaba soltero, se definía como un hombre raramente fiel porque aceptaba haber tenido la intención de otras relaciones sin haberse atrevido a consumarlas, más por temor a enredarse la vida que por falta de ganas de hacerlo; principios de vida, aunque no lo reconociera. Él estaba convencido de que una separación afecta a muchas personas porque es una especie de tornado que no sólo devasta el núcleo familiar sino que descom-pone amistades, altera costumbres, afecta el trabajo, desacomoda planes, rompe vínculos, en fin, le parecía más práctico acomo-darse a lo conocido que abandonar. Una de esas tardes, al calor de un delicioso vino, me confesó que algo dentro de él le estaba gritando que reaccionara o perdería los mejores años de su vida al lado de una mujer que en muchos aspectos no le llenaba, pero a la cual valoraba profundamente. Podían ser las trilladas excusas masculinas que justifican los conatos de infidelidad y eso me hacía levantar automáticamente todas las barreras a la vez que me hacía pensar en las motivaciones de Santiago para engañarme.

Salvador quería atreverse a iniciar conmigo una nueva vida, botarse a lo profundo del mar o desde la montaña más alta con tal de conquistarme y no dejarme pasar nuevamente de largo. Sentí sus brazos apretándome suavemente y sus palabras acariciándome, comprendiéndome, consolándome de mis muchas noches de dolor y abandono. Era una sensación que hacía mucho tiempo no sentía ni disfrutaba, una sensación tan agradable que impregnó mis sentidos de una tranquilidad que esparció en el ambiente un aroma de mujer agradecida. Era tan fácil llegar a mi corazón, tan fácil amarme y quitar los cerrojos que voluntariamente yo había puesto hasta derribar las murallas que nos separaban.

Los pensamientos acudieron en ráfagas, hice un gran esfuerzo para no quebrantarme, pero me resultó imposible no pensar ¿Qué estaba pasando? ¿Cómo podía sentirme en el cielo con un hombre que hacía unos días ni siquiera se asomaba a mis recuerdos? No pude evitar pensar cuánto tiempo hacía que Santiago no me decía que me amaba o que era la mejor mujer del mundo. Las comparaciones eran odiosas pero inevitables, las comparaciones eran la causa de mi infelicidad y del dolor que Santiago me causaba al preferir a otras mujeres antes que a mí. Obligué a mi mente a aquietarse de cualquier reclamación moral; yo nunca le había sido infiel a mi esposo, nunca lo había engañado ni en sueños, era él quien me estaba empujando a contemplar esta solución extrema. La voz de Salvador me hizo reaccionar mientras jugaba con mi cabello, recordándome que él era real y que estaba ahí, dispuesto a jugarse la vida por mí. En el aire una pregunta quedó flotando ¿Quieres venir de viaje conmigo?

Un viaje en el que pudiéramos atrevernos a todo sin testigos, sin temores, sin reservas. Sabía que era una locura, pero también sentía que esa locura podría oxigenar mis sentimientos, aliviándome la carga de mi relación con Santiago. Me sentí como una chiquilla preparando su primera locura de adolescente. Tal vez mi casi olvidado Salvador ahora tenía razón y lo que me faltaba era experimentar una aventura que me ayudara a sacudirme de las sanguijuelas de dolor que se me habían pegado al alma queriendo robarme la alegría de vivir. Tal vez con un amante podría comprender lo que le sucedía a Santiago, entender cómo una persona puede vivir con alguien y disfrutar su vida con otra. Tal vez el engaño no fuera tal y una relación en doble vía contuviera el secreto de la felicidad, felices los cuatro. Sonreí, aunque Salvador no podía alcanzar a meterse en esos nuevos y acomodados pensamientos. Quizá sí funcionaba de esa manera y en ese caso yo era muy injusta con mi marido. No podía desconocer que esta experiencia que se me estaba presentando yo misma la había pedido y de manera misteriosa me estaba siendo concedida, estaba en mis manos tomarla o desecharla. Tenía la oportunidad de vivir esa práctica del mundo tan nueva para mí con un hombre maravilloso, maduro, seguro de sí mismo, derretido de amor y deseo por mí y en las circunstancias ideales porque si Salvador Aparicio no hubiera tenido ningún compromiso afectivo, tal vez no habría sido posible que yo considerara semejante experimento extremo de supervivencia matrimonial.

La hora de la cenicienta llegó y antes de que mi carruaje se convirtiera en un ratón y mi nuevo príncipe Salvador perdiera el encanto, marché rápidamente a la casa donde últimamente era mucho menos que una cenicienta. No me alegré de llegar ni tampoco de encontrar a Santiago esperándome para que ocupara mi lugar, no el que yo merecía sino el que él me había asignado, casi al nivel de un adorno más de la casa, así me sentí que él me echara de menos. Estaba extrañado de mi ausencia porque la costumbre era encontrarme siempre allí, siempre esperándolo, qué alivio sentí que por esta vez hubiese sido diferente. Por primera vez también supe lo que era acostarme al lado de Santiago pensando en otro y lo que era callar para no tener que mentir ni romper el encanto que me había quedado de mi encuentro con Salvador. No me sentía culpable. Posiblemente era lo mismo que hacía Santiago cada noche al llegar de estar con alguna mujer diferente. Fue fácil imaginar que mi corazón adolorido por los desprecios de Santiago, por sus ausencias, sus palabras duras e hirientes estaba siendo consolado con la amabilidad y alegría contagiosa de Salvador, el antídoto perfecto contra toda tristeza. Sería estupendo dejarme consentir por él hasta erradicar todo rastro de sufrimiento. Con esos pensamientos me quedé dormida plácidamente, imaginándome por primera vez en brazos de un hombre diferente a mi marido. Valdría la pena intentarlo, realmente sí, nada podría perder.

En el lobby del hotel escogido por Salvador tomamos un coctel mientras caminábamos hacia la terraza pintada de amarillo y blanco, sin más decoración que la brisa y el ruido del mar que nos escuchaba hacer los planes más locos para nuestra estadía. De repente una sombra de angustia se apoderó de mí borrando mi sonrisa y todas mis ilusiones. Fue como si la brisa del mar se hubiera levantado furiosa para arrebatarme mis planes de poder ser feliz, así fuera por unos días. Empecé a sentirme perseguida, vigilada, escondiéndome de todos y temiendo que en cualquier momento apareciera Santiago y yo no tuviera cómo justificar mi presencia allí en compañía de Salvador, quien trataba de borrar de mí esos pensamientos de temor que no resultaron infundados.

Frente a nosotros estaba María, la esposa de Salvador quien en un instante rompió con todo el encanto del lugar y de nuestro encuentro furtivo. Me esforcé en explicarle que no había pasado nada y que todo era una equivocación antes de salir corriendo para no ver el rostro de Salvador Aparicio que en semejante desconcierto no fue capaz de abrir sus labios para defenderme ni para defenderse. Su silencio fue el golpe final a nuestra aventura antes de que comenzara.

Después de esto no tuve ninguna duda sobre lo que debía hacer, definitivamente no quería ser la causante de una separación. Salvador no entendió mi cambio porque ni siquiera le compartí las imágenes de mi sueño. Yo lo entendía, no era difícil darme cuenta que María, la misma que en el sueño me reclamaba desconsoladamente mientras le preguntaba a Salvador ¿por qué, por qué? era mi propio espejo cuestionándole a Santiago su desinterés, su desamor y su engaño.

Salvador entendió que yo no estaba preparada para separarme de Santiago y que la vida le quitaba nuevamente la oportunidad de estar conmigo, pero también me arrebataba a mí esa tabla de salvación recién vislumbrada. Nos alcanzó a quedar la promesa de que si algún día nuestras vidas cambiaban tendríamos la primera opción, pero mientras tanto podíamos tener la recompensa de encontrarnos sin avergonzarnos de nada. Por mi parte comprendí rápidamente que en las circunstancias en las que me encontraba con Santiago cualquier hombre que llegara a mi vida en la actitud de Salvador me encontraría vulnerable y desarmada, así que decidí echar llave y cerrar mis ojos a cualquier posibilidad porque una aventura no resolvería mi relación tan estropeada, por el contrario, la llenaría de más confusión y tristeza y peor aún, de culpas innecesarias.

Muchas noches volví a soñar con mi efímero Salvador, pero noche tras noche y sueño tras sueño, María aparecía como el ángel guardián, defendiendo con pies, manos y alas lo que era suyo. Suspiré pensando que ojalá en los sueños de Aydee o de cualquiera que estuviera pretendiendo el amor de Santiago, también yo apareciera resguardándolo de toda tentación que es la puerta que se abre primero pero el mejor ángel guardián era el amor y eso, precisamente eso, era lo que ya no habitaba en el corazón de Santiago, de ahí que ya no pudiera estar salvaguardado nada de lo que nos unió y que las diferencias se hubieran ido agrandando, llevando nuestra relación de pareja a un estado agonizante en el cual ningún consejo resultaba aceptable. "Tienen que resolver sus diferencias". Era la frase más absurda en esos momentos donde precisamente el problema eran nuestras diferencias profundas, casi que irreconciliables. ¿Cómo resolver un problema con quien no desea resolverlo? ¿Cómo hablar y comunicarse con quien no desea hablar ni comunicarse?

Una conocida que había sufrido la infidelidad más que descarada de su esposo me aconsejó que ignorara cualquier indicio de traición porque "Ningún hombre es monógamo, ningún hombre es fiel". Al parecer esa creencia tan desatinada le había servido a ella para aceptar a su esposo con su infidelidad enfermiza, pero yo quería seguir creyendo que cuando un hombre o una mujer ama no tiene necesidad de aventuras extramatrimoniales ni de engaños. La fidelidad es una cuestión de honor. En mi cabeza no cabía que él pudiera tenerme a su lado con todo mi amor derramándose a borbotones y aun así tuviera necesidad de salir a beber de otras fuentes, dejándome a mí expuesta a ser consumida por cualquier sediento. Si eso era cierto entonces el amor es una experiencia tan pobre que no permite llenar nuestros apetitos más profundos, espirituales y físicos. La infidelidad no era una opción para mí, pero aceptarla y hacerme la ingenua tampoco lo era; a la postre eso terminaría haciéndome sentir una persona indigna, alguien que con tal de retener a su lado al sujeto de su amor podía ser capaz de olvidarse de su propia valía como mujer y como persona. Posiblemente a otras les podía funcionar la fórmula del triángulo amoroso y yo no era quien para juzgar esa alternativa, pero a mí no me era dado ese permiso desde mi ser y esas son las negativas más fuertes porque no se está atentando contra una norma sino contra un principio de vida. Sentí pesar por esa esposa resignada que con la mejor intención quiso compartirme su secreto de "cómo mantener un hogar en medio de la dificultad sin perecer en el intento suicida". No, gracias, prefería vivir antes que morir lentamente estrangulada por las creencias manipuladoras del amor. Debían existir otras opciones más saludables, no me cabía la menor duda, aunque yo no las había podido encontrar antes de la debacle y ya era demasiado tarde, pero nunca para aprender.

Chacra, significa "rueda" en sánscrito. Hay siete chacras principales y varios secundarios que se corresponden con los puntos de acupuntura. Cada uno de ellos directamente asociado con alguna de las glándulas endocrinas dentro del cuerpo físico. Los chacras determinan la potencia física que, combinada con la voluntad de vivir, dan al individuo energía vital. Un primer chacra o centro energético representado por el color rojo está asociado con la seguridad. Aquello me sonaba como una buena explicación de mi capacidad de sobrevivir en condiciones adversas. ¿Tendría también algo que ver con mi gusto por el color rojo? ¿Y con la pasión que pongo en lo que hago?

El naranja por su parte está asociado al gozo, a la sociabilidad, a la comunicación. Es el color del segundo chacra y está ligado a la salud emocional y al sistema muscular, favoreciendo los procesos de pensamiento con un interés sano en la vida y en el potencial futuro; se expresa en entusiasmo y buena disposición a vivir de manera confiada y constructiva. Es necesario sanarlo para mejorar la autoestima y limpiar la parte emocional. Al parecer ese centro de mi ser estaba negativamente saturado y con poca respuesta a estímulos externos. Seguramente porque mi amor propio y deseos de vivir estaban muy disminuidos. En este mismo centro se ubica el campo de la sexualidad. Ni siquiera mencionarlo me producía el más mínimo asomo de deseo a pesar de que la sexualidad es para mí un área sumamente importante, no solamente en el terreno de la relación de pareja sino en todas las otras porque la energía sexual es clave en la vida y más allá de la intimidad sexual se manifiesta o transmuta en la creatividad, en la capacidad de relacionarnos y de ponerle ganas a todo lo que hacemos. Definitivamente en este tiempo estaba negada al deseo sexual pero no a su manifestación porque esa fuerza me ayudaba a mantenerme activa. La sexualidad no es un instante de pasión, sino el disfrute de la entrega, de la unidad total con el otro y la energía que ponemos en todo lo que hacemos. Después de todo lo vivido mi sexualidad estaba más viva que nunca porque a través de todas esas experiencias podía distinguir lo que era de lo que no y definitivamente amor no es simplemente deseo sexual. Me califiqué como sana en ese punto, o aceptablemente sana porque una experiencia tan traumática afecta de una y de muchas maneras la integralidad del ser.

Seguía añorando las noches durmiendo con Santiago porque nuestros cuerpos se habían acoplado en una perfecta unidad, aun así, mis noches sin él resultaban más tranquilas, lejos de las lágrimas escondidas en una almohada para evitar hablar o discutir. El silencio obligado y el esfuerzo de soportar lo insoportable me produjo un dolor permanente en el estómago. No dudo que la cirugía de urgencia que me tuvieron que practicar unos meses antes de la partida de Santiago fue el resultado de tragarme sin masticar mis propias palabras que terminaron por anudarse en mi estómago de tanto morder las sábanas para no hablar, conteniendo la rabia, el dolor, la humillación de sentirme cada vez más apartada de los recientes espacios de Santiago. Esa intervención quirúrgica y los dolores previos habían sido la experiencia más fuerte y difícil de mi vida, no sabía que una separación me dolería mucho más porque no había morfina que mitigara el dolor ni bisturí que pudiera cortar y extraer la zona afectada. Me extirparon una pequeña parte de mi organismo, pero no me enseñaron qué hacer para no sentir y acumular tanto dolor porque nadie es capaz de vivir con miedos y angustias reprimidas.

Los otros cinco centros energéticos son, Amarillo: Emociones, ni para qué detenerme en esta parte del test; Verde: Autoestima, corazón, amor; los tres en cuidados intensivos. Azul: Purificación, creación, comunicación; Lila: Saber, percepción; y Violeta: desarrollo espiritual, necesario para entender nuestro lugar en el universo más allá del mundo físico. Mi epicentro verde, justamente el del corazón, se encontraba muy pobre, de acuerdo con la calificación que me daba el test. Tenía que sanarlo, eso también era cierto. Definitivamente era el centro energético más lastimado y en el cual debía trabajar, no sólo yo, sino toda la humanidad pues sólo en ese punto podemos estar conectados en un mismo nivel, en un mismo sentir. Toda esta información me habló en parte de mis falencias. Era otra de mis búsquedas, pero el interrogante era, ¿cómo lograrlo?

Usar ropa de tal color, encender velas de tal otro, rociar esencias de éste o aquel aroma, hablarme al espejo, observar y observarme, abrirme a recibir, reconocer, agradecer, compartir, dibujar, escuchar música. Yo seguía buscando y buscando mientras llenaba el apartamento de velas de todos los colores y todos los tamaños. Respiraba como me habían enseñado. Quemaba palitos de olores diferentes. Me bañaba con esencias de sanación y cubría mi cuerpo con cristales. Lo intenté todo. Hasta dejarme meter en un cuarto con espíritus groseros que hablaban a través de la boca del espiritista, brujo o meditador de turno, quien asustado ante su propia invocación los sacó a punta de rezos y ramas de plátano verde amarradas con pringamosa que me dejaron un ardor terrible en mi cuerpo por el cansancio de luchar contra mi propia incredulidad. Ese fue tal vez el más duro de mis intentos de hacer volver a mi amado en un momento en que la estupidez se vistió de una esperanza angustiosa. Tablas falsas de salvación acomodadas por manos invisibles y perversas a lo largo y ancho de mi camino con el permiso que el dolor, la desesperación, la negación de la experiencia, la no aceptación del abandono y la ignorancia me permitían, volviéndose cruelmente contra mí porque luego la tristeza, la vergüenza y el desencanto eran mayores.

El dolor era soportable, la vida tenía muchas cosas por las cuales valía la pena vivirla y por sobre cualquier vacilación estaban mis hijas como mis anclas a tierra, sin embargo, mi necesidad de seguir indagando en busca de respuestas que me dieran paz era inaplazable, entendiendo que mi existencia no podía estar limitada a lo que había vivido con Santiago a quien seguía esperando sin esperar, a quien despedía cada día sin dejar ir, a quien soltaba sin liberar, a quien recibía cada noche en mis sueños con una ilusión nueva o con un dolor nuevo.

Sentencias profundas como "El lugar más santo del mundo es aquel donde un viejo odio se ha convertido en un amor presente", o "Lo contrario del amor no es el odio sino el miedo", las tenía pegadas en lugar visible en las paredes de mi habitación y me conectaban con el anhelo de poder transcender el umbral de lo humano y lo divino.

Si algo era verdadero en semejante turbulencia de sentimientos y pensamientos es que no odiaba a Santiago ni lo odiaría nunca, a pesar del dolor que me acompañaba, por eso era urgente poder sacar de mi alma tanto sufrimiento que no me dejaba avanzar. La pena era una punzada aguda en mi pecho que muchas veces me impedía respirar. Cuando eso me sucedía miraba a mis hijas dormidas a mi lado, tan indefensas, tan inocentes, por ellas debía seguir respirando, resistiendo, sobreviviendo. Dejar ir, eso trataba, no solamente a Santiago sino todo resentimiento, todo pensamiento negativo, todo dolor. Fácil era decirlo, pero hacerlo se había convertido para mí en la tarea más difícil de alcanzar. El proceso de transformación no tiene por qué ser penoso. El desarrollo de mi ser y de lo que debía ser una relación basada en el amor me había permitido profundizar en ese tema en el que estaba metida de cabeza por los mismos días de la partida de Santiago. Estaba empeñada precisamente en saber más acerca de cómo ser feliz y lograr traer más amor y tranquilidad a mi vida a partir de cambios transcendentales. Estaba segura que la metamorfosis que estaba necesitando era más de fondo para que transcendiera mis creencias impulsándome a vivir en otro nivel de percepción del mundo, de la vida y de sus circunstancias. El cambio es inevitable pero la transformación es otra cosa. Nada permanece igual ni nadie puede pretender que sea así.

Muchas mujeres tienen la capacidad tan particular de conformarse con menos de lo que necesitan como pensando que el amor sacrificado y abnegado es mucho más valioso que el amor correspondido. Y en efecto, el amor implica sacrificio, entrega, renuncia, pero no debe ser en un solo sentido. De igual manera tenemos la inmensa capacidad, no puedo decir si negativa o positiva, de proyectar como perfectas situaciones no vividas o pasadas. Son negaciones que pretenden generar consuelo pero que en realidad prolongan el sufrimiento porque en nada amortigua la sensación de frustración. De cualquier forma, me llenó de alegría y gratitud tener recuerdos bonitos porque los recuerdos son de cada persona y no hay ley ni voluntad humana que pueda borrarlos. Sin embargo, los recuerdos no pueden hacernos desandar lo recorrido en busca de la felicidad tan esquiva, esa felicidad sencilla que sin alardes vive a nuestro lado, camuflada en nuestra existencia consuetudinaria para que nada la espante. La felicidad está más cerca de lo que creemos, sólo que no tenemos la sabiduría para reconocerla cuando está justo ahí, a nuestro lado. Sin duda en esa sencilla verdad fue que alguien descubrió que "nadie sabe lo que tiene hasta que lo pierde" ...así me sentía, metida entre las frías cobijas que no lograban reemplazarme el calor de Santiago ahora ausente...

Cada mañana y cada tarde Aydee Santamaría miraba por el ventanal de su casa, añorando ver aparecer la figura corpulenta de Augusto Santamaría, acompañado de la nube de polvo que se hacía al frente de su ventana cuando arrancaba en su moto roja, mientras ella corría a alcanzarlo para que le diera una vuelta a la manzana. Un día tras otro su mirada inocente terminaba perdida en el horizonte, sin poder hacer nada para que su padre volviera a casa. Muchas tardes regresaba corriendo del colegio con la esperanza de encontrarlo, pero el rostro de su madre le dejaba ver que nada nuevo había sucedido durante su ausencia. Aydee pasó su infancia llorando a escondidas la ausencia de su padre, refugiándose luego en el baile y la risa estrepitosa como una manera de ocultar a los demás y a ella misma su tristeza. Nunca pudo entender que su padre hubiera preferido irse a vivir a uno de los pueblos vecinos a Korozó con la misma empleada de la casa por la que una tarde le dijo a Celina Flores que no volvería a vivir con ella ni con sus tres hijas. Había tenido que crecer con ese tormento guardado en su corazón, con una alegría falsa que pretendía ocultar su no aceptación del abandono de un padre irresponsable que nunca más quiso saber de ellas, dejándolas a su suerte.

Augusto Santamaria marcó para siempre con el sello de la desconfianza, la traición y la venganza a sus hijas. El mismo abandono trajo otras consecuencias, como la de arrojar a Celina Flores en brazos de Calixto Fuegos, un primo lejano que le hizo olvidar cada noche sus penas de amor y quien al saber que esperaba un hijo suyo no tuvo más remedio que irse a vivir con ella, rompiendo el compromiso que tenía con su novia de toda la vida. Cadenas interminables de búsquedas, sufrimiento y compensaciones a veces pasajeras, a veces duraderas, pero siempre reales.

Los años le mostrarían a Aydee el error tan tremendo de involucrarse en medio de parejas con familias estables hasta catalizarlas en conflicto y separación. Nadie le pudo aconsejar que no lo hiciera porque a nadie le había descubierto su razón de vivir y por supuesto yo no era la más cercana a ella como para saber sus recónditas motivaciones y anticiparme de alguna manera a su estrategia perversa para conquistar a su jefe, así el precio de ese capricho fuera la destrucción, incluso de ella misma como protagonista de un juego fatal. Todo fue milimétricamente planeado por mi astuta rival. Llegar a la empresa de Santiago, hacerse contratar, involucrarse en todo, ganarse su confianza hasta tentarlo mostrándole un mundo aparentemente nuevo y maravilloso para él. Nunca logró ganarse mi confianza y ella lo sabía porque desde un principio dio muestras de no ser una persona confiable, sin embargo, ella sí sabía todo sobre mi, en especial de mi amor desmedido por Santiago, igual que el de Celina Flores por Augusto Santamaría. A sus ojos nosotras éramos mujeres que tontamente habíamos dejado de ver por nuestros ojos para ver por los de estos hombres, que curiosamente coincidían en decir muy a menudo "cuando yo le diga que una gallina es negra, no le busque una pluma blanca", lo cual indicaba, punto final. Aydee aseguraba que ningún hombre es fiel y Santiago no era la excepción a la regla como ella se lo demostraría.

Sólo el tiempo y su propia experiencia con Santiago le mostrarían que se estaba enredando en su propia telaraña hasta perder todo control y propósito, pues no fue capaz de prever el efecto de sus actos, ignorando por completo que toda arbitrariedad engendra un suplicio mayor y que su ansiedad de levantarse con el trofeo la llevaría a pagar las consecuencias más duras e irreparables. Secretamente me odiaba y el mismo Santiago me lo confirmó más de una vez, porque desde que Aydee me conoció anheló apoderarse de la vida perfecta que veía en mí; un hogar envidiable, un esposo enamorado, unas hijas preciosas, una profesión exitosa. Quería ser como yo, ocupar mi lugar en todo para no seguir siendo una empleada sino la dueña de la empresa de producción musical que Santiago había construido codo a codo conmigo. Sólo que en su estrategia no fue capaz de darse cuenta que detrás de ese encanto de hombre al que creía manejar a su antojo se escondía un depredador afectivo al que no podría controlar o con el que tendría que vivir midiendo fuerzas permanentemente. Su primera victoria fue convencerlo de quitar de su escritorio la foto en blanco y negro donde aparecía conmigo. No fue fácil porque Santiago amaba esa foto, pero lo logró. Cumplido ese primer capricho todo lo demás fue fluyendo a su favor porque

78

Santiago le entregó paulatinamente las llaves y claves de todas sus compuertas, incluyendo las de su corazón.

La foto en blanco y negro con Santiago que seguía colgada en el mismo lugar de siempre me ayudaba a mantener la esperanza, el decoro y hasta el respeto por él, pues cada vez que estaba a punto de aceptar que lo mejor era iniciar un proceso de separación legal, su mirada, idéntica a la de Victoria Acero y su sonrisa enamorada me recordaban que ése no había sido nuestro estilo. Me resistía una y otra vez a rebajar una relación de tantos años a unos reclamos legales, así mi formación académica me dijera que la ley se había hecho para mediar entre los conflictos difíciles de resolver; prefería seguir creyendo que nosotros podríamos arreglar nuestras desavenencias de una manera que a todos sorprendería, como a todos había impresionado en su momento nuestro amor a prueba de balas y cañones. ¿Cuándo habíamos hablado de recurrir a las leyes? ¡Nunca, Jamás! Así que no lograba verme repartiendo las mismas sábanas con las que nos habíamos cubierto ni el colchón, ni la cama, ni la nevera, como dice la canción.

> *"Ahí tienes media cama medio armario*
> *media almohada media sala media toalla*
> *media plancha medio cuadro medio espejo*
> *llévate medio colchón.*
> *Y ahí tienes media estufa medio horno*
> *medio plato media taza media olla media tapa*
> *medio termo media jarra y medio calentador llévate*
> *media hielera y medio televisor y el perro a la*
> *cara en sello pa´ que no haya discusión*
> *Y ahí tienes media estufa medio horno medio*
> *plato media taza media olla media tapa medio*
> *termo media jarra y medio calentador. "*

> ***LA MITAD*** *– Mariano Cívico*
> https://www.youtube.com/watch?v=8RAP--f7kMw

Yo no sería protagonista de otra "Guerra de los Roses". Esa película me dejó acongojada de pensar que fuera posible llegar a tales extremos, pero muchas veces la realidad sobrepasa toda imaginación y toda ficción. Por lo pronto quería proteger mi historia, finalmente se trataba de mi propia novela de amor y desamor.

Suspiré al terminar la película para que en mi caso no fuera así y Santiago desistiera de comportarse como mi enemigo. En fin, más que conseguir un árbitro me importaba cuidar el amor propio que todavía me quedaba así estuviera tan agraviado y conservar lo más puro posible el recuerdo de un amor hermoso porque eso había sido para mí, por lo menos mientras duró...

Porque mientras duró compartimos muchas cosas, hicimos planes de desarrollar nuevas actividades para que el síndrome del nido vacío no nos golpeara cuando nuestras hijas tuvieran que marcharse del hogar a hacer sus propias vidas; queríamos innovar, coleccionar mariposas, pintar, escribir, cantar, jugar billar, construir rompecabezas, armar aeroplanos y buques militares, sembrar rosas de muchos colores o sencillamente pescar, cosas que llenaran el tiempo que íbamos a tener para los dos. Yo insistía en la importancia de leer juntos, a la sombra de un árbol o a la orilla de un río y entonces apostábamos quién necesitaría usar lentes primero, ¿Él o yo? ¿Quién leería por los dos? Santiago no dudaba que sería yo porque a él no le gustaba tener que leer en voz alta. Además, reconocía que yo tenía el don de la palabra que a él le era escaso. Cosas sencillas pero vitales que compartíamos en nuestras frecuentes caminatas y que nos llenaban de buenos augurios para nuestro futuro. Con paciencia y disposi- ción seríamos capaces de conectar nuestros espíritus y alcanzar un lenguaje común que nos edificara más sólidamente; eso hablábamos mientras hacíamos círculos en el agua, a la orilla del lago de los peces, creyendo que superaríamos nuestras diferencias, sólo era cuestión de tiempo, de esperar sabiamente a que la corriente llena de lodo bajara y se llevara todo pensamiento equivocado. Finalmente brotaría lo cris- talino y hermoso. Esos fueron los recuerdos que nos acompañaron en la celebración de nuestro último aniversario juntos.

En efecto, las parejas felices tienden a tener memorias adorables. Las parejas con matrimonios disfuncionales recuerdan los momentos desagradables, o no tienen ningún tipo de evocación, pero las memorias felices conducen a desenlaces felices en un 95% de los casos.

Es aprender a capitalizar la importancia del pasado en el presente. Quién sabe si al igual que yo Santiago tendría esa retentiva feliz de nuestra convivencia, y pudiera volver a reírse de las veces que reímos hasta llorar, las noches de desvelo preparándonos un sándwich, las tardes tendidos en una hamaca, las serenatas de amor improvisadas por él, las sesiones de cine en casa comiendo críspelas o galletas de sal con mermelada, los paseos en bicicleta, las idas a patinar, las caídas sobre el hielo, las competencias de tapete musical, el gimnasio juntos, las explosiones de regocijo con nuestras hijas, las carreras bajo una lluvia persistente, los juegos pirotécnicos a media noche con nuestras miradas enfocadas en un mismo resplandor, las tantas veces que estuvimos en absoluta paz....tantas cosas que fueron motivo de esa alegría que sólo se puede encontrar en las cosas simples y por ello perfectas de la vida, como salir al campo y descansar contemplando un lago y sus cisnes rosados y blancos hasta que el atardecer nos sorprendía. Juntos nos sentimos capaces de atravesar el mar en una bicicleta marina, juntos desfilamos sobre una carroza de fiesta, compartimos el dulce ácido de un mango verde con sal que a él no le gustaba ni poquito, subimos a la montaña rusa, donde solamente yo gritaba por el efecto tan fuerte del vértigo. Por amor intenté aprender los pasos de tango fáciles para él pero que a mí no me fluyen porque en mi tierra, cada vez más lejana pero siempre presente en mis recuerdos, las mujeres bailamos con el corazón, los hombros y las caderas. Todo eso habitaba en mi mente y a la hora de dejar desfilar los recuerdos, muchos se agolpaban levantando su manita para narrar su anécdota. Imposible olvidar que mientras yo cocinaba él daba las últimas instrucciones que siempre eran aderezar más, sazonar más, agregar más, revolver más. Demasiadas cosas compartidas como para olvidarlas y demasiadas tan hermosas que afortunadamente se podían mantener en un lugar absolutamente protegido.

Hay muchas formas diferentes en que lo nuevo se puede revelar y todo en la vida sucede por alguna razón, así que todo lo que debía hacer era dejarme llevar sin resistencias, ser flexible como una palmera con el viento. Poco a poco, a mi propio ritmo estaba comprendiendo que el apego no es lo mismo que el amor pues el apego genera sufrimiento, al igual que la negación de la realidad mientras que la aceptación amorosa, suave, amable con nosotros mismos de esa experiencia dolorosa que estamos viviendo nos conduce al cambio, a la transformación, al crecimiento. Mi búsqueda de lo que debía ser una relación basada en el amor me había permitido profundizar en ese tema tan álgido en el que estaba metida de cabeza por los mismos días de la partida de Santiago. Estaba empeñada precisamente en saber más acerca de cómo ser feliz y lograr traer más amor y tranquilidad a mi vida a partir de cambios transcendentales. ¡Qué extraña paradoja! En mi vida un cambio transcendental, o punto de inflexión, fue el de ciudad, pero luego de todos los años vividos en la capital de las incongruencias y los desatinos, en la ciudad de los desamores y los pesares, de la indiferencia y la individualidad, pero también de lo posible en medio de la turbulencia diaria, el cambio debía ser el resultado de un movimiento reflexivo, pensado, medido, por eso estaba segura de que mi transformación debía transcender mis barreras conceptuales, físicas y meramente personales, impulsándome a vivir en otro nivel de percepción del mundo, de la vida y de sus circunstancias; tal vez por esa razón, desde antes de la partida de Santiago, estaba persuadida a creer que en mi vida se darían cambios y mi relación de pareja lo pedía a grito pleno, para que juntos pudiéramos reinventarnos. Sin embargo, cuando sentí que el cambio era necesario nunca imaginé que sería tan drástico sino un desplazamiento suave, calculado, controlado, un cambio que no tenía por qué ser doloroso ni traumático, en pocas palabras, imaginé un cambio accionado a control remoto con posibilidad automática de stop.

Indudablemente todo cambio que se pretenda generar dentro de una relación debe llevar a una forma pura de estabilidad dentro del hogar o de la pareja misma, demostrado en la mesura, la lealtad, el desarrollo de fortalezas y proyectos, de armonía y respeto. Pero si en lugar de todo ello lo que predomina es la angustia y la incertidumbre, si aparece el aburrimiento en lugar del sano disfrute, si las ideas de desconfianza o de agresión siguen estando a la orden del día, si la pereza a generar un cambio saludable es mayor al deseo de aportar positivamente porque la mente se encuentra cerrada a nuevas opciones de vida, o predomina el miedo a lo desconocido, a la soledad, a perderse en el ensayo; si la rigidez mental impide aceptar la verdad del otro, si hay rechazo y resistencia en lugar de tolerancia y aceptación, o ataques reiterativos, entonces el conflicto no está resuelto y la disposición y condiciones hacia un cambio liberador sencillamente no están dadas.

Yo tenía unos supuestos que explicaban la imposibilidad de implementar un proceso de cambio positivo al interior del hogar y es lo que solía llamar "diferencia genética", manifestada en la dificultad de comunicación, en las profundas discrepancias, en mi deseo permanente de querer hablar y compartir mis ideas sin que me invalidaran por ello, sin ser tratada de soñadora o peor aún, de ilusa o de loca. Porque en su excesivo pragmatismo, a pesar de su sensibilidad de músico, Santiago sólo veía la vida de una manera, sin posibilidad alguna de arriesgarse a percibir el mundo más allá de su mirada. Por mi parte estaba dispuesta a hacer cambios con el propósito claro de ganar tranquilidad al poder ser yo misma y dejar de sentirme anulada por Santiago. No era mucho lo que pedía, aun así, dar el primer paso me producía mucho miedo, miedo al fracaso, miedo a no obtener los resultados, miedo a un mayor distanciamiento. Podía reconocer en mí muchos miedos y el mayor de todos era el miedo a perder a Santiago, a perder mi hogar que innegablemente era el centro de mi existir. Sostenerlo me implicaba un gran desgaste porque ninguna relación puede soportar una carga tan alta de temores. Me dolía pensar que haber abrazado el sueño de una familia me había arrebatado mi capacidad de atreverme a actuar y hacer otras cosas como cuando no tenía esa ancla tan pesada amarrada a mi corazón. Vivía en carne propia lo que es estar en el terreno del temor como lo opuesto al amor. Temía cada reacción de Santiago, sus silencios, sus explosiones intempestivas, sus reacciones casi siempre impredecibles, pero a la larga predecibles, sus búsquedas ocultas, sus argumentos, sus mentiras. Temía casi todo lo que provenía de Santiago, pero aun así sabía que mi amor estaba por encima de mis temores y que mi deseo de tener una relación armónica y feliz me ayudaba a sobreponerme a mis miedos, incluido el más grande y pavoroso de todos que era precisamente perder a Santiago.

Concepción llegó a visitarme. Su sonrisa contagiosa inundó el ambiente de mi casa. Concepción era una mujer dada a los demás y su generosidad a toda prueba la identificaba. Era una especie de mamá consentidora, protectora, una amiga muy especial. Viendo mi sufrimiento Concepción no dudó en compartirme que ella había sufrido durante veinte años los rigores de un marido abusador, machista, mentiroso, celoso, infiel al que había soportado con entereza y valor hasta ver a sus hijos crecer. Por amor a él y por el deseo de mantener su hogar, Concepción había hecho todo lo imaginable e inimaginable. Tanto había sufrido que antes de su separación fue dada por enferma mental. Estuvo dos años sin hablar y escasamente probaba bocado, pero durante esos meses ella veía como los ángeles bajaban a cuidarla, secándole el sudor de su frente. Todo el tiempo escuchaba voces celestiales diciéndole que pronto estaría recuperada para que pudiera ayudar a otras mujeres en situaciones semejantes. Su enfermedad, como todos le llamaban, había comenzado en la puerta del templo de Dios cuando, sin previo aviso, seres alados diminutos y hermosísimos llenaron todo su vestido, entretanto que ella sufría de pensar que se cayeran porque los veía casi aplastados por los zapatos de tantas personas que pasaban a su lado sin fijarse en las criaturas celestiales. Luego fue declarada reina de reinas y una corte de honor la escoltó hasta su castillo donde el esposo se convirtió en su lacayo, borrando de su corazón los muchos engaños y afrentas de que había sido objeto porque ella le concedió un perdón genuino y sin rencores. Lo que menos deseaba era cambiar su vida de reina celestial por el de hada terrenal, o como diría su esposo, bruja perversa, porque en esa dimensión fue la mujer más feliz del mundo. No obstante, unos hijos que la reclamaban terminaron por halarla de regreso a la tierra del dolor donde nuevamente debió volver a vivir como los demás y como antes de haber sido transportada a la región de la paz, la misma que para muchos había sido de la locura.

Concepción Viñas sabía de lo que hablaba, cualquier mujer ultrajada podía contarle su historia que la de ella siempre sería peor. Cualquiera podía abrirle su corazón y mostrarle sus heridas que ella inmediatamente abría el suyo y mostraba las cicatrices de una guerra de más de mil días con sus minutos y segundos multiplicados por mil, algo así como una eternidad. Cualquiera podía hablar de lo que era sentirse engañada, humillada, desamada, agraviada, menospreciada y hasta violada que Concepción sabía en detalle lo que era vivirlo, sin que nadie se lo hubiese contado. Cualquier mujer se sentía afortunada si comparaba su situación con la de Concepción Viñas. Su propósito de vida era llevar una palabra de consuelo a las mujeres que en algún

84

momento hubieran sufrido por el amor y el desamor de un hombre o de varios. Su corazón ya sanado estaba entregado a la misión para la que había sido entrenada, tanto que, al verme ese día con mi rostro demacrado y mis ojos hinchados supo enseguida, sin temor a equivocarse, que una pena de amor me acompañaba, pero también supo que mis deseos iban más allá del regreso de Santiago, iban mucho más lejos, tan lejos como sólo un espíritu que busca y vive por la verdad del amor puede comprender.

Concepción se esforzó en hacerme sentir mejor, compartiéndome jocosamente los muchos sucesos vividos al lado de quien seguía considerando su esposo y del que no se había separado legalmente. En su relato no dejaba de contar cómo Dios la había sacado de esa oscuridad y que su encuentro con él había partido su vida en dos, antes y después. Mientras Concepción arreglaba mi cabello y aplicaba sus cremas en mi rostro cansado de tanto llorar, fui cerrando mis ojos, sintiendo que una paz muy especial me embargaba, que una melodía suave y hermosa inundaba el salón y mis pensamientos, con el aroma de una brisa marina como de fresco amanecer acariciando mi rostro, haciéndome descansar, haciéndome olvidar. Parecía como si sus manos se llevaran los pensamientos que me pesaban.

Acababa de cumplir siete años de edad y luego del helado y la torta que disfruté como siempre y como si fuera la última, comencé a arder en fiebre y a delirar. Mi papá, corría conmigo en sus brazos, envuelta en una cobija gruesa, buscando un médico que pudiera curarme, pero ninguno lograba acertar con mi enfermedad. Volví a ver la angustia en el rostro de mi padre desde la atmósfera de frío que me hacía tiritar, a pesar de los 35 grados de temperatura de Cayena en esa temporada de pleno verano. Vicente Valor en cambio sudaba copiosamente exigiendo una respuesta y una solución. De pronto una luz intensamente blanca vino sobre mí y me cubrió por completo, escuché sonidos irreconocibles, voces como de ángeles, suspiros cercanos. No tenía miedo, no sabía qué me estaba pasando, sin embargo, el sufrimiento en el rostro de mi papito me decía que debía ser algo terrible. Una presencia inefable pero muy especial se posó sobre mí y de repente un soplo cálido me invadió por completo. El calorcito llenó no sólo mi ser sino toda la habitación haciéndome sentir una tranquilidad inmensa. Unos brazos más fuertes que los de mi padre me levantaron suavemente impidiendo que aquella calurosa, pero para mí helada noche, la muerte me llevara a tan temprana edad. La pude ver mirándome a los ojos y riendo sin parar, pero también la vi escabullirse ante la presencia del médico que llegó a examinarme. Ese encuentro inenarrable, inefable, misterioso me dejó una huella muy grande en mi memoria y en mis sensaciones que nadie me supo explicar pero que yo pude saber que había sido un encuentro real con mi verdadero salvador.

LA TRANSFORMACIÓN

*"La transformación es
inevitable y permanente.
Nada permanece igual ni
podemos esperar que sea así."*

Sofía

Santiago Torres llevaba horas intentando sobreponerse a la fiebre, a las náuseas, al intenso dolor en cada una de sus articulaciones. Se sentía morir a causa de los escalofríos y el sudor que le calaba los huesos haciéndole arder la piel por dentro y por fuera. Deseaba poder levantarse, buscar un médico, conseguir algún medicamento que le aliviara, pero el desaliento y la debilidad eran insoportables. Había despertado bañado en sudor y en lugar de mejorar estaba empeorando. No sabía en dónde había quedado su celular. La última vez que lo vio fue en esa fiesta donde había estado toda la noche antes de que la enfermedad lo atacara a mansalva. Se sentía como un refugiado en el apartamento de hotel donde vivía, en una ciudad que le estaba mostrando su soledad absoluta y agobiante.

Se conmovió por la ausencia de Sofía. No pudo evitar sentir nostalgia por el tiempo maravilloso en que ella era su mejor medicina. Recordó el día que se accidentó en una de sus carreras de kart y el rostro de Sofía cuando llegó a la clínica. Lo sacaron del autódromo en una camilla completamente inmovilizado, temiendo que se hubiera fracturado la columna, como en efecto sucedió. Tres vértebras dislocadas y la clavícula partida, pero no perdió la conciencia en ningún momento, por eso lo primero que hizo fue pedir que llamaran a Sofía. Alcanzó a verla entrar por urgencias. Lo miró con sus ojos como de cielo que se junta con el mar, era la paz que necesitaba. Estaba vivo y eso era lo más importante. Durante los seis meses de recuperación ella estuvo a su lado incondicionalmente. Seguramente no le expresó su gratitud en ese momento, como si eso fuera una obligación de ella, pero ahora, completamente solo, atacado por la fiebre y el dolor, una gratitud tardía hacia Sofia Valor le llenó su corazón. Qué curioso era sentir en medio de su soledad que Sofía había estado siempre a su lado.... Sin embargo, ahora no estaba allí y ni él mismo era capaz de entender por qué. Sólo sabía que en algún instante Sofía había dejado de ser la mujer de sus sueños, por la que se había sentido capaz de dejarlo todo, hasta su relación casi interminable con Eudine Parra. No le era posible precisar el punto de quiebre en que Sofía había dejado de ser su compañía preferida, su interlocutora favorita, su amiga, su confidente, su amante perfecta para convertirse en una persona que lo vigilaba, lo escudriñaba, lo invadía. Ella le había quitado sus espacios y hasta sus deseos de divertirse, haciendo de su convivencia una monotonía que de ninguna manera se esforzó en romper. Ya no le parecía interesante ni divertida y por eso su decisión de apartarse. Sofía no había sido capaz de comprenderlo, ni de entender que su vida no podía girar en torno a ella. Le había dolido irse, había sido una decisión muy dura pero no había tenido otra opción que hacerlo abruptamente, sin avisar, sin despedirse, aprovechando la valentía transitoria de su corazón lleno de rabia. Si hubiera esperado que Sofía o sus pequeñas hijas llegarán hasta ahí le habría durado el coraje. Tenía que haberse agarrado, como lo hizo, de las razones poderosas que lo empujaban a correr en busca de su libertad. Eso fue lo que hizo y seguía en la tarea de soltarse de todos los recuerdos felices y sobre todo de tantos sentimientos rebeldes que querían mantenerlo atado a Sofía. No quería volver a conectarse con su amor apasionado por ella. Si hubiera seguido aplazando su partida para un momento de serenidad nunca habría tenido el valor de marcharse porque aun estando seguro de que pocos motivos lo mantenían unido a Sofía, muchas cosas lo ataban a ella. Eso precisamente quiso romper de un solo tajo y sin anestesia. Anestesia era lo que necesitaba en ese preciso momento. Algo que le quitara el dolor de cabeza, de cuerpo, de piernas, de brazos, de todo. Había quedado en recoger a sus pequeñas hijas y ni siquiera les había podido avisar. Sabía que lo estarían esperando. Eso lo hacía sentir peor.

Como en cámara lenta le llegó el aroma del día que conoció a Sofía. Había sido maravilloso. Caminaba sin rumbo y entró a su almacén de música favorito y allí estaba ella, vestida de rojo y llenando todo con su sonrisa. Aquella mujer era la dueña perfecta del mundo y de él. Se sintió completamente atrapado y sin el menor deseo de soltarse. Tantos Detalles los unían que desde su cama de enfermo comenzó a cantarle la misma canción que muchas veces le cantó…

" Ella vive contigo, es tu amiga, es tu mujer
es tu esposa y es tu amante, ella es todo un cuerpo fiel,
no le causes angustia, no le hagas padecer,
piensa que, en algún momento, tu madre pudo ser,
porque es mujer y merece respeto y a ti te entregó
la pureza de su vientre, y tienes que estar pendiente
de los detalles.

Sácala, llévala al cine, Cómprale, Un ramo'e' flores
Báñate, Junto con ella, llévale, la comida a la cama
Trátala, con mucha ternura, háblale,
pero con mucha dulzura
Dale amor, porque ella merece, (Te gusta?)
Que la trates así.
Acuérdate del tiempo en que eran novios,
La llevabas al coctel, la invitabas a comer,
la sacabas a bailar tu única mujer,
ahora no puedes cambiar, tu forma de ser.
Cada rato la llamabas, y por ella preguntabas,
muchas veces fastidiabas,
sin motivos la celabas,
ahora no puedes cambiar
tu forma de ser."

DETALLES *– Oscar D´León*
https://www.youtube.com/watch?v=I5ODOappHcg

Sofía Valor le había dado todo, no era culpa de ella ni de él, el amor era una ilusión que no duraba para siempre, así de simple. A pesar de que lo negaba porque jamás demostraba debilidad, le dolía profundamente esa separación, pero no dudaba que había sido la mejor decisión porque desafortunadamente existen propósitos permanentes y propósitos temporales y por más que hubiera pensado que su proyecto de vida al lado de Sofía era permanente y eterno, la realidad le había mostrado lo opuesto. Nunca previeron que terminaría, pero no se sentía culpable por ello. Sencillamente eran tan distintos que sus diferencias predominaron sobre el profundo amor que los unió. Aun así, había querido permanecer con Sofía, pero ella echó todo a perder. A él le gustaba estar con sus amigos y sus amigas divertidas e intranscendentes como Aydee Dayana que le brindaba momentos de diversión inigualables. Era su amiga íntima porque su relación con ella no tenía el matiz del compromiso. Tenían unos límites claros y nunca pensó en dejar a Sofía por ella. En realidad, Aydee más que su secretaria era su amiga íntima, su amiga-amante y compañera de locuras. Eso Sofía jamás lo podría entender. No fue su intención que Sofía sufriera, pero aquellos mensajes que Aydee dejó en su celular fueron suficientes para que ella perdiera su confianza en él, terminando de arruinar lo que todavía les quedaba, convirtiendo su convivencia en un infierno insufrible.

A pesar de que Sofía había sido hasta hacia poco la persona más cercana, había muchas cosas que ella no comprendía de él, como su pasión por correr a altas velocidades, su necesidad de experimentar sensaciones diferentes, de embriagarse sin motivo y trasnochar hasta amanecer. Él necesitaba probarse de muchas formas que seguía siendo un hombre alegre, de diversiones fuertes, de conversaciones intranscendentes. Vivir locuras que le llevaran de regreso a sus épocas de aventura juvenil. Amaba su música y la producción musical, sus carreras de velocidad, sus viajes expedicionarios por cielo o por mar. Practicaba el montañismo porque le obligaba a exigirse cada vez más. Saltar de un paracaídas le aumentaba el éxtasis y la habilidad de luchar contra cualquier temor que quisiera apoderarse de él. Tantas cosas le gustaban y tantas pendientes por hacer que tiempo le faltaba. Sofía por el contrario era tan predecible, tan dada a sus estudios, tan juiciosa, tan dependiente de él. No le gustaba el licor, ni fumar, tampoco trasnochar. No le agradaban sus amigos porque

90

le parecían muy superficiales y aburridos. Los deportes extremos, la velocidad, el vértigo, no le llamaban la atención. Ni siquiera disfrutaba subir a una montaña rusa porque le parecía una sensación absurda. Sofía era la sombra de la mujer que él había amado tan locamente y por la que pensó en dejar todo e irse a vivir con ella a una casa al lado del mar. Nada de eso había sido posible y en su presente él estaba solo en Libertad, una ciudad diferente, impersonal, ajena a su historia con Sofía. Vivía en una habitación de hotel, sin cuadros que le hablaran de su pasado junto a ella, ni fotos, ni voces, ni nada más que él y sus recuerdos que a decir verdad le laceraban más que la fiebre. Estaba solo porque esa había sido su decisión o la decisión que Sofía le obligó a tomar, tras meses y meses de pensarlo y aplazarlo, aferrándose a cualquier cosa que le hiciera cambiar de opinión. Así estuviera abatido se sentía tranquilo, seguro de no estar vigilado. No soportaba sentirse acorralado ni oprimido porque cada pregunta de Sofía era un dardo venenoso en su intento de descubrirlo en alguna mentira o de encontrarle pruebas contundentes de sus aventuras con Aydee o con cualquier otra mujer.

Santiago no podía alcanzar a imaginar que ese comportamiento de Sofía no era otra cosa que el esfuerzo supremo de una mujer desesperada frente al naufragio de su amor, que enviaba mensajes reiterados y codificados de auxilio. Él se había aburrido de lo mismo y había decidido pasar a mejor vida, como le decía en broma a sus amigos. Ni siquiera pensaba en volver a compartir su existencia con nadie de forma permanente. Se quedaría solo para no tener que dar explicaciones de sus actos. No cometería el error de caer nuevamente en lo mismo. Quería entrar y salir a su antojo, vivir a su manera, sin pensar si lo que hacía le gustaría o no a otra persona. Estar solo tenía muchas ventajas, podía utilizar todo su tiempo para producir y trabajarle a su programa de música personal que permitiría que cada persona compusiera sus melodías con solo conectarse un pequeño aparato ultrasonido a su corazón hasta que cada emoción pudiera ser transformada en una nota musical que transcrita en el computador quedaba convertida en una melodía única e irrepetible. De esa manera cada persona podría crear infinidad de melodías según sus pensamientos, sentimientos, emociones, recuerdos, fantasías, circunstancias, ilusiones, sueños, deseos. Ninguna melodía podía ser igual a otra porque cada persona tiene un repertorio musical infinito, talentos propios, a veces escondidos, maneras de expresarse, combinaciones únicas frente a cada estímulo. Así como él, que tenía tantas ideas y proyectos profesionales que solamente en la dedicación absoluta podría cristalizar. Como músico era un perfecto creador de diseños originales, de programas inéditos que vivían en su mente y en el alma sensible que Sofía no había podido conocer. Él era un desconocido para ella, prácticamente un completo desconocido, así se lo dijo una noche mientras ella lloraba, sin comprender que él quería hacerle entender que ella no lo conocía, que ignoraba casi todo sobre él, sobre sus deseos, sobre las cosas que hacía cuando no estaba con ella y que él no podía confesarlas porque la mataría de dolor, en realidad la protegía, a su manera, pero era así. Ella tampoco alcanzaba a imaginar las visiones fantásticas que se producían en su mente y los sueños de un mundo donde lastimosamente ya ella no estaba. La música y el diseño de su novedoso programa le estaban permitiendo desarrollar su gran virtuosismo y competencia tecnológica. En ello estaba poniendo su sello personal indiscutible, su maestría y la potencia de su espíritu libre e incomprendido. Era su estrategia para no pensar y para no tener tiempo de arrepentirse ni de mirar atrás.

Le dolía la separación de su mujer, a pesar de todo le dolía porque así la sentía. Se lo había dicho en una de las sesiones de terapia en las que estuvieron como opción límite. Esa vez fue capaz de decirle que solamente ella era su mujer, así hubiera muchas mujeres alrededor. Ella seguiría siendo su alma gemela por encima de las diferencias. Podía experimentar muchas cosas, pero ella le daba paz, ternura y el calor de hogar que tanto extrañaba. Sólo ella había podido tocarle las fibras más desconocidas de su alma, pero eso ahora no era suficiente. Le hacían mucha falta sus hijas. Sus rostros angelicales le invadían su mente. Añoraba sus voces amorosas, sus sonrisas ingenuas y sus manos acariciándolo por las mañanas. Las recordaba todo el tiempo porque eran parte de él y vivir sin ellas era realmente muy duro. Todo eso no era motivo suficiente para sacrificarse porque muy en el fondo supo desde siempre que necesitaba estar solo. Ahora era el tiempo de encontrarse a sí mismo sabiendo que en su soledad no tendría motivos para gritar a Sofía, ni para ofenderla, herirla o agredirla como tantas veces lo había hecho, recriminándose luego a solas por su actitud que empeoraba por su incapacidad de pedir perdón y ese orgullo tan enraizado en su ser que no lo dejaba dar su brazo a torcer nunca.

Su corazón se acongojó de dolor. Pocas veces en la vida o tal vez nunca había sentido algo parecido. No entendía cómo podía hacer sufrir a la mujer que lo amaba y a la que tanto él amaba. ¿O tal vez ya no la amaba? Eso quería pensar, eso se decía a sí mismo cada día desde hacía mucho tiempo. Si no la amaba ¿Por qué ese dolor permanente ante su ausencia, por qué esa necesidad de sentir su cuerpo pegado contra el suyo? Dormir solo era lo más extraño, era como si le hubieran amputado una parte de su cuerpo y la siguiera sintiendo. Sofía había sido siempre suya, su vida, su mujer, su compañera, la madre de sus hijas, la mujer con la que estaba seguro que viviría por toda la eternidad. Sin embargo, estaba empeñado en sacarla de su corazón, de su mente, para vivir libremente. Era el único camino que le permitiría reencontrarse a sí mismo y convertirse en la persona que tanto deseaba ser. No quería volver, no era feliz con la vida que estaba llevando, tampoco quería encontrarse con la misma monotonía en que se había convertido su relación con Sofía. Él era un hombre alegre, joven y lleno de vida y durante ese tiempo de liberación lo había podido comprobar. Salía adonde quería y con quien quería, cantaba, bailaba, tomaba hasta el amanecer, reía hasta el cansancio por cosas que Sofía jamás habría compartido. Lo mejor de todo era la libertad de llenar con diversión, música y sexo el vacío tan grande que sentía dentro de sí. Olvidar era cuestión de tiempo. Sus amigos que ya habían pasado por el mismo proceso de separación le decían que aproximadamente un año le costaría superar su desolación, ¡un año! Si se lo proponía lo lograría, por eso no había querido ver a Sofía. No había cruzado palabra con ella. No quería que nada le hablara de ella en su nuevo mundo en etapa de construcción. Pero los recuerdos los llevaba consigo, más allá de su voluntad y de sus decisiones de abandono total a ese pasado que pretendía alcanzarlo una y otra vez. Él sabía que era un hombre fuerte y que podría superar esta separación. Realmente no pensaba vivir con nadie más, ni siquiera con Aydee Santamaría que tanto lo entendía. Muchas mujeres habían pasado por su vida. Durante el tiempo que llevaba apartado veía en cada mujer que se le acercaba un peligro muy grande, una tentación o una debilidad de sentirse atraído o enamorado en su acelerado deseo de llenar la ausencia de Sofía y de sus hijas, así que se cuidaba al máximo poniendo límites claros que no permitía que fueran violados. Podía salir cada noche con una mujer diferente, pero a ninguna le permitía quedarse durmiendo con él porque tenía la convicción de que esa sería una gran traición a Sofía. No podía permitir que ninguna aparecida se acomodara en el espacio que le pertenecía a ella. Aún tenía su forma, su calor, su olor. Pretender amar sin amor a cada una de esas nuevas amigas sería una manera de engañar a Sofía, pero también una manera de irse convenciendo a sí mismo que ya no le debía fidelidad. Desde el momento que decidió irse de lo que había sido su hogar durante más de quince años, en su mente había roto todo compromiso con Sofía Valor Amórtegui. Amar a otra mujer no debía ser nada difícil para él. A pesar de eso la experiencia era cada vez más desoladora, no podía evitar comparar. Cerraba sus ojos e imaginaba que la mujer que tenía a su lado era Sofía. Buscaba su aroma tan especial y su piel inconfundible. Ahora que no la tenía la imaginaba perfecta y hermosa. Le parecía que con ella lo tenía todo. Era realmente contradictorio, doloroso y confuso lo que estaba viviendo. No entendía por qué una noche de ternura y amor con Sofía le colmaba tan infinitamente mientras que una noche de pasión con cualquier otra mujer le dejaba lleno de tristeza, de amargura, de soledad, de rabia, de desconsuelo. Había intentado todo para sentirse mejor. Hasta recurrir a Eudine, quien inexplicablemente seguía esperando por él, consagrada por entero al estudio de los fósiles, tal vez buscando en ellos la respuesta a tanto dolor por su ruptura con Santiago. Se había convertido en una mujer solitaria llena de un odio profundo hacía Sofía, culpable indiscutible de su desgracia. Tanta era su adoración por Santiago que a él lo libraba de toda responsabilidad. Él era la víctima inocente de una mujer perversa que se había atravesado en sus vidas. Por eso lo recibía con sus brazos abiertos, dispuesta a olvidar quince años de abandono para dedicarse a recuperar su amor. Santiago terminó sintiendo por ella un pesar cada vez mayor y un desconsuelo enorme al comprobar que ni siquiera volver al lado suyo era la solución. Pronto se encontró discutiendo con ella acaloradamente. Le recordaba muy a menudo que la había abandonado por irse tras Sofía, destrozándole la vida y truncándole su derecho a ser madre. Santiago afirmaba su creencia de que las mujeres eran expertas en culpar a los hombres de sus desgracias, de lo que ellas mismas habían decidido voluntariamente. Seguramente le había fallado al dejarla por haberse enamorado perdidamente de Sofía Valor, pero le había sido sincero al decirle que ya no la amaba y que no era capaz de compartir su vida con ella, ¿acaso eso era censurable? Fue ella quien luego se sometió a seguirlo aceptando esporádicamente.

Él se había sacrificado en regalarle esos momentos de compañía como una manera de compensar sus actos pasados. No merecía que ella le reprochara nada porque él había hecho su mejor esfuerzo, inclusive arriesgando muchas veces la estabilidad de su relación con Sofía que nunca sospechó de sus visitas a Eudine. Era realmente incomprensible e injusta con él porque no aceptaba que también ella le había afectado su relación con Sofía. Sus llegadas tarde lo obligaban a mentirle a Sofía para que no sospechara que venía de estar consolando a Eudine. Se sentía cansado de esa dominación de las mujeres, pero no podía ocultar que Sofía no era una intrusa en su vida. Ella era la mujer que él había soñado y que finalmente había encontrado un día que ni siquiera la buscaba ni la esperaba, aunque en lo profundo de su ser y sus canciones sí la presentía. La había amado tanto que por eso ahora le dolía que ese amor se acabara a fuerza de imponérselo. A veces imaginaba que Sofía amaba a otro hombre y mil puñales se clavaban en su corazón. Quería odiarla, creer que ella era la culpable de todo porque no había sabido entenderlo. Ella lo había tenido en sus manos y lo había echado todo a perder empujándolo finalmente a marcharse de su casa, de su hogar. Otra parte dentro de sí le decía que era falso. Excusas y mentiras de su alma adolorida y avergonzada porque haberse ido no tenía ninguna justificación por más que se empeñara en hablar barbaridades de Sofía, falsedades que él mismo quería creer como verdades, pero cada palabra que profería en contra de ella volvía a él cargada de reproche y remordimiento. ¿Qué había logrado? Se sentía inválido, incapaz de vivir solo y más incapaz aún de admitirlo. Realmente estaba abatido en su soledad. Lleno de pensamientos, deseos, temores, insatisfacciones, luchas permanentes, divagaciones eternas. ¡Todo era tan difícil! Lo único que había deseado al entregarle su amor a Sofía era ser feliz junto a ella todos los años que tuviera de vida. Pero un día pensaba una cosa y al otro día pensaba otra. Deseaba seguir amándola y al mismo tiempo quería odiarla y sacarla de su mente y de su piel que la reclamaba a gritos. Tal vez era la fiebre la que le hacía pensar todas esas cosas. No se sentía saludable ni a gusto. Su cabeza le daba vueltas y en esas muchas vueltas que parecían exorcizarlo deseó que el tiempo retrocediera para poder estar en su casa, junto a su mujer y a sus hijas, así estuviera enfermo, pero verlas jugar, escucharlas reír, sentir a su Sofy a su lado. Cerró sus ojos y entró en su casa. Todo estaba exactamente como él lo había dejado. Todo le era familiar, excepto el olor concentrado a sal marina

95

que las lágrimas de Sofía habían impregnado en cada rincón. Allí estaba ella, acariciándole con su aroma inconfundible de mujer enamorada, con sus labios y su ser siempre dispuestos para él. Tantas veces ignorada, tantas veces rechazada pero igual de esperanzada. Sofía le hablaba y el dolor desaparecía entre susurros, Sofía le hablaba y la fiebre le bajaba, Sofía lo abrazaba y ráfagas de deseos y de ternura le inundaban. Era todo lo que había amado tan intensamente en ella y que luego no le había bastado para seguirla amando.

Espíritus de amor y de odio se confabularon en él. Visiones de su ayer y de su mañana le atacaron sin piedad transportándolo hasta una remota isla. Estaba en altamar, en un velero pequeñito, con espacio reducido para dos personas que justamente luchaban por recuperar la vela que el viento había soltado. Sofía lo ayudaba a amarrarla nuevamente. Juntos batallaban por evitar que la embarcación se volteara, esforzándose por igual en no dejar que el fuerte viento les arrebatara la vela. Finalmente lograron amarrarla y navegar hasta tierra firme donde celebraron haber podido sobrevivir a esa aventura. Él le reconoció su valentía y su gran esfuerzo porque Sofía amaba el mar tanto como le temía. Ella le elogió su maestría en alcanzar la vela y le dijo que sin él hubiera estado perdida. Se reconocieron como un equipo perfecto. Abrazados y tirados sobre la playa vivieron la plenitud de su amor. Sintieron la majestuosidad del universo frente a ellos. Todo era perfecto. Las olas subían y bajaban al ritmo de sus cuerpos fundidos con la sal y la arena, envueltos por la brisa y acariciados por el sol. El tiempo dejó de existir; sólo ellos y sus sueños existían. Nadaron sin cansancio en las aguas profundas de su pasión, componiendo melodías nuevas que quería trasladar a su programa de creación como la sinfonía del amor.

La sal en los labios lo despertó. Su sudor intenso había humedecido las sábanas hasta causarle escalofríos. Sus pensamientos se conectaron con una canción que le llenó el alma, el apartamento, el hotel, la ciudad, su libertad y todo lo que él era y podía ser...

> *"Qué cosas bonitas que con los ojos nos vemos*
> *y que por dentro llevamos, pero no lo sabemos.*
> *qué cosas bonitas que con los ojos nos vemos*
> *y que por dentro llevamos, pero no lo sabemos.*

Qué cosas bonitas, más bonitas
más bonitas porque entran al alma
sin tocar, sin tocar la puerta.
Qué cosas bonitas, más bonitas
que llegan al corazón
y no salen por ninguna razón.
qué cosas bonitas
que con los ojos no vemos..."

HAGAMOS *– Grupo Niche*
https://www.youtube.com/watch?v=OPHH18FciPo

En ese momento supo que estaba lleno de muchas cosas hermosas de Sofía y de su vida juntos. Cosas que se negaba a reconocer pero que estaban en su corazón, como todo lo que acababa de revivir de ese viaje en el velero o el recuerdo de las noches que bailaron hasta el amanecer, riendo por todo, como sólo ella sabía hacerlo para luego amarse incansablemente. Aún lleno de esos recuerdos de cosas bonitas que le alegraban y le laceraban, seguía sintién- dose débil, casi desamparado. No había podido salir, ni llamar a sus hijas y eso le atravesaba el corazón de lado a lado. Podía soportar haberle fallado a su mujer que de una u otra manera lo había obligado a ello, pero no podía soportar defraudar a sus hijas, por eso las llamaba todos los días, esperando que entendieran que él estaba con ellas, aunque ya no estuviera a su lado.

Isabela y Sara habían caído derrotadas por el sueño de tanto esperar a que Santiago llegara por ellas o las llamara. Lo llamaron y dejaron su buzón lleno de mensajes y besos inacabables al estilo de sirenas de ambulancia, sin recibir respuesta. Yo no me atreví a decirles nada, pero no podía evitar sentir mucho pesar por mis hijas y también por mí. Me resultaba imposible creer que un papá pudiera serlo a la distancia, a control remoto, y con lo de este día quedaba demos- trado. Qué pronto habían empezado mis hijas a sufrir los rigores de un papá ausente. Era claro que Santiago me había abandonado a mí y a nuestras hijas por más que él no lo admitiera. Aquello era un abandono triple. El que más me dolía era el abandono de mis hijas. Temprano habían tenido que descubrir que los hombres abandonan y lo hacen sin dar explicaciones, sin decir un hasta luego, sin dar una oportunidad. Rogaba para que ellas no quedaran atadas irremediablemente a esta experiencia y que cuando crecieran pudieran construir hogares cimentados en la verdad, el respeto y el amor. Las marcas imborrables les quedarían y eso yo no podía evitarlo, por más que me esforzaba en suavizar lo sucedido.

Débora me había mostrado muchas veces esta realidad que ella misma estaba viviendo porque de algo o de mucho nos sirve la experiencia de otros. El esposo no sólo la abandonó, sino que a los pocos meses se casó con otra con todos los bombos, aspavientos y lujos de un matrimonio de la alta sociedad al cual llevó a sus hijos quienes escondidos en un baño lloraron toda la fiesta y como si fuera poco fueron obligados por el papá a que le llevaran a Débora el video de la boda. Testimonio cruel de que la felicidad de unos es la desolación de otros. En ese momento fui presa de un pensamiento nuevo, ¿Qué haría si Santiago decidiera casarse con otra? Realmente no sabría qué hacer, no sabría si sería correcto permitir que mis hijas asistieran a semejante demostración de desamor hacia nosotras o si sencillamente sería la prueba contundente del final que ahora me resistía a aceptar.

Por más que me doliera no dudaba que Santiago no había llegado a recoger a sus hijas por estar muy ocupado con Aydee o alguna de sus amigas. Evidentemente lo hacía para que yo sufriera aún más. Su estrategia era acabarme y al parecer lo estaba logrando, pero más allá de lo que yo sintiera no estaba dispuesta a aceptar que lastimara más a las niñas. De sobra sabía que las cosas dolorosas vividas en la infancia se llevan para siempre en el alma como espíritus perversos, agazapados y dispuestos a atacar en cualquier momento. El tiempo y el olvido no los matan porque tienen vida propia, se alimentan de cada suspiro de sus víctimas y viven en ellas a su capricho. Son los mismos que nos persiguen por calles y enramadas, que nos visitan en sueños y nos avergüenzan en cualquier pasillo de la memoria. El daño que tanto Santiago como yo les estábamos causando a nuestras pequeñas hijas sería irremediable. Me sentía culpable por no haber percibido a tiempo que la distancia y el desamor se estaban metiendo por esas ranuras que no tapamos oportunamente. Era mi culpa no haber detectado que los bombillos estaban encendidos hasta cuando ya fue muy tarde para apagarlos. No podía evitar culparme por haberme apartado de muchas cosas. No haber vuelto a la oficina de Santiago para no sentirme intrusa y para evitar que él se sintiera vigilado. Dejar de salir con él por las noches evitando que me llevara a lugares siniestros con el argumento de que necesitábamos diversificar, salir de la rutina, vivir experiencias diferentes que para él eran sus fantasías, pero para mí una tortura porque atentaban contra mi ser y mi dignidad. Más de una vez sufrí esas locuras, como él les llamaba, sólo por complacerlo, por verlo feliz, por ganarme una mirada y unas palabras de aprobación. Era parte de mi naturaleza evitar el rechazo.

También me reprochaba por haber dejado de llamarlo en la vana intención de no invadirlo, para que no se sintiera controlado. En mi buena intención de mejorar las cosas cedí un terreno que Aydee Santamaría capitalizó a su favor. Los almuerzos juntos también fueron desapareciendo porque Santiago mantenía muy ocupado. Poco a poco como en muerte lenta terminamos viviendo esas vidas tan distantes por dentro y por fuera. Probablemente si me hubiera interesado más en sus cosas, si hubiera sido amiga de sus amigos, por más superficiales que me parecieran, si hubiera compartido más con Aydee para que ella no se hiciera tan amiga de él, si hubiera apoyado sus locuras, si hubiera sido un poco dada al licor, al cigarrillo y a las extravagancias sexuales de Santiago. Tantas suposiciones bullían en mi mente haciéndome sentir culpable del fracaso de mi matrimonio de quince años. Cuánto deseaba que Santiago hubiera accedido un poquito, que hubiera sido menos duro, menos indolente, que hubiera entendido la necesidad de cambiar, de ceder, de hablar. No era mucho lo que yo le pedía, sólo que cediera un poco, que intentara entender lo que a mí me dolía, pero eso no había sido posible. Ni siquiera le pedía algo extraordinario. Nada más que fuera como el hombre que yo había conocido y al que le había entregado todo sin guardarme nada para mí. Seguía abrigando la esperanza de que un día Santiago buscara por sí mismo las respuestas que le permitieran iniciar su proceso de transformación. A mí no me correspondía, por más que lo intenté, por más que lo anhelé, porque ese paso de un nivel a otro es una decisión absolutamente personal e indelegable. A esta altura de las circunstancias y de todo lo vivido, estaba convencida de la imposibilidad de que dos personas puedan compartir sus vidas teniendo rumbos, visiones y procesos de vida tan antagónicos.

Un proceso es la suma de etapas o ciclos que se suceden de manera sincronizada. Hay ocasiones en las cuales todas o algunas de las etapas deben ser repetidas porque algo falló o porque las áreas física, mental y espiritual no estaban en el mismo nivel de transformación; unas pueden estar avanzadas, otras en la etapa inicial y otras en un punto intermedio o no haber iniciado siquiera la primera etapa. Por esas razones no es tan fácil iniciar un proceso de transformación, además porque la mayoría de los seres humanos consideran que no necesitan cambiar nada de su personalidad. Era el caso de Santiago que vivía convencido de no necesitar cambiar absolutamente nada porque hasta sus errores, si acaso los tenía, rayaban en el límite de la perfección, una creación perfecta, según sus propias palabras. Le agradaba ser como era y no dudaba en afirmarlo, así fuera en chiste. Siempre que alguien le decía "Ay Dios" o "Dios Santo" él respondía con que me digas Santiago es suficiente. ¡Qué divertido era!

Yo era muy consciente de la resistencia de él al tema como también de lo difícil que era que él diera el primer paso hacia esa transformación que tanto nos ayudaría a seguir caminando juntos. Sin embargo, la primera condición, ineludible además, es aceptar la necesidad de que algo debe ser cambiado. Es el caso de un alcohólico, mientras no acepte su condición no es posible que comience ningún programa de rehabilitación. Mirando en retrospectiva, Santiago y yo comenzamos nuestra relación en un nivel similar de desarrollo mental y humano o por lo menos con una conexión muy fuerte que nos permitió subir nuestras emociones y racionalizar rápidamente que éramos un par de almas gemelas. Coincidencia de búsquedas temporales que nos hicieron creer que eso era suficiente para que nuestros propósitos existenciales confluyeran mágicamente, pero nos faltó madurez para comprender que una construcción vital necesita una estructura mucho más sólida que soporte el peso del edificio que se pretende construir a lo largo de los años. Yo lo había entendido rápidamente, pero Santiago se quedó en una primera etapa, resistiéndose indefinidamente al cambio y a hacer los ajustes en su ser y en su estructura. Por el contrario, se negaba a reconocer sus debilidades y con su obstinación impedía avanzar en la búsqueda conjunta de soluciones que nos pudieran llevar por el camino del crecimiento como pareja. Sin darnos cuenta o sin poder evitarlo, nos fuimos desfasando hasta encontrarnos en puntos sin encuentro y sin retorno, ávidos pero lejanos, cercanos físicamente pero muy distantes uno del otro, tal vez unidos todavía por un anhelo personal de poder encontrar la felicidad y la realización de un propósito que transcendiera en nuestras vidas.

Ese día, mañana o tarde, no importaba, sumido en su soledad tan triste y enferma como él mismo, Santiago se planteó la necesidad de que tal vez algo dentro de sí necesitaba ser cambiado. Pensó por primera vez en que había sido muy duro con Sofía, muy intransigente, muy ofensivo, aunque su intención nunca revelada era remecerla hasta hacerle entender que la vida que llevaba no era la indicada y que él esperaba otra cosa de ella, pero al parecer no fue la manera acertada. Sin proponérselo la había hundido más y más en esa pasividad que él odiaba, en una dependencia absoluta de él, cual sanguijuela que se pega a su presa como único medio de subsistencia, incapaz de generar vida por sí misma. Las personas frustradas, aquellas a quienes las cosas simplemente les suceden, no eran parte de ninguna de sus aficiones ni de sus gustos y Sofía se había convertido en esa mujer a la que las cosas le pasaban, hasta que su marido la dejara sin que ella pudiera impedirlo. Deseaba una mujer con la cual poder hacer el equipo más poderoso como en sus carreras de velocidad donde su coequipero y un equipo experto, profesional y sincronizado eran la clave del éxito. Eso quería inyectar en Sofía, cambiar su carburador por un motor de inyección que rodara potente a su lado, no una porcelana que se resquebraja en mil pedazos con una sola palabra fuerte. Definitivamente necesitaba el manual de instrucciones de Sofía porque en su mente práctica ella era un ser nada fácil de comprender, muy distinta a las demás. Con Eudine tampoco había funcionado, eran tantas y tan agrias sus discusiones que hasta había llegado a golpearla. Eso fue terrible, tanto que al verla tan indefensa y humillada se había prometido no golpear nunca más a ninguna mujer. Sin embargo, con Sofía le había sucedido lo mismo y las palabras agresivas habían sido reemplazadas por manifestaciones más fuertes, por eso también había preferido irse, rompiendo unilateralmente su compromiso, evitando llegar a una situación más extrema. La había ultrajado más de una vez, siendo sumamente agresivo con ella. La había herido con sus palabras y sus gestos, no quería herirla también con sus manos impetuosas, las mismas que tocaban un piano o un violín. Extrañas contradicciones de su ser. Muy contrario a lo que Sofía pensara de él, nunca disfrutó de llegar tantas noches a casa y encontrarla despierta, esperándolo. Le dolía verla llorar. No le agradaba que amaneciera con sus ojos hinchados y una tristeza infinita instalada en su rostro. Eso no era lo que deseaba para ella, no era su propósito, pero nunca se lo dijo. Él no tenía la capacidad de expresar ese tipo de cosas y la culpaba por no poder entender que él fuera así, ella debía saber que él jamás demostraría sus debilidades ni a ella ni a nadie. Desde niño se había acostumbrado a ser fuerte, a ganar así le costara un esfuerzo mayor. Muy pequeño había aprendido que los demás podían ser fuertes o débiles, pero él jamás sería débil frente a nada ni a nadie. Tenía la mística de la milla extra que en las competencias era la clave de su éxito. Lo aprendió una noche helada y oscura cuando su padre, Severo Torres, militar retirado antes de ser ascendido a general, parco y muy estricto con sus hijos, lo mandó al otro lado de la hacienda donde transcurrió gran parte de su infancia. Le tocaba ir por uno de los caballos más briosos y rebeldes que se había salido de su establo. Santiago le temía profundamente tanto al intrépido animal como a la oscuridad de la noche y sus espantos, pero le temía mucho más a su padre, así que muy obediente fue hacia los potreros en busca del caballo.

El sudor le corría por su frente, sus piernas le temblaban sintiendo en la nuca la respiración de mil demonios que pretendían alcanzarlo y llevarlo a un lugar más oscuro aún. Ni siquiera se atrevió a mirar hacia atrás porque estaba seguro de que se encontraría con más de un par de ojos centelleantes que le harían desfallecer. Corrió y corrió hasta donde le dieron sus piernas ágiles de nueve años. El regreso encima del salvaje caballo moro fue mucho más veloz, concentrado en salir del valle del terror y llegar rápidamente hasta la casa. Su audacia de esa noche produjo en su padre un gran reconocimiento, un orgullo innegable por su valentía y rapidez, digna de un hijo suyo. Nunca sospechó que Santiago acababa de pasar por la experiencia más siniestra de toda su vida que le siguió persiguiendo durante muchos días. Solamente su hermano Amado lo entendía porque él también lo había vivido en carne propia. Por eso pudo acompañarlo en esa noche de horror mientras las hojas de los árboles continuaban burlándose de su miedo y el ruido de pasos que se acercaban hasta la cama los dejaba paralizados. Fue una noche interminable y también inolvidable, una noche que marcó su carácter porque en lo sucesivo, cada vez que algo le atemorizaba pensaba que aquella noche lejana de su infancia había prometido no volver a sentir debilidad ni miedo ni temor. La vida era un reto y él sería un hombre con el carácter aguerrido que se requiere para enfrentar hasta las circunstancias más adversas. Desde ese día guardó en su interior la clave de su fortaleza. Si había sobrevivido a esa experiencia podría sobrevivir a cualquier cosa por terrible que pareciera. Sofía no sería la excepción, ella más que nadie debía saber que una medición de fuerzas con él era camino seguro a la derrota, ella debía haber previsto que él no se doblegaba, de la misma manera que nunca había aceptado la necesidad de cambiar ni de necesitar mejorar, pero en ese momento, solo y sin más presión que su indisposición, por primera vez se permitió pensar que posiblemente había fallado al desistir de consolidar su proyecto de vida con Sofía. Tal vez le había faltado paciencia. Le torturaba pensar que había incumplido a su pacto con Sofía porque le había dado su palabra de honor de la que tanto se enorgullecía. Suspiró apesadumbrado, acababa de fallarles a sus hijas. No sabía si le dolía más su cuerpo o la sensación de imaginar a sus pequeñas esperándolo y él sin poder avisarles las razones de su demora.

La personalidad era su coraza, su manera de sobrevivir y sobreponerse a todo, pero parte de esa personalidad eran los comportamientos aprendidos y las reacciones que mecánica e impulsivamente utilizaba frente a circunstancias diversas. Normalmente las personas no se preguntan ¿por qué reacciono así y no de otra manera? ¿Qué me condicionó a ser esta persona y no otra? ¿Por qué a veces me siento culpable de ser como soy? Santiago no era hombre dado a este tipo de elucubraciones. Sin embargo, en ese momento en que se preguntaba si había sido demasiado implacable con Sofía, la imagen de su padre, Severo Torres Sinfín, alto, erguido, intolerante y seguro de sí mismo le llegó a visitar. Tantas veces había juzgado la actitud de su padre, pensando que no quería ser como él, excluyente en sus ideas y actitudes, humillante con quienes no pensaran igual. Un hombre excesivamente duro, controlador e intransigente. Por rechazo a esa imagen fuerte de su padre había renunciado muy pronto a seguir una carrera militar, por eso había sido tan rebelde y había cambiado la ingeniería por la música. Desde niño pensaba que diseñaría los autos más veloces del mundo. Temía parecerse a su papá y pese a esas ideas de ser diferente, en su soledad y en su enfermedad debía admitir que tenía demasiado parecido con él, no sólo en el temperamento sino en la manera de enfrentar la vida y tratar a las personas. Miró sus manos y una lágrima resbaló por sus mejillas, esas manos hermosas para su mamá y amadas para Sofía eran las mismas que habían sido capaces de levantarse en contra de ella hasta lastimarla. Sus manos eran tan parecidas a las de su padre, militar retirado como consecuencia de una granada que le llenó de esquirlas su pecho y también su alma hasta impedirle respirar normalmente. Su padre era incapaz de pedir perdón y también de perdonar. Duro por dentro y por fuera. Inaccesible para muchos, hasta para su compañera de toda la vida, Victoria Acero, la única a la que le permitía limpiar sus heridas de guerra y de quirófano. Aparte de ella nadie más podía mirar más allá de donde él lo permitía, pero ella tampoco tenía acceso a todos los rincones de su ser porque una mirada profunda podía haberla llevado a descubrir el secreto que tanto guardaba Severo Torres, un secreto más grande que su orgullo y sus principios, un secreto oscuro que le robó para siempre el brillo de sus ojos y el deseo de vivir, poniendo en su rostro un rictus de melancolía permanente.

El proceso de transformación estaba iniciado, seguramente porque nada es permanente y todo cambia. Yo sabía que esto pasaría, como pasan los momentos agradables, los desagradables también pasan, más tarde o más temprano, pero sabía que pasarían así el tiempo se me estuviera haciendo demasiado largo. Sara, mi hija menor ya no lloraba por las noches ni se negaba a ir al colegio. Isabela no se quejaba de dolor de estómago, náuseas ni falta de apetito. Por mi parte me descubrí llorando menos y durmiendo más, evitando que mis hijas llegaran por las tardes a revisar mis ojos en busca de pruebas que delataran mi llanto o tal vez porque el tanque de lágrimas se estaba secando. Lentamente estábamos superando el duelo, sin saber realmente que al hacernos más flexibles el dolor se va aliviando y el sufrimiento se va evaporando poco a poco, al tiempo que vamos creciendo en nuestro nivel de consciencia como resultado de esa poderosa e inevitable ley del dolor, nada deseada pero tan llena de sabiduría y de aprendizajes; insuperable escuela en la que estábamos como alumnas sobresalientes. Nadie nos había enseñado cómo hacerlo, sino que lo estábamos aprendiendo como autodidactas, en la marcha, lo cierto es que en ese proceso de desprendimiento o desapego ninguna de las tres habíamos vuelto a despertarnos llorando ni con sueños terribles. Como el de Sara, perdida en un parque con unos extraños queriendo llevarla para un lugar que no conocía mientras ella nos buscaba sin poder encontrarnos. Con mucho esfuerzo logró llegar a casa, donde no había nadie esperando por ella. Sentirse sola la hacía despertar llorando desconsoladamente. Isabela, en cambio, perseguía murciélagos que querían cubrirme con sus alas viscosas. Corría buscando a su papá para que nos rescatara del ataque de los pequeños mamíferos voladores de la oscuridad. Entonces regresaba con él, demasiado tarde porque me encontraban convertida en un pájaro hermoso que no le temía a los murciélagos, y que por haberme atrevido a volar ya no volvería a ser como antes. Esa misma noche de sobresaltos yo escondía mis manos y me esforzaba para no recibir la culebra que me traía una amiga. Debía golpearla en la cabeza para matarla, pero no era capaz de hacerlo. Un grito desesperado me salvó de la tortura de sentir a la serpiente sobre mi espalda. Las tres nos abrazamos dándonos consuelo. El amanecer nos sorprendió exhaustas y con el corazón adolorido. Para nosotras Santiago era nuestra vida, el padre amoroso que jugaba con ellas y les contaba sus aventuras de héroe submarino, el que les enseñaba música, paseaba y corría con ellas riendo como un niño. Su mundo se trastocó de un día para otro, de unas horas para otras y eso decían, "nos fuimos por la mañana y papá estaba en casa, regresamos y se había ido con todas sus cosas, sin despedirse ni avisarnos". Tal vez esta era la causa de la inseguridad de muchas mujeres con respecto a los esposos, una creencia muy arraigada desde la infancia de que los hombres abandonan sin pesar y sin motivo.

Santiago sintió por primera vez un deseo profundo de limpiar esa parte de sí que no le gustaba. Quiso devolver el tiempo y disfrutar nuevamente de la presencia de Sofía, de la ternura de sus hijas sin dejarse desenfocar de lo realmente valioso: Su hogar. Tal vez odiaba de ella su paz, su disposición tan tonta a llenar su vida sólo con el amor de él y el de sus hijas. Muy en el fondo de su corazón y de su raciocinio admitía que Sofía tenía razón en todo lo que le decía y él no podía aceptar que otra persona entendiera la vida mejor que él. Sonrío al recordar cuánto le criticaba su manera de conducir sin premura alguna como si nada la presionara. Muchas veces la alcanzaba en la autopista de la congestionada Congruencia, tan contaminada de tantos temperamentos, afanes, temores y de toda la intolerancia humana de la cual él mismo era arte y parte. Sofía no se apresuraba en buscar el carril o la ruta más rápida, simplemente se concentraba en mantenerse en el mejor camino de la mejor manera posible sin agredir a los demás, sin conectarse con la intemperancia de los otros. Ella no era ni de lejos una persona paciente tampoco competitiva. En cambio, para él la vida no tenía sentido sin el calor de la competencia. En cualquier cosa era necesario competir, así en un juego inofensivo de salón como en una olimpiada o en una carrera. La competencia era el encanto sublime de la vida y con Sofía era imposible competir porque sencillamente ella no tenía ese espíritu, seguramente porque nunca había sido una deportista consumada no sabía lo que era dejar la vida en un partido con tal de saborear el gusto de la victoria y ver los rostros apabullados de los perdedores. De niña cerraba los ojos ante la pelota que veloz llegaba delante de su bate con el que a duras penas le pegaba al viento antes de salir corriendo o huyendo de esa sensación de poder ser golpeada. Ella vivía en el esfuerzo de ajustarse a las circunstancias y a sus propios cambios para evitar el stress de la competencia y del conflicto. Se lo dijo cuando sellaron su pacto de amor, que su sueño era una relación sin problemas y sin discusiones y que ella prefería ceder antes que pelear. Esa misma noche él le dijo que tendrían problemas y muchos y que la fórmula de éxito era aprender a superarlos. No podía creer que ella tuviera una imagen tan color rosa de lo que sería su relación de pareja. En ese momento en que estaban tan unidos en la certeza de que el amor les bastaría y les sobraría, ninguno de los dos percibió que desde ya iban por caminos opuestos. Uno en la negación del conflicto como medio de solución y otro con la competencia a flor de piel y la intolerancia como bandera. En fin, suspiró largamente…cómo se notaba que Sofía no era hombre, vivía orgullosa de su género, pero en su delicadeza y feminidad no sabía la gloria que se siente al ver la sangre resbalar por el rostro del enemigo. ¡Él si lo sabía! Desde niño había partido tantas narices que había perdido la cuenta y por eso era el favorito en las apuestas. Así de sencillo. Ninguna contienda podía estar por encima de sus fuerzas ni siquiera las del amor.

De pronto comprendió que ese tiempo de reflexión que se estaba permitiendo formaba parte de su trabajo creativo porque una revisión minuciosa de las circunstancias particulares lo estaba empujando a un nivel mayor de creación. Lo sabía, lo hacía a diario, no precisamente aplicado a sí mismo sino a su proyecto de creación musical buscando siempre cambiar, mejorar, hacerlo más entendible y amigable para los usuarios. El reto era que su programa fuera complejo en su estructura y de fácil manejo.

La mayor dificultad en el diseño de un programa es romper los moldes o esquemas tradicionales para atreverse a crear algo realmente nuevo. La música debe ir más allá de lo convencional y aprendido para sumergirse en lo divino y fantástico. Era igual con las experiencias de vida y la visión del mundo porque con frecuencia una experiencia fuerte, inesperada o desagradable es la que proporciona el impulso necesario para tomar la decisión de replantear cosas. Las experiencias difíciles son inevitables, necesarias y hasta indispensables para salir del estado de somnolencia, de frustración, de culpa, de queja, de rechazo, de resentimiento o de aislamiento, permitiendo ver la vida con otro sentido. Una experiencia fuerte penetra la mente humana abriéndole el horizonte hacia una visión nueva o diferente. Una persona nunca saldrá igual de un problema. La dificultad es la oportunidad de explorar lo nuevo. Aunque el sufrimiento no es la razón de vivir del ser humano y él era absolutamente negado a cualquier tipo de dolor, tenía que admitir que las situaciones adversas sí resultan necesarias en muchos casos. En el diseño de su programa musical el cambio era promovido por un conjunto de sensaciones, de voces internas o indicadores claros de que algo debía ser cambiado, una especie de alarma que precede al proceso de creación y lo impulsa. Este movimiento puede ser repentino o, por el contrario, una obsesión que se manifiesta a veces de manera poco clara. A nivel personal puede surgir como una tristeza profunda, una sensación de pereza, miedos acentuados, libertad excesiva, placeres frenéticos que no llenan, vacíos inexplicables, ira, descontento, infinidad de problemas que, aunque inicialmente no sean identificables, están permitiendo que el individuo comience a hacerse las preguntas correctas que activarán el proceso de transformación. Una transformación transcendental o eventual puede surgir fácilmente de una crisis o de una situación generalizada de incomodidad, confusión o de apremio que empiezan a mostrar que se debe cambiar algo.

El agua caía y los chorros fuertes refrescaban su cuerpo que ardía por la fiebre. Disfrutó al máximo del baño y del paisaje de prados verdes y amarillos como mayos recién florecidos. Un cielo despejado con nubes llevadas por el viento le dibujaban las sonrisas de sus hijas, llamándolo para que las alcanzara. Sofía danzaba con un vestido vaporoso que la hacía ver como una hermosa aparición celestial. Quería alcanzarlas, ir con ellas hasta las palmeras que en el atardecer musical los acompañaban y enseñarles las canciones del mar que a esa hora descansaba para que él pudiera capturar sus sonidos. Súbitamente las olas se encolerizaron vomitando una repentina indignación y dos gigantescas naves de guerra se vinieron sobre él con toda la intención de atacarlo y borrarlo del planeta. No tenía otra opción que pelear, no tenía tiempo que perder. Se vistió ágilmente con su ropa de kamikaze, piloto de combate experto y entrenado en maniobras suicidas, si fuera necesario, en el objetivo de destruir al enemigo. Diestramente sacó su nave de guerra de la estación nuclear. Ajustó los cinturones, revisó todos los equipos, verificó los indicadores de potencia y despegó en su potente M42 azul, de última tecnología, diseñada para conquistar el firmamento y acabar con cualquier adversario. Buscó por planetas y galaxias, revisó cada rincón del espacio sideral sin encontrar rastro alguno de sus atacantes. Sobre el océano buques de guerra contrarios le indicaban que la batalla era a muerte. Debía estar atento y concentrado en su blanco. Giró una y otra vez, navegando en ese cielo infinito. Se sintió seguro, temerario y tácticamente experimentado para las alturas y retos más grandes donde cual águila veloz podía divisar el mundo bajo sus pies. Se remontó más allá de las nubes y después de ellas por encima de las estrellas. Su poder era imparable y su valentía también. Nada podría detenerlo, pero en medio del éxtasis de su vuelo contemplativo y guerrero un fuego de luces de colores, música y energía acumulada se abrió ante él. Era algo realmente inenarrable, indescriptible, imposible de ser explicado por el lenguaje humano. Sólo miró y miró, grabó todas las imágenes que pudo a través de la retina de sus gafas tridimensionales. Deseó guardar la mayor cantidad posible y tener la capacidad de reproducirlas y compartirlas porque el espectáculo era más que maravilloso. Tonos in crescendo de naranjas, rojos, amarillos como el sol le invadieron sin compasión a esa hora crepuscular y él fue testigo indiscutible de ese estallido impresionante. Posiblemente una réplica del gran estallido o un anuncio premonitorio de una nueva vida. También podía ser un combate en el que no pudo estar o una invasión de otros planetas. No lo sabía. La explosión consumió todo, devoró todo, creció y creció, inundó el cielo, la tierra, los mares, tragándose todo lo imaginable e inimaginable y él, protegido en su potente M42, en los confines mismos de otro planeta desconocido, pudo ver como la tierra desaparecía bajo la descarga de luces incandescentes, sonido y colores sin dejar rastros de vida.

El proceso evolutivo y volitivo del ser humano es algo muy complejo. Si la persona que voluntariamente lo inicia se detiene, estará aquietando el sistema en gestación. A falta de una solución proyectará sus problemas a otros, volviéndose una persona más crítica, enjuiciadora, manipuladora y ávara, entendida como alguien que no quiere dar de lo que tiene, y que no asume sus propias fallas, sino que las proyecta en los demás. Este proceso no es fácil ni instantáneo y la decisión de iniciarlo requiere cierto grado de madurez y trabajo personal que no depende de la edad porque la madurez mental y espiritual no necesariamente va de la mano con la edad cronológica. Generalmente en la primera mitad de la vida el potencial humano está dormido o pasivo, desbordado hacia la vida externa e intranscendente con gran predominio del individualismo, la ambición y las ideas ilusorias. Sobre la segunda mitad, esto es, alrededor de los cuarenta años se presenta la llamada Edad de la Razón o Demonio del Medio Día, lo cual significa que en este período de la vida emerge en el individuo una personalidad extraña, especialmente en los hombres, apropiándose de su conducta y llenándolos de rebeldía, intolerancia o indiferencia hacia muchas cosas, personas o situaciones. Se tornan indolentes, retraídos, narcisistas, en extremo individualistas y hasta agresivos. Estas personas, absorbidas por la nueva personalidad, renuncian a su anterior estilo de vida calmado y sosegado y adoptan actitudes de adolescentes. Desean vivir aventuras extremas, deportes peligrosos, diversiones inagotables, amistades diversas, vicios y adicciones nuevos u olvidados, sexualidad desbordada, vocabulario y ademanes extraños, música estridente, gustos inusuales, todo con el fin de afirmarse como seres jóvenes y autónomos de toda manipulación familiar, biológica y social.

En las mujeres este período es diferente, por lo general se plantean temas más existenciales deseando tener mayor estabilidad, especialmente a nivel afectivo y emocional. La maternidad las desvela si todavía no han sido madres. Les preocupa el paso de los años, pero más en el sentido de la construcción de familia o de relaciones satisfactorias y de realización personal y profesional. En la mayoría de los casos han superado la dependencia del hombre, pero buscan con más ahínco su pareja ideal si aún no la tienen. Les preocupa envejecer y engordarse e igualmente el futuro de los hijos. Con frecuencia resultan ser más tranquilas y espirituales en esta edad que sus congéneres masculinos. En personas relativamente sanas en sus emociones, la toma de conciencia empieza a dibujarse en el mundo interior, empezando a comprender que la realidad no es simplemente lo que se puede ver, tocar y menos aún poseer sino precisamente lo que no se puede ver ni tocar ni ser poseído por nadie, configurándose una dimensión que transciende lo personal pero que va de adentro hacia afuera. Este proceso es un gran misterio ya que no ocurre por simple decisión, aunque evidentemente sí es la decisión personal la que activa el maravilloso poder de cambio que ocurre a nivel individual. De una decisión personal depende que el proceso de transformación llegue a todas las áreas de la vida, siendo un camino bastante largo en el que muchas veces pareciera que a medida que más se avanza más falta por recorrer.

El proceso de transformación se origina en un espíritu u observador personal, permanente y consciente que facilita el compromiso necesario con el proceso en sus diferentes etapas. La fuerza o certeza interior, unida a la imaginación y apertura mental es la que ayuda a aceptar que hay un poder creador. De acuerdo con ese nivel de desarrollo, de motivación y persistencia en el proceso de cambio y crecimiento es que éste se logra manifestar, manteniéndose a través de la reflexión continua, del aprendizaje diario y del enfoque en la experiencia. El cambio, entendido como transcendencia es entonces un proceso de lo interno a lo externo, del individuo hacia los demás y hacia nosotros mismos en un permanente fluir de dar y recibir, de dejar y soltar, de acoger y aceptar. Se sostiene por la persistencia y el anhelo de lograrlo que ayuda igualmente a no desistir, a no abandonar. Eso en parte mide el nivel de desarrollo porque desistir es lo usual, vía rápida preferida por los humanos, pero persistir es la vía difícil, propia de quienes han avanzado en comprensión y sabiduría.

La transformación debe llegar a convertirse en un hábito, en un nuevo estilo de vida que sea espontáneo, no impuesto, ni fingido ni acomodado a nuevos patrones de supuesta excelencia moral o de intelectualidad y soberbia que terminan por apagar la conciencia. La clave está en desear profundamente la transformación y trabajar consistentemente en ella o de lo contrario difícilmente sucederá. Este proceso exige un precio muy alto, el precio del arrepentimiento, no en la interpretación generalizada de culpa sino de reconocimiento del error y aprendizaje del mismo, en otras palabras, humildad y Santiago Torres anteponía su orgullo y su fuerza, pilares de su vida desde que lograra dominar al brioso caballo moro, que le impedían admitir equivocación alguna. Ceder y retractarse no era algo que estuviera inscrito en su código de procedimientos y estrategias de supervivencia. Él prefería renunciar antes que reconocer sus fallas y sus desaciertos. Sin embargo, la vida que llevaba a su antojo le dejaba un sabor amargo, a fracaso, a derrota, a equivocación; un sabor que no quería aceptar, pero el peso abrumador de su soledad le llevó a reconocer tímidamente que se había equivocado, que la vida le estaba quedando grande y que estaba perdiendo el norte y el propósito. Si el infierno existía era éste que él estaba viviendo. La vida sin su familia, lejos de su hogar, desamado de su mujer y apartado de sus hijas.

Su corazón se comprimió y se aceleró al escuchar al otro lado de la línea la voz de Sofía. En ese instante entendió cuando Sofía le decía que tenía el corazón como una ciruela pasa, era una descripción perfecta. Desde que no la veía tampoco la había vuelto a escuchar. Se notaba tranquila, la imaginó fresca y hermosa acabada de levantar, envuelta en su bata azul y blanco que compraron juntos. Recordaba todos los detalles de ese viaje, la música que habían escuchado durante el camino, la fabulosa película Thelma & Louise que entraron a ver sin más motivación que la idea loca de Sofía de entrar al cine, unida a esa sonrisa suya que le aseguraba que sería buena. En ese entonces no discutían, no les costaba ningún esfuerzo ponerse de acuerdo porque ceder a los deseos del otro era un placer y no un sacrificio. Tiempo aquél, pasado, pretérito, borroso a ratos en que su vida era perfecta y el futuro imaginado más perfecto todavía. ¡Qué equivocados estaban! O de pronto eso sí era lo correcto sólo que el propósito se les perdió en el camino.

Santiago lo dudó mucho, no sabía que le diría ni cómo lo diría, ni siquiera sabía si Sofía estaría dispuesta a hablar con él, pero en su corazón había una verdad. Deseaba volver a su hogar, a su casa, al lado de su esposa, de la única mujer que amaba así fuera tan diferente a él. Anhelaba estar cerca de sus hijas, recuperar lo que había dejado y derribar el miedo que crecía en su interior. Necesitaba volver a creer que la mayor valentía consistía en defender un hogar, una familia, un amor con todo y sus falencias más allá del coraje de vivir sin límites.

Dos días después de esa conversación telefónica estaba frente a mí, casi sin atreverse a pasar la puerta de lo que también había sido su hogar, tan delgado como hacía años no lo veía, tan cansado como no lo había imaginado. Era la primera vez que nos veíamos luego de cuatro largos meses de separación. Como en nuestra historia de amor de hacía quince años volví a sentirme jugando a las Estatuas, o a los Congelados como le decía Santiago. Congelados o estatuas, la sensación de inmovilidad era la misma. Esta vez tuve que admitir que jugábamos a los congelados porque el frío me hizo temblar de la cabeza a los pies. Reímos con la inocencia de un niño descubierto en su travesura. Ese instante tan breve en la infinitud del tiempo fue un refrigerio de amor para nuestras almas cansadas de la espera, un respiro de vida, una esperanza renovada de que nada era imposible para los dos. Como a un adolescente le tembló la voz al pedirme que saliéramos esa noche. ¡Una cita después de tanto tiempo!

Fuimos a un restaurante al que nunca antes habíamos ido. Una especie de código tácito de que las cosas no serían igual que antes. Santiago me abrió su corazón a su manera, sin atreverse a decirme lo arrepentido que estaba de su partida tan intempestiva. Por mi parte tampoco le recriminé nada. Estaba ahí y eso era suficiente. No queríamos hablar del pasado sino del presente, temerosos de herir cualquier susceptibilidad tan a flor de piel todavía. En medio de su poca habilidad para decir lo que sentía, Santiago me mostró su verdad, su soledad, sus reflexiones. Me dijo que había podido comprobar que vivir solo y alejado de mí tenía algunas ventajas, por ejemplo, salir y llegar a la hora que quisiera sin tener que darme explicaciones ni pensar en lo que yo le diría. También me confesó que había puesto en una balanza su vida como soltero y su vida como casado, y que prefería lo segundo, así no fuera perfecto ni completo, así a ratos se sintiera ahogado y aburrido porque era consciente que él también había cometido errores y que estaba seguro de poderlos corregir.

Pude reconocer al Santiago de nuestros mejores días. Sus palabras se deslizaron por mis manos, se metieron por mis poros, subiendo a mi pecho como una caricia que entraba sin resistencia a mi corazón siempre abierto para él. Sabía que no mentía, lo conocía tanto que podía descifrar hasta su parpadear y su sonrisa de niño grande. Conservaba la misma timidez, la misma escasez de palabras al expresarse. Sus ojos color de noche temprana me miraban igual que quince años atrás. Era el mismo Santiago, más reflexivo, más pausado tal vez, embellecido por una actitud que denotaba humildad, algo bastante esquivo a él. Su alma preciosa y escondida se asomaba por las persianas entreabiertas evidenciando que en esos meses de separación había sido capaz de replantearse su propia responsabilidad y la de su familia y en especial la necesidad de cambiar muchas cosas. Fue un bálsamo total para mi alma y mi corazón.

Santiago se sorprendió de encontrar una Sofía pausada, serena. Sus palabras eran verdadera música a sus oídos. Se sintió reanimado de pensar que la separación temporal había sido una manera de reencontrarse con lo mejor de cada uno. Sabía que en esto había que tener mucho cuidado porque es posible creer que ya se ha pagado el precio que garantiza que nada podrá desviarse de su cauce, pero si el proceso no estaba maduro lo siguiente sería mucho más doloroso, una partida nueva y definitiva, por ejemplo. Las heridas abiertas serían más profundas especialmente si las actitudes negativas no se superaban por eso se sintió tranquilo de regresar a su apartamento de soltero, a su trabajo y a su vida solo, con la promesa expresa de seguir madurando la manera de volver, de renovar su pacto de amor y lealtad. Estaba muy ilusionado porque había encontrado a una Sofía llena de paz, de amor, de mucha seguridad en que si volvía con él no era por el temor a quedarse sola sino por el mismo deseo de hacía quince años de construir una vida juntos por el resto de sus días. Los días que le quedaban para seguir viviendo en Libertad le servirían para tomar una decisión reposada, madura y suficientemente planeada.

Nada de lo que estaba sucediendo era casual sino parte del plan de transformación de mi vida, el cual yo misma había activado voluntariamente al estar tan metida y conectada con los principios del amor. De esa manera pude comprender que en mi interior operaba una entidad divina, conocida como Dios o Padre que es su manifestación dentro de los seres humanos, la cual se hace cargo del ajuste de nuestras creencias y propósitos. Estos ajustadores o acomodadores del pensamiento permiten que poco a poco y paso a paso se vaya renovando nuestro pensamiento hasta llevarnos a desear y anhelar una vida junto a Dios, quien es, en esa dimensión conceptual de nuestra mente, un acomodador de nuestro pensamiento, un re ordenador de ideas, un transformador permanente, una fuente inagotable o mente infinita trabajando veinticuatro horas humanas para darnos la posibilidad real de lograr la felicidad, satisfacción o tranquilidad de alcanzar nuestra esencia divina, nuestra misión y realización. La divinidad que reside en cada mente humana a través de su manifestación espiritual espera con paciencia y con amor infinito que alcancemos los niveles de comprensión y limpieza que nos permitan eliminar la soledad, la amargura y el vacío a fin de poder estar abiertos a recibir la abundancia que el creador del universo nos tiene deparado. Inadmisible para muchos, real muy real para otros porque cada quien tiene la posibilidad de creer o no.

Como seres dotados de voluntad, es una decisión personal recibir y dejar trabajar en nosotros la presencia poderosa de un ser superior. Los acomodadores del pensamiento y de la mente en evolución no invaden nuestra psiquis sino que nos acompañan desde que mostremos la capacidad de superar la dicotomía original que nos caracteriza y que nos ha enraizado en dos caminos opuestos, el del amor o el del miedo, que viene a partir del conocimiento del árbol del bien y del mal, los cuales son juicios sobre todas las cosas, porque estos conceptos se generan en la mente que tiene la tendencia a juzgar un suceso que en sí mismo es neutro. El desarrollo de conciencia como proceso de crecimiento se fundamenta en la búsqueda adecuada de información y en el aprendizaje a través de las experiencias de vida ya que en medio de la dificultad o del sufrimiento podemos descubrir el principio maravilloso del amor, el cual nos libera de las limitaciones y nos permite acceder a experiencias creativas de mayor satisfacción y armonía, es decir, nos ubica en el terreno de la convivencia armoniosa y pacífica, en la medida que logremos elevarnos muy por encima de la vibración más baja que hay en el universo que es la del Miedo, opuesto al principio universal del Amor. En consecuencia, el proceso de transformación o de crecimiento de la esencia pura o espíritu de Dios en cada uno, es una cuestión de decisión personal donde cada ser humano tendrá tanto como se disponga a recibir y también a dar. Esto es lo que también se conoce como libre albedrío, entendido como la capacidad de decidir y que en últimas es la que nos lleva a elegir un camino u otro de los dos posibles.

A solas acepté el reto de amor de recibir a Santiago sin el proceso de transformación completo, recibirlo de vuelta, aceptarlo y amarlo así, como un humano en proceso de desarrollo, como todos, por eso no me resultó nada difícil decirle otra vez SI, porque en mi corazón vivía la certidumbre de que el amor podría terminar de hacer en Santiago el milagro de su transformación perfecta. Ya él había dado el paso decisivo al aceptar que necesitaba y quería hacer su proceso, y yo misma estaba viviendo mi mejor transformación, la de volver a creer. Una fe renovada en nosotros y la promesa de dar lo mejor de cada uno, seguros de que podríamos lograrlo, me dio las fuerzas para asumir este gran reto de amor y restauración.

LA PRUEBA

*"Una experiencia fuerte penetra la
mente humana abriéndole el horizonte
hacia una visión nueva o diferente".*

Sofía

El nuevo día llegó con esperanzas renovadas y susurros diferentes, como de palomas mensajeras diciéndome al oído que los días de mi pesar habían quedado atrás y que una vida nueva se abría como capullo en flor. Me sentía feliz y llena de todos los matices del regocijo, con el deseo de tener todo a punto de nieve en nuestra casa que también transpiraba restauración por todos lados.

Santiago llegó, desprovisto de un escudo que lo protegiera de la embestida de amor de nuestras hijas. Cada una levantó más cosas de las que podían, queriendo llevar todo de una vez, como evitando darle cabida a cualquier movimiento de escape. Por mi parte acomodé el equipaje de Santiago disimulando el más mínimo rezago de incredulidad para no perturbar el repicar alegre de los corazones de todos. Santiago recorrió cada espacio reconociendo que ese era su territorio, el hogar que pacientemente había aguardado por él. El jarrón con flores frescas a la entrada, las fotos, los dibujos de las niñas, las dedicatorias, mis tarjetas en su mesa de noche, todo parecía igual excepto los ríos de mis lágrimas que habían lavado más de una vez el piso de madera recién encerado. Más allá de la limpieza era imposible no percibir el temor al fracaso que reposaba calladamente en el ambiente.

Es más fácil comenzar que reiniciar. Es más fácil creer la primera vez que volver a creer y a confiar. Las segundas oportunidades generalmente traen una carga adicional que puede pesar más que la alegría del retorno. No quería pensar con cuántas mujeres habría estado Santiago durante su ausencia, ni en que había sido un extraño durante los más largos meses de mi vida. Cerré mis ojos para ahuyentar cualquier pensamiento negativo, concentrada en disfrutar de su presencia casi irreal como cuando lo sentía a mi lado sin que realmente estuviera.

Extraños y conocidos se agolparon a mirar por la ventana murmurando infinidad de cosas que me llenaban de confusión. Un desfile de mujeres con expresión burlona llegó a hablarme en detalle de las andanzas de Santiago. No reconocía sus rostros, no reconocía sus voces, pero cada una llegaba con un mensaje diferente. Apenas sí podía distinguir algunas caras conocidas que disfrutaban de la ceremonia de recibimiento donde la única que parecía no tener cabida era yo misma. Un llanto ahogado y liberador me rescató de esa jauría que pretendía devorarme, sin poder quitar de mi mente a la mujer de vestido largo, rojo, escotado y ajustado que me decía que ésa era su boda con Santiago, con muchos invitados testigos y cómplices de esa relación, pero desconocidos para mí.

Santiago se despertó desconcertado, sin comprender el motivo de mi llanto que rompió el descanso de vivos y muertos. Me abrazó contra su pecho diciéndome que no había nada que temer y que él estaba ahí conmigo para no irse más. Por mi parte no sabía si era mejor cerrar mis ojos o abrirlos porque de cualquier manera veía el mismo desfile. Las manos perfectas de músico virtuoso comenzaron a recorrer mi cuerpo hasta ese momento en modo silencio, en busca de nuevas notas con las que reinventar nuestra mejor melodía.

> " *Me gusta me apetece y me provoca*
> *tu todo que me hace pensar en ti,*
> *me gusta que me beses en la boca*

que dejes tu sabor muy dentro de mí
me gusta acariciarte los cabellos
me gusta la dulzura de tu voz
me gusta adormecerme entre tus senos
me gusta descubrir contigo el amor

Me gusta ver tu piel desnuda
y tus caderas al andar y me gusta la infantil locura
que envuelve tu vida y tu verdad
me gusta cuando me seduces
y como te rindes a mi
entregándote sin condiciones, sin pedirme nada para ti

Me gusta que me pierdas el respeto
y te vuelvas salvaje como yo,
contigo me siento un hombre completo
y sin ti soy como un barco a la deriva y sin timón
me gusta ver tu piel desnuda y tus caderas al andar
y me gusta la infantil locura que envuelve tu vida y tu verdad
me gusta cuando me seduces y como te rindes a mi
entregándote sin condiciones sin pedirme nada para ti

(Me gusta me apetece y me provoca)
Me gusta mucho que me beses en la boca
Me fascina tu mirar y cuando te vuelves loca
Cuando caminas y mueves tu cinturita y tus caderotas
Yo me conformo con un poco de eso que tu cuerpo
al caminar a todo el mundo provoca
A mí me gustas mucho, te juro mamacita que bastante me provocas

Cuando tú vas caminando luciendo tus lindas piernotas
Porque tu estas bien rica y bien sabrosa
negrona tu estas buenota
Que yo me siento bien chévere
cuando veo que tu caminar
a todo el mundo alborota y provoca

Me gusta me gusta me gusta me gusta
a mí me gusta me gusta me gusta me gusta te juro que me gusta
Contigo no la botaron
te digo que contigo desaparecieron la pelota."

ME GUSTA - *Andy Montañez*
https://www.youtube.com/watch?v=VCODF8Sjosw

Los días pasaron veloces trayendo en un abrir y cerrar de ojos la época que más nos gustaba, la Navidad. Tiempo mágico en el que las personas se acuerdan de sus seres queridos, de sus amigos y de sus enemigos. Tiempo de reflexión, de gratitud, de renovación y hasta de olvido. Para nosotros era una época maravillosa y eso le habíamos transmitido a nuestras hijas año tras año enseñándoles a ver el cielo iluminado, las luces de colores, los árboles encendidos, las guirnaldas, las campanas, los adornos y esos personajes luminosos que sólo hacen su aparición en esta época del año. La navidad nos permitía afirmarnos como familia, tal vez porque nuestra historia de amor comenzó precisamente poco antes de la navidad y nuestra pequeña Sara también era un regalo de navidad. No queríamos ni imaginar cómo estaríamos de no haber logrado la reconciliación antes de esta fecha, por eso estuvimos de acuerdo en celebrarla solos, sin más testigos de nuestra felicidad que nosotros mismos, unidos en un abrazo íntimo y recibiendo de Santiago el más hermoso de todos los regalos, sus palabras de arrepentimiento y su promesa de no volver a dejarnos. ¿Qué más podíamos pedirle al Niño Dios? Nuestro árbol de navidad estaba más lindo que nunca, estrenando todas sus luces y adornos con una estrella nueva colocada en lo alto por Santiago, iluminando el ambiente y nuestros corazones con sus visos de esperanza y de alegría.

Unas semanas más tarde y como en nuestros mejores tiempos, salimos de viaje sin más preparativos que nuestra maleta repleta de felicidad y nuestras hijas más dichosas que antes. Recorrimos gran parte de la hermosa geografía del país, verde como el que más, pintado de azules, de rosados en todos los tonos y naranjas que se confundían con el rojo de los atardeceres. Respiramos el aire puro del campo y de los lugares apartados del bullicio de la civilización.

Anduvimos sin afanes, sin pensar en dónde dormiríamos o en dónde amaneceríamos. Santiago era el mejor y más divertido de todos los pilotos. Todo indicaba que iba a ser un paseo de nunca olvidar y literalmente fue así.

Cuánto hubiera preferido no salir esa mañana, cuánto le hubiera agradecido al sol que ese día no saliera y a la noche que hubiera alargado su turno para protegernos de lo que se avecinaba, cuánto hubiera dado porque alguien me avisara que el peligro estaba al acecho, pero embebida como estaba en las mieles de la reconciliación estuve demasiado desprevenida por lo que el enemigo, siempre vigilante y oculto, me encontró totalmente desarmada.

En el cuarto día de nuestro viaje Santiago bajó hasta el carro y desde el balcón lo vi revisando su celular. Durante los días que llevábamos paseando no lo había revisado ni una vez, al parecer esa mañana no resistió la tentación de mirarlo, ignorando como tantas otras veces que la tentación es la puerta que primero se abre antes del deseo. Preferí meterme al apartamento para que él no viera que yo lo estaba observando porque no quería que nada dañara nuestras vacaciones perfectas. Pero la perfección no existe y creer que sí es una ilusión pasajera. Santiago ya no fue el mismo desde ese preciso momento. Al preguntarle la razón de su repentino cambio recibí una descarga de insultos y amenazas de nuevo abandono y todo delante de las niñas que tampoco podían entender lo que pasaba. El regreso a casa fue muy doloroso porque el silencio que pesa más que las palabras se instaló en medio de nosotros. Las niñas lloraron hasta que el sueño y el hambre las venció.

Ya en casa Santiago se refugió en la televisión mientras que yo, como siempre preferí la soledad de la habitación, clamando al cielo las respuestas, esperando una explicación que nos devolviera la calma. Después supe que los mensajes reiterados de Aydee habían sido la causa de su reacción porque ese día ella le había puesto un ultimátum que lo llevó a terminar abruptamente con nuestro viaje familiar para poder regresar a calmarla. Él se había prometido no volverla a ver, hizo su mayor esfuerzo por no revisar ni responder su celular, pero un instante de debilidad lo llevó a claudicar de sus buenas intenciones, arrastrándome una vez más en sus agresivos vaivenes emocionales, y lo peor, lastimando nuevamente a nuestras pequeñas hijas, porque indudablemente lo que un padre o una madre hace afecta a los hijos de muchas maneras.

La oportunidad se nos estaba escurriendo otra vez entre las manos y pendía sobre mí como una daga a punto de caer porque la afirmación de Santiago al volver fue que esa sería la última oportunidad. La prueba que la vida nos daba era dura y los augurios de éxito cada vez más difusos. Sólo mis oídos persistían en querer escuchar alguna nota de esperanza más allá de los episodios de frustración y agresión por parte del hombre por el que seguía dando mi vida como en una transfusión directa que me dejaba cada vez más débil y agotada. Era consciente de la experiencia y de que en mi camino de aprendizaje debía afrontar la situación y las decisiones tomadas, con plena conciencia de lo que estaba ocurriendo. Así que sólo me quedaba seguir haciendo mi mejor esfuerzo. La vida continuaba mientras yo seguía con mis heridas abiertas, confiando en que no se infectarían.

Tal vez esa era la causa de las pesadillas que continuaban lacerándome casi que todas las noches. Amantes de Santiago, hijos de Santiago nacidos de sus aventuras, otros no nacidos por decisión de él, que también aparecían clamando una oportunidad. Amigos de Santiago, médicos, abogados que exigían los derechos de las mujeres que habían acompañado y consolado a Santiago; todos ellos venían trayéndome una información que yo no les pedía pero que de alguna manera mi ser necesitaba porque estaba llena de incógnitas por todo lo que desconocía de Santiago. Sabía que esa era la prueba y el riesgo, pero no podía precisar si Santiago estaba igual de comprometido que yo. Empezaba a dudarlo porque pasados los seis primeros meses de reconciliación, revivida la pasión y la fusión de nuestras almas, Santiago comenzó nuevamente a querer vivir su vida de soltero, incapaz de resistir las muchas tentaciones que tanto daño ocasionaban a nuestra familia que seguía en cuidados intensivos.

Volvieron las llegadas tarde a casa, el teléfono no respondido, las excusas vagas, los argumentos excluyentes, las respuestas hirientes, los espacios propios, la mirada perdida, los monosílabos evasivos, la televisión siempre imprudente, los silencios inapropiados, la indiferencia, la ausencia, sobre todo la ausencia como ese territorio en el que me obligaba a convivir. Un lugar de incomunicación, de incertidumbre, de humillaciones y desconsuelo en el cual él era el rey absoluto y sus armas favoritas su desinterés y su falta de compromiso, así como su amenaza recurrente de que podría volver a irse en cualquier momento, clavando mil puñales de doble filo en mi corazón que no estaba preparado para vivir nuevamente lo mismo y peor.

Día tras día agaché mi cabeza de una y de muchas maneras para apagar las reacciones encendidas de Santiago tan dividido, inestable, inmaduro en sus emociones, desprendido de su hogar y de todo afecto natural, distante, encerrado en sus propios pensamientos, sin ningún sentido de pertenencia familiar que le hiciera echar raíces profundas. Por el contrario, pronto olvidó sus buenas intenciones y sus promesas que quedaron enterradas debajo del árbol de navidad como no queriendo ser parte del camino de herradura que estábamos transitando a tumbos.

Y es que la magia de la navidad y del año nuevo pasa y sin un árbol en la sala que la conmemore ni un pesebre recordando que Jesús nació y murió por salvarnos, la fantasía de la celebración había comenzado a diluirse hacía semanas. La navidad no es la que genera armonía ni un verdadero cambio si no hay bases firmes de verdadero afecto, compromiso y lealtad; no emociones momentáneas ni promesas vacías hechas de viento. Al parecer Santiago olvidaba fácilmente sus pactos, él, que tanto se jactaba de ser un hombre de palabra, pasaba tan fácilmente por encima de ellas. Vivía en un permanente aquí y ahora que lo llevaba a menospreciar las cosas hermosas que nos unían, haciendo de mí su yo-yo emocional que tocaba el cielo cuando él lo quería o descendía al abismo más tenebroso cuando se instalaba en la zona del agravio y la desconsideración. Prueba dura de supervivencia y de amor abnegado y sufrido.

Muy a mi pesar no podía evitar encontrarme con un hombre absolutamente volcado a sus propias necesidades y pasiones secretas de un mundo al que no le quería cerrar la puerta y al que se escapaba permanentemente, repitiendo en cada viaje el mismo ritual de abandono y retorno, una y otra vez, una y otra vez. Erróneo es hacer siempre lo inadecuado hasta asumirlo como correcto y validarlo por la repetición. Ese era el esquema de pensamiento dominante en esta relación de dos personas que no lograban ponerse de acuerdo en lo realmente importante, transcendental y valioso. Así las cosas estábamos más separados que antes de su regreso porque habiendo vivido apartado y regido por sus propias normas de libertad, la intención de Santiago era la de imponer en nuestro hogar ese mismo estilo de vida que le permitiera moverse a su antojo en casa y fuera de ella, en la ciudad y sus alrededores, desconociendo olímpicamente que el amor no puede regirse por los caprichos de una persona que en uso de sus derechos exagerados de libertad cree poder pasar por encima de todo y de todos sin inmutarse ni afectarse. Amar significa renunciar a muchas cosas de nuestra vida pasada y desenfrenada, renunciar al individualismo, a las influencias contrarias o amistades no comunes, a experiencias no compartidas, al sexo por el sexo, a la falta de compromiso, a la manipulación, a la mentira. Evidentemente Santiago me manipulaba y chantajeaba emocionalmente igual que a nuestras hijas, convencido de que por nuestro temor a perderlo aceptaríamos sus condiciones sin lugar a discusión ni negociación, cualesquiera que ellas fueran. Era su palabra y punto, ignorando o pretendiendo ignorar que con esa actitud intoxicaba el aire familiar y las aguas ya nada cristalinas de nuestra relación.

Pronto el temor acompañado de otros nuevos y antiguos como el temor a expresarme, llegaron a ese terreno perfectamente abonado con el propósito de quedarse en esa fortaleza de tiranía, adornada con espesos silencios creciendo en derredor, cual follaje silvestre que sube por los muros hasta tapar puertas y ventanas, ahogando todo lo demás. Su propósito era llenar el ambiente de miedo y ausencias de todo, especialmente de amor, de respeto, de amabilidad, de consuelo, de explicaciones que ni pedidas ni no pedidas llegaban de Santiago, por el contrario, sus burlas y ofensas aumentaban de calibre hasta llegar a decirme que sí era verdad que andaba con otras, con su ingeniera de sonido, con su secretaria, con sus amigas y con todas las que yo alcanzara a imaginarme, luego se reía y tiraba la puerta tras de sí. Esa estrategia era la señal de que no llegaría esa noche, dejándome una vez más agonizante y sin fuerzas para decir ni una palabra. Era la triangulación tan hábilmente utilizada por los psicópatas relacionales, como Santiago Torres, como estrategia de choque para llevar a sus víctimas de turno al límite de sus emociones.

Miedo es todo lo que, reconocido o no, impide a los humanos el desarrollo de su capacidad de ser felices y de vivir plenamente, armoniosamente o por lo menos dignamente. Uno de los miedos más arraigados y horribles es el miedo a perder un ser amado o a perder a la persona con quien se comparte el día a día. Perderlo ya sea por muerte, divorcio, distancia o alguna otra razón. En este tipo de miedo el amor se paraliza porque la persona atemorizada o sometida ya no ama, simplemente agoniza. El lugar del amor es apropiado y absorbido por el miedo. Yo sabía por experiencia propia lo que era este miedo. Había convivido quince años con el mismo temor que por temporadas se dormía para luego despertar fortalecido. Por una razón u otra mi corazón nunca se había sentido seguro y confiado de Santiago, tal vez porque pasada la época de efervescencia y calor de nuestro amor tan impetuoso, pronto salió a relucir el temperamento agresivo, impulsivo y cambiante de Santiago que, en cualquier situación de conflicto, equivocación o diferencia, me mostraba un afecto confuso e insano.

El temor al fracaso y a la separación fue tan poderoso en mí que me fui convirtiendo en un pálido reflejo de mí misma, en una mujer que temerosa lloraba en silencio mi desgracia evitando ser escuchada por Santiago para que no me recriminara también por llorar, incapaz de renunciar a lo que creía era el amor de mi vida. Cada vez daba más, porque en esta segunda oportunidad me dediqué a trabajar en los detalles que pudieran hacer la diferencia. Una flor nueva, una decoración diferente, una comida agradable, una conversación amena. Llené de luz cada rincón, de perfume cada espacio, de ternura cada palabra. Volví a la oficina de Santiago con la ilusión de que despedida Aydee yo podría recuperar mi lugar, almorzar juntos como a él le gustaba, salir a caminar, ir al gimnasio. Me esforcé en acompañarlo a sus carreras de velocidad y ser su coequipera, interesándome en sus cosas, poniendo mayor empeño en disfrutar de sus temas tan banales de conversación, con amigos igual de banales. Pero nada funcionaba, Santiago me cerraba directa o indirectamente todas las puertas que pudieran conducirme a él porque sorprendido y agradado como parecía estar por mi esmero en complacerlo, prevalecía su deseo incontrolable de llevar una vida paralela a la cual yo no podía tener acceso.

Una noche me llevó a una fogata en la casa de uno de sus amigos y todo estaba dentro de lo normal hasta que uno de ellos me ofreció un tabaco de marihuana. Quise disimular mi molestia, pero al rato otro me reiteró el ofrecimiento. Al darme cuenta que todos estaban en el mismo ambiente busqué a Santiago. Hubiera preferido no levantarme a buscarlo porque lo encontré detrás de la fogata aspirando aquella cosa horrible con sus amigos. Alcancé a escucharlo cuando les decía que a mí no me fueran a ofrecer. Se sobresaltó al verme y en pocos minutos salimos de allí. No era mi intención reclamarle por lo que había visto, tampoco por esas amistades que tenía, finalmente cada quien vive la vida como mejor le parece, pero me sentía confundida y triste. Era más que evidente que yo no encajaba en esas reuniones en las que el mismo anfitrión admitía cultivar en casa su propia Juana de la mejor calidad. El remedio era peor que la enfermedad porque cada intento resultaba ser infructuoso. Con relación a lo sucedido en la fogata me dijo que yo estaba en un error, que esas visiones eran producto de mi mente enferma. Nadie estaba consumiendo nada raro, yo me lo había imaginado. Como siempre, la loca del paseo, la de mente tan imaginativa que veía cosas que los demás no veían. Preferí callar, era una conversación sin propósito.

Las drogas o el alcohol no habían sido ni eran parte de mis gustos ni de mis búsquedas. Me parecía que una persona podía ser todo lo feliz, amable, espontánea y conversadora que quisiera sin necesidad de sustancias diferentes. No sentía curiosidad alguna hacia esas cosas, ni siquiera durante la época de universidad cuando más de una vez recibí los mismos ofrecimientos. No sabía si mi prevención venía desde el tiempo del colegio cuando mi mejor amiga se voló todo el día para la playa y al día siguiente me contó que había sido una experiencia horrible. Había sentido que se moría luego de fumar marihuana con sus amigos. De sólo escucharla me dieron nauseas. Años más tarde estuve a punto de ceder ante la insistencia de algunos amigos, entre ellos dos profesores que me dijeron que a mí solamente me faltaba tomar alcohol y fumar marihuana para ser más divertida de lo que era. Uno de ellos me dijo que me entendía porque él también había tenido miedo a la reacción y a que le quedara gustando pero que podía estar segura que ellos me cuidarían. En la vida no es necesario probar todo para saber si nos va a gustar y esa fue mi opción con relación a las drogas; otras personas han elegido otro camino pues como dije antes, siempre tenemos los dos caminos delante de nosotros y en cualquier situación es una decisión muy personal. Lo que sí me resultaba evidente es que Santiago y yo íbamos por trayectos cada vez más divergentes.

Me esforzaba en ser tolerante con las diferencias, no todas las personas podían tener los mismos gustos preferencias o creencias, pero seguía sin comprender el gusto de Santiago por amistades tan extrañas. Mis amigas son personas afines a mí, lo cual no quiere decir que seamos iguales porque las amistades son personas de influencia mutua y de alguna manera de búsquedas comunes. ¿Qué tenía Santiago en común con sus nuevos amigos? Desde que los conoció había empezado a cambiar de manera radical. Tuve la oportunidad de conocer a Azucena, la exesposa de Arturo, la misma que según él había tenido que abandonar porque intentó envenenarlo más de una vez. Santiago decía que era una mujer celosa compulsiva, insoportable e insegura. De solo verla pude darme cuenta de que era una mujer tranquila, elegante, hermosa, con las marcas del sufrimiento grabadas en su rostro y un poco prevenida frente a todos. Sin embargo, me confesó que Arturo era adicto a toda clase de drogas, que muchas veces se perdía días enteros dejándola a ella y a su suegra sufriendo lo indecible por su suerte. Arturo era un hombre irresponsable, sin afecto natural porque cuando se iba en sus viajes de locura no le importaba dejarla con sus tres niños pequeños. Azucena aún lo amaba, sabiendo como sabía que él ya no iba a cambiar, que seguiría así, viviendo sus romances con una y otra amiga de turno. Prefería seguir sola con sus hijos que sufriendo al lado de un hombre que no quería cambiar. ¿Será que eso mismo decía Santiago de mí? Esta mujer hermosa por dentro y por fuera era una víctima del abuso, de las mentiras, de la infidelidad de su esposo, de su adicción a las drogas, el alcohol y la rumba. ¿Hasta dónde esas preferencias pueden ser excusa para dañarle la vida a otras personas, esposas abnegadas, niños inocentes y madres que sufren en silencio? El derecho a la diferencia no debe ser el derecho a lastimar a los demás.

No le comenté nada a Santiago de mi reunión con Azucena. No quería prevenirlo, ni que él supiera que yo conocía de primera mano la otra versión. Arturo no era de mi confianza, por el contrario, yo sospechaba que él era el maestro de Santiago. Muchas coincidencias, muchas estrategias comunes; como la de ocultar su billetera para luego decir que yo se la había sustraído o que le había sacado dinero. Otras veces hacía lo mismo con el celular. Lo dejaba olvidado y después lo mandaba a buscar con alguno de los empleados de su empresa de producción musical para luego reclamarme que yo lo había tomado, que lo había revisado, que había hecho llamadas a sus amigas, que había sido grosera con ellas o sencillamente no me avisaba que había dejado el celular escondido y por la noche llegaba botando chispas de la rabia. Excusas tras excusas para poder discutir, pretextos para pelear y encerrarse en sus silencios agresivos y llenos de humaradas de furia que seguían envenenando el ambiente. Yo tenía que blindarme frente a cada situación inesperada pero la verdad es que cada nuevo suceso me sobrepasaba más que el anterior. Como el día que regresó muy amoroso de un viaje de trabajo. Me dijo que me había extrañado y que por la noche saldríamos a celebrar su regreso. Yo me quedé feliz, por supuesto, pero luego, sacando las cosas de la maleta encontré ropa de mujer, sucia y con un olor desagradable, ropa interior, maquillaje. Esa vez decidí no seguir el juego de callar y evadir así que le pregunté y su respuesta fue que era ropa de la ingeniera de sonido que la había dejado olvidada. ¿Olvidada en la maleta de su jefe? ¿No era eso una prueba contundente de la infidelidad de Santiago? Una vez más preferí creer por absurdo que pareciera. ¡La confianza debía prevalecer! ¿Cuántas veces llamamos confianza a lo que realmente es temor? Y con esa actitud tan equivocada le vamos cediendo cada vez más terreno al miedo y desplazando al amor, porque esos son los opuestos, no hay término medio.

Como si todo eso fuera poco también debía soportar que criticara mis reacciones. Todo le fastidiaba, tanto si lo acompañaba, como si no lo acompañaba, si lo llamaba o si le pedía que me llamara, si preguntaba, si no preguntaba, si le creía, si no le creía. Tantas críticas hacían imposible la relación y la convivencia. El objetivo de cada actividad familiar o de pareja se fue convirtiendo en el reto de poder regresar a casa sin contratiempos ni discusiones. Ese era el mayor logro posible siempre y cuando Santiago se dispusiera a no responder su celular porque las llamadas insistentes de sus amigos lo sacaban del espacio familiar y lo ponían inquieto, con deseos de irse, lo cual pocas veces podía disimular y menos aún controlar, era como si un Santiago diferente tomara posesión de su cuerpo y de su mente y cambiara el curso de las cosas cuando parecía que todo iba de maravillas.

Superadas las tormentas con sus truenos, rayos y relámpagos, más por el cansancio que por una solución real, éramos capaces de vivir días halagüeños, en los que el sol brillaba nuevamente haciéndonos resplandecer nuestras esperanzas. Generalmente sucedía así después de uno de los tantos viajes de relax emocional de Santiago en los que llenaba su cuerpo, su mente y su corazón de energía, afecto y apego hacia mí y las niñas. Melodías nuevas colmaban nuestras vidas en esos días de reencuentro, dándonos un nuevo respiro y desplegando un velo de aparente olvido a todo lo pasado.

Nuestras conversaciones se centraban en las experiencias de Santiago en las profundidades de un mundo marino desconocido para nosotras. Celebrábamos sus carreras en su kart verde, como el color de la esperanza para mí. Los días iban y venían, a veces cargados de monotonía, de largos silencios, de ausencias que parecían no tener fin. Otras veces llegaban llenos de paz, de disfrute por las cosas sencillas de la vida. Un helado, un cine, una película, un juego, un parque, un concierto, una pelota, una canción, un chiste, una adivinanza, una salida, una caminata, un paseo, una historia, un cumpleaños, una comida, un concierto, un beso, un abrazo, un postre, un baile, una cometa, una estrella, el gimnasio, la piscina, un día caluroso, una noche fría, un sueño a media tarde, una película abrazados, una película dormidos, un periódico a retazos, un asado, una fogata, un paseo bajo las estrellas, un parque con lago y bicicleta, un picnic a la orilla del camino, un gato desmayado, tal vez gris o blanco, un conejo muerto, una risa contagiosa hasta el llanto. Estos días llegaban como enviados del cielo para ayudarnos a sanar nuestras heridas recargándonos de ilusiones. Eran días azules, soleados, brillantes en que todo lo desagradable se iba y se olvidaba instalándonos en un sentimiento placentero de que sí sería posible y que los días tristes habían quedado atrás. La oportunidad no estaba perdida, juntos la estábamos sacando adelante, luchando para que nuestro sueño de amor y de una familia unida fuera posible. En esos días, a veces semanas y de pronto hasta cortos meses, yo renacía, como un lirio del desierto que con una sola gota de agua es capaz de volver a vivir.

Santiago sabía de sobra que yo no desistiría a nuestro proyecto de familia y ése era su as bajo la manga para hacer lo que le viniera en gana porque estaba totalmente seguro que yo siempre estaría dispuesta a perdonarlo, así él nunca pidiera perdón. Él no era hombre que se arrepintiera de nada. Podía ser noble cuando quería, estar repleto de amor por su familia, atiborrado de alegría, de motivos para vivir o igual podía llorar ante la interpretación magistral de una guitarra o un piano, un cuatro o un arpa. Podía embelesarse mirando la luna y las estrellas o jugando a contar las luces de los aviones. Disfrutaba recogiendo las hojas secas de los árboles o peinando mi cabello o el de las niñas. Qué maravilloso era verlo inventando una receta un domingo, llenando crucigramas, pintando un cuadro entre los cuatro, armando un rompecabezas de mil fichas o cuidando de Saron, nuestro arbolito del amor para que no muriera. Era un ser humano tan especial que podía mirar un caracol sin aburrirse, un gusano sin espantarlo, dar de comer a un pájaro extraviado y volverlo a su nido, empujar una tortuguita rezagada, cazar murciélagos, romper almendras, acariciar delfines o coleccionar flores y caminar sin prisa añorando que fuera el tiempo de los mayos para ver sus colores resplandecer. Ese era el Santiago que yo amaba. El que compartía conmigo esos sueños hermosos que habitaban en la parte luminosa de su conciencia tan dividida. Sueños como los de irnos a vivir a mi tierra cuando nuestras hijas crecieran, hacer nuestra casa al lado del mar, componer una melodía sin fin que llenara la inmensidad, sumergirnos en el mar bajo la luz de la luna, danzar con los delfines, perseguir ballenas, coleccionar caracoles para extraerles su música. Aquellos eran ratos de compensación absoluta en los que le era tan fácil decirme que me amaba más que a nadie en el mundo y que su mayor anhelo era despertar cada mañana a mi lado hasta cuando estuviéramos viejitos, descansar bajo un árbol que nos protegiera del sol, esperando el anochecer para pedirle tributo a las estrellas y amarnos sin más testigos que las luciérnagas como tantas noches lo habíamos hecho, caminando bajo la luz de la luna, descifrando las serenatas de la noche callada. Las parejas con buenos recuerdos son aquellas que logran hacer esas travesuras así ya nadie los vaya a juzgar por nada, así ya tengan una cama matrimonial esperando por ellos. Esas eran las locuras que nos seguían manteniendo enamorados y dispuestos a todo.

Desafortunadamente cuando la parte oscura y tenebrosa de Santiago emergía, haciéndose completamente dominante, yo caía abatida bajo sus palabras de desamor y menosprecio, preguntándome por enésima vez sobre el misterioso poder de las palabras que dan vida y también matan en un instante. Me esforzaba por no recibir tantos disparates y necedades, resguardándome en rincones más amables. Me ayudaba mi capacidad de olvidar las ofensas, las humillaciones y recrearme en lo grato, de donde tomaba aliento de vida para seguir sin resentimientos. Era una lucha diaria, un esfuerzo constante, un aprendizaje nada fácil de cada experiencia al lado de Santiago, mi entrenador personal de vida.

A pesar de que no era nada sencillo, a fuerza de golpes había aprendido a agradecer por todo. Por lo adverso podía esperar también lo favorable y si todo mi esfuerzo tenía un propósito trascendente yo estaba dispuesta a seguir pagando el precio. Si mi compañero de vida no fuera Santiago Torres seguramente no habría podido aprender a vivir con gratitud y humildad, no habría probado mi capacidad de amar, de perdonar, de creer y de aprender del sufrimiento. Podía comprender que dentro de cada persona habita una parte de luz y una de sombra y esta prueba que estaba viviendo me obligaba a ver en Santiago más su luz que su sombra. Era ineludible persistir hasta lograr ser arrojados lejos de la oscuridad hacia ese lugar donde reina la luz y donde el amor todo lo puede. Para muchos podía ser fantasía, para mí era mi misión. Sólo tenía que saber esperar en ese kronos que no podemos medir ni calcular ni tampoco descifrar porque se mueve calladamente, sin detenerse ni apresurarse. Puede parecernos lento, pero jamás es demorado para hacer justicia ni para responder a los propósitos verdaderos, sino que llega cuando debe llegar; a veces de manera casi imperceptible, otras con estruendos y trompetas para anunciar que ya llegó. Hay tiempos medidos por horas y por hojas de calendarios. Otros tiempos se miden por procesos y éste aplica a cualquier prueba o causa donde participe la imaginación humana que activa su voluntad.

En medio de las dificultades yo seguía firme en mi compromiso, en mi palabra, en mi pacto de no renunciar a permanecer al lado de Santiago y de mis hijas, aprendiendo poco a poco a moverme en ese tiempo supremo. La prueba continuaba y yo lo sabía. A ratos me sentía parte de una película en la que todos participaban de un juego extremo de supervivencia en medio del cual yo podía aprender a no desperdiciar mi tiempo y energía en cosas que no me gustaran y dedicarme a lo que siempre había querido hacer. Escribir, escribir y escribir, como lo hacía de niña, especialmente en las clases aburridas, llenando cuadernos enteros con historias nacidas de mi imaginación y de mis sueños.

En secreto, para no ser invalidada por mi recién retomada pasión infantil, nacida en la rama más alta de mi árbol de guayaba, sin más testigos que el espíritu de propósitos moviéndose sobre mí como sobre la faz de las aguas, susurrándome al oído las palabras de mi inspiración, pasaba horas enteras traspasando mis propias fronteras hasta superar los límites del sube y baja de una vida consagrada a Santiago.

Vivir no podía ser la historia deplorable de una mujer que sufre los rigores de un matrimonio viciado, contaminado de dolor, resentimientos, dudas, mentiras, ideales no compartidos. Vivir es poder darle a la existencia una trascendencia que supere lo meramente individual. Escribir fue la puerta que se me abrió con el deseo de plasmar en cada relato el mensaje alentador de que es posible ser feliz y hallar un significado superior a la existencia que supere un pasado de fracturas del ser o un presente marcado de dolor. Esta experiencia me estaba permitiendo sobreponerme a la prueba sacando lo mejor de mí, por lo menos lo más íntimo y transparente de mi esencia, conectándome con mi propio ajustador divino el cual se manifiesta a quienes le abren su mente, su cuerpo y su corazón. Una sensación indescriptible me llenó de paz y de nuevas energías para sobrevivir a la prueba, entendiendo que a través de las situaciones aciagas se fortalece el alma y se pule la personalidad. Toda prueba, crisis o adversidad es un medio o un camino para mejorar las debilidades humanas y para sacar el cúmulo de barro y arcilla depositado en el fondo del corazón y del ser.

El sufrimiento no necesariamente es la vía ideal para el aprendizaje, pero las dificultades sí enseñan a vivir. En el momento en que tales circunstancias dejen de ser un problema y se puedan ver como experiencias el sufrimiento desaparece para pasar a ser un aprendizaje. La mayor prueba no eran las desavenencias con Santiago, no, esas situaciones de conflicto eran el motor para un cambio profundo de creencias y actitudes frente a la vida. Si se sufre una vez no hay por qué sufrir otra vez por lo mismo. Las pruebas deben ser cada vez diferentes si el crecimiento ha ido en el sentido adecuado, de lo contrario, sabremos que no hemos superado nada si nos vemos sometidos repetidamente al mismo examen en idénticas circunstancias y con los mismos resultados; esto quiere decir que hemos aplicado el mismo método o mecanismo de solución o de continuidad y en consecuencia los resultados serán igual de erróneos o en algunos casos igual de acertados. Esa esquiva tecnología del alma nos indica que es necesario cambiar un microchip aquí, un microchip allá, adecuar programas e implementar herramientas a fin de ver un cambio real y positivo. Si no hay cambio en esas áreas donde es requerido hacer ajustes sobreviene la frustración, el vacío, la tristeza y hasta la desolación porque el alma funciona bajo la tecnología del cambio permanente. Lo que sirvió ayer lo más probable es que no sirva hoy y lo que nos sirve hoy muy probablemente no nos servirá mañana.

Admitir esta necesidad de cambio no es fácil. La tendencia es a creer que hemos sido predestinados a sufrir y sufrir, pero en nosotros está la facultad de renunciar a ese destino fatídico activando nuestra conciencia o voluntad, nuestra capacidad creativa a partir de nuestra imaginación desde nuestro yo divino, humano o suprahumano que está equipado para sacarnos del marasmo de lo repetitivo y condicionado de nuestra personalidad e impulsarnos hacia el logro de propósitos de vida más elevados o por lo menos coherentes con nuestra esencia divina o espiritual en su más amplio significado, el de seres transcendentes.

¿Qué somos entonces? Si no soy sólo una personalidad, entonces ¿Qué soy realmente? ¿Un cuerpo? ¿Unas emociones? ¿Unos deseos? ¿Una mente? ¿Unos roles? ¿La suma de estos elementos? Podía percibir la vida a través de la intensidad de mis emociones con el afecto como eje central. El intelecto era mi centro porque a través de la reflexión, del conocimiento y de la percepción lograba aprehender el mundo, pero no podía desligar todo eso de mi parte afectiva. Para muchos sentir es lo peor que nos puede pasar, para mí era parte de mi naturaleza. Si no sintiéramos entonces nos perderíamos de tantos placeres que están a nuestra disposición. El sentimiento nos permite diferenciar una situación de otra, un individuo de otro, pero sin llegar al extremo de que la parte sensorial sea la que domine nuestras decisiones porque eso conduce a la posición extrema de Santiago para quien las aventuras y sensaciones nuevas eran el motor de su existencia. Para él todo tenía significado por la satisfacción de sus deseos, por eso su prioridad en la vida era divertirse, estar feliz, así de simple, de leve, de inmaduro. Una cosa es ser sencillos para vivir y otra muy distinta es la de ser simples. La simpleza le ha hecho mucho daño a la humanidad porque ha llevado a las personas a vivir por vivir sin plantearse la necesidad de encontrar respuestas que hagan de esa existencia una experiencia realmente transformadora, con sentido, con propósito superior de realización. La simplicidad para vivir es una virtud mientras que la simpleza es un sinónimo de insensatez, peor aún, de necedad, y la necedad es propia de los insensatos, según dice el viejo y sabio libro.

Los roles muchas veces dan anclas, sentido de pertenencia, luz a cada día. Roles como el de mujer, esposa, madre, hija, hermana, amiga, abogada y ahora escritora anónima eran mi razón de ser. Lógicamente para todas las personas no aplican los mismos patrones, funciones o modelos. Parte de la sabiduría es ir tomando aquellos que dan sentido y que generan mayor coherencia. Hay mujeres que no aspiran a ser madres lo cual es absolutamente válido y respetable, pero en mi caso el papel de mamá me gratificaba más que cualquier otro porque me había permitido mantenerme firme en mi deseo de no abandonar a Santiago. Si no tuviera a mis hijas la situación sería muy diferente, seguramente la paciencia y la perseverancia no habrían sido actitudes ni comportamientos asumidos por mí. El abandono, el cansancio, la fuga, el olvido, la negación, el desamor o la desesperanza habrían predominado. Ser madre me hacía responsable de mis diseños únicos e irrepetibles, de la creación más importante de mi vida: Mis hijas. Como tal debía ser modelo para ellas así sintiera que no era el mejor modelo a seguir. Me reconozco igualmente como una creación o diseño original. Una realidad humana con atributos y esencia divina, con la capacidad de moverme con autoconciencia, imaginación y voluntad porque cada ser humano tiene la capacidad de elegir, y en efecto yo misma no soy un robot ni un artefacto que puede ser utilizado y relegado sino una persona a quien Dios y la ley le atribuyen la característica de un ser digno. Si los seres humanos tenemos dignidad entonces merecemos respeto, trato amable y justo, y tener nuestras necesidades básicas resueltas. Somos merecedores o dignos de dar y también de recibir, en otras palabras, dignidad es una mejor vida para quienes tenemos la capacidad de pensar, hablar, decidir, servir. Tal vez hasta este punto de mi vida me había ubicado en el grupo de las personas indignas y por eso seguía girando y girando en la misma prueba, estancada y vilipendiada a más no poder. Entonces el problema era mío, no de Santiago. Él tendría que descubrir sus propias falencias.

En efecto, por más que un individuo pueda parecerse a otro, su individualidad y singularidad siempre prevalecerán. No se trata de vanidad ni mucho menos narcisismo. La dignidad es cuestión de identidad. Un sujeto es aquel a quien la vida no le pasa, sino que es actor y artífice de ella. Es decisor de sus actos más allá de los resultados que estos puedan contener porque también es el beneficiario de las recompensas o consecuencias de sus decisiones. Finalmente, la vida no es un juego de premio y recompensa, no puede ser así de simple pero sí hay leyes ineludibles que rigen nuestra existencia.

También me aceptaba en la connotación de permanente en cuanto a tiempo, a situaciones, a actitud frente a algo. No como un sinónimo de eternidad o de inmortalidad sino como una característica de las personas comprometidas activamente en su proceso de cambio. No soy un producto terminado hecho en serie y puesto en circulación. Mi proceso de aprendizaje terminaría con mi muerte no antes, cada día podría ser diferente, mejor o peor, de mi depende. Por lo pronto y seguramente hasta el último de mis días seguiré considerándome una principiante, una aprendiz, en paso por la universidad del alma porque una creación es el resultado de un proceso, de un diseño que implica muchas cosas, originalidad, creatividad, innovación, proyección, sentido, propósito. Mi naturaleza humana también involucra movimiento, cambio, desarrollo, crecimiento. Aún en medio de la adversidad puedo ser una persona con capacidad de acción, de creación, de reflexión por ende de mejoramiento. Podía haber sido golpeada pero no aplastada. No sería perfecta pero sí tenía la posibilidad de transformarme y elevarme a niveles no imaginados. Podía ser capaz de alcanzar el cielo si así lo creía. La verdad es que desde mucho antes de salir de mi Cayena natal sospechaba que la vida era mucho más de lo que conocía, percibía, veía y sentía. Una dimensión desconocida y posible de lograr. Un estado del ser humano reservado para quien logre traspasar las fronteras de lo divino y lo humano y sea capaz de alcanzar la verdadera libertad.

La autoconciencia me permitía mantener mi espíritu observador alerta, conectado, atento a cualquier novedad que impulsara a la gran imaginación, madre y señora absoluta de todo proceso de cambio pues ella es la que acciona la voluntad. Sin imaginación no existe voluntad, sin imaginación nada se mueve dentro del engranaje humano. La voluntad, por su parte, contiene el libre albedrío, es decir, la facultad suprema de elegir libremente entre diversas opciones. Nos potencializa para escoger un camino u otro asumiendo los resultados de tales elecciones porque la libertad de escoger no nos libera de la responsabilidad frente a la decisión. Mi personalidad entonces es la suma de muchas subpersonalidades. Esto explica las variadas reacciones de un mismo individuo en diferentes circunstancias. ¿Serían esos los enanitos de mis historias? Posiblemente, porque cada uno tenía una identidad propia con sus manifestaciones particulares. Mi trabajo consistía en unir o seguir integrando esas múltiples identidades en un mismo centro o propósito que me permitiera decidir sabiamente en cada caso cómo funcionar evitando el desorden, la fatiga y la incoherencia que surge cuando cada una de estas subpersonalidades atrae con fuerza hacia sus propios intereses. No obstante, no creo posible que un individuo pueda erradicar de su interior las personalidades tan heterogéneas que conviven o pelean dentro de él. Si así fuera se estaría anulando a sí mismo porque posiblemente la razón de las diferencias humanas radica en ese juego interior, en esas encrucijadas de pensamiento y acción que crecen como enredaderas sin control, decididas a no dejarse erradicar de su territorio.

Aun así, pensaba y sigo pensando que sí es posible que se puedan someter unas a otras y lograr la integralidad del ser mediante un trabajo de autodesarrollo intencional y perseverante, otorgando el liderazgo al yo más productivo y proactivo, orientado a un mayor logro y no a la satisfacción de los propios deseos por encima de la dignidad y derecho de todos los demás. Principios del liderazgo transformacional que debe ejercer cada persona consigo misma apalancándose en el conocimiento de sus propias creencias limitantes que le impiden avanzar. La cuestión no es tan sencilla en muchos casos, ya que cuando un individuo le da el predominio a su yo narcisista y perverso también es una cuestión de su voluntad. Es alguien que ha involucrado en su proceso su capacidad de decidir, su aprendizaje, su libertad hasta convertirse en un psicópata, esto es, un arquetipo humano o una personalidad alterada del modelo original y por tanto apartada de todo propósito constructivo pues su razón de ser es la destrucción.

Sin voluntad es imposible hacer nada trascendental. Levantarse de mañana de la cama implica un acto de voluntad. Igual amar o dejar de hacerlo. Nada está suelto o desligado de un proceso mental de voluntad. Sólo los robots, los seres virtuales y cibernéticos están alejados de esta capacidad y negados también a sentir, a reflexionar, a amar, a ser amados, a llorar, a reír. Me vino a la memoria "Yo robot", la película donde un robot hace hasta lo imposible para llegar a convertirse en humano. Su persistencia le permite ser aceptado y validado como tal, renunciando a vivir para siempre porque envejecer y morir era su sueño. Su voluntaria desconexión le dio a su existencia un significado y una diferencia eterna con las demás máquinas.

Los meses siguieron pasando sin mayores tropiezos, hasta llegar a la Semana Mayor, tiempo de recogimiento, de reflexión y unidad familiar. Sin previo aviso Santiago prefirió irse de viaje con sus amigos de aventura a la Tierra del Fuego a una competencia de karts y de ahí a la isla Meduzas en la costa pacífica, apartada de toda civilización. Le rogué que no lo hiciera, que ya había tenido demasiados viajes sin nosotras. De nada valieron mis razones ni las de Isabela y Sara. Santiago empacó su equipaje de carreras, su vestido de buzo de aguas profundas y su careta con la cual llegar hasta el fondo del mar. Lo último que hizo fue apartarme de un empujón que casi me fractura el brazo para luego marcharse a toda prisa. No vi en él ningún rastro de remordimiento sino dureza, aun así, con toda la serenidad del mundo, le pedí que me diera un abrazo de despedida y que no se fuera molesto porque eso no era nada recomendable para ninguno. Se lo dije de corazón, con un sincero deseo de despedirlo tiernamente, por si acaso fuera la última vez que pudiéramos abrazarnos, eso sentía, pero el abrazo pedido no me fue concedido y si algo podía molestar a Santiago Torres era que le obligaran a hacer lo que no quería hacer. Calladamente lo vi partir con el ceño fruncido y mi corazón se arrugó como una uva pasa deseándole lo mejor, sintiendo un nudo en mi garganta y una opresión inusual en mi pecho. Calladamente le pedí a Dios que lo protegiera y que no le tuviera en cuenta esta nueva pataleta.

Otra vez me quedé a cargo de las niñas, de la casa y de mis pesares por un marido ausente que privilegiaba cualquier otra cosa antes que a nosotras. En esos momentos de prueba recrudecida era cuando más agradecía tener ese par de anclas a tierra a falta de una. De alguna manera, después de muchas detonaciones con la pólvora y la tecnología de guerra más avanzada yo seguía milagrosamente en pie y viva contra todo pronóstico como una especie rara que se fortalece en medio de la agresión y el sometimiento. Así me sentía, sufriendo otra embestida, pero de pie en el campo de batalla. Crucificada, pero sin poder alguno para redimir ni siquiera a mí misma. Era el momento de decir "Dios, pasa de mí esta copa", pero no lo hice porque sabía que la prueba no había terminado.

Santiago miraba el reloj insistentemente. Esperar no era ni remotamente su especialidad y menos teniendo el tiempo justo para recorrer las doce horas de viaje que le esperaban para poder llegar a los límites terrestres de la costa pacífica adonde iría a probar su coraje en las carreras extremas de kart, en una pista de la que mucho le habían hablado sus amigos, fanáticos como él de las carreras de autos. Adictos a la velocidad en todas sus manifestaciones, perseguidores incansables de un vértigo liberador y reconfortante, ávidos de una experiencia insuperable, inefable, es decir, imposible de describir, obligatoria de vivir porque no era posible experimentarla y regresar igual. Nadie que corriera en la pista más osada de este lado del mundo podría volver a sentirse el mismo porque su vida quedaba inevitablemente dividida en dos, antes y después de atravesar esa temida línea de fuego imposible de localizar en el mapa, pero famosa por ser el punto de encuentro de emociones idénticas de quienes persiguen de manera obsesiva el momento más memorable e impredecible de sus veloces carreras. Adicción total a la adrenalina corriendo por sus venas. Después de la carrera se embarcaría para Meduzas, su isla favorita a perseguir a sus ballenas que por esa época se daban cita para escucharlo cantar, como decía en broma. Tras todo eso iba Santiago, a realizar sus fantasías más extremas, esperando sin confesarlo que todos sus vacíos fueran colmados totalmente, hasta dejar atrás cualquier represión, culpa o temor escondido de hacer lo que quisiera, sin pensar en nada ni en nadie, sin pretextos, sin obstáculos. No podía haber mejor plan, todo estaba fríamente calculado.

Aydee Santamaría apareció presurosa, sabía que Santiago no era hombre paciente y ella tampoco. Partieron prontamente junto con sus amigos de turno, Samara y Calanchín. Santiago se sentía ansioso pero feliz de pensar que disfrutaría durante varios días de la velocidad más pura y total, la misma que lo desestresaba y desconectaba de cualquier preocupación, irrigándole presión máxima a todo su ser y oxígeno puro a sus emociones hasta renovar su mente y sus pensamientos. Necesitaba hidratar su cerebro porque el estrés lo tenía agotado y el deseo de no pensar en nada lo perseguía cada día más. Por fin la puerta tanto tiempo entreabierta se había abierto de par en par y él podía atravesarla con la radicalidad del que ha asumido la vida cogiendo al toro por los cuernos, al estilo de una costumbre popular de meterse a las calles o corralejas construidas con el propósito truculento de que suicidas espontáneos o empujados salten a la arena, ebrios de licor y de alegría momentánea, decididos a confrontar sus temores o aburrimientos con la fuerza bruta de las bestias que sólo anhelan salir pronto de ahí para ir a continuar con su vida pacífica y perfecta, mientras un público igual de aburrido y extraviado que los aficionados asume como suya cada batalla desigual y en medio de gritos de ánimo embravecido ven desfilar uno tras otro a los toreros temerarios y fugaces de una tarde o de un instante; sabiendo que jamás pasaran a la posteridad por sus faenas. Así de dispuesto estaba Santiago a improvisar su mejor corrida, su corraleja de pasión y libertad.

Ajustó su cinturón y sonrió, parecía un niño que ha esperado ansioso el momento del paseo y llegado el día no cabe de la emoción. Hacía rato no se sentía tan cómodo, tan joven ni tan entusiasmado. No sabía si estaba enamorado de Aydee ni le importaba, pero sí sabía que a su lado las horas pasaban veloces, que ella era la mujer perfecta, descomplicada, alegre, divertida, la mejor amiga, la cómplice, la aventurera, la que lo estaba haciendo olvidar sus ratos deplorables al lado de Sofía y todas sus culpas pasadas con Eudine. Atrás quedaba la crítica y la negativa de Sofía a participar en sus experiencias y compartir sus gustos. ¡Vicios! como le llamaba ella despectivamente. Y sí, realmente eran vicios deliciosos, pensó. Le confortaban su espíritu, le recargaban de energía y lo sacaban del hastío de la cotidianidad. Prefería llamarle sus preferencias, porque un vicio es una adicción enfermiza que subyuga toda voluntad mientras que él podía renunciar en cualquier momento a sus gustos. Sencillamente no deseaba hacerlo todavía, ¿para qué renunciar tan pronto a lo que le llenaba de placer y emociones? Una vida sin vicios era como un jardín sin flores, desolada y aburrida. No tenía sentido perderse lo mejor. Vivir era más que estar entre cuatro paredes, al lado de la misma mujer, los hijos y el ambiente doméstico. En cambio, la emoción y la adrenalina pura eran la fórmula ideal para la felicidad. Lo que estaba viviendo lo había imaginado una y otra vez durante sus silencios interminables, apertrechado tras el control del televisor de cualquier sospecha de Sofía. Esos eran sus momentos ideales para diseñar la táctica y la estrategia de su partida. La estrategia era clara, marcharse, la manera era el cómo y cuándo lo haría. Sus planes de huida fueron impulsados por sus amigos cercanos que ya habían dado ese paso valeroso; expedicionarios experimentados que sabían de primera mano lo que era dejar a su equipo abandonado a su suerte, en medio de la parte más difícil de la montaña, pretendiendo alcanzar solos una cima que les prometía grandes honores y satisfacciones personales. Esos líderes de sus propias hazañas le ayudaron a definir la manera más precisa y contundente de partir, de abandonar el campamento y su equipo. No había mejor opción que la de escapar sin decir adiós, llevándose todas las provisiones posibles para el camino a seguir. Otro consejo perfecto fue que nunca estuviera solo, que antes de salir de su casa tuviera una cómplice de locuras a fin de evitar que la soledad se le pusiera en contra y terminara dañando sus planes. Esa amiga especial debía ser alguien con quien no hiciera equipo ni tuviera planes a futuro. Indudablemente Aydee era la única que encajaba perfectamente en esa proyección. Ella no le implicaba ningún compromiso así que en cualquier momento podía acceder a otras mujeres, muchas de las cuales habían entrado ya a ese reino donde él era el único dios. Pretendía pasarla genial así que una dosis generosa de alcohol y cigarrillos le ayudaba en ese propósito. Los mismos cigarros que tanto odiaba Sofía y que no estando ella podía disfrutar a su antojo hasta la última bocanada, sin dar explicaciones, sin recibir la cantaleta de lo nocivos que eran para su salud. Se regocijó con el humo que entraba por su garganta hasta llenar su pecho de aire seco. Jugó con él en su boca y lo exhaló lentamente, inundando todo a su alrededor con esa humarada negra, densa y comprimida que se unió a la de Aydee, mucho más experta que él en el menospreciado arte de fumar. Rieron por su afinidad. Pensó que esa mujer, a pesar de su juventud, sería capaz de enseñarle inclusive a fumar debajo del agua. Le hubiera gustado ver la cara de desagrado de Sofía apartando la contaminación de su rostro, pero ella no estaba y con cada exhalación se apresuraba a sacarla de su mente y de sus recuerdos. Con cada cigarrillo que consumía distorsionaba más su imagen degradándola hasta el último rincón.

Se detuvieron para llenar el auto de combustible y aprovisionarse de cervezas, alcohol y cigarrillos, lo demás ya lo llevaban en cantidad suficiente porque Calanchín se había encargado de esa tarea indelegable. Su apodo le permitía sacar a relucir sus secretos más íntimos o deseos escondidos, los mismos que ocultaba en su rol profesional y de los cuales se despojaba al llegar al clan. Allí todos eran bautizados con un alías acorde con sus identidades ocultas y sus fantasías más reconocidas. Sietesuelas, por la cantidad de mujeres y aventuras sentimentales en su haber. Gomoso por su deseo insaciable de consumir droga. Ruleta, en mofa a sus cambios permanentes de planes e ideas. El Mono, por su predilección a la marihuana, la que él mismo cultivaba en el jardín de su casa a fin de garantizar su calidad. Santiago era Tilín porque recién llegado al grupo no era dado a tener relaciones extramatrimoniales, en ese entonces admitía estar enamorado de Sofía, pero no negaba su atracción hacia las aventuras, eso le hizo merecedor del refrán popular de puro tilín y nada de paletas reforzada por su deseo posterior y recurrente de abandonar a Sofía sin cumplirlo. Poco o nada los distanciaba, nimiedades que iban desde la discusión sobre el mejor momento para consumir sus vitaminas, hasta las preferencias sexuales de cada uno. Por eso se entendían, por eso vivían en su mundo, resguardados celosamente de todo lo que les pudiera agredir.

El gusto por los cigarrillos y la marihuana comenzó a hacer parte de la vida de Santiago desde su época de colegio, en sus años de adolescente precoz y ávido de conocer los placeres del mundo. Al principio fue por pura curiosidad. Encerrado en su alcoba durante las ausencias prolongadas y diarias de sus padres, en especial de su madre, aspiraba un tabaco tras otro, armados meticulosamente por él mismo como preámbulo a las películas de sexo porno que conseguía con sus amigos o en las video tiendas, estimulando desde entonces una necesidad insaciable de cambiar y de experimentar. Ahí nacieron sus fantasías, sus visiones eróticas extremas y sus deseos irrefrenables de hacer algo cada vez más atrevido. Desde esos años juveniles aprendió que la combinación perfecta era música metálica de sonidos ultra pesados que no pasarían nunca de moda para él y sus amigos, drogas, alcohol, cigarrillo, mujeres y mucho sexo; lo mejor es que todo eso lo podía tener a manos llenas, poco a poco lo había ido logrando a pesar de la vigilancia de Sofía. Se sentía en la plenitud de su vida, potente, lo suficientemente maduro para poder controlar sus deseos, pero negado a cohibirse, cansado de haberse reprimido durante tantos años en el deseo de no contrariarla. La odiaba porque si algo quería es que ella entrara a su mundo, que se contagiara de su frenesí, que entendiera que la vida era una aventura, una suma de años que pasan pronto y por eso hay que aprovecharlos; si ella fuera más flexible seguro que en ese momento estaría ahí con él.

Mezcladas con un fastidio profundo le llegaron las imágenes de unos días realmente maravillosos que compartió con Sofía en Upajé, una isla cercana a la tierra del amor. La alegría se empañó cuando ella se dio cuenta de que él estaba consumiendo droga junto con unos nativos de la isla. Había pensado que por el ambiente en el que estaban ella lo entendería y hasta se uniría, pero no fue así, el resto de la noche discutieron hasta que finalmente él le aseguró que nunca más lo haría en su presencia y lo cumplió porque a partir de ahí se cuidó de que Sofía no lo viera ingerir ningún tipo de estupefacientes, ni siquiera la mona tan aceptada socialmente. Con esa intransigencia lo único que Sofía logró fue poner un muro que nunca más se derribaría porque sus secretos con ella se hicieron más y más inescrutables. El jamás cambiaría su forma de vivir ni sus pensamientos por los de ella y tampoco renunciaría a sus fuentes de placer; más fácil le era renunciar a su papel de esposo y hasta de padre. El tema de sus adicciones no se volvió a mencionar entre ellos, probablemente por el temor de Sofía a enfrentarlo o sencillamente porque no sospechaba que él no había abandonado realmente tales gustos personales, así los mantuviera escondidos a la sombra de un árbol, confundiéndose muchas veces en medio de la oscuridad y al amparo del humo espeso de la leña encendida en las fogatas y asados nocturnos. ¿Cómo abandonar su mayor deleite antes y después de correr a velocidades tan altas en su kart verde independencia?

Así no lo pareciera, su existencia había sido un cúmulo de represión. Primero por vivir en casa de sus padres quienes nunca se enteraron de sus secretos, luego su estadía en la escuela militar, sometido a la fuerza a los rigores de una disciplina que lograba controlar sus actividades más no sus pensamientos, ni sus gustos y deseos que se desfogaban los pocos fines de semana que tenía salidas. Después fue su casi eterna relación con Eudine, llena de tantos altibajos, a pesar de que ella sí lo acompañaba en muchos de sus gustos y aventuras. Y finalmente su esclavitud voluntaria al lado de Sofía Valor, una mujer que no entendía que él necesitaba vivir experiencias diferentes con su sexualidad inagotable de gladiador de todos los tiempos. Quiso creer que él podría ser ese caballero de hermosa y brillante armadura que rescata a su bella doncella de todo hastío, pero insatisfecho interiormente terminó por reconocerse incapaz de soportar la armadura. Después de mucho intentarlo admitió que no aceptaría freno alguno a sus predilecciones. Nada nuevo ni viejo, ni aceptado ni impuesto podría perturbar su liberación de cualquier sometimiento por sutil que pareciera. Todo lo que habitaba en él quería salir y ser porque el mundo no estaba dividido en dos grandes grupos, como pretendía hacerle creer Sofía, el de los que habían podido llevar una vida lejos de cualquier vicio, inclusive habiendo tenido la oportunidad, y el de los que habían crecido sin poder resistirse a los mismos y a quienes ella consideraba personas débiles y merecedoras de conmiseración por perder su vida de esa manera, víctimas eternas de la adicción que sustrae la voluntad, debilita el pensamiento y aniquila los sentidos. Adicción no necesariamente a las drogas sino a todo lo que ocupe un primer lugar, desplazando los principios, los compromisos, las cosas valiosas y transcendentes de la vida. Una adicción es todo lo que le impide al individuo tomar decisiones acertadas por ir corriendo tras su debilidad que pueden ser muchas, cosas, no solamente las conocidas sino todo lo que seduzca y oprima la voluntad que vive en cada ser humano.

Él se había hecho un hombre experto en huidas en apariencia impulsivas pero preparadas meticulosamente. Nada era producto del azar sino de una decisión fríamente consumada y eso era algo que muy pocas personas conocían de él. Aspiró lentamente su cigarrillo y subió al auto. El grupo de viaje era inmejorable. Aydee era la estrella de esa aventura y estaba más que dispuesta a superar sus marcas en diversión extrema, así que, en medio de la música y las risas, con el licor irrigándoles las venas y bombeando sus pasiones, se soltaron más rápido que la música estrepitosa que los guiaba.

La oscuridad de la noche, testigo de honor de aquella fiesta de sexo, drogas y placer sin límites, les invitó a detenerse a la orilla del camino. Sólo quien no hubiera vivido una experiencia tan fabulosa podría decir que era aburrida. Epítetos ignorantes de quien no ha sentido en su ser la pasión desbordante que todo lo mueve, lo rehace, y lo cambia, hasta los pensamientos de nostalgia o de culpa más atormentadores e inoportunos. Para Santiago era el clímax de su existencia, la realización de todas sus fantasías. Aquello era más que alcanzar el cielo con las manos. Ya no existía pasado, sólo presente y más presente. Nada de planes ni de sentimientos que atan y adormecen la existencia.

Recuperado de la última embestida de lujuria atómica que esparció sus partículas en el continente entero, regando indiscriminadamente la energía creadora de que había sido dotado, Santiago se puso nuevamente al volante queriendo deshacerse para siempre de los recuerdos no pedidos que continuaban asaltando su mente, pretendiendo conectarlo con el Santiago que muy en su interior quería seguir jugando al esposo y padre ejemplar. Ya no sería más así, después de este viaje tanto tiempo acariciado todo cambiaría. Todo cambia, como decía una de las canciones favoritas de Sofía, cambia, todo cambia. Sin percatarse sintonizó en el sintetizador de su corazón la melodía, uno más de los muchos recuerdos que traían la presencia inevitable e inoportuna de Sofía Valor a un presente en el que no quería que ella siguiera viviendo...

"Cambia lo superficial , cambia también lo profundo,
cambia el modo de pensar, cambia todo en este mundo,
cambia el clima con los años, cambia el pastor su rebaño
y así como todo cambia que yo cambie no es extraño.

Cambia el más fino brillante de mano en mano su brillo,
cambia el nido el pajarillo, cambia el sentir un amante,
cambia el rumbo el caminante aunque esto le cause daño
y así como todo cambia que yo cambie no es extraño.

Cambia todo cambia, cambia todo cambia
cambia todo cambia, cambia todo cambia
cambia el sol en su carrera cuando la noche subsiste,
cambia la planta y se viste de verde en la primavera,

cambia el pelaje la fiera, cambia el cabello el anciano,
y así como todo cambia, que yo cambie no es extraño
Pero no cambia mi amor por más lejos que me encuentre,
ni el recuerdo ni el dolor de mi pueblo y de mi gente,
y lo que cambió ayer tendrá que cambiar mañana
así como cambio yo en esta tierra lejana.

Cambia todo cambia cambia todo cambia,
cambia todo cambia cambia todo cambia,
pero no cambia mi amor...Todo cambia."

TODO CAMBIA - *Mercedes Sosa*
https://www.youtube.com/watch?v=98XkPHcmCvo

Cerró sus ojos por un instante y aspiró una bocanada más grande que su aliento porque la mona tenía el poder mágico de borrar esos pensamientos de manera inmediata y transportarlo a otra dimensión de formas, sonidos y colores más reconfortantes, más intensos. Una dimensión donde la velocidad es vida pura y estridente, entrega absoluta al vértigo que libera el espíritu adormecido. Pisó el acelerador para dejar atrás los recuerdos que querían alcanzarlo. Había empujado a Sofía antes de salir y con ese gesto había querido zafarse de ella para siempre. Su corazón y su mente estaban dopados, protegidos contra todo ataque de nostalgia dañina, contra toda manipulación de sus sentimientos eventualmente débiles.

Aydee continuaba entregada a sus retozos sexuales, acompañados de su risa fuerte y de sus expresiones de placer que la hacían más intensa y adorable. Tal vez eso era lo que más le agradaba a Santiago de su amante-bandida de la que él mismo era su amante-bandido de corazón malherido. Aydee no le daba transcendencia a nada. Su mente era como un pajarito de esos que vuelan permanentemente de una rama a otra, de una idea a otra sin detenerse a analizar cuál es mejor; mucho menos podría detenerse a pensar en las consecuencias de sus actos si es que acaso las había porque la vida para ella era el placer por el placer mismo, el disfrute intenso de cada momento, y el futuro una ilusión innecesaria porque la diversión no tenía futuro sino sólo presente. La mayor trascendencia posible era entregarse plenamente a ese instante que estaba disfrutando al máximo. Qué gran diferencia con las diatribas filosóficas de Sofía quien siempre tenía un "o sea" a flor de labios, un "por qué" infinitamente circular o un "para qué" casi interminable, como parte de un discurso intelectual que terminaba por agobiarlo.

Un chorro de cerveza helada que mojó su ropa y enfrió su piel lo sacudió de sus pensamientos, aterrizándolo de emergencia en la pista privada de diversión, fuera de toda ley y norma. Estaban felices; disfrutaban el momento y ésa era la idea, no había que pensar en el mañana porque ése llegaría con sus locuras propias. Perder el tiempo era el camino absurdo de buscarle explicaciones a todo, de pretender profundizar en todo, de aprender más, de querer ser mejor persona. La vida era una sola, sin antes ni después y así había que vivirla. Recién estaba aprendiendo a fluir sobre la base de desaprender lo vivido. ¿Vida después de la muerte? ¡Absurdo, ilógico!, ¿encarnación, reencarnación? ¡Ideas pueriles de gente aburrida! ¿Espiritualidad? El espíritu y las emociones fuertes eran un sinónimo, una unión inseparable, por eso su espíritu, así como el de sus amigos, estaba totalmente colmado de aventura y de pasión, ése era el mejor alimento espiritual, así que ¿quién podría decir que no era espiritual? ¡Tanto como el que más¡, su vida intensa lo probaba.

Las horas fueron pasando rápidamente sin que ninguno estuviera pendiente del reloj porque el tiempo era ese momento que una vez vivido se olvidaba para dar paso a otro, más intenso, más real, por tanto, insuperable. Mirar atrás no tenía sentido porque allí ya no había emoción. Estaba viviendo en un presente continuo perfecto que no tenía conexión vital con el pasado ni proyección fantástica hacia un futuro que necesariamente llegaría como presente inmediato de necesidades y entregas, saciados de una embriaguez reparadora, de esas que borran todo lo innecesario sin guardar para después, como decía su madre, "El que guarda manjares guarda pesares".

Esa era la vida para Santiago Torres y sus compinches, sus hermanos de aventura y de amnesia voluntaria permanente. Con ellos se entendía sin necesidad de explicar nada porque todo estaba dicho. Tampoco necesitaban aparentar nada porque todos pensaban y sentían lo mismo. Como él, tenían la misma comprensión de la existencia, en especial la de no sufrir por lo que pensaran o sintieran los

146

demás. Individuos sencillamente aterrizados, realistas y defensores de sus necesidades propias.

Cual diestro piloto de su propia marcha, de sus decisiones y de Renata, su espectacular y fiel camioneta rojo pasión, Santiago apretó su cinturón de seguridad que se había aflojado para disfrutar del espectáculo maravilloso de Aydee y Samara juntas. A través del espejo lograba verlas entrelazándose sin prevención alguna, tendidas cómodamente en la silla trasera, la misma donde tantas veces habían dormido sus hijas y donde Sofía se había sentado una y otra vez a jugar con ellas o a alimentarlas sin sospechar en lo más mínimo los pensamientos erráticos de su esposo que conducía con ideas menos inocentes. Nada podía distraerlo ahora, aquello era una prueba máxima a su virilidad de gladiador sexual. El erotismo puro puesto en acción que agitaba sus pasiones. Así lo había imaginado en sus noches al lado de Sofía sin poder hacerlo realidad. Ni siquiera la noche en que la chica del strep tease del hotel aceptó subir a su habitación. Esa vez pensó que era la oportunidad perfecta para convencer a Sofía de tener una experiencia sublime porque habían pasado unos días maravillosos y él quería cerrar con broche de oro. La experta mujer, con las indicaciones precisas de Santiago puso todo su empeño en conquistar a Sofía, pero rápidamente se dio cuenta que no lo lograría entonces, sin que Santiago se diera cuenta le dijo que no se preocupara, que ella identificaba ese tipo de hombres que hacen lo que sea con tal de ver a dos mujeres juntas, los conocía porque también lo había vivido. Le dijo al oído que estuviera tranquila, que no la obligaría a nada como muchos habían hecho con ella y que tampoco estaría con Santiago porque él no le interesaba. La desconocida de cabello negro y crespo, de ojos tristes y labios sensuales era casi una niña a la que sin duda alguna le habían robado su inocencia, pero no su capacidad de amar. Conocía perfectamente a los hombres y a fuerza de sufrirlos prefirió apoyar a las mujeres y vengarse de los sátiros que humillan con sexo a su pareja y pagan lo que sea por ver a su compañera con otra o con otros aun contra su voluntad. Esa noche Sofía salió de la alcoba, abatida y confundida, optando por dejar a Santiago a solas con la visitante para que él pudiera realizar sus fantasías. No alcanzaba a comprender si compartir de esa manera su vida íntima debía ser parte del amor de una pareja o era el límite a la dignidad y el amor propio. Por muy liberada o experimentada que fuera seguía pensando que el sexo era una expresión sagrada del amor entre un hombre y una mujer, una relación de dos, no de tres o más. Santiago le dio mil argumentos sobre la importancia de hacer de la sexualidad algo fuera de lo común. La sola idea la llenó de vergüenza y de tristeza al sentir que no era capaz de satisfacer los apetitos sexuales de su marido, aunque estuviera totalmente dispuesta para él, en cuerpo, mente y espíritu.

Sofía Valor, siempre Sofía Valor atravesada en sus pensamientos, queriendo inmiscuirse en medio de su aventura. Le resultaba inevitable pensarla porque tantas veces había soñado con verla en brazos de otra mujer, abrazándose, acariciándose, entregándose sin pudor para luego poder tomarlas y culminarles su entrega. No era un simple capricho, era que Sofía estaba hecha para el amor por su piel suave y perfecta, sus senos que invitaban a acariciarlos, su boca dibujada de besos, las curvas deliciosas de su cuerpo, suspiró...ese había sido su anhelo más grande, su fantasía sexual más completa y ahora podía disfrutarla cuantas veces quisiera gracias a mujeres que como Aydee no se negaban a nada. Para ellas todo estaba permitido.

Santiago apartó con mucho esfuerzo su mirada de la silla trasera de Renata, que tantas veces lo había transportado con sus maletas llenas de biberones, cuentos, juguetes y la inocencia de sus hijas atentas a todo, en especial a los juegos musicales como el pirata de la pata de palo que hizo una mesa en el patio, el pirata de la pata de palo que hizo una mesa en el patio para comer fresas, el pirata de la pata de palo que hizo una mesa en el patio para comer fresas y pintar cerezas, el ....No, nada de eso importaba en esos momentos. Se alcanzó a sentir fastidiado con él mismo. ¿Cómo podía distraerse en semejantes pensamientos con todo un banquete delante de él?

Apagó de un manotazo las imágenes inoportunas y se concentró en la carretera, prueba de fuego a su imaginación porque sabía de sobra que aquella escena sublime le subía todos los motores a mil. Apuró el paso para llegar pronto a su destino y disfrutar en vivo y en directo de aquella demostración inigualable de erotismo y sexo ardiente, con pronóstico de sobresaliente sobre cualquiera de las que hubiese visto en su larga carrera de experto observador de escenas eróticas. Su mente estaba concentrada en lo que haría, inflamando cada parte de su cuerpo con sólo vislumbrar el campo de batalla sexual que le esperaba. Iba directo a

148

su cuadrilátero favorito y deseaba llegar en el momento preciso y ganar por nocaut fulminante. Era cuestión de apresurarse para poder darle a esas preciosidades lo que se merecían, ¿qué más podía pedir?

Una sonrisa pícara se dibujó en su rostro de facciones irreconocibles hasta para él mismo, mientras sus ojos algo enrojecidos por el esfuerzo y el trasnocho se enfocaban en la línea blanca que le indicaba la carretera. Emparejó sus bestias hacia el horizonte, revisando los indicadores del tablero. Todos los tacómetros subían rápidamente, tal vez a la misma velocidad que se aceleraban las pulsaciones de su corazón y de todo su cuerpo. El efecto de la marihuana se estaba perdiendo, pero el brío de su ímpetu galopante estaba latente. Un trago de cerveza le refrescó la ansiedad sintiendo que su propia lengua le quemaba los labios y sus piernas temblorosas de emoción cabalgaban sobre el potro del acelerador. La siguiente curva le abrazó sin preguntas ni recelos, sin ningún reclamo por su demora. Cual mujer excitada la carretera cada vez más angosta le iba tragando en cada kilómetro que recorría, abriéndole sus curvas y sus rectas suavemente, mostrándole sus claroscuros, sus pantanos y sus llanos, sin tapujos ni condiciones. Hasta la carretera estaba más fogosa que de costumbre y más receptiva a sus maniobras de piloto de carreras que conducía sagazmente los 1800 caballos de fuerza de su motor digital.

A la altura de la curva más cerrada y peligrosa alcanzó a ver unas luces tan altas como su calor, luces indiscretas que pretendían ver más allá de lo que se puede ver. Entrecerró sus ojos porque los destellos lo iluminaron directamente; como luces enemigas que apagaron en un instante sus luces de autocontrol. Las farolas incandescentes de las dos tractomulas llenaron todo el espacio existente, borrando cualquier línea divisoria, cerrándole el paso y devorándose de un zarpazo su apremio sexual hasta bajar a cero la potencia de sus motores, las agujas de su tablero y la torre firmemente erigida de sus deseos. Quiso hacer alarde de toda su entereza y sangre fría pero como en cámara lenta se precipitaron sobre él los dos monstruos enormes de la carretera con sus fauces dispuestas a devorarlos. No tenía opción posible de maniobra porque a lado y lado sólo había abismo y oscuridad. Su mente, agitada ante la tragedia inminente, comenzó a saltar de un pensamiento a otro, de una imagen a otra, conectando todos sus interruptores a imágenes sacadas de cada rincón de su existencia. La historia de su vida se le apareció en el telón del terror absoluto y su principal protagonista femenina irrumpió por todos lados como si hubiera sido clonada infinidad de veces, ... pensó en sus pequeñas hijas, en sus rostros inocentes, en sus manos extendidas, en sus besos interminables, en el amor desafortunado e insuperable de Sofía por él. Pensó en su deseo tan lejano de ser un esposo excelente, sencillo, capaz de comprar la leche y el pan antes de llegar a casa, se vio como un padre divertido, amoroso, juguetón. Pensó en su programa de música personal a punto de culminar, pensó en la vida que llevaba y en el futuro incierto que le esperaba y con un profundo sentimiento de desconsuelo cerró los ojos e imaginó que Sofía y sus hijas lo llorarían pero que también descansarían de su desamor, sus agresiones, su abandono y de toda su inestabilidad. Imaginó que su cuerpo inerte quedaría pegado y desfigurado sobre el timón hasta que vinieran por él y que Sofía lo cubriría con flores rojas y perfumadas, lo limpiaría con sus lágrimas ...triste era entender que había ido a buscar la muerte en esa aventura donde pensaba encontrar placer. Un dolor en el pecho le aprisionó; sintió que no podía respirar; no le gustaba la historia comprimida de su vida que pasaba delante de sus ojos; no le gustó verse solo, atrapado en medio del movimiento agitado de sus pensamientos desordenados y aterrorizados que saltaban de un lado a otro, de una época a otra, de un suceso a otro, como buscando cada uno desesperadamente el lugar que debían ocupar...supo que era el final... fue su única certeza en medio del cúmulo de desaciertos y errores que había sido su vida. Lamentó su existencia arañándole sus entrañas, escarbó algo positivo y la única mirada tranquila le llegaba del mismo lado, su familia, el hogar que había logrado construir con Sofía. Un crujir de dientes y un llanto contenido le mostró que su abandono, su regreso tan acomodado, sus estrategias de manipulación, todo había sido cruel. Apretó sus puños con todas las fuerzas de que fue capaz, aferrándose al volante como una última tabla de salvación. Descargó todo su sufrimiento y su vergüenza en un lamento irreprimible y desconocido para él. Sintió un voltaje insoportable de remordimiento que le embargó por completo. Imposible precisar dónde comenzaba y dónde terminaba. Un dolor más que físico y totalmente nuevo lo recorrió impregnando su ser más que toda la adrenalina y la lujuria del camino.

Tuvo deseos de llorar como nunca lo había hecho, dejar salir el inconformismo represado a lo largo de su vida de hombre fuerte. Quiso gritar su infelicidad y su desesperanza, pero el nudo en su garganta y la certeza del fin inevitable de su vida le inmovilizaron. Sintió un miedo mucho más feroz que aquel que sintió cuando niño al escuchar los pasos del monstruo gigante acercándose a su cama, en medio de la oscuridad total y con las ramas de los árboles secreteándose con el fantasma sin cabeza de su turbación; sintió nostalgia de su vida desperdiciada, de su amor frustrado, de su proyecto de familia abandonado, de sus hijas que crecerían sin padre, del dolor de Sofía por quien no la merecía. El peso insoportable de su conciencia le resultaba superior a todas sus fuerzas. Quería llorar, pero no podía porque hasta el final de sus días parecía más fuerte la creencia de que un Torres jamás llora, jamás es inferior a las circunstancias y nada le queda grande...

La luz llegó directa desde un orificio perfecto en el cielo, cayó como un rayo y lo que aún había de oscura noche desapareció. Santiago abrió incrédulamente sus ojos y el más bello espectáculo se brindó a él de manera privilegiada. Era asiduo observador del firmamento, astrónomo empírico y amante de sus movimientos y contrastes. Sin embargo, nunca antes había contemplado algo igual. Nunca había imaginado que el día brillara en medio de la noche, convirtiendo la oscuridad en luz. Todo su raciocinio se esfumó, el deseo de devolver el tiempo y no volver a equivocarse le invadió, anheló con todo su ser y sus fuerzas que aquello no estuviera sucediendo, que todo fuera una visión apocalíptica de lo que le sucedería de seguir en esa vida que llevaba, perdida entre el placer, la lujuria y la trivialidad. Quiso tener el poder de frenar el tiempo a la vez que frenaba con furia todos los pedales de su auto, que deslizándose sin control iba perdiendo apresuradamente el tono rojo de sus pasiones. Posiblemente el tiempo se había congelado en esa fracción infinitesimal de segundo y él pudiera recapacitar para aprovechar una última oportunidad, era todo lo que quería, pero cómo expresarlo, para qué, a quién le importaba ahora su radical posición contra la existencia de Dios y sus promesas de salvación eterna.

El auto con todos sus caballos de carrera se detuvo por el impacto contra la negra y gigantesca tracto mula, entre rugidos ensordecedores y gritos de horror y pánico. Pasó las manos por su cabeza, su espeso y oscuro cabello no fue suficiente para contener el miedo ni para sacarlo de ese lugar. Santiago Torres supo por primera vez en su vida lo que era sentirse inferior a sus circunstancias, impotente y entregado. Lloró como nunca lo había hecho, sin temor a ser visto ni a ser criticado. Ya nada más podía perder si hasta la vida misma había perdido porque seguro que había fallecido junto con sus compañeros de aventura. Sin vida, absolutamente muerto, así se sentía. Quiso pedir perdón a gritos, pero ¿a quién? La única digna de recibir esa petición de perdón no estaba allí. Su rostro descompuesto estaba bañado en lágrimas y su corazón completamente adolorido, aterradoramente desgarrado. Aquello era más de lo que ser humano alguno podía soportar, supo que ya no había marcha atrás.

De repente unos brazos poderosos lo levantaron. Nada le dolía. Inexplicablemente se vio ileso frente al timón mientras las sirenas sonaban incesantemente y los paramédicos le sacaban con extremo cuidado del destrozado vehículo, asegurando que nadie que sufriera un accidente de tal magnitud podría sobrevivir para contarlo. Él los escuchaba decir que sin lugar a dudas debía estar muerto.

Yo me quedé sin palabras cuando escuché a Santiago decirme con voz entrecortada que acababa de accidentarse gravemente pero que no le había pasado nada, no sabía cómo, pero estaba totalmente ileso. No era la primera vez que se accidentaba sin embargo pude percibir que esta vez había sido muy diferente. El carro había quedado completamente irrecuperable. Había llegado la policía, ambulancias, bomberos, socorristas. Nadie podía creer que no hubiera víctimas fatales, tanto él como sus amigos estaban en perfectas condiciones. No dio más detalles. Le pregunté entonces si regresaría. No, seguiré a Meduzas, las ballenas esperan por mí. Desde allá no podré llamarlas así que no se preocupen. Si me regreso estaría dejándole el campo abierto al miedo y eso no lo voy a permitir. Fue lo último que dijo antes de colgar.

Acababa de tener un encuentro personal con la muerte y ¿Aun así decidía continuar? ¿De qué estaba hecho este hombre? Lo único que pude concluir es que Dios tiene maneras a veces incomprensibles de obrar en la vida de las personas. No podía dudar que el desenlace de ese accidente era un milagro y me quedé pensando que Santiago también entendería que era una nueva oportunidad para que enderezara sus pasos y se decidiera a cumplir su propósito superior de vida. Decidí no contarle nada a las niñas, no era necesario preocuparlas, el papito se había salvado y sencillamente no regresaría todavía. Era cuestión de esperar. Finalmente, ya era una maestra en el arte de esperar. Seguramente porque debemos aprender aquello de lo que más adolecemos.

Santiago salió indemne del accidente, con todo y lo estrepitoso que fue. Ni él mismo podía creer que no le hubiera pasado nada. Se tocaba una y otra vez, pensando que había muerto y que ahora estaba en otro lugar, en el cielo seguramente porque a pesar de lo que Sofía dijera él estaba seguro de que también era un hijo de Dios. Pronto empezó a reaccionar, a reconocer todo, vio a sus amigos desconcertados pero conscientes. Aydee no paraba de llorar mientras hablaba por teléfono con su mamá. Ni siquiera era consciente de que estaba totalmente desnuda. Todo era como una ilusión, finalmente entendió que así el carro hubiera quedado destrozado ellos estaban vivos y en perfecto estado, con el tiempo apenas exacto para tomar el avión hacia Meduzas, su próximo destino. Ya no alcanzarían a correr en la pista de máxima velocidad en la Línea de Fuego.

Disfrutar el desfile marino lleno de música era todo lo que anhelaba por eso se entregó a la contemplación de las familias de ballenas que por esa época llegaban en busca de aguas profundas y frías donde aparearse. Pudo tocar las ballenas, sentirlas, hablarles, escuchar esos sonidos que él deseaba poder trasladar a su programa de creación musical. En ese mundo submarino Santiago Torres se sentía vivir, casi podía ver las escamas que se formaban en su piel para protegerlo del agua, del sol, del frío, hasta parecer un mutante humano-marino. Año tras año viajaba por cielo, tierra y mar hasta llegar a su cita con sus ballenas, tiburones, delfines, tortugas gigantes y toda la diversidad de especies submarinas. Nada hubiera podido privarlo de ese placer tan incomparable, ni siquiera el accidente que acababa de sufrir, por el contrario, gracias a eso ahora estaba disfrutando más de su experiencia. No deseaba que nada perturbara los tres días que todavía le quedaban de permanencia en la isla de leyendas donde cuentan que los hombres quedan atrapados en los encantos de las medusas y las sirenas a las que se entregan sin condiciones, persiguiéndolas eternamente, olvidándose de su realidad, de sus compromisos, de sus familias, imaginando que son amados por esos seres tan fantásticos y soñando que entre sus brazos encuentran el brillo de sus almas antes apagadas. Las mismas leyendas narran que se halla a los hombres perdidos en las corrientes o en orillas remotas a las que son arrastrados por las olas donde generalmente son encontrados muertos o moribundos pero convencidos de que conocieron el amor perfecto así hayan quedado destrozados por dentro y acabados por fuera. Lo que no cuenta la historia es que muchos de esos seres del agua han emigrado a tierra firme donde cumplen la misma función entre los hombres desprevenidos que caen en sus garras seductoras porque siguen siendo seres del mundo de la oscuridad y de la muerte.

Combatiendo el insomnio que se apoderó de él, su mente comenzó a pasear de una idea a otra quitándole el deseo de llamar a Sofía, evitando escucharla ilusionada con su regreso, justo el día de su quinceavo aniversario, el de la victoria, el de la verdad. Debía regresar para la celebración, sin embargo, estaba pensando en prolongar su permanencia en la isla. Su viaje debía tener un propósito más complejo que el de bucear y descansar y si no ¿por qué entonces se salvó de morir en el accidente tan terrible que acababan de tener? Durante el resto de la noche y hasta la mañana siguiente no hizo sino meditar en lo que estaba haciendo con su vida. Tenía cuarenta años que habían pasado vertiginosamente pero no se sentía a gusto con lo que estaba viviendo. Su incomodidad ante la idea de volver a su hogar fue un campanazo de alerta fuerte y destemplado, un llamado a que mirara más allá, a que pensara en él, porque la vida se le estaba escurriendo sin ningún significado. Debía decidir algo y pronto, decidir y actuar.

La decisión le llegó al final del viaje que prefirió no alargar, contemplando el vuelo de las gaviotas en formación militar perfecta, pequeñas kamikazes blancas, plateadas y grises entrenadas para sobrevivir las pruebas más duras, seguras de su propio destino, apropiadas de su vida y libres para remontarse hasta el infinito. ¿Qué se lo impedía? Muchas cosas, pensó, con sus ojos fijos en el sol radiante que en tonos ocre recién pintados comenzó a hacer su aparición. La noche había sido larga y agotadora, el día no pronosticaba mejor pero aun así tuvo energías suficientes para hacer un repaso obligado a lo que había sido su existencia hasta ese momento.

Aventuras, pasiones consumadas o reprimidas, deseos aceptados o negados, alegrías infinitas, lágrimas traicioneras y solitarias, locuras

154

adolescentes y juveniles, todo era parte de ese pasado reciente y lejano de su juventud tan añorada que veía agotarse rápidamente. Pensó y repensó en Sofía y en la dualidad que lo mantenía atado a ella, revisó uno a uno los detalles de su vida juntos y cual rompecabezas armó las figuras de lo que quería y de lo que no quería, de lo que le gustaba y lo que le desagradaba, depositándolas sobre una balanza imaginaria. En un extremo colocó su vida personal y en el otro extremo su vida familiar. Eran muchas las piezas que le fueron saliendo y todas las clasificó como notas de sus pentagramas.

La balanza no tardó en inclinarse hacia el lado más pesado, él mismo, el lado de su vida y sus deseos, lejos del hogar que un día soñó, de los reproches infundados de Sofía, de la amargura que le estaba invadiendo contra su voluntad. La pesa fue drástica y absolutamente radical. Lo único realmente importante era él. No había lugar a discusión, llegaría a su casa y le comunicaría a Sofía su decisión irrevocable de partir definitivamente. Esta vez no habría vuelta de hoja. Se iría lejos y se establecería en un apartamento arreglado a su gusto porque no quería volver a un cuarto de hotel oscuro y solitario, ni llegar a casa de ninguno de sus amigos, ni quedarse más de una noche en casa de Aydee porque eso implicaría un compromiso. Cayó en cuenta que nunca había tenido un apartamento para él solo, siempre había vivido con sus padres, luego en la escuela militar y después con Sofía porque con Eudine no alcanzó a convivir más que el duro mes de su prueba de aguante. Seguramente era el momento de quemar esa etapa y aprender a vivir solo.

Por más que lo pensó prefirió no llamar a Sofía porque no quería que ella adivinara sus pensamientos y esa era una de sus habilidades, atisbar más allá de lo que él decía y de lo que no decía, asomarse a su mente y leerle el pensamiento. Al principio era divertido jugar a adivinar lo que pensaban, pero con el paso del tiempo debía esforzarse cada vez más en guarecerse de esa intromisión, resultado de la sutileza y de la inteligencia refinada de Sofía, intuición femenina diría él, sabiduría humana diría ella. Por más que quisiera no podía prohibirle meterse en su mente ni que hubiera aprendido a descifrar hasta los latidos de su corazón. Ella le decía con mucha frecuencia que cuando él estaba lejos ella podía sentir cómo estaba, si estaba tranquilo o preocupado. ¿Qué estaría sintiendo en estos momentos en que él, desde el otro lado del mar, acababa de tomar una decisión tan unilateral? No podía tenerla en cuenta porque eso echaría todo al traste.

La noche llegó sin poder quitarme de encima la sensación de que algo raro pasaba, no sabía precisar la razón de mi incertidumbre. Leí, pinté, escribí, jugué con mis niñas a ser también niña para desprenderme de esa sensación pegajosa e indescifrable. Conocía a mi niña interior. La había visto una noche en la que buscaba conectarme con mi yo divino; la vi correr por prados y bosques, saltando, riendo y caminando segura de la mano de Esmeralda Amórtegui. Me dijo que se llamaba Candy. Me contó que vivía feliz, que salía sólo cuando quería y no por aburrimiento sino por decisión, que no confiaba en todo el mundo porque muchos querían atraparla y acabar con ella; por eso vivía feliz en su bosque encantado donde todo era claro, iluminado, lleno de árboles, frutos frescos y un gran río donde nadar. Nada le hacía falta y nada anhelaba del mundo exterior, sólo le temía a crecer y dejar de ser feliz e inocente ¿Qué más haces? Le pregunté. Sonreír mucho, comer frutas frescas, tomar mucho de jugo de mandarina, inventar gestos, rompecabezas y cuentos, dibujar hasta que se oculte el sol, nutrirme de palabras nuevas, creer en todos, soñar, cantar y bailar. A veces también comer galletas con cubierta de chocolate y helados de vainilla. No sabía su edad, pero tampoco le interesaba porque el tiempo no la haría diferente. Cuando Candy aparecía sus hijas eran felices y la aprovechaban al máximo porque cada vez eran más esporádicas sus visitas, en los momentos de tristeza se escondía para no ser contagiada. La incomodidad no me pasó, pero el cansancio nos venció.

Santiago regresaría al día siguiente, vendría recargado de energía, de mar, de sonidos y feliz de compartirnos sus últimas aventuras marinas. Siempre era así. Opté por dibujarle una tarjeta y estamparla con nuestros besos. Esos detalles a él le encantaban más que cualquier regalo. Lo dibujé saliendo del mar vestido de buzo, con olas gigantescas persiguiéndolo y yo a su lado como su sirena enamorada y una nota que decía "Ni las olas más bravas podrán separarnos, ni lo más alto, ni lo más profundo, nuestro amor siempre estará a salvo. Juntos lo lograremos"

Santiago regresó muy extraño, callado y taciturno, al parecer extenuado de las largas noches en altamar o con su oído desadaptado a los ruidos del mundo terrestre, persiguiendo en sueños a las sirenas o a las ballenas que acababa de dejar en su otro mundo y obsesionado en descifrar cada uno de sus sonidos para luego incorporarlos a su programa personal de música. Hablaba poco, menos que de costumbre y sus silencios eran retraídos, como si no estuviera presente ni de mente ni de cuerpo. Contaba sin la acostumbrada pasión sus historias de dragones y ballenas marinas.

De sólo verla tan alegre por su regreso, tan bellamente arreglada para él, con un aroma concentrado de pasión y con muchos mensajes de amor regados en cada rincón, Santiago dejó provisionalmente a un lado el equipaje de desapego que traía cuidadosamente empacado y su tiquete ya pago para abandonar nuevamente el barco. Salieron a celebrar su aniversario a su restaurante exclusivo, con la mesa de siempre reservada y el mismo cheff personal esperándolos. Contrariamente a sus pensamientos tan recientes a la orilla del barco, la noche transcurrió plácidamente, compartiendo las mejores cosas de esa historia de quince años que seguía uniéndolos, seguros de que habían superado lo más difícil.

Sofía le entregó la tarjeta que le había hecho y un par de guantes de buceo nuevos para que pudiera reemplazar los que seguramente traía rasgados y él le entregó un collar de caracoles explicándole que si lo acercaba a su oído escucharía lo que él había pensado al comprarlo. En realidad, lo había comprado con una mezcla de amor y nostalgia, seguro de que a ella le encantaría, que sonreiría feliz cuando se lo entregara. No estaba seguro de que fuera el regalo de aniversario, pero sabía que ese collar sería para ella, cualquiera que fueran las circunstancias. Esa noche fue especial, pudieron reír, cantar tomados de la mano, decirse lo que les gustaba de compartir sus vidas. Hicieron planes para el nuevo año y para cuando sus hijas crecieran. Él le dijo que quería que se fueran a vivir a otro país, sentía que en otro lugar podrían comenzar de nuevo. Pronto sus hijas estarían grandes y harían sus propias vidas. Sinceramente lo pensaba y lo deseaba cuando se lo dijo, no le estaba mintiendo, a su lado podía olvidarse de sus planes persistentes de abandono y seguir firme en su compromiso de estar siempre juntos.

Por las noches Santiago me amaba con ímpetu y con una pasión renovada pero desconcertante que yo no podía pasar por alto porque sentía que él estaba ahí conmigo, extrayéndome hasta lo último de mi amor, recorriendo mi piel, envasando mi olor como si necesitara guardarlo, aferrado a algo desconocido que no era yo pero que me incluía. Sentía que él quería decirme cosas que con palabras no me decía, pero también sentía que cuando sus manos de pianista recién tostadas por el sol se posaban sobre mí, él esperaba sacar una melodía diferente que yo no podía dar porque en esa pasión desconocida podía percibir que él no me estaba amando a mí sino a una de sus fantasías, buscando desesperadamente que yo pudiera ser una pieza más de un acertijo que solamente él conocía.

El vigor y entrega con que Santiago me amaba contrastaba con su mirada porque más de una noche abrí mis ojos y lo encontré despierto, mirándome como si fuera la última vez que sus ojos fueran a posarse sobre mí. Sólo me decía que estaba cansado o que no tenía sueño, pero no me hablaba de sus propias batallas. Esa era la gran fractura de su ser, dividido en sus luchas internas y reprimidas en su deseo de ser el hombre que muchas veces deseaba ser. Lo sentía a mi lado así fuera un poco perdido y no me atrevía a preguntarle más allá de lo que mi intuición me decía. Intuición, esa capacidad de percibir más allá de lo que se dice y de lo que no se dice, me llevaba más cerca de la certidumbre de que lo temido estaba cerca, conviviendo conmigo, acorralándome, ahogándome más allá de mis esfuerzos por atenderlo, consentirlo, abrazarlo. Me pegaba a él como queriendo que no se me escapara y mientras él seguía haciéndome suya cada noche yo le preguntaba si me amaba, buscando disipar de mi mente las sombras de catástrofe que se habían apoderado de mis pensamientos, enganchada a la esperanza de que él, al igual que yo, estuviera aportando lo mejor de sí mismo a la reparación definitiva de nuestra relación. Eran momentos en los que él me decía que nunca me dejaría, seguramente quería creerlo y por eso lo decía, posiblemente como una manera de compensarme tantas angustias y mitigar mis presentimientos.

Los días siguieron trascurriendo, olvidando a fuerza de desearlo, que una sombra oscura se había cernido sobre nosotros, pese a eso, una noche en que el cansancio me visitó muy temprano, la tecnología se volvió en mi contra porque luego de marcar a la oficina y al celular de Santiago no obtuve respuesta. Desde que existen esos aparatitos personales llamados teléfonos celulares la mente humana se ha cambiado al paradigma presencial de que toda persona debe ser ubicada instantáneamente, ojalá con una imagen fiel de lo que está haciendo y en dónde. Finalmente me tumbé en la cama, cansada y algo preocupada, dispuesta a esperarlo despierta. Lo escuché llegar y a Margarita, nuestra servicial empleada hablarle. De pronto empecé a ver el desfile de maletas, paquetes, cajas, y todo lo perteneciente a Santiago. Escasamente atiné a preguntar qué pasaba mientras Margarita, con expresión de estar deshojando una, me respondió tristemente, el señor me ordenó que recogiera todo porque se va. En la puerta estaba Santiago quien con el rostro descompuesto me dijo sin rodeos que se iba definitivamente. Pensé en las niñas, imaginé enseguida sus caritas ensombrecidas ante este nuevo abandono, sin razones que ellas pudieran comprender. Santiago continuaba empacando sin mirarme siquiera mientras que yo sólo atinaba a decirme: prueba no superada, prueba no superada.

El timbre de la puerta me despertó totalmente sobresaltada y desubicada. No vi cajas, ni maletas ni equipos, todo estaba en orden. Margarita, mi servicial empleada no estaba, nadie estaba, únicamente yo, mis hijas dormían y el timbre sonaba con insistencia. Suspiré de alivio. Corrí a abrir para encontrarme con el semblante contrariado de Santiago. Era más de medianoche y yo me había quedado dormida hacía horas, soñando con la tragedia de un nuevo abandono. Había sido una de esas pesadillas que parecen tan reales que el corazón queda suspendido de un hilo. Hacía mucho tiempo no tenía ese tipo de sueños, tal vez desde una tarde muy lejana cuando por el calor de mi Cayena natal me quedé sumergida en un sopor suave de esos que van llegando sin avisar. Soñé que un gato gris y pequeño, erizado y desagradable caía sobre mí y que no podía quitármelo de encima. Fue desesperante mi esfuerzo por deshacerme del gato mientras en el sueño me decía que era una pesadilla de la que debía despertarme; por más que me esforzaba no lograba salir de ese círculo angustioso. Despertar esa tarde fue volver a vivir, tomar el aire, llevarlo a mis pulmones y respirar feliz de que el gato no estaba ahí. Tres días después en casa de mi tía Magali me senté en una de sus mecedoras amañadoras para contemplar la tarde, recibir la brisa y conversar abundantemente, o cotorrear como decía mi tía. Apenas iba a probar un delicioso dulce de coco como sólo mi tía Magali sabe preparar, cuando escuché que algo crujía debajo de la mecedora. Un grito destemplado de mi tía implorando a todos los santos fue la señal de que algo terrible había pasado.

Las siete vidas del gato juntas quedaron atrapadas debajo de la mecedora y el rostro pálido de mi tía Magali me vaticinó que eso no era un buen presagio. Poco tiempo después fue la separación definitiva de mis padres. Lo había olvidado hasta esa noche de duerme-vela-pesadilla en que experimenté algo tan parecido con la diferencia que el gato era mi marido y las siete vidas aplastadas eran las mías. Todavía asfixiada abrí la puerta con un suspiro de alivio de haberme podido despertar y feliz de confirmar que había sido un sueño desagradable. Mi intención era abrazar a Santiago y contarle lo que me acababa de suceder para terminar de sacar todo el ahogo de mi pecho, pero él pasó como una sombra, encerrándose rápidamente en el baño, refugio extremo para sus fugas y pensamientos más recónditos.

Santiago había mirado su celular una y otra vez para luego apagarlo, sabía perfectamente que era Sofía como sabía también que debía estar molesta por su demora y por su silencio. Antes de salir de la oficina pensó en llamarla, pero su decisión renovada de disfrutar de su vida con o sin la aprobación de ella le hizo desistir de su intento. No le agradaba tener que dar explicaciones de sus actos, era una determinación personal no volver a hacerlo porque pensaba que ya era un hombre lo suficientemente adulto como para hacer de su existencia terrenal lo que mejor le pareciera, los años pasaban volando y en cualquier momento dejaría de ser joven y ¿entonces qué? Su vida podía quedar en cualquier curva y sin posibilidad de recuperar el tiempo perdido. Ya lo había vivido en carne propia. Estaba vivo de milagro y por eso sabía que era el momento de disfrutar, de aprovechar que estaba en el esplendor de su existencia. Esa noche saldría con Aydee a celebrarle su cumpleaños número 20. Quería atenderla de la mejor manera, así que la invitó a uno de sus restaurantes favoritos con sus mejores amigos mutuos. No fue una velada tan agradable como hubiera querido porque aún sin desearlo las llamadas de Sofía le agriaron el momento. Imaginaba su rostro descompuesto al llegar a casa, sus lágrimas silenciosas, sus reclamos en ese tono suave de voz que le irritaba tanto como su pretensión de reflexionar sobre lo que no tenía sentido dialogar. Sofía insistiría en que una relación debe ser una construcción; martillaría en el tema de la fidelidad, el respeto, el amor, el derecho a ser feliz y él ya estaba cansado de esas mismas elucubraciones de una mente torturada por modelos obsoletos de amor y fidelidad. Sofía había perdido el gusto por la vida o tal vez nunca lo había tenido, había limitado su mundo a él y a sus hijas y eso era más que una condena. Estuvo ensimismado, abstraído de la reunión, llenándose de motivos para no echarse atrás en su decisión. Ya hacía varios meses que había regresado de su excursión a la isla y no quería olvidarse de su accidente y de cómo la vida le pasó por sus ojos mostrándole que estaba perdiendo los mejores años de su existencia sin hacer lo que de verdad quería hacer.

Aydee no era mujer que profundizara en análisis del comportamiento humano, aun así, se dio cuenta que Santiago estaba como ausente, aunque estaba con ella, a pesar que todas las circunstancias apuntaran a que esa relación no prosperaría. Había tenido paciencia porque Santiago le había prometido que dejaría definitivamente a Sofía para poder irse con ella a compartir tranquilamente su libertad. Sin embargo, aprovechando que era su cumpleaños esa noche lo comprometió a cumplirle su palabra de separarse de Sofía pues desde que llegaron de su viaje y luego de sobrevivir al accidente tan terrible lo había notado renuente a estar con ella, aduciendo trabajo excesivo, cansancio, pereza pero en su interior temía que estuviera pensando en rehacer su relación con Sofía Valor porque así de tontos eran los hombres, capaces de caer nuevamente en el tedio de una convivencia desgastada y carente de pasión. Hasta se había ido de paseo con ella y sus hijas y no le había respondido el teléfono ni sus mensajes, eso no se lo perdonaba. De cualquier forma, sabía que Santiago no amaba a Sofía y de eso no le quedaban dudas, su vida al lado de ella era un infierno, lo sabía porque era su amiga, su confidente y sabía todo de él, por eso su certeza de que en esa relación no había nada digno de rescatar y si lo había no era su problema. Sin embargo, lo miraba de reojo revisando su celular y su reloj. Su fuero interno de mujer le decía que era el momento de apretar porque Santiago estaba muy inquieto por no responder a las llamadas de Sofía.

Santiago se levantó y prefirió irse a casa antes de lo previsto, algo en su interior le decía que esa noche habría más que lágrimas y reclamos y se dispuso a enfrentar la batalla final, mejor muerto que apaleado, pensó. No quería que nada se interpusiera en sus planes ni volver a ser vulnerable ante la ternura o el dolor de Sofía como había sucedido hacía poco. Estaba realmente cansado de ceder, frustrado de no ser capaz de asumir una posición más radical. Una parte de sí amaba a Sofía y se compadecía de ella, pero la otra estaba desatada, volteando y escudriñando ávidamente en cada esquina en busca de aventuras y experiencias más emocionantes, cosa que no podía decirle a Sofía. No había forma de explicar lo inexplicable, no quería ni intentarlo, jamás le admitiría su interés en Aydee ni esa fractura del alma que no lo dejaba ni dormir en paz.

Aydee no se sorprendió ante lo inesperado de su salida, simplemente le advirtió que se estaba cansando de ese juego de aplazamientos que pretendía imponerle. Era el momento de que decidiera entre ella o Sofía. Arreglaría ese problema definitivamente y regresaría, fueron las palabras de Santiago. Llegó a la casa y revisó sus bolsillos, ¡preciso! Justo cuando pensaba decirle que había dejado su celular en la oficina le tocó marcarle para que le abriera la puerta porque no encontró sus llaves. Sofía le respondió casi dormida y luego le abrió la puerta. Presuroso se entró al baño para evitar cualquier reclamo, era un lugar perfecto de intimidad personal, un lugar donde podía recargar su nave guerrera. Mucho rato pasó allí encerrado revisando su cargamento, todo en orden, todo listo para el combate. Al mismo tiempo deseaba encontrarla dormida para evitar hablarle. ¿Cómo le diría?... No lo sabía, sólo de una cosa estaba seguro, había llegado el momento de decirle. Se puso su pijama largo para protegerse de todo ataque de piedad y se abotonó hasta el último botón para asegurarse de no flaquear, de que ninguna debilidad tuviera por donde asomarse y no dijo palabra. Rápidamente se metió a la cama seguro de que el bombardeo vendría, aunque muchas veces Sofía prefiriera no preguntar nada y guardar silencio.

Santiago se metió a la cama sin decir palabra y a diferencia de muchas otras noches que preferí callar, esa vez sí pregunté, no quise callar en aras de evitar una discusión, sino que mi pregunta de combate iniciado llegó y con ella la respuesta de artillería pesada tanto rato preparada por Santiago.

Como quien desea salir pronto de un momento difícil, fiel al refrán de que mejor pálido un minuto que colorado toda la vida, Santiago me respondió sin rodeos que venía de estar con Aydee Santamaría. Estocada directa a mi corazón. Con esa respuesta no necesitaba echar mano de bombas ni granadas ni cuchillos ni proyectiles, tampoco tendría que entrar en detalle. Es como si hubiera optado por la vía de eliminación rápida y fulminante, a lo Terminator Serie 9, su película preferida de todos los tiempos. Santiago estaba armado hasta los dientes y todo lo que le llegara sería rechazado y pulverizado fríamente.

Ya lo había dicho y no había marcha atrás. Se sentía tranquilo de haber sido capaz de decirlo; ahora Sofía tendría dos opciones, o lo aceptaba a su lado como era, con sus amistades, con sus aventuras, con sus espacios tan propios, sin reprocharle nada o lo dejaba definitivamente en libertad para hacer su vida lejos de ella y de sus preguntas y reclamos.

No puedo describir lo que sentí, pero sí sé que mi pesadilla de hacía unos minutos había sido mucho más dulce, era más agradable sentirme asfixiada por un gato negro y gris aprisionando mi pecho sin compasión que este bombardeo a mansalva y sin protección alguna. ¿Podía despertarme de esta nueva pesadilla? ¿Otra vez lo mismo? Fue lo único que atiné a decir, más como reflexión personal que como pregunta, recordando rápidamente que si vivimos nuevamente la misma circunstancia es porque no hemos aprendido de lo vivido, no hemos hecho de nuestra vivencia una experiencia, no hemos avanzado nada en el aprendizaje. Todo eso quise decirle a Santiago con esa lapidaria pregunta de ¿Otra vez lo mismo?, sinónimo perfecto de ¿Volvemos a lo mismo? Era decirle brevemente, ¿acaso no se había superado?, ¿No habíamos dejado eso atrás? ¿No habíamos aprendido y apostado a una construcción diferente? Pero un "Cállese, no quiero escucharla más", fue la única respuesta grotesca y fuera de todo guion que recibí del Fantasma de Medianoche. Con ese broche de lata oxidada, contaminada de virus altamente destructivos que asesinan de manera inclemente cualquier intención de comunicación civilizada se cerró lo que pudo haber sido la conversación más enriquecedora, la puerta de entrada a un nivel superior, juntos o separados, pero de una manera digna, amable por lo menos. Por el contrario, con un dantesco y horripilante "cállese", sazonado con un déspota usted que mata al tú cercano, se cerraron todas las puertas y ventanas a la más mínima reflexión. Un "cállese" en el silencio de la media noche rayando con el amanecer espanta cualquier intención amable, aleja definitivamente la sumisión, erige muros impasables, baja cortinas, apaga luces, deshace toda ilusión, empobrece hasta al más valeroso de los espíritus y entierra sin honores el mejor de los intentos de construir una historia de amor por encima de la mentira, del engaño y de todos los valores que para mí no podían ser negociados, entre ellos el respeto por el otro y la dignidad propia, así como el derecho a expresarse sin usar saetas hirientes que cortan la respiración y la vida misma. Un "cállese" no sólo corta cualquier diálogo, sino que deja al descubierto la más rampante incapacidad de comunicarse de quien lo dice.

Había una sola verdad y ésa había quedado al descubierto en esa noche cargada de la agresión más pura y deplorable. Noche de muerte y de pánico, noche desgarradora del alma, noche de fiesta para los espíritus de las tinieblas que se alimentan del llanto y la desolación, de la destrucción y la separación, de la deslealtad y la humillación sin límites porque ¡hasta las cucarachas salieron a buscar escondite!

Tuve fuerzas para levantarme. Fui hasta la cocina, tomé agua para deshacer un poco el nudo en mi garganta, ni siquiera encendí la luz porque con seguridad no iluminaría la oscuridad que estaba por todas partes. Vi la cena que había preparado para Santiago pero que él ni siquiera miró. ¡No más! No estaría allí para atenderlo, él no merecía nada mío. Boté el vaso con leche al piso, pecado mortal en medio del hambre de tantos niños, el bocadillo que no podía faltarle a Santiago también salió a volar para evitar ser pisoteado, los platos especialmente servidos se rebelaron y tomaron vida propia haciendo el mayor estallido. Seguramente esos sonidos no estaban en el programa de sintetizador digital, se los podía quedar, grabarlos, repetirlos una y otra vez hasta inmortalizarlos. La lucha en ese momento era contra mí, única responsable de tanta sumisión y abusos en nombre del amor. No aguantaba más, no refrenaría nada más. Tampoco yo era feliz ni estaba dispuesta a dar más, ya lo había dado todo. Estaba agotada de querer darle un nivel digno a esta relación, inclusive a la separación, pero definitivamente era muy cierto aquello de que las cosas se emparejan por lo bajo, peor aún por lo más bajo. No había más lágrimas, no había más fuerzas.

Con el último plato se me fue toda buena intención, con el último grito reprimido toda esperanza.

Santiago saltó de la cama, ahora sí sabría quién era y con quién se había metido la insoportable Sofía Valor. Podía soportarle sus lágrimas y sus reclamos, pero no que quisiera pasar sobre él. Eso era el límite.

Yo estaba agachada, recogiendo lo que yo misma acababa de hacer. En silencio, sin querer pensar en nada porque el dolor inexplicable era mayor que cualquier pensamiento. En medio de la penumbra una sombra gigantesca me levantó arrastrándome sin misericordia por el piso frio, dejando mi ropa hecha pedazos en el recorrido, trapero improvisado que no podía suavizar el golpe. Logré agarrarme de la puerta del baño y meterme ahí. Aquello no había sido una pesadilla. Mi pijama de seda mojada en leche no me protegía del frio. Me bañé y no tuve cómo sacar ropa limpia de la habitación en donde Santiago se había encerrado con llave. Me puse la bata de baño encima y me metí al estudio donde amanecí al más opaco de todos los días de mi vida.

Santiago no partió esa noche, pero desde ese momento se marchó de mi vida porque por primera vez eché cerrojos por dentro y por fuera de mi corazón. Tampoco él dio la más mínima muestra de arrepentimiento, por el contrario, construyó un fuerte en torno a él con las lanzas encendidas y listas a ser disparadas al menor movimiento. Una cosa tenía muy clara, ninguna mujer podría imponerse sobre él, ni levantarle la voz ni decidir por él, mucho menos presionarlo de ninguna manera. No había nacido todavía quien le dijera lo que debía o no hacer con su vida. Se reinstaló en el cuarto contiguo, en el que normalmente se quedaban las visitas porque ahora él era una visita posiblemente non grata. Noche tras noche rumió su rabia y su odio, el plan estaba listo y pronto se marcharía para no volver nunca más, con seguridad podía afirmar que su ausencia sería definitiva y la ausencia de Sofía Valor en su vida ya era un hecho; no le volvería a permitir la entrada, no le dejaría la más mínima posibilidad de volver a colarse en su existencia, para él ya había muerto y era hombre firme en sus decisiones, si antes había vuelto era porque necesitaba llenarse de más razones que le permitieran mostrarle al mundo, especialmente a su familia, que lo había intentado todo pero que no había sido posible porque Sofía no era ni de lejos la mujer que él necesitaba para ser feliz. Ahora sí había tomado una decisión radical, seguro de haber hecho su mejor intento del cual se arrepentía. Aydee no le daba más espera y ya le había prometido que no aplazaría más su decisión. Ese había sido el plan desde el principio, volver con Sofía 2 ó 3 meses para mostrarle a su familia que no se había podido restaurar esa relación, el mismo plan que utilizó con Eudine para quedarse con Sofía, sabía que funcionaba sólo que en esta ocasión no había sido tan sencillo y ya había transcurrido más de un año, no podía arriesgarse a que siguiera pasando más tiempo y que su firmeza se debilitara. Una sola cosa le faltaba y era tal vez la más difícil, convencer a Victoria Acero de que separarse de Sofía Valor era la mejor decisión. Su madre no era mujer que se anduviera por las ramas y lo que tuviera que decirle se lo diría. Quince años atrás se había opuesto a su relación con Sofía a causa de Eudine y gran esfuerzo le había costado hacerle entender que su amor por Sofía estaba por encima de todo, hasta que logró que la aceptaran y la quisieran como un miembro de la familia. Hacía un año que su madre también le había manifestado su desacuerdo en que se separara de Sofía y le desaprobó cualquier relación con Aydee, recomendándole una separación temporal, de reflexión, aconsejándole igualmente que no fuera a sacar un apartamento de soltero porque una vez instalado en un espacio propio difícilmente volvería a su hogar. Cuánta razón tuvo su madre porque si algo lo había ayudado a regresar a su hogar con Sofía y sus hijas había sido esa incomodidad de vivir en un cuarto de hotel, así fuera disfrutando su libertad. ¿Qué podría decirle ahora? Si ella misma le había advertido que esos amores que hacen ver estrellas son los que terminaban estrellados. Así se sentía, estrellado y viendo todo negro. Para Victoria Acero de Torres era más importante la palabra dada, más aún si provenía de un Torres; el compromiso, la valía y el honor debían prevalecer. Ni siquiera podía pensar en convencer a su padre porque él era más radical e inaccesible. Confiaba en que su madre, por lo mucho que lo amaba, terminaría como siempre cediendo a sus caprichos.

Vestido de toda la persuasión posible la tomó del brazo y salió a caminar con ella, bordeando el camino de rosas que tanto les encantaba. Le dijo lo hermosa que estaba y cuánto la extrañaba. Con ella podía ser todo lo tierno que siempre le gustaría ser porque era la única mujer en la que podía confiar plenamente. Tranquilamente, calculando el momento y las palabras comenzó a hablar de los temas que a ella le apasionaban, sin descuidar ningún detalle. Una vez más la fuerte y vehemente Doña Victoria Acero cayó rendida a los pies de su hijo consentido. Con solo mirarle los ojos se podía ver su amor de madre derretido como fuente de chocolate. Lo miraba y le parecía ver a su hijito corriendo por la casa, gritando para hacerse escuchar, esquivándola para no dejarse pegar, escondiéndose si era necesario o esperándola cuando regresaba del trabajo para sentarse en sus piernas y acariciarle el cabello, darle algún detalle hecho con sus propias manos o cantarle una canción compuesta por él. Todo eso pasó por la mente de Victoria mientras Santiago le abría su corazón para contarle las mentiras y las verdades que en él guardaba, en especial la mentira construida por él contra todo lo que significaba Sofía Valor. Ella lo conocía mejor que nadie, lo había amado como a ninguno de sus otros hijos porque desde que nació se quedó prendada de él, de sus ojos vivaces que no dejaban de mirarla, de su sonrisa inocente, de sus manitos iguales a las de su padre. Desde que lo tuvo entre sus brazos supo que por él caerían rendidas de amor las mujeres y ella sería la primera. No había nada que él quisiera que ella no estuviera dispuesta a darle y aun esforzándose en ser una madre responsable siempre terminaba por ceder ante los deseos de su Pinocho Zapata, si no la gana la empata, como le decían siempre en broma. Muy lejos estaba Victoria Acero de saber que estaba cayendo en la red de manipulación y mentiras perfectas de Santiago y que en su amor desmedido por él se acababa de hacer cómplice de una de las matanzas más crueles y despiadadas que se pudieran haber hecho porque al apoyarlo dictó sentencia de muerte a todo un proyecto de familia y de vida, "te apoyo, tienes toda la razón en lo que estás haciendo, Sofía se lo buscó, se lo merece, finalmente no es la primera ni la última familia que se separa". No se detuvo a pensar en lo que significaba su consentimiento sin contemplación alguna contra una mujer que durante quince años había sido tan cercana a ella y la madre de sus nietas. Una nuera de la que no tenía queja alguna, con la que nunca tuvo ninguna diferencia porque Sofía la amaba sin saber que esa mujer a la que quería como a una madre también le clavaría el puñal de la traición, empujando de paso a su hijo hacia el camino de la perdición. Ella no podía saber, ni siquiera imaginar, que la historia contada por Santiago había sido armada con sumo cuidado, ocultando la verdad de sus motivaciones. Tampoco podía saber que todo el odio y resentimiento que se dedicó a compartirle a todos los que antes habían querido a Sofía, era su estrategia de protección para que ninguno supiera lo que realmente los había separado. Ese era su secreto y aparte de Sofía, a quien fácilmente neutralizaría, nadie más lo podría saber porque para su madre, su padre, sus hermanos, y todos los que le querían, si él lo decía, así debía ser y no había necesidad de indagar más. Santiago Torres Acero se levantó con el triunfo en sus manos: la aprobación contundente de Doña Victoria para su separación definitiva de Sofía Valor y de sus hijas. Había llegado a temer que sería imposible convencerla, pero también tenía la certeza que el amor de su madre estaría por encima de todo, que ella no le fallaría porque era la única mujer que jamás en la vida le había fallado. Con esa tranquilidad en sus manos pudo regresar a su casa, la vía estaba libre; ya tenía el respaldo más importante y la bendición siempre perfecta de su madre estaba sobre él. Le quedaba pendiente su padre, pero esa tarea hábilmente se la encargó a Victoria Acero. No quería exponerse a un nuevo no de Don Severo Torres, quien había sentado su posición. No apoyaba semejante abuso, no había nada que justificara que su hijo dejara a Sofía y a sus dos niñas por correr tras una mujer que no había tenido nada que ver en lo que había logrado construir todos esos años. Una aparecida en medio de la nada. Un hombre de verdad no abandona el barco, un hombre de verdad renuncia a todo con tal de mantener su familia y hace todo lo que tenga que hacer por ella. La indignación le subió el tono de la voz, le arrugó la frente y le borró toda sonrisa. Era inadmisible que un hijo suyo no tuviera eso claro, pero a su casa y a su familia no entraría otra mujer diferente a Sofía Valor. ¡Última palabra!

Los años no ayudaron a Don Severo a sostener su ultimátum. Algo mucho más fuerte que las balas y las esquirlas de granada consumían día a día su salud. Su voz se fue apagando, su corazón ya no resistía tantos embates. El dolor que le causó Santiago fue más fuerte que un disparo, pero lo más fuerte fue la decisión manipuladora de su hijo de no visitarlo más hasta que le aceptara su relación con Aydee Santamaría Flores. Severo Torres Sinfín ya no se sentía con fuerzas para pelear. Condecorado como héroe de guerra ahora sentía que estaba perdiendo esta batalla con su propio hijo. Le dolía no verlo, le dolía que pasaran los días y los meses sin que Santiago fuera a visitarlo. Los achaques se acentuaron y el tubo de oxígeno, sin ser su amigo ni su confidente se instaló para siempre en su habitación, reemplazando sus cabalgatas y caminatas por un radio inseparable que lo mantenía conectado al mundo del que a la vez quería huir. Todo lo que le gustaba le iba siendo quitado, como su café cerrero sin azúcar con el que despertaba cada mañana antes de ponerse su sombrero. Las palabras comenzaron a escasearle, escondiéndose en algún lugar de la memoria adonde no lograba entrar. Se esforzaba en organizar frases completas y con sentido para luego terminar postrado en el silencio ante la imposibilidad de hablar como quería porque las fuerzas se le iban en perseguir cada palabra, cada letra, cada significado. Cada semana bajaba desde su hacienda hasta la gran ciudad a que los médicos le dijeran qué hacer, que no hacer y a sufrir las terapias que pretendían devolverle su lenguaje y vocabulario de hombre culto; a él que había dedicado su vida a cultivar letras y cosechar palabras, a aprender de memoria la historia de su país al que tanto amaba pero que ahora no recordaba con precisión cómo construir una oración completa sin equivocarse, aquello era más que humillante. Sus tardes transcurrían pegando fotos de todas las personas conocidas y cercanas, animales y frutas para luego repetirlas al lado de su esposa de toda la vida, de la mujer por la que había entregado todo. Nada parecía hacerlo feliz, nada le devolvía las ganas de vivir. La tristeza era cada vez más evidente en los surcos de su frente y en su mirada perdida en el horizonte.

Fui a visitarlo a su refugio, a la casa construida durante años y que guardaba nuestra historia, la de Santiago, la de sus padres y abuelos; una casa con muchas memorias donde vivía Don Severo Torres Sinfín como huyéndole a una civilización que lo atropellaba, negado a hacer frente a los ataques de la tecnología que quería avasallarlo como un enemigo en el frente de batalla. Se alegró como pocas veces de recibirme con sus nietas. Las amaba, era hombre poco expresivo y nunca me había dicho que me quería, pero ese día sí tuvo las palabras adecuadas y la estructuración correcta de sus frases para decirme que lamentaba profundamente lo que Santiago estaba haciendo y que así no alcanzara a vivir para verlo, estaba seguro que su hijo lo lamentaría toda la vida. Volvió a darme su ejemplo del carruaje y de los caballos. Si uno de los caballos se suelta y se va para otro lado el carruaje se despedaza. Había que correr con los caballos al mismo ritmo y en la misma dirección. Efectivamente, eso era lo que había sucedido y al igual que varios años atrás, no pude evitar pensar por qué Don Severo no le enseñó a Santiago a no abandonar el carruaje que terminó despedazado y cada caballo por una senda diferente.

Estaba equivocada, sí se lo enseñó, no sólo de palabra sino con el ejemplo porque don Severo Torres nunca abandonó su caballo ni soltó el carruaje de su familia a pesar que tuvo más de un motivo para hacerlo tanto como un secreto muy grande que le taladraba todos los días su corazón debilitado por el peso de su silencio y de su inquebrantable compromiso con Victoria Acero de Torres porque para él era fundamental no soltar el carruaje, le llegara el agua hasta donde le llegara.

La suerte estaba echada. Se marcharía pronto y muy lejos, cerrando para siempre ese capítulo de su vida. Si algo le quedaba de amor en esos días expiró, si algún recuerdo grato le quedaba de Sofía Valor lo exterminaría ya, pólvora y dinamita pura echaría sobre ella. Era lo peor que le había sucedido en su vida y si en sus manos tuviera la fórmula, devolvería el tiempo y no se alejaría nunca de Eudine Parra o tal vez sí pero no la cambiaría por Sofía Valor quien lo único que hizo fue destruirle su vida y robarle quince preciosos años de su existencia. No le agradecía nada, no le guardaba aprecio, mucho menos amor; no quería volver a verla, sólo deseaba borrarla de su vida y no llegar a necesitarla nunca más, ni a desearla ninguna noche del resto de su vida. Se quitaría su piel de su piel, aunque eso implicara arrancarse cada poro, desprendería su cuerpo de su cuerpo, posiblemente le costaría un esfuerzo adicional, pero lo lograría porque estaba decidido que Sofía no sería más parte de él. La odiaba tanto como algún día la amó, la despreciaba más de lo que nunca antes hubiera despreciado a nadie. No entendía como hizo tantas locuras por ella, como arriesgó su vida, sus sueños, su libertad, sus anhelos más profundos; se odiaba a sí mismo por haberla amado a ese punto pero ahora pensaba que nunca la había amado, ella había sido sólo un espejismo que arrastró por quince años, una intrusa que irrumpió obligándolo extrañamente a permanecer con ella, le había faltado el arrojo para dejarla tiempo atrás, le había faltado decisión y valentía pero gracias a ese viaje que le mantuvo alejado de ella pudo poner en orden sus prioridades hasta dar el paso crucial que le había prometido a Aydee quien sí lo entendía por completo. De todas maneras, no podría irse de una vez con su amante bandida porque entonces todo lo que le había dicho a su madre se quedaría sin piso;

170

tendría que esperar un poco antes de sacarlo a la luz. Para todos y para él mismo Sofía era la peor mujer del mundo entero porque no lo comprendió, no lo aceptó como era, negándole su derecho a ser feliz. Quiso cambiarlo, controlarlo, dominarlo, hacerlo a su manera. Era la peor mujer que un hombre como él hubiera podido conseguir. Él necesitaba alguien que no le reclamara nada, que lo aceptara sin exigencias de fidelidad, que entendiera que él era un hombre libre de cualquier compromiso y atadura. Sofía se le había convertido en una atadura desagradable, una repetición interminable, un grillete que sonaba cada vez que él se movía, prisionero no sería de nadie. Sabía que la olvidaría, que la sacaría rápidamente de sus pensamientos. Si algún recuerdo bonito insistiera en permanecer en su memoria lo reemplazaría por todos sus defectos que a sus ojos eran tantos porque era una mujer sin fuerza y sin brillo, sin más ambiciones que envejecer a su lado. Había dejado de ser interesante para él, además ya no era tan joven como sí lo era Aydee y él tenía derecho a compartir su vida con mujeres más jóvenes que quisieran disfrutar todo intensamente.

Si, tenía motivos de sobra para olvidarse de Sofía Valor y eso había comenzado a hacer desde mucho antes por eso ya no le compartía sus planes, sino que callaba cuando ella hablaba de proyectos comunes o de familia, evitando todo lo que se refiriera a ellos como pareja, obviando hablar en tiempo futuro delante de ella. Le dolía por sus hijas, pero no sería el primer papá que viviera lejos de sus hijos y a ellas las podría ver todas las veces que quisiera. Ni siquiera ellas le podían dar el sustento necesario para quedarse, ni por ellas haría semejante sacrificio. Como le decía su madre, no serían las primeras ni las últimas niñas en crecer sin su padre al lado y eso no era nada grave, si lo fuera cuántos niños habrían muerto o se habrían perturbado, no, la sociedad estaba llena de niños y niñas producto de padres separados, él no se había inventado esta modalidad, ya existía y simplemente se acogía a ella, como acogerse a ser extraditado de su patria pero la suya fue una extradición libre y voluntaria, efecto de sus búsquedas y vacíos de un no sé qué inexplicable que no alcanzaba a encontrar en el seno de ese hogar que para él hacía mucho tiempo había dejado de ser el suyo. No abandonaba a su esposa, sencillamente se iba de su lado porque para él ya no era su esposa, nunca lo fue. Era una decisión unilateral y permitida en la que nadie más tenía ninguna injerencia. Le había dado una última oportunidad de retenerlo a su lado, de acomodarse a lo que él era y ella sencillamente la había desperdiciado. Si hubiera sido más sagaz habría entendido que lo podría tener para siempre junto a ella como era su sueño, pero no, su inteligencia no le dio para entender que él estaba dispuesto a seguir con ella, pero bajo un esquema diferente que les renovara su relación anticuada de uno a uno.

Cual cóncavo y convexo se habían amalgamado al punto de que quien ofende es el ofendido y quien recibe es el agresor. Sin embargo, una situación muy distinta a esta prueba extrema de convivencia de dos seres que se atraen y se repelen, que se alejan y se acercan, se aman y se dañan en un compás inevitable y elaborado de dolor y muerte, de olvido y pasión, de amor y odio es la ausencia. Una cosa había sido el abandono de irse tantos meses o del que se va una noche sin dar una explicación, del que prefiere la compañía de otros a la de su familia, del que no comparte y no construye, o el abandono de quien sólo piensa en su placer y sus búsquedas necias a costa del dolor de los demás; a todos esos abandonos de alguna manera se habían acostumbrado pero la ausencia presencia o la presencia ausencia impuesta en esta nueva etapa por Santiago era totalmente inesperada, agresiva, desmedida e irracional.

Desde la noche de su descarada declaración con la que había pretendido que yo aceptara y validara su infidelidad, Santiago Torres Acero no había vuelto a acercarse a mí de ninguna manera, ni siquiera un saludo habíamos cruzado. Éramos dos enemigos viviendo bajo el mismo techo. Yo me encerraba en mi habitación desde temprano para evitar mayores problemas, esperando que el hombre que durante quince años había dormido a mi lado decidiera dejar el campo de batalla libre. Debía irse, pero yo no sabía cuándo. Lo que sí sabía es que no quería volver a tenerlo a mi lado porque su descaro y abusos habían transgredido todo límite. ¿Cómo podía pretender que yo lo siguiera amando si él mismo se había encargado de acabar con todo?

En la habitación contigua, con la soledad de la noche hablándole sin piedad, Santiago sentía su cuerpo quemarse de deseos por Sofía, pero su disgusto era y debía ser mayor. Esa era la prueba que debía superar, el último peldaño que debía pasar. Él había sido sincero, le había dicho la verdad, ¿qué confianza podía tener en ella que no aceptaba sus amistades, que no respetaba sus espacios? ¿Cómo podían ser las mujeres tan absorbentes, tan miopes? ¿Cómo podía pretender Sofía que su vida girara solamente en torno a ella? Definitivamente estaba loca, por eso se había separado de ella hacía más de un año y por eso se iría nuevamente. No le estaba faltando, se lo había advertido y ella no había hecho caso. Ya ni siquiera sabía a ciencia cierta por qué había regresado, tal vez a buscar más motivos que justificaran su partida definitiva. Su único compromiso era con él mismo.

La realidad es que éramos dos extraños huraños e incómodos viviendo bajo un mismo techo con paredes que día a día recibían una capa de pintura en los tonos de moda, desamor intenso y amargura otoñal, combinados con cenefas de silencios invernales. Sabía de parejas que habían podido vivir años y años juntos pero separados y conocí de cerca el caso de una mujer que fue relegada por su esposo a vivir en la misma casa, pero debajo de la escalera, donde no pudiera molestar a nadie, hasta que muchos años después de semejante humillación el hombre recapacitó, volviendo su mirada a su fiel esposa. Lo más extraño de esa historia es que esa mujer se prestó a vivir en esas condiciones. ¿Podía el amor hacer que un ser humano llegara a semejante condición infrahumana? Eso no era amor sino falta total de amor propio. También conocimos una familia donde los esposos no se hablaban hacía muchos años y aun así seguían viviendo bajo el mismo techo porque ese era el lugar que cada uno reclamaba como suyo. Tal vez Santiago pensara que nosotros podíamos ser una pareja más que viviera en esas circunstancias, eso le evitaría dar explicaciones de sus actos y le evitaría tener que irse nuevamente. Inclusive podíamos seguir siendo amantes exentos de toda explicación y compromiso, esa sería una relación ideal bajo los estándares de él, tan ideal que me lo propuso abiertamente, a sabiendas de que yo ni siquiera consideraría esa posibilidad porque eso sería llegar al nivel más bajo posible.

En el fondo y muy a su pesar Santiago sabía que irse era cerrar toda puerta y toda posibilidad de un acercamiento con Sofía. Pensándolo mejor él era capaz de acostumbrarse a vivir así, total las noches eran para dormir o para salir a divertirse. Esa también era su casa, no tenía por qué salir corriendo. Se iría sí, pero cuando fuera su voluntad y cuando hubiera fastidiado lo suficiente a Sofía como para que no hiciera intento alguno por retenerlo. Se iría a vivir su vida y a recuperar el tiempo perdido porque ante todo él seguía siendo un hombre divertido y eso no se lo quitaría nadie....

Por mi parte no me quedaba la menor duda de que todos mis esfuerzos habían sido vanos y que intentar retener a Santiago sería renunciar a lo último que me quedaba de dignidad y de amor propio. Ya estaba cansada del juego nefasto de aceptar como míos los errores de Santiago, de bajar mi cabeza aún con la humillación atravesada entre pecho y espalda, estaba cansada de no hablar, de no preguntar, de no poder expresar lo que sentía, de no poder avanzar en mis propios proyectos por evitar conflictos con él, no porque no los tuviera, sino que eran tan diferentes a los de él que emprenderlos nos separaba más. Era innegable que Santiago me estaba presionando para que aceptara como normal su forma de vida, para que yo le dijera que no había problema en que saliera con Aydee o con la que fuera. Por fin fui consciente de la manipulación de Santiago, por eso, después de todo el largo viacrucis que había vivido en el último año, pude renunciar a todo futuro con él, soltar las amarras de mi amor y comprobar como siempre se lo había dicho, que el día que yo renunciara a llevar el peso de nuestra relación todo se derrumbaría cual castillo de naipes. Ya no iba más, no le apostaba más, la ausencia de Santiago no sería para mi dolor ni humillación ni vergüenza. Aprendí a no esperar. Me esforcé en creer que el hombre que había sido mi compañero de vida ya no vivía allí, sino que iba cada día a visitar a sus hijas y en ese ejercicio permanente no volví a mirar hacia la habitación contigua para convencerme que nadie la habitaba.

Desconocía hasta cuándo podría sobrevivir en esas circunstancias, pero tenía la tranquilidad o el consuelo de saber que no era yo la que había fallado ni la que había desistido. Mi amor no había estado sujeto a los vaivenes ni a las circunstancias. El miedo ya no me dominaba ni el temor a que mis hijas crecieran sin su padre al lado, aunque sufría de pensar que ellas siguieran atadas a esta tradición nefasta de familias desvertebradas y desperdiciadas en odios y amarguras. Para mi salud emocional las ausencias de Santiago me enseñaron que el amor no es el miedo a perder el amor; también entendí la afirmación conocida de que lo contrario del amor no es el odio sino el miedo por eso estaba renunciando conscientemente a todo sentimiento destructivo y a todo temor. La ausencia es más de lo que una persona que ama puede soportar, es peor que cualquier abuso porque es la suma ampliada de los abusos, pero es también la puerta a la esperanza de poder vivir sin temor y alcanzar los mejores resultados, así estos no sean los que un día soñamos.

Las niñas no alcanzaban a entender la magnitud de esta separación, les parecía que era un simple capricho del papito tener sus cosas aparte, el televisor más grande exclusivamente para él y una vida aislada dentro de la misma casa. Se acostumbraron a levantarse y entrar a la habitación del papá, jugar con él antes de salir al colegio y estar un rato conmigo. Por las noches se acostaban y el papá algunas veces llegaba otras no, entre tanto pasaban y pasaban los días y sus noches. Lo más difícil eran los fines de semana. Las niñas debían dividirse para estar un día con Santiago y otro conmigo. Así las cosas, el proyecto de hogar que por segunda vez habíamos soñado volvía a naufragar, esta vez con toda la marea y viento en contra. Sin ningún aliciente que nos dignificara un poco el fracaso, ningún acuerdo, ninguna comunicación. Las cosas se estaban haciendo nuevamente a la manera de Santiago Torres Acero quien esta vez, preso en su mismo juego de ser y no ser, había logrado imponer un silencio que pesaba más que nuestros quince largos años de convivencia, convirtiéndose en un lastre excesivo para todos.

¿Qué debía yo aprender de esta experiencia tan dura? Entre otras cosas que había juzgado injustamente a mi madre por haber abandonado a mi papá. Siempre había visto más el lado del padre solo, triste y amargado sin entender que mi mamá había soportado mucho más de lo que una mujer puede soportar porque Vicente Valor fue un hombre injusto con ella, celoso y agresivo, no la trató como se debe tratar a una dama, seguramente porque a su vez él tampoco sabía demostrar afecto y cada quien da de lo que tiene. Cadenas de desamor que se van transfiriendo de una familia a otra, de una generación a otra, reproduciendo en sus relaciones un esquema no adecuado de amor.

Esmeralda Amórtegui también tenía su historia, una que nunca le ha contado a nadie y que lleva guardada en su alma, bombeando sus arterias en algunos amaneceres de su vida otoñal con ráfagas de recuerdos y de deseos frustrados. Ella también supo lo que fue ser abandonada de muy niña, no sólo por ser producto de la mentira, de la infidelidad y del abuso, sino porque los intereses de tantas personas predominaron sobre los derechos de una niña y por eso fue apartada, relegada, sometida a trabajar desde muy pequeña. Esmeralda ha sabido lo que es trabajar, lo que es madrugar, lo que es pensar cada día en cómo ponerle la trampa al peso; supo de joven lo que era acostarse sin comer, ser empleada doméstica, mesera, enfermera, chofer, cocinera, operaria, modista, ¿Qué podía una persona haber hecho que Esmeralda no lo hubiera vivido en carne propia? Y ella, al igual que yo un día soñó con tener un hogar, unos hijos, dedicarse a cuidarlos, atender su casa, sembrar rosas, tener gallinas ponedoras, recoger margaritas y maíz dorado. Ella también soñó con vivir siempre en su casa rodeada de flores, de árboles frutales, de animales por doquier con perros y patos repitiendo su nombre todo el día pero un hombre que no la supo valorar, que no la supo tratar ni ver en ella su belleza infinita, le truncó sus ilusiones y la dejó marcada de por vida con el sabor amargo de la frustración, al punto que sus hijos tuvieron que crecer lejos de ella, sin un padre ni una madre al lado, mientras ella pensaba en seguir trabajando para reunir dinero y volver a encontrarse con ellos pero los años pasaron veloces de manera inclemente y el dinero suficiente nunca le llegó sino para sobrevivir y en ese esperar un sueño irrealizable o un golpe de suerte novelesco, los hijos crecieron sin saber realmente lo que vivía en la mente, el alma y el corazón de Esmeralda, marcando a algunos con la misma huella de no ser capaces de demostrar amor ni afecto natural.

Los días pasaron lentos y grises, negados a recibir el sol de la esperanza. Santiago no daba señales de arrepentimiento, por el contrario, parecía muy cómodo en su recién adquirida posición de hombre libre que vive en su casa sin tener que dar explicaciones ni tampoco pedirlas. La soberbia y la ausencia total fueron su estandarte de guerra. El dolor me seguía lacerando, pero mi voluntad de no hacer nada diferente a esperar fue mayor. Por eso cuando Santiago llegó a las cuatro de la tarde de ese lunes aciago a decirme escuetamente que se marchaba definitivamente, ni una lágrima se asomó a las ventanas de mi rostro, ni una palabra pronuncié, ni un reclamo proclamé. La sentencia, aunque injusta estaba dictada y la apelación no era una vía de salvación. La justicia no estaba en mis manos y mucho menos el castigo. La única decisión válida para mí y para mi sanidad interior era la de perdonar, unida a la certeza de que nadie más trasegaría sobre mí, ni siquiera el mismo Santiago Torres Acero. Tuve la fortaleza de poder ver a este hombre que hasta ese momento había sido mi marido, por tantos años amado y anhelado, guardar una a una sus pertenencias. Tenía el cabello menos abundante, menos brillante, los ojos tristes y esquivos, como apagados a fuerza de cerrarlos, la espalda un tanto encorvada y sus facciones endurecidas. Su piel estaba quemada por el sol que le penetró hasta el alma, endureciéndola, en su último viaje a la isla de las Meduzas. Hasta sus ojos se habían oscurecido, tal vez por la falta de visión. Mientras empacaba, su maleta parecía un monstruo que se crecía dándole campo a las furias contenidas que embutía a la fuerza. En cada movimiento que hacía iba trazando una gruesa línea de abandono y desencanto, de reproches inmerecidos, de odios innecesarios, de resentimientos absurdos, de silencios asesinos. Lo que guardaba no parecía ropa sino todo un armamento de autodestrucción que se resistía a caber en cada maleta. No hubo un adiós, pero tampoco fue la huida de la partida anterior. Lo observé sin decir palabra, perpleja ante mi propia inercia, aletargada por la incredulidad de unos ojos que ven sin ver, de un corazón que se paraliza para no sentir. Esa tarde mientras el reloj marcaba las 4 vi desfilar ante mis ojos las pertenencias de lo que habíamos reunido durante esos quince años de convivencia. No hubo un abrazo, ni una palabra de gratitud, ni un hasta luego, ni un hasta pronto o hasta nunca sino un portazo sublime que selló con desprecio la misma puerta por la que un día entramos abrazados a morar en nuestro nido de amor construido contra sismos y terremotos, pero no contra los dardos del desamor.

Santiago salió y tras él se fue agazapada la última esperanza, los muchos deseos, los miles de abrazos y besos no entregados. Santiago salió y en sus grandes maletas negras empacó todas sus promesas, sus firmas imborrables, sus pactos sagrados, sus palabras de valía y de honor de que un Torres Acero nunca falla. Se llevó todo lo que se podía ver y lo que no se podía ver, pero algo no le cupo en su equipaje, el inmenso amor que le tuve. A pesar de esa cruel separación estaba segura que siempre seguiría siendo el hombre al que le entregué mi vida y el padre irreemplazable de mis hijas. En sus maletas de cuero duro se llevó sin saberlo o sabiéndolo todas mis ilusiones y el derecho de Isabella y de Sara a tener el hogar que juntos habíamos prometido darles.

Nuevamente sola me senté en la misma sala donde hacía menos de un año había corrido el río de mi padecimiento. Viéndolo correr en mi memoria no tuve necesidad de volverlo a invocar porque la certeza de experiencia asumida resultó más fuerte que cualquier abandono. Yo, Sofía Valor Amórtegui, cerré mis ojos y pude ver claramente que aun habiendo muerto de desamor, un milagro de amor me salvaría. Lo mejor estaba por venir. Era cuestión de resistir, de esperarlo todo sin esperar nada. ¡La prueba para mi apenas comenzaba!

EL RETORNO

*"El tiempo transcurre inexorablemente
y es una prueba que pocos
sentimientos logran superar."*

Sofía

Cerré la maleta, no sin antes empacar mi abanico de ilusiones junto a mi agenda de retorno. Por primera vez en quince años viajaría a Cayena con mis hijas y sin Santiago. No tenía ni idea de lo que se estaría usando en la capital de la moda, pero tampoco me preocupó, a fin de cuentas no iba en viaje de placer y de una cosa estaba segura, pasaría desapercibida entre la multitud para la cual mi rostro ya no sería familiar. El tiempo puede transformar a las personas, cambiar corazones, pensamientos y actitudes. Así que no sabía qué me iba a encontrar.

El tiempo transcurre inexorablemente y es una prueba que pocos sentimientos logran superar. Felipe Leal, el mismo que un día quiso ser mi compañero inseparable de vida, llegó escoltado por el sol radiante de nuestra tierra. Fue a recogerme acompañado de su espléndida sonrisa, la que tenía para un momento especial, sabiendo que ese momento había llegado. Busqué en mi memoria el rostro que tenía unos veinte años atrás, queriendo retroceder el tiempo y ser la misma que había salido detrás de mis sueños en los que en ese entonces Felipe no tuvo cabida por su resistencia a moverse de su tierra y de sus costumbres. Había sido una relación tan perfecta, tan hermosa pero tan distante

179

de mis deseos de ese entonces cuando aún no estaba preparada para asumir un matrimonio, tal vez el miedo a fallar fue superior. La vida me había puesto todo en mis manos a través de Felipe y yo lo rechacé para luego sufrir lo innegable con Santiago.

Escuchando la narración de amor, desamor, frustraciones, esperanzas y logros de Felipe Leal fue evidente que, sin proponérmelo, yo había desencadenado gran parte de esa cadena de eventos. Se necesita vivir mucho y asumir nuestras experiencias sin juzgarlas para poder mirar hacia atrás con compasión que no es igual a lástima y con perdón hacia uno mismo y a los demás. Volver sobre el pasado sólo tiene sentido si puede enriquecer nuestro presente, si esa mirada a través de nuestros retrovisores personales nos permite sanar heridas y afirmarnos en el sentido superior de la existencia. Felipe me abrió su alma sin tapujos ni mentiras. Parecía tener todos sus pensamientos ordenados y con las anotaciones respectivas para que nuestro encuentro no le tomara desprevenido. Yo sabía que cuando un hombre le abre lo más íntimo de su ser a una mujer, se está entregando a ella de manera absoluta y él parecía consciente de ello, como si se hubiera preparado sagrada-mente para ese encuentro. Todo lo demás podía esperar, incluidas sus hijas, su trabajo, las llamadas a su celular, absolutamente todo podía esperar porque en ese momento lo más importante para él era Sofía Valor. Así me lo dijo, con su cara inocente de niño grande y su voz ahora más grave que antes.

Un jugo de mandarina helado nos ayudó a refrescar nuestros pensa-mientos y a humedecer las palabras. Felipe se sentía cansado, y algo aburrido en el sinsentido de sus días prácticamente iguales. No se había casado porque se involucró en una y otra relación que sin darse cuenta le enredaron la existencia al punto que ni sus compañeras ni él habían podido ser felices porque un proyecto de familia no puede construirse con más de dos e intentarlo es pasaporte seguro al caos, evidenciando que las triangulaciones no son un modelo de relación exitoso. El resultado había sido un fracaso colectivo lleno de resentimientos no superados. Por todo eso se había decidido por la opción de vivir solo, siguiendo el ejemplo de su padre que una vez separado no volvió a vivir con ninguna mujer, sino que mantuvo su libertad y su indepen-dencia, elección válida de quienes de alguna manera reconocen su incapacidad de convivir con otro o priorizan las ventajas de no tener que renunciar a nada por agradar a otra persona.

Felipe Leal hablaba sin cansarse, como queriendo recuperar el tiempo perdido. Por fin estaba comprendiendo que mi decisión había sido la mejor en el derecho que tenía a luchar por mis sueños, independientemente del resultado; no hacerlo me habría llenado de una frustración permanente y nadie podía asegurarme que con él hubiese sido feliz. Ahora él podía reconocer que yo tuve el coraje de apostarle a mi proyecto de vida, aun con aciertos y errores, pagando el precio, corriendo todos los riesgos que ni él mismo jamás corrió. No importaba qué tanto me hubiera cuestionado él, su familia y amigos por mis decisiones pasadas, lo importante es que en ese entonces fueron lo indicado porque cada persona elige lo mejor de acuerdo con su nivel de conciencia. Recordarlo ya no le dolía porque había superado el duelo que casi termina con su vida y que le llevó a peregrinar de un amor a otro, de una ciudad a otra, en una carrera desesperada de respuestas, de abandono de muchas cosas, de frustraciones. Búsquedas incomprensibles de las almas en momentos de confusión, de dolor, de apegos, pero generalmente necesarias como parte del proceso de desarrollo.

El rayo de una luna que hacía horas había hecho cambio de guardia con el sol, nos iluminó ayudándonos a decir lo que las palabras no podían expresar. En ese momento imaginé que nunca me había marchado de mi terruño. Cerré mis ojos con el deseo de abrirlos y encontrarme con una realidad más tranquila y agradable. Miré una y otra vez el rostro de Felipe Leal, descubriendo unas líneas suaves en su frente, una expresión un tanto taciturna que no le conocía, un cansancio reprimido que se instaló en él mientras yo me ausenté de su vida. El tiempo sí había pasado, aquello no era un sueño ni producto de mi imaginación. Qué difícil me resultaba aceptar que había dado una vuelta tan larga que finalmente me estaba llevando al mismo punto de partida. Innegablemente había ganado la experiencia que tanto buscaba, pero también había quedado cargada con toneladas de sufrimiento, dolor y frustraciones, todo lo que me hubiera ahorrado si hubiera optado por una vida tranquila y sin pretensiones en mi tierra, al lado del hombre que nunca lastimó mi corazón, sino que me trató como a la flor más delicada. Felipe Leal era la muestra de un amor capaz de sobrevivir a pesar del adiós, del tiempo, de la distancia, de los silencios, un amor que no necesitaba más que un instante y una gota de agua para volver a florecer.

En ese encuentro pude entender lo que Felipe Leal vivió al sentirse abandonado, ahora me había tocado a mí el turno inevitable de la ley de compensación que nunca falla. Era mi oportunidad de pedir perdón a quien había sido la víctima de muerte del amor. El lucero de la noche nos confirmó que la vuelta se había cerrado, que las heridas de antes habían sido sanadas con el toque maravilloso de un perdón que no se pide ni se exige, que sale del alma y se expande sin reservas como el aire. El perdón sincero se da y se recibe sin preguntas, sin condiciones; como respirar, como despertar cada día sin preguntarse la magia de cada amanecer. El ciclo había sido cerrado con la misma dignidad y altura con que se había iniciado. Podíamos seguir nuestros caminos sin necesidad de volver a mirar hacia atrás más que para agradecer por lo vivido.

Por primera vez mis niñas y yo no tuvimos las comodidades a las que estábamos acostumbradas, en su lugar nos recibió un mar siempre maravilloso que nos escuchó sin juzgarnos, acogiéndonos con su energía hasta contagiarnos de su vitalidad. El sol puso en nosotras un toque de color nuevo en nuestra piel y en nuestros pensamientos. Saboreamos como nunca los helados de corozo o la patilla recién partida. Comimos mojarra con arroz de coco y patacones comprados a la negra primorosa que había dejado de su sabor en cada bandeja. Descubrimos la alegría de compartir un raspao de muchos sabores, de tantos que finalmente no era de ninguno. Probamos los dulces de las palenqueras, más por el gusto de comprar algo típico que por el deseo de comerlos, esperando que cada alllegggrrríiiiaaaa nos llenara de esa sensación que tanto necesitábamos. Isabela y Sara no lograron encontrarle el mismo sabor que yo a esas bolas de alegría, pero por puro amor de hijas y esperando que las imágenes que yo veía con cada bocado también les llegaran, las probaron un par de veces. Complacencia inútil porque ese sabor no estaba registrado en sus mentes, no era parte de sus gustos y menos de sus nostalgias. Diferencias cronológicas y culturales más allá de las cuales coincidíamos en que eran las vacaciones más largas que habíamos tenido y eso nos llenaba de mucha gratitud. Aquel resultó ser un aprendizaje intensivo de cómo vivir sin Santiago. Para mis hijas también era un curso obligado y necesario de supervivencia, es decir, desarrollo temprano de la facultad de seguir viviendo aún en condiciones adversas y ¿qué más adverso que la separación de sus padres?

Fue el retorno lo que me permitió recorrer sin premuras mi ciudad, desnudar mi alma al viento, confesarle al sol, a las estrellas y a los amaneceres mis más íntimos pesares y deseos. Fue una oportunidad maravillosa para mirar más allá de una realidad que pretendía devorarme con la tortura de mi reciente separación, reconociéndome como una persona capaz de vivir sin la presencia de Santiago. Me dolía y mucho, pero era mi obligación aprender de todo eso mientras los días transcurrían en calma, compartiendo con mis pequeñas hijas que eran las mayores heroínas de mi historia. Les hablé de lo que había sido mi vida en Cayena, cuando aún no tenía el privilegio de conocerlas. Les compartí sobre mi infancia, sobre la separación temprana e irreconciliable de mis padres, para que ellas supieran que yo entendía más que nadie lo que ellas estaban viviendo. Les hablé de mis sueños de tener una familia para toda la vida. De mi amor de adolescente con Felipe Leal y los motivos que me llevaron a dejarlo sin que él hubiera fallado en nada, en esas búsquedas tan mías que me llevaron a Congruencia y a los brazos de Santiago Torres Acero. Mis hijas y yo disfrutamos ese tiempo con las cosas sencillas de la naturaleza. Caminábamos a la orilla del mar recogiendo caracolitos que se abrían y cerraban hasta enterrarse en la arena para seguir viviendo. Corrimos por la playa para liberarnos de todo recuerdo triste e imaginamos una vida nueva. Soñamos con comprar un apartamento a la orilla del mar, caminar descalzas cada día, nadar al anochecer para dejar en el agua el cansancio del día. Yo me imaginaba escribiendo mi historia adornada con los colores infinitos de la esperanza para llevar un mensaje a todas las mujeres que un día hubieran sentido morirse por un amor que las humilló enterrándolas en la angustia y acabando con su propia estima. Hicimos planes de tejer a seis manos hamacas de muchos colores. Venderíamos unas, conservaríamos otras y viviríamos tranquilas en ese lugar maravilloso hasta olvidar para siempre los días y las noches de nuestros pesares. Esos eran mis sueños y los de mis pequeñas compañeras de aventuras, negadas como estábamos por tiempo indefinido a volver a la capital en donde la gran mayoría de sus habitantes vivía a las carreras, descargando sus iras reprimidas en los semáforos, pitando descontroladamente, lanzando vituperios a los extraños y desahogando sus tristezas y frustraciones con personas ajenas a sus conflictos. La gran urbe es el epicentro de las emociones humanas más absurdas, en ella corren diariamente ríos de personas tras el objetivo de perderse en el tumulto a fin de llegar a producir para sobrevivir, olvidando que el principal objetivo de las personas debe ser servir, ayudarse mutuamente, vivir en paz, crecer como individuos y como colectivo y compartir con sus familias, amigos y vecinos, aprendiendo a generar una convivencia más armónica, más agradable, ojalá placentera. Sin embargo, ese propósito de especie había sido reemplazado por los deseos de poder, de dominación, de riquezas, dejando a un lado lo realmente valioso. Era el precio de ser una tierra de todos y de nadie, de cuyo útero emergen alas como torres de cemento y puentes interminables que aceleran su progreso para que infinidad de seres humanos puedan producir cada día más como máquinas y rumiar a solas sus pesares o alegrías sin enterarse de las penas o tribulaciones de sus vecinos, cada quien encerrado en sus cajitas de cemento y refugiados tras pantallas gigantes que obnubilan la razón y el sentimiento. Esa era y sigue siendo la vida de la mayoría de personas en la capital de las incoherencias.

En cambio, en la ciudad cálida que me vio nacer la gente no vivía tras los sudores del tráfico, de la hora, de la cita en casa para encerrarse tras un televisor acompañados de comidas extra rápidas, sin compartir con los suyos. En ese lugar de ensueño, indiscutible capital de la alegría, hombres, mujeres y niños aún se permitían compartir, salir, pasear, reír espontáneamente tanto en las calles como en un vehículo de servicio urbano. Allí se podía hablar con desconocidos sin temor a ser atracados. Sus habitantes siempre estaban dispuestos a entablar amistades nuevas, abiertos a conocer y a ser conocidos porque la ropa fresca también aligera el espíritu. La oscuridad del alma no había tocado o por lo menos no les había robado las ganas de vivir porque el tedio era rápidamente conjurado con música y risas. El mejor tiempo de los cayenos, en todos los meses del año es el que invierten para reconocerse en sus individualidades y afinidades. Aquí todavía se puede llegar a casa de alguien sin avisar y ser cálidamente recibido en cualquier momento para conversar sin afanes en las mecedoras entrenadas para escuchar, en terrazas amplias donde se disfruta la brisa deliciosa que golpea el rostro, refresca el pensamiento y la palabra amable. Riiiiicaaaaa la briiiisaaaaaa, dijeron mis hijas al unísono, ciudadanas del frío, enemigas del calor, concebidas en un altiplano que desde antes de nacer las marcó con carencias, pero también con fortalezas para poder sobrevivir en medio de la selva de cemento y ruidos.

A pesar de sentir mucha gratitud hacia Congruencia, mi ciudad de adopción, extrañaba los años vividos en mi pequeña Cayena, a quien veía como una eterna adolescente porque su manera de ser no envejece. Una ciudad que se niega a madurar y eso es parte de su encanto innegable en el que se reafirma en su derecho a la ternura, a la tolerancia, al buen trato para todos en contra de cualquier manifestación de violencia y agresión. De esa unión de urbe y conciencia colectiva es que se nutren sus habitantes para mantenerse en gozo y armonía. Refrigerio de cultura caribe del cual nos estábamos saciando a manos llenas, dedicadas en ese exilio voluntario a recorrer las calles de mis recuerdos, a rememorar en cada lugar lo que algún día fuera mi espacio de diario vivir, recogiendo los recuerdos que se me pegaban a la ropa y a la piel. Cambios había, porque las ciudades pequeñas o grandes tienen una historia y un desarrollo muy propio que continúa, estén o no estén sus habitantes habituales. Con mi partida había renunciado a participar de esos cambios, por eso los podía ver con ojos diferentes porque para el que se queda y forma parte de la gestación permanente, la metamorfosis resulta desapercibida. Los cambios, muchos o pocos, son parte del paisaje, de la cultura, de los avances, de los atrasos. Irse es dejar de ser parte de ese entorno, por lo que un retorno siempre es la exposición a remover la memoria con golpecitos de confrontación vivencial donde resulta difícil reconocerse como un agente externo, desprendido de esos cambios. Este retorno provisional me obligaba a aceptar que la vida continuó en Cayena sin que yo me enterara de muchos de esos cambios. Me dolía pensar que eso estaba sucediendo entre Santiago y yo porque ya no era parte de la vida que él estaba construyendo sin mí ni él de la que con tanto esfuerzo yo estaba retomando. Juntos habíamos sido como esa ciudad que crece, así sea de manera desordenada, pero crece día a día, separados éramos dos ciudades distintas y tan lejanas como Cayena y Congruencia, sin posibilidad de unirse por los kilómetros de tierra, cielo y mar que las separan y las toneladas de duro concreto levantadas entre ellas.

El comercio era el motor de la economía en Cayena. Así lo demostraba el crecimiento de zonas y centros comerciales en diferentes sectores de la ciudad. El auge de negocios informales estaba devorando las calles, los andenes, los frentes de las casas, las esquinas. El comercio era el dueño y señor de la nueva ciudad que marcaba diferencias acentuadas. Un comercio informal y callejero, hacia el centro y sur de la ciudad y un comercio organizado y moderno promovido por los centros comerciales y grandes almacenes en los sectores de mayores recursos económicos, los cuales le daban a la ciudad la imagen de un importante crecimiento urbano. En los sectores de ventas informales los andenes habían disminuido ostensiblemente debido al aumento desordenado de la actividad comercial. Los habitantes se rebuscaban de esa manera su sustento ante la falta de fuentes de empleo formal. Ese desarrollo no planificado hizo desaparecer algunas de las zonas más pintorescas, como las calles más tradicionales del centro de la ciudad, con sus casas de techos altos y balcones hermosos, convertidas ahora en parqueaderos cubiertos o destechados, desprovistos de leyendas y fábulas. Otro testimonio de cambio era la ola de derrumbes de lugares de historia que afectaron a esa zona céntrica más que a cualquier otra.

Hasta la casona histórica donde viví los años de mi adolescencia sucumbió a esa tormenta de inevitables transformaciones que supuestamente habían dado paso a la modernidad. Fue demolida, ni siquiera remodelada sino totalmente derribada. En esa casa transcurrieron años irrecuperables de mi vida, allí llegué siendo casi una niña, luego de la separación de mis padres, abrigando la idea de ser una mujer que traspasaría mis límites geográficos e intelectuales para ir al otro lado del mundo a buscar la realización de mi propósito de vida. Bajo esas paredes ya inexistentes cimenté mi futuro en ese entonces fantasioso, sentada en el balcón de madera donde veía el desfile de tantas personas, unas conocidas, otras desconocidas, transeúntes esporádicos de esa calle concurrida, que me hacían pensar en las grandes diferencias que existen entre los seres humanos.

La avalancha de negocios que invadió ese sector del centro de la ciudad de la alegría no dejó de lado el comercio del amor. Casas ancestrales y hermosas en las que antes se veían las matronas sentadas a la puerta,

186

en las terrazas y en los balcones con olor a helechos frescos, ahora eran casas de amor a la ligera donde los hombres aburridos de su cotidianidad entraban a cualquier hora del día a dejar su dinero a cambio de sexo. Residencias, les decían, pero realmente en ellas no residía nadie, solamente visitantes desconocidos; hombres y mujeres hambrientos de amor y perdidos en el camino hacia él, agazapados a la luz del día o en la oscuridad de la noche, escondiendo una vergüenza de no ser lo que un día soñaron ser, o jóvenes inexpertos comenzando a capturar para sí la herencia de pasiones genitales que devoran la ternura. En esas casas remodeladas para un propósito diferente al de dar calor de hogar, el deplorable gusto de los diseños como sacados de las mil y una noches era el protagonista de esa nueva arquitectura. Ni siquiera la ciudad del amor y la alegría había podido escapar a esa emergente industria del sexo. Por el contrario, en medio de su carnaval de cada día habían erigido el símbolo del comercio sexual, abiertamente establecido en una zona que por años había sido el centro de la pujanza y el progreso. Comercio de amor, nido de fantasmas en busca de placeres momentáneos, casas de nadie y de todos donde niñas colegialas dejaban colgadas su virginidad e inocencia a cambio de unos pesos o de promesas de amor. Hombres deseosos de romper con su cotidianidad, adultos mayores en busca de una última oportunidad, o persiguiendo noches de pasión que ya vivían solamente en sus borrosos recuerdos y hasta mujeres posiblemente hastiadas de la infidelidad de sus maridos. Demonios del mediodía instalados en cada aposento y en cada conciencia que se dejaba tentar de una u otra manera. Cada habitación era el territorio de los fantasmas del desamor. No pude evitar pensar en cuantas veces Santiago habría estado en ese tipo de lugares, persiguiendo sus fantasías.

Visité galerías, cines, teatros, exposiciones. Indagué por amigos y amigas antes entrañables, rescaté algunos, perdí otros que tal vez no quisieron ser encontrados. Otros estaban lejos o sencillamente nuestros pasos no coincidieron. Pude revivir anécdotas, recontar cuentos y refrescar mis recuerdos al enriquecerlos con los relatos de otros personajes que habían sido parte de ellos. La memoria es un recurso frágil para archivar sucesos tal vez por eso es que cada uno conserva lo que le parece mejor. Un mismo hecho puede tener versiones personales diametralmente opuestas. También me despedí de amigos entrañables que ya no estaban, algunos se habían convertido en un símbolo, una reseña en un mural o una estrella grabada con su nombre en una avenida, resistiéndose a desteñirse con el paso de los días, con la lluvia y con el sol. Una leyenda invitaba a no olvidarlos, pero por más que miré la pintura y leí la invitación no pude evitar el sinsabor de un abrazo no entregado y de una palabra de afecto que guardé demasiado tiempo con la intención de enviarla. No hubo encuentro con ellos ni aquí ni allá, tampoco despedida porque partieron en mi ausencia, sin posibilidad de un adiós ni de una sonrisa. Una amistad debe cuidarse mucho pues en cualquier momento el que era ya no será y una estrella dibujada en el camino, una nota en el periódico o en internet no puede abrazarse. Suspiré sin esperanza de poder resolver esta terrible verdad.

El retorno casi que obligado fue un ajuste entre mi pasado y mi presente, entre mi memoria atiborrada de recuerdos de casi veinte años alejada de mi tierra y lo que ahora estaba descubriendo. La nostalgia por lo que ya no encontré y por lo que se mantenía me acompañó todo el tiempo. Tuve que desmontar muchos de mis recuerdos para reconciliarlos con la versión presente, descubriendo que montones de sensaciones y emociones se negaban a soltarse del pasado que las produjo. Había guardado cada reminiscencia con la percepción correspondiente, sabiendo que retornarían en cualquier tiempo futuro para mostrarme la película completa. Ese momento había llegado. Estaba de frente con un pasado que me decía a gritos que mi presente era el resultado de lo que había hecho hasta ese momento de mi vida. Tenía la opción de continuar guardándolo o desecharlo, disfrutar de mis resultados o sufrir innecesariamente por mis elecciones o acciones pasadas, las cuales ya no podía modificar.

El ejercicio de reorganizar el pasado me aligeraba la carga porque me permitía eliminar sucesos que ocupaban espacio innecesariamente, retomar los que podían ser útiles, liberarme de cualquier pensamiento de culpa, de remordimiento, de resentimiento, de no aceptación, tantas cosas que no hacían sino obstaculizar mi presente con la intención de amarrarme a alguna época de mi vida que ya no era, pero en la que mi mente se paseaba de manera recurrente, especialmente en ese pasado reciente que tenía que ver con Santiago. Los seres humanos tenemos la capacidad insuperable de poder deshacernos de equipajes mentales innecesarios, siempre y cuando así lo decidamos,

188

borrar archivos, actualizar creencias, reemplazar lo que ya no nos sirve por nuevos esquemas mentales que a su vez serán removidos y mi tarea más importante en este viaje resultó ser precisamente esa, la de desprenderme de cargas sobrantes entregándoselas a la brisa para que se las llevara muy lejos, adonde no pudiera volver a encontrarlas. Era el proceso de renovarme, reencontrarme, reinventarme.

Los sitios de rumba y vida nocturna habían proliferado en el sector otrora exclusivamente residencial, pero al fondo del apartamento donde viví antes de partir, a través de los cristales de la ventana alcancé a ver el desfile de recuerdos sobrevivientes que deambulaban sin revelar su identidad. Era un escuadrón de agentes encubiertos que permitían que la leyenda de Sofía Valor permaneciera viva entre quienes habían sido parte de esa historia de sombras y luces. De alguna manera había logrado ser luz para unos y sombra para otros. Sombra para quienes veían en mi la irreverencia y testarudez, locura para quien no entiende el lenguaje del alma sedienta de vida. Luz entre quienes habían reconocido mi valentía para emprender el vuelo y lanzarme al abismo inevitable de vivir. Mi partida había sido la decisión de cambiar la tranquilidad de lo conocido y cotidiano por lo incierto de una vida lejos de la brisa y del mar. Elección muy extraña para quien no lleva dentro de sí el bicho obsesivo de la búsqueda y de las preguntas sin fin. Para muchos yo era una peregrina permanente, una ciudadana del mundo sin arraigo a mi ciudad.

Imposible estar en mi tierra y no ir a la más tradicional de sus heladerías, a la misma donde por años fui con Vicente Valor, mi padre. Felipe Leal me acompañó en cada sorbo de frozomalt, porque era una obligación volver a saborear lentamente la malteada con sabor a milo y trozos de fresa que me hizo estallar burbujas incontenibles de recuerdos agradables. Mi corazón se llenó de nostalgia mezclada con gratitud. Felipe me miraba deseando que no se acabara ese momento, feliz de ser parte de esa historia que yo estaba reviviendo y en la que él había estado tan presente, escribiendo más de un capítulo. Por eso la ruptura de nuestra relación fue también una pérdida de la familia que habíamos logrado construir con sus hermanos y especialmente con los míos. Al igual que yo, él había perdido su hogar desde muy pequeño cuando sus padres se separaron, gracias al encanto irresistible que su padre Chepe Leal, causaba entre el género femenino y a la compañía de un sinnúmero de amigos que lo arrastraron hacia un mundo de infidelidades ocultas y declaradas que terminaron por generar en Serena Cruz la desconfianza más absoluta. Era una esposa abnegada, trabajadora, franca, de pocas palabras y costumbres campesinas muy arraigadas que no fueron suficientes para controlar el brioso caballo de Chepe Leal. La separación fue la elección, como casi siempre el camino fácil, pero en realidad el más difícil de quienes se sienten imposibilitados de reconstruir sus promesas de amor y llevar el estandarte de la familia hasta la cumbre más alta. Felipe era el menor de esa relación y como tal el que menos pudo disfrutar del cariño de su papá y de su mamá, convirtiéndose en una víctima más de los problemas de violencia al interior de las familias. Una historia que se repite incesantemente, sin medir las consecuencias y los daños irreparables.

Perdidos en el sabor mágico de la malteada que nos llevaba de recuerdo en recuerdo, volvimos a jugar a intercambiar pensamientos. Sobre una servilleta escribí lo que estaba pensando mientras él escribía en otra y a la cuenta de tres las intercambiamos.

Felipe estaba dispuesto a que nos diéramos otra oportunidad, quería apostarle todavía a ser mi esposo para siempre. Lo miré agradecida. Cualquier hombre que no fuera Felipe Leal podría estar pensando que yo no era tan buena mujer si mi esposo acababa de abandonarme de la manera que lo hizo. Tiernamente me respondió que él sabía quien era yo y que por muchas cosas que hubieran sucedido en mi vida, con sólo verme no le quedaba ninguna duda que seguía siendo la misma mujer de sentimientos hermosos y palabras ciertas.

No hubo respuestas, no hubo compromisos ni negativas. Sabía que la decisión no era difícil porque entre el amor de un hombre, así ese hombre fuera Felipe Leal, y el amor entrañable por mis hijas, no había ni una centésima de segundo de vacilación. Cualquier equivocación me era permitida, hasta la de apostarle nuevamente a mi relación con Santiago y volver a cifrar mis esperanzas en él, volver a creerle, volver a entregarle mi amor, pero nunca la de abandonar a mis hijas y ponerlas a vivir con un hombre que no era su padre. Aun así, la puerta de un amor sincero podía quedar entreabierta y eso me llenó de una sensación indescriptible, de un perfume inigualable de mujer amada y con la certeza de un amor puro y filial hacia Felipe Leal Cruz. No era parte del pasado sino de un presente que apenas estaba dibujando.

El amor es más que lo vivido, es lo sentido, anhelado y soñado, lo sabía perfectamente, así como sabía lo que era abandonar y ser abandonada. Sabía de los dolores de un amor que se muere, pero también era consciente que en mi corazón vivía la esperanza de poder tener el privilegio y la bendición infinita de un amor que renace para no morir. A pesar de todo lo deplorable de mi separación, conservaba la esperanza que Santiago volvería para quedarse sin crepúsculos ni auroras de indecisión que empañaran nuestra convivencia. Posiblemente era un mecanismo extremo de protección para sobrellevar mi pena de amor. Así me fuera al fin del mundo mis penas y también mis alegrías me perseguirían. No estaba en plan de diversión, ni de aventuras, conquistas o reconquistas. Lo que necesitaba era oxigenar mi mente, aquietar mis pensamientos y aliviar mi corazón. Anhelaba darle una tregua a mi pecho que en la ciudad del desamor no podía ventilarse más porque el oxígeno no era suficiente; en otras palabras, darme la oportunidad de sentirme capaz de seguir viviendo por encima y por debajo del abandono aún inexplicable de Santiago Torres. Reconocía que a pesar de mis esfuerzos todavía estaba instalada en la línea del temor, con todo lo que eso implicaba. Era consciente de que sólo de mí dependía quedarme ahí rumiando mi dolor, sin atreverme a avanzar, o tratar de retroceder a la zona de confort que seguía siendo para mi vivir en Cayena. O me estancaba por miedo a lo desconocido o daba el salto, como lo hice 20 años atrás y superaba la frontera del miedo, sólo así podría salir al otro lado.

Por el temor de regresar a encontrarme cara a cara con la soledad que me esperaba en la fría ciudad, prolongué mi permanencia en mi tierra porque una característica del temor es quedarnos en donde nos sentimos más cómodos. Busqué excusas para quedarme más tiempo, deseando calladamente que con cada día que estuviera lejos mi amor desesperanzado pero terco por Santiago disminuyera hasta acabarse. Llegué a pensar en no volver, instalarme a vivir nuevamente en mi ciudad de siempre, romper todo vínculo con Santiago y lanzarme a iniciar una vida nueva; esta vez en sentido contrario, pero el peso de mi responsabilidad con mis hijas, el temor a hacer algo equivocado que marcara sus vidas negativamente, el deseo de que así no estuviéramos los cuatro, ellas pudieran tener la posibilidad de seguir creciendo cerca de su padre para que su amor no se les enfriara, me hicieron desistir de mis planes de cambio geográfico. No era fácil, tenía el espejo de Esmeralda, mi madre. Un día se marchó intempestivamente buscando mejores oportunidades y dejándonos a nuestra suerte. No dudaba que sus motivos habían sido los mejores, pero yo no quería hacer nada parecido con mis hijas ni poner en juego la estabilidad emocional de ellas que de todas maneras estaban sufriendo los rigores de la separación. Contemplé una y otra opción, pero mis intenciones de madre prevalecieron sobre las de una mujer que desea deshacerse de una carga arrastrada por años de dependencia emocional al amor y al desamor de un hombre como Santiago Torres. Aunque distante y ausente él seguía pegado a mí, queriendo controlar mi vida de diferentes maneras, especialmente a través de las niñas. Así no lo quisiera admitir él seguía teniendo poder sobre mí y eso era lo que estaba esforzándome en romper así con ello me tuviera que romper en mil pedazos hasta deshacerme de los que hicieran parte de mi historia con él. Realmente deseaba y necesitaba cerrar ese círculo tan terrible de mi vida.

Cerrar ciclos, abrir ciclos, recordar, llorar, reflexionar, observar, escuchar, caminar, descansar, hablar, callar, ese era el resumen de mi retorno. Diariamente fui uniendo estos procesos con un propósito claro por eso establecí linderos, derribé argumentos, fortalecí otros, acepté retos, lloré de deleite, reí de tristeza, hablé por solidaridad, callé por prudencia y escuché a muchos por amor y gratitud. Todo lo que hacía me iba dando el mapa completo, la visión de lo que quería lograr, la radiografía de mi retorno, temporal o permanente, pero retorno, al fin y al cabo. Sin plan de vuelo definido ni horarios establecidos, los personajes de mi regreso fueron surgiendo espontáneamente. Unos aparecieron, otros desaparecieron, unos fueron las estrellas, otros los estrellados. Todos tuvieron un rol inmodificable e inmejorable en esta cita inaplazable. Fue una prueba de fuego a los lazos de amistad y fraternidad. Los que son de viento desaparecen y algunos se queman rápidamente cual hojarasca, solamente los verdaderos sobreviven al tiempo y a la distancia.

La amistad con Angela era a prueba de distancias y de silencios. Nos conocimos en el tiempo en que ambas no pensábamos sino en reír, pasear, bailar y disfrutar la vida. La casa de Ángela era también la mía y luego de Santiago y las niñas. Su consejo era que esperara pacientemente a que Santiago recuperara la razón ahora extraviada.

Ángela había sido parte de todo el proceso de cambio de Santiago. Era un refugio amable a mi dolor, alguien que no me juzgaba ni me criticaba, sino que me prestaba su hombro y hasta lloraba conmigo. Tampoco me exhortaba a renunciar a mi amor por Santiago, por el contrario, afirmaba que existía una justicia divina funcionando en los aires, limpiando toda injusticia para que el regreso de Santiago a casa fuera en entrega y confianza renovada. Poder compartir con ella fue un consuelo muy grande. Con sus palabras y compañía ya estaba más que justificado ese retorno marcado por la certeza de un propósito desconocido pero cierto. No era producto de la casualidad ni del azar. Cada paso que daba, las visitas, los reencuentros o desencuentros, cada saludo y despedida me reafirmaban la idea de que estaba allí para cumplir un propósito oculto que iba más allá del deseo aparentemente simple de aligerar mi mente y recrear mis pensamientos.

La mañana llegó con aires de paseo y de recuerdos gratos. Fui con Ángela al añorado recorrido al puente de la salvación, acompañada de un cargamento de recuerdos de todo tipo, felices, infantiles, adolescentes, juveniles y hasta pasionales que rápidamente quedaron esparcidos en la arena de mi presente. Recogí mi cabello para que no fuera más el juguete de la brisa que insistía en reconocer mi rostro. Doblé mi acento de mar caribe para no parecer extranjera en mi tierra, me puse mi vestido tropical y ajusté mis caderas al vaivén de las olas para que recorrieran el extenso puente de la salvación que me separaba del mar. Se llamaba así porque durante mucho tiempo había sido el único camino de enlace entre el pueblo y el mar. A través de él se movía la economía pesquera y comercial de la región manteniendo viva y pujante la ciudad que recibía a diario embarcaciones cargadas de viento, sal y mercancías que eran distribuidas a lo largo de la costa. Además de Ángela me acompañaba Candy que no paraba de saltar y correr, mirándome con sus ojos de niña traviesa entrometida y feliz. Me encantaba cuando mi niña interior aparecía porque después de la partida de Santiago se había escondido por mucho tiempo, pero esa mañana más que brillante emergió de los rincones, alimentándose de cada murmullo, apoyándose en la baranda donde tantas tardes y mañanas había recostado su esencia inconfundible de niña curiosa, inquieta, soñadora y aventurera. También me asaltó mi tropa de hermanos para quienes un día de mar era motivo de grandes preparativos. Era uno de los recuerdos preciosos que conservaba de cuando teníamos un hogar y una familia que destinaba algunos domingos a ese tour caribeño. Vicente Valor optaba por ir al estadio a ver jugar su equipo favorito de futbol, lejos de las olas que lo atemorizaban. Esmeralda en cambio disfrutaba del paseo al puerto con toda su tripulación dispuesta a atravesar el puente de la salvación hasta llegar al mar y más allá a recoger caracolas y perseguir cangrejos. Probablemente en ese entonces ninguno pensaba en abandonar el barco aguas adentro y sin salvavidas.

Estábamos en la casa de cristal donde nos sentíamos seguros. De repente comenzamos a ver una oscuridad de noche sin estrellas y sonidos desconocidos que iban in crescendo, acercándose misteriosamente. Inmensas franjas de tierra, cortadas con milimétrica precisión eran levantadas y lanzadas al infinito dejando una estela de oscuridad y vacío. Unos hombres enormes y hermosos nos indicaban el camino hasta un puente angosto donde pronto estuve con mis hijitas agarradas a la barandilla dorada. Yo extendía mi mano hacia Santiago. Él insistía en esperar a sus padres que continuaban paralizados en el único espacio sin desprender que aún quedaba de la tierra y sus alrededores. Quise devolverme por ellos, pero los rollos gigantescos de tierra continuaban volando a ras de nuestras cabezas, llevando consigo toda la vegetación existente. En un instante el paisaje quedó devastado completamente y los seres alados que no nos soltaban desaparecieron con nosotras mientras Santiago nos hacía un gesto con la mano, indicándonos que pronto nos alcanzaría. Estaba tranquilo de que yo estuviera a salvo con nuestras hijas porque él debía salvar a su mamá que se resistía a atravesar la última extensión de tierra que aún quedaba sin levantar. Fue lo último que alcancé a ver desde el puente. Era la última imagen guardada en mi memoria que volvió nítidamente mientras atravesaba el puente real sobre el mar.... Mi mano continuaba extendida. Los puentes tienen el poder de hacernos ir hacia delante o hacia atrás. Conectarnos con experiencias, recuerdos o sueños, pero también son poderosos para ayudarnos a dar el salto que necesitamos dar, antes de emprender el vuelo de la vida.

Al otro lado del puente encontré a Samuel Gaspar, mi profesor de epistemología que continuaba buscando respuestas a sus muchos interrogantes. Fue uno de esos encuentros no planeados y gratificantes.

Él tampoco clasificaba en el rango de confidente así que no le revelé los motivos de mi retorno ni mi separación de Santiago. Parte de mi propósito de ese día era poder arrojar ese recuerdo al final del puente para liberarme de esa carga que no me dejaba avanzar. Conversar con Samuel fue como volver a la época de universidad cuando nos sorprendía la noche con cena de letras y postres intelectuales sobre un mundo mejor. A veces, como ese día de brisa marina sobre el puente, planeábamos construir la máquina de Adolfo Bioy Casares que permitiera a los enamorados verse en otra dimensión, cumpliendo sus deseos de una eternidad transcendente. Esas noches fueron un espacio casi secreto con Samuel, identificados en nuestras reflexiones filosóficas sobre el ser, la nada, el todo, la eternidad y el semillero de muchas historias por escribir. El tiempo me mostraría nuevamente el valor incalculable de esa amistad que creía tener siempre a la mano. Cualquier día regresé a buscar a mi amigo de tertulias, pero ya no estaba en la librería, ni en el puente ni en la calle ni en el silencio de la noche. El nombre de Samuel Gaspar pasó a la lista de los que por lo menos por esta vida no podrían ser vistos nuevamente. Samuel se marchó abruptamente, precozmente como suelen hacer los que viven más aprisa que los demás. No podría saber si me llevó en sus recuerdos o si extrañará también nuestras conversaciones interminables. De algo sí estaba segura y es que él seguiría disfrutando toda una eternidad de la embriaguez que producen las palabras que llenan y transportan a otras dimensiones. Me gustaría preguntarle si se había ido detrás de alguna nueva ilusión o si había podido hacer una maquina superior a la del amor y desde donde estuviera me pudiera ver como su amiga de sueños. Lo extrañaré siempre, sin dolor, sin culpas por no haber sido la musa que él anheló, pero con la gratitud de haberlo conocido y la esperanza de poderlo encontrar nuevamente en otro puente, en otra calle de oro y mármol, en otro lugar libre del humo del tabaco, de las palabras que matan, de las enfermedades traicioneras y de la contaminación ambiental. En homenaje a mi querido Samuel le escribí una carta y la lancé al viento para que se la llevara, sé que se alegrará de recibirla.

Desde mi existencia terrenal pensé si estaría en el puente angosto que me separaba de la tierra destruida y me llevaba a tierra firme. Mi sueño apocalíptico había sido premonitorio porque un mes después Santiago se marchó de nuestras vidas. De nada sirvió que esa noche él me despertara sorprendido de escucharme decir que si se quedaba del otro lado se perdería en el sinsentido de la vida....

Parte del propósito de mi retorno que fui arañando poco a poco fue poder asistir al Festival de la Alegría que se realizaba todos los años para la misma época. Me embutí en un jean ajustado y me puse una blusa sin mangas de seda suave color de medio día que caía sobre mi cintura, más delgada desde la partida de Santiago, porque los suspiros y los pesares adelgazan el alma. Me puse unas sandalias del mismo color de la blusa para que mis pies también pudieran mirar las comparsas y un cinturón de flores que me daba un aire muy al estilo de las mujeres de mi tierra, mezcla de gozo y esperanzas. No olvidé colocarme unos aretes de piedras de mar y un collar de sonidos que me hacía juego. Adorné mis brazos con pulseras alegres y me crucé un pequeño bolso tejido en algún rincón de artesanos. Me sentía especialmente renovada, confirmando que los colores aligeran las cargas y disfrutando de la brisa que soplaba sin parar haciendo que mi cabellera bailara al ritmo de la música que llenaba toda la plaza de una alegría imparable. Mis caderas se movían sin darme cuenta porque las mujeres de mi tierra llevamos la música en la sangre, así que era inevitable contornearme al ritmo de un tambor, marcada como estaba por esos sonidos con que llegué al mundo una tarde de sábado en que se me ocurrió nacer, por pura curiosidad, en medio del jolgorio del Desfile de la Alegría. Mi mamá, Esmeralda Amórtegui, nativa pura de la tierra del sol y la brisa no sintió los dolores que le vinieron en medio de las danzas y las comparsas. Escasamente pudo llegar a la casa de la partera que me recibió, augurándome los más bellos deleites de amor y plenitud. Las otras hadas no alcanzaron a llegar a entregarme sus dones y protecciones para el camino de la vida por estar camufladas en el desfile en medio de los disfraces que les permitían divertirse a sus anchas sin ser reconocidas. No tuve conjuro de pincharme un dedo a los quince años, pero tampoco hubo quien me protegiera de un dolor de amor y desengaño a los cuarenta, una edad en que hay menos muros de protección que a los quince. Hubiera preferido quedarme dormida cien años y que la enfermedad del desamor se pasara de largo y no que se quedara sin mi permiso a vivir en mi castillo encantado.

Las historias de princesas y príncipes que las rescatan y viven felices para siempre han marcado gran parte del esquema mental de las mujeres que por jugar con muñecas y ver películas de sirenitas y princesas llegamos a construir ese mundo fantasioso de creencias limitantes que luego resultan difíciles de superar porque la realidad es que no somos las frágiles princesitas de las historias, ni los hombres los príncipes que nos rescatan. Es necesario aprender a despojarnos de esos paradigmas que nos frenan en nuestro desarrollo y nos impiden ver nuestro valor. Un hombre no es el complemento, no somos la mitad de nadie. Cada persona es un ser humano completo en su esencia e identidad y al unirse con otro voluntariamente no es porque dos mitades hayan coincidido sino porque dos individualidades han decidido compartir sus dones, talentos, capacidades, dando lo mejor de cada uno en la construcción de un proyecto de vida conjunto que funciona siempre y cuando el compromiso y respeto se mantengan y los acuerdos se respeten.

Logré ubicarme en un palco privilegiado desde donde podía observar el despliegue de creatividad, colorido, arte y belleza del Desfile de la Alegría que seguía siendo el espectáculo central de las Festividades del Gran Rey. Ríos de gente se aglutinaban en las calles para no perderse ni un detalle del desfile que año tras año se celebraba para agradecer al gran dios de las fiestas por la vida, la salud, la prosperidad y el amor que era el espíritu que unía a todos para adorar al soberano Rey del Amor y de la Vida. Durante esos días nadie se quedaba en casa. Las calles permanecían repletas de personas que durante cinco días traían su ofrenda de gratitud arrojando miles de flores que dejaban la avenida principal pintada del color efervescente de la alegría.

Cada carroza representaba una de las cualidades que la comunidad había recibido del Gran Rey. En primer lugar, iba la reina del Amor por ser la principal cualidad para todos. La gente perseguía la carroza para recibir y dar ofrendas de amor. Seguía la reina del Respeto, inspirando a todos para una convivencia armónica. Luego la reina de la Tolerancia, mostrando el camino para sobrellevarse en medio de las diferencias. La reina de la Solidaridad, ganadora ese año del premio a la más destacada pues sin su gestión habría sido imposible mostrar los actos de amor. La reina de la Verdad iba en una carroza hecha de materiales reciclables que mostraban la importancia de dejar a un lado toda vanidad. La reina de la Hermandad, desfiló rodeada de súbditos de todas las razas y colores, de todas las sonrisas y miradas que unen. La reina de los Niños optó por una carroza en forma de carrusel donde los niños eran el centro del desfile y de todos los proyectos a ejecutar, en especial el de la prohibición al trabajo infantil. Le seguía la carroza de la reina de los Ancianos, coronada de canas y adornada de sabiduría. Representaba al grupo de personas mayores de la comunidad, respetados por su experiencia de vida puesta al servicio de los demás. La reina de la Naturaleza desfiló en una carroza que semejaba un Paraíso con muestras de los frutos y alimentos que existen para el deleite y nutrición de los seres humanos. No faltó quienes dijeron que era la representación del sometimiento del cual se había liberado el hombre y la mujer para vivir sus propias experiencias. De cualquier manera, la carroza era una alegoría de ese huerto enorme lleno de especies, colores, sonidos, frutos exóticos dado a los primeros habitantes de la humanidad para que lo usaran, lo cuidaran y multiplicaran en aras del sustento permanente de todos, pero en especial un lugar de convivencia armónica donde todos compartían con los demás sin pretensiones de dominación ni de sometimiento de unos a otros. La carroza no llevaba una reina sino en su lugar un Adán y una Eva deseosos de volver a vivir en ese paraíso al alcance de todos los que decidan vivir pacíficamente.

Las carrozas que simbolizaban la Gratitud seguían haciendo su desfile. La del Agua era una de las más imponentes. Su reina iba vestida de azul en todos los tonos, bañada del agua que destilaba por su cuerpo haciendo de su vestido una segunda piel. Fuentes de agua danzaban armoniosas al ritmo de la música que sin cesar sonaba llenando el ambiente de contagiosa alegría. La Tierra desfiló mostrando un mensaje de cordura hacia el uso de los recursos naturales. Parte del planeta que decoraba la carroza era una tierra horadada, seca, árida, sin futuro. Por el otro lado el mismo planeta estaba lleno de las variedades más deliciosas posibles y de una vegetación espectacular, las dos caras de la moneda. El reino Marino fue de las carrozas más ovacionadas. Un centenar de mujeres danzaba cual sirenas de cuerpos espectaculares y cabelleras que se movían como suaves olas. Hombres con careta bajaban y arrancaban sus musgos y rocas protectoras dejando huecos enormes en el fondo del mar que difícilmente podría recuperarse de tales agresiones humanas.

Observé cada uno de los disfraces, representaciones hermosas de tantas y tantas maravillas que habitan dentro y fuera de los seres humanos, descubriendo en cada personaje su esfuerzo, preparación y entrenamiento en el deseo de agradar y alcanzar ese año la excelencia. Me llamó mucho la atención que gran parte del espectáculo estuviera a cargo de niños. Con su energía y naturalidad eran la mayor atracción. Por un momento me dejé llevar por el recuerdo de la vez que disfruté ese desfile con Santiago. Anhelé que llegara en una de esas carrozas como regalo del Dios del Amor y que me abrazara y me hiciera olvidar todo lo desagradable. Muchas carrozas y comparsas habían pasado mientras yo estuve en ese momento de negación de la realidad, la cual es parte de todo duelo y el mío en ese momento me llevó sobre las montañas a buscar a mi amado. Anhelaba sentirlo a mi lado, así fuera un instante, sentir su mano estrechando la mía mientras atravesábamos el puente donde seguía esperando por él. La esperanza es lo último que se pierde, es cierto pero la negación es la causa de estancamiento que nos impide superar la etapa de quebranto. La esperanza tal vez absurda me seguía sosteniendo, era como una cuerda de hilos dorados que unía mi vida con la de Santiago de manera invisible. Pensé en ello mientras iba pasando una carroza llena de hilos dorados, fuentes de agua y nubes que semejaban el firmamento. La reina estaba vestida de todos los tonos posibles entre el cielo y la tierra y sus manos extendidas hacia el infinito mostraban que en ese lugar vivía la esperanza. El piso era de tonos indefinidos, sin formas precisas ni tiempos concretos, representaba el kronos que no se mide por el reloj humano y cuyas manecillas son la fe y la perseverancia. Detrás de la esperanza había muchas figuras que no se podían describir, coreografías y comparsas multitudinarias que simbolizaban lo que no se puede precisar pero que ahí está. Más de uno me dibujó mensajes en el aire que tampoco logré descifrar. No era el tiempo de verlos, pero ahí estaban y me habían sido entregados.

Una comparsa inusual me sorprendió, era la primera vez que veía la expresión de una comunidad nueva que había tomado el auge suficiente para salir a mostrar al mundo sus preferencias de vida. Ellos también querían expresar su gratitud. Yo no guardaba registros de un desfile de hombres grandes embutidos en corsés que no lograban disimular sus músculos y sus espaldas anchas, montados en tacones altos y forrados en mallas largas que pretendían estilizarles la figura. Sus rostros iban camuflados bajo maquillajes sofisticados. ¿Tal vez aquello era la negación del propio ser, de la propia naturaleza con que cada uno fue dotado y adornado? O por el contrario ¿era el valor de asumir lo inasumible para muchos?, ¿Era quitarse la máscara y entrar de frente a una sociedad excesivamente moral y acusadora de todo lo que se sale de sus patrones de conducta? No me sentía quien para juzgar a nadie, además, aquello era desconocido para mí. Una cosa era el disfraz donde algún recóndito deseo se deja translucir y otra muy distinta asumir la máscara para mostrarse como en realidad se desea ser. Posiblemente era la no aceptación o la aceptación de la diferencia. Ser o no ser, aceptarse o negarse. Se podía vivir o morir cada día odiándose o amándose frente al espejo esperando una imagen diferente. O se podía ser inmensamente feliz amando de una manera diferente a lo que dice la naturaleza. ¿Será que esas personas sufrían una vida incompleta o limitada de amor irrealizable o por el contrario tenían la capacidad de vivir en una permanente fantasía y un eterno deleite? Era un asunto incomprensible para mí, tan limitada en mis creencias hacia una perspectiva del amor completo solamente entre un hombre y una mujer que se unen en una amalgama de cuerpos diferentes hechos para acoplarse, sin desear ser nada diferente a lo que son. Era una buena ocasión para replantearme mis paradigmas. ¿Quién me podía asegurar que aquella comunidad que desfilaba orgullosa mostrando sus diferencias no eran personas más felices que yo? O por el contrario ¿serían personas que habían permitido a sus fantasías eróticas asumir el control de sus vidas renunciando a todo lo demás? No lo sabía y tampoco era uno de mis tópicos predilectos por aquello del respeto a la diferencia. Los vi girando en una danza agresiva y a la vez entregada de muchas almas deseando encontrarse en un rostro, en un cuerpo, en un grito profundo de libertad. Los admiré por su valor, por su deseo de gritarle al mundo su verdad. ¿Hasta dónde llegaba la verdad y la mentira en las vidas de cada persona? Yo misma había creído que Santiago era mi verdad hasta que se convirtió en la mentira más cruel. Seguramente él estaba pensando lo mismo de mí. Lo verdadero y lo falso son una sola esfera que cambia de acuerdo al ángulo desde el cual se le mire. Los rostros maquillados de la comparsa que se alejaba me mostraban que ellos estaban ahí por un motivo y que aun contra el pensamiento de muchos, también se habían presentado a rendirle su tributo de amor a su creador, que nunca se equivoca pero que le da a cada uno la libertad de escoger su camino. ¿Serían desechados por esa elección? Eterno dilema sin respuesta. Prefería esforzarme en abrir mi mente. Había visto muchas amistades cercanas acabarse o deteriorarse por tratar de imponer su punto de vista sobre estos temas que solamente cada persona involucrada puede definir, defender o rechazar. Pensé en la afición tan fuerte de Santiago a hacer cosas diferentes y que eso pudo haber sido uno de los motivos de su distanciamiento. Nunca lo entendería porque no nos es dado entenderlo todo. Cada persona alcanza el grado de comprensión determinado por su nivel de conciencia, de apertura, de libertad, lo cual no quiere decir que todo nos sea permitido. Por creer que se puede hacer todo lo que se piensa es que se termina agrediendo a tantos otros. Hasta pretender imponer una creencia o un punto de vista puede ser un acto violatorio del derecho de otro a escoger. Tema de nunca acabar.

Mi gran amigo Gonzalo Guevara sabía por lo que yo estaba pasando, por eso hizo todo lo que estuvo a su alcance con el único objetivo de hacerme sentir cómoda y de demostrarme el valor de una amistad que superaba todo tiempo, distancia y silencios. No dudaba en afirmar que las mujeres somos la máxima expresión de la creación, así no creyera en la existencia de un creador sino en el evolucionismo más recalcitrante. Sin embargo, creía que las mujeres somos el súmmum de la creación cualquiera que fuera su origen. Era dueño de un gran discernimiento y una sabiduría ilimitada sobre el sexo femenino, de ahí que su radar de pasiones, afinado por horas y horas de experiencias acumuladas, le indicaba que yo estaba con ganas de cualquier cosa, menos de experiencias pasionales. Todas mis agujas le marcaban cero. Todos mis indicadores estaban desactivados. Intentar pasar ese límite impuesto por el duelo de una mujer enamorada era irse lanza en ristre a un fracaso seguro y lo que menos deseaba Gonzalo era perder mi amistad, así que prefirió ocupar el honroso puesto de confidente y acercarse un poco a mis profundidades antes que perder la única cercanía posible conmigo. Gonzalo me ayudó a reencontrarme con la Sofía Valor que no derramaba una lágrima por causa del amor en la época en que había decidido levantar vuelo como la mejor de las gaviotas porque en ese tiempo no sufría por amor ni desengaños. Él era un convencido de que el amor no se puede enjaular, sino que es el compartir de los momentos que desprevenidamente surjan, aquellos que se atraviesan para atraparlos sin necesidad de buscarlos. Por mi parte entendía el amor como entrega total. Por eso Gonzalo no era una opción para mí, aunque reconocía en él a un hombre encantador, sincero, definido en su opción de vida, transparente y ecuánime, porque no le rompía el corazón a ninguna mujer ofreciéndole un mañana que desde ya sabía no llegaría o por lo menos no en las condiciones de convivencia marital que esperan la gran mayoría de mujeres. Él no entendía el amor como la búsqueda de alguien que llenara su soledad, ni la seguridad de una compañía para los años de vejez. Tampoco era el seguro contra la depresión, la nostalgia, la enfermedad, ni la realización de la creencia de hasta que la muerte nos separe sino de su verdad de una vida temporal. No le preocupaba quedarse solo, sino que se le acabara el amor, la alegría y las ganas de seguir amando. Con Gonzalo mostrándome esa otra cara del mundo masculino pude comprender un poco más la decisión de Santiago, sin abonarle como acertado su comportamiento porque si él, al igual que Gonzalo, era un hombre que había tomado como opción la soledad o por lo menos la vida sin compromiso, lejos de las circunstancias propias de una familia y de una esposa, debió haberme hablado con esa verdad que con seguridad yo la habría comprendido, aunque no la compartiera. Tal vez mi mayor decepción era verme apartada sin una explicación y segura de haber puesto mi mejor empeño en la construcción de esa barca llamada familia para que juntos navegáramos por encima de las dificultades, más allá de las diferencias y gracias a las oposiciones que quisieran hacer naufragar nuestra embarcación. Hablando con Gonzalo comprendí que muchos hombres, por un concepto equivocado de la libertad, evitan el compromiso, huyen de las obligaciones que involucra una vida de pareja y reafirman en sus abandonos el temor arraigado a ser parte de un proyecto de vida con nombre propio. Es como si el sentido de pertenencia de estos hombres que huyen despavoridos estuviera absolutamente perdido y depositado en lo más ajeno y equivocado posible, en ambientes de negación de la característica gregaria que nos identifica como seres humanos. Negación que crea en ellos actitudes inmaduras de inestabilidad y cambio permanente, de exploraciones superfluas, de destrucción de lo realmente valioso e importante, de mentiras encubiertas en poses de libre pensamiento y fugas elaboradas antes de que el aburrimiento o el desamor les llegue, como una defensa extrema contra todo posible ataque. El hombre se siente dueño absoluto del mundo y sus confines cuando da su grito de libertad,

202

sin saber en ese momento que su propia estrategia se volverá contra él cuando entienda que el vacío de ese mundo le carcomerá hasta dolerle la última fibra de su ser, cuando comience a desear recuperar lo perdido. Las sonrisas de los hijos que abandonó, la ternura de la esposa que menospreció, los momentos íntimos y cálidos de familia que no pueden ser reemplazados por nada. Una mañana de domingo en cama, una pijamada todo el día, un arrullo hasta tarde, un desayuno especial, un baño juntos, un día lluvioso, un día soleado, una mañana de sábado sin tener que ir a trabajar, una noche de insomnio acompañado, una lectura entre dos, un crucigrama, un rompecabezas interminable, una tarde de compras, un regalo especial, una fiesta, una sorpresa, una invitación sin motivo, un asado improvisado, un cine con crispetas, una canción, un curso nuevo, una pintura, un álbum de fotos, una película, los recuerdos compartidos, la historia construida, tantas y tantas cosas que sólo se pueden elaborar al interior de una relación íntima, de una entrega mutua, de un verdadero compañerismo en unidad, en medio del calor irremplazable de un hogar. Es el sentimiento de comunión que se enriquece de las batallas pequeñas o grandes conquistadas en el campo del amor, jugándole limpiamente a lo mismo, halando hacia el mismo lado, remando juntos, mirando por el mismo lente, escuchando con el mismo sentir, derribando argumentos, levantando velas y navegando en la certeza de un objetivo común; eso es lo que no comparten o a lo que renuncian irremediablemente aquellos hombres y mujeres que abandonan el barco en medio del mar y saltan a una embarcación más pequeña e inestable esperando que los retorne a tierra firme donde comenzar un nuevo crucero sin saber que por lo general se quedarán dando vueltas en la profundidad, sin rumbo ni horizonte definido y sin el coraje suficiente para regresar a rescatar su tripulación abandonada.

Gonzalo era un conversador magnífico, una compañía insuperable para sobrellevar la etapa postraumática en la que yo estaba sumergida y que se caracteriza por ese ir y venir en permanentes flashback o retrospectivas que recrean las escenas de tragedia, por las pesadillas, por los olores y emociones que nos conectan con lo mismo, traducidas en sensaciones inaprensibles, remembranzas y deseos de poder devolver el tiempo, en fin, esa etapa dura posterior a una separación que parece que nos ahoga y que nos impedirá salir totalmente a flote. Le agradecí a Gonzalo por su actitud de caballero de noble armadura mientras disfrutaba de la música que con tanto acierto él iba escogiendo, campeón de campeones en asuntos del amor y una de las pocas personas que había logrado mantenerse unido a mí, sin importar la distancia. Tener un amigo incondicional en esos momentos tan difíciles era lo más importante. Lo que tal vez no alcanzó a saber Gonzalo es que sin proponérselo me había dado un regalo insuperable de amor propio y de esperanzas porque esa velada me dejó la grata sensación de que aún podía disfrutar de la vida sin la presencia de Santiago, así él insistiera en no alejarse de mis pensamientos.

No sabía qué encontraría a mi regreso, no sabía cómo me sentiría ni qué fantasmas estarían esperándome, con la pretensión de seguir burlándose de mí, pero lo cierto es que por más que quisiera cambiar mis circunstancias, en Congruencia estaba mi hogar y despedazado o no era mi obligación llegar a rehacer mi espacio con mis hijas porque la vida continuaba. El retorno a mi tierra de la alegría de alguna manera o de muchas había sido una huida y ya no tenía que seguir evadiendo mi realidad. Me había reconectado con mi esencia, había cambiado mi piel por otra más tostada por el sol y por eso más fuerte, había desempacado mis tristezas, dejándolas en el mar que las desapareció en sus profundidades y había empacado nuevas esperanzas. El propósito había sido cumplido así que sentí la urgencia de estar nuevamente en mi morada, dispuesta a hacer la mejor construcción de mi vida.

Felipe se quedó desconcertado de que yo no lo hubiera esperado para llevarme al aeropuerto, aun así, entendió que mi lugar, por lo menos en esos momentos, estaba en la gran ciudad de la esperanza o la desesperanza y no en Cayena. Era reconfortante para mí saber que él estaba dispuesto a continuar conmigo el camino que había quedado interrumpido, siempre y cuando yo me decidiera. A él no le importaba los años que llevábamos distanciados, ni que yo le hubiera entregado mi amor, y el fruto maravilloso de mi vientre a un hombre que no me valoró. Si yo le decía que sí, él sería capaz de dar todo para que nuestra relación funcionara, convencido que tantas cosas vividas nos servirían para no cometer los mismos errores. Muchas circunstancias nos separaban, pero en el fondo pensaba que eran más las que nos unían. Tanto él como yo habíamos soñado siempre con poder construir una familia en amor y en paz, seguramente esa familia que ni él ni yo tuvimos de niños. Felipe no dudaba en afirmar que no había peor hombre que aquél que abandona a su familia. Era el candidato ideal para un proyecto de vida, pero yo no quería hacerlo sufrir por segunda vez tomando una decisión en la que tendría que arrastrar a mis hijas. Sola debía afrontar y superar esta prueba sin que ningún hombre tuviera que servirme de muletas que una vez no se necesitan se dejan a un lado. Si en mis manos hubiera tenido la fórmula entonces me hubiera encantado devolver el tiempo y hacer mi vida desde siempre y para siempre al lado de Felipe Leal. Si no hubiera conocido y amado hasta el cansancio a Santiago Torres Acero podría estar esperanzada en esa posibilidad, pero por el momento era una realidad con la que debía seguir conviviendo no sabía por cuanto tiempo. Seguramente Santiago ignoraba esta verdad o sabiéndola no le importaba, pero el amor se da independientemente de que el sujeto del amor esté o no presente. Debía volver a mi espacio de tantos años, sin esperar nada, hacerlo por mí y por mis pequeñas. Ellas eran el motivo de mi vida. Por ellas no me quedé en mi tierra disfrutando de las amistades valiosas, de la hospitalidad, de la brisa, del mar, de los buenos momentos y de la risa, era tiempo de volver. El retorno había sido una mirada compasiva a mi ayer y un aterrizaje afectuoso en mi presente como paso ineludible hacia un mañana incierto, pero totalmente prometedor. El retorno no podía sacarme de mi verdadero propósito de vida.

LA VERDAD

*" Todo tiene un momento
y un propósito perfecto."*

Sofía

El collar de caracolitos y piedras negras que Santiago me había traído de su último viaje me esperaba sobre mi mesa de noche. Tal vez era el momento indicado para saber lo que él estaba sintiendo al comprármelo para lo cual simplemente debía acercarlo a mi oído. Cuando me lo entregó el día de nuestro último aniversario me dijo que si alcanzaba a escuchar el ruido del mar entonces sabría que así de inmenso era su amor por mí. Lo deslicé de una mano a la otra haciendo crujir cada una de las diminutas piedras que intercaladas con los caracoles rosados producían un contraste hermoso. Lo acerqué a mi oído y el rugido de las olas detuvo los latidos de mi corazón. Los sonidos habían sido sintetizados por Santiago para su programa musical y evocaban la confusión que había experimentado a la orilla del mar, pensando en un horizonte incierto y en un pasado irrecuperable. Nada de eso me dijo cuando me entregó el collar, ni cuando se marchó. Me puse el collar, tal vez de esa manera podría acercarme a las motivaciones de Santiago, comprenderlas y seguir sanando mis heridas que desde su partida habían ido cicatrizando poco a poco, pero de manera consistente.

Hasta ese momento yo no había comprendido que una baja autoestima me había llevado a entregarle mi amor a quienes no me valoraban, como si en el sufrimiento me dignificara o en la renuncia a ser verdaderamente amada me estuviera flagelando por mis faltas e imperfecciones. Mi reciente separación me había obligado a asomarme a mi enredadera interior. Todo lo que vivimos es el producto de lo que con conciencia o no hemos sembrado y recibido a lo largo de nuestra vida. Y algunos de esos arbustos o espesos matorrales se nutren del desencanto humano, del resentimiento, de la envidia, produciendo frutos amargos. Su mayor peligro es que crecen en silencio, a la luz de las sombras, irradiando su veneno al interior del individuo que es el único que puede cortarlos, o mejor aun, arrancarlos de raíz para evitar que vuelvan a crecer.

Yo no era inmune a esas raíces insanas que habían comenzado a crecer en mí mucho antes de saberlo y que luego pude comprender que se habían empezado a manifestar en comportamientos desadaptados, como fue mi atracción por los hombres mayores, supuestamente maduros, de hablar pausado y conversación interesante, esos que lograban atravesar el umbral de mi indiferencia por medio de palabras y conversaciones inteligentes. Por el contrario, los muy jóvenes me parecían inmaduros y superficiales. Por esa misma época se me dio por creer que tenía que apurarme en aprender sobre la vida, los hombres y el amor para no quedarme atrás y en esa precipitud de vivir presté mis oídos a una gran cantidad de información distorsionada que de manera ingenua pero real impactaron mucho en mi conciencia. Realmente fueron muchas cosas las que marcaron mi paso de niña a mujer, de niña santa, como me decían mis amigas, a mujer no tan santa porque no saber decir no a muchas proposiciones me llevaron a vivir a destiempo, ignorante como era de que todas las situaciones y experiencias por triviales que parezcan dejan huellas imborrables. Pocos eventos pueden ser considerados neutros, la mayor parte de las personas no pasan sin dejar huella, las palabras siempre cumplen su cometido y todos nuestros actos van conformando nuestra conciencia y nuestro futuro, en ese sentido prácticamente ninguna de nuestras acciones y decisiones es intranscendente.

Como no lo fue la tarde que entramos a cine con un grupo de amigas del colegio a ver una película con censura argumentando que debíamos presentar un informe para la clase de religión, apenas lógico porque la película se llamaba El Exorcista. Las mentiras estaban a la orden del día para justificar, para evadir o para tener el control, lo descubrí con mis amigas, utilizando esa habilidad con la que creíamos poder crecer y ser libres más rápidamente, diciendo y haciendo las cosas que hacían los grandes porque nuestra mayor motivación era terminar el colegio y tener dieciocho años, la edad que, por lo menos a mí, me daría paso a la libertad y a disfrutar de ese universo misterioso al cual no podía tener acceso por ser menor de edad. Así que ese miércoles por la tarde, sentadas en la primera fila de la sala de cine como para no perdernos ni un detalle, tuve por primera vez un cigarrillo en mis manos. Miré a mis compañeras para decirles que yo no fumaba, pero todas me dijeron que era muy sencillo. Entonces lo acepté, sin decir nada acepté, por mi incapacidad de decir no, por un temor a sentirme rechazada por ellas y ser la burla del grupo, o tal vez por una curiosidad necia frente a algo desconocido que no me llamaba la atención. ¿Cuántas veces haría lo mismo? No lo sé, pero de alguna manera se convirtió en un acto repetitivo en mi vida, hacer cosas que no quería para complacer a otros. ¿Cuántas veces lo que parece sencillo resulta ser tan complicado? Creyendo que era muy fácil eso de fumar aspiré una bocanada de humo que no me cupo en la boca y que me dejó sin aliento. Tosí hasta botar el sabor tan desagradable que me agrió la saliva. Tan afortunadamente desagradable que terminó siendo el único intento de aprender a fumar. Luego ya nadie me lo prohibió y muchas oportunidades tuve, pero nunca más fui tentada a hacerlo, ni siquiera cuando años más tarde algunos de mis amigos de rumba me repitieran que lo único que me faltaba para ser perfecta era fumar y tomar. ¡Santo remedio! como diría mi mamá.

Con el licor me sucedió algo peor cuando se me ocurrió conocerlo de cerca, en una boda en la que yo era una de las damitas de honor. Nadie se percató de que pasaba por todas las mesas probando las diferentes bebidas. Al principio no sentía nada extraño por lo que llegué a creer que con razón a la gente le gustaba tanto beber. Me pareció divertida mi travesura hasta que empecé a sentir que todo a mi alrededor giraba sin poderlo detener. A esa hora me metieron bajo la ducha donde mil rostros me miraban burlonamente y todas las voces del mundo me hablaban a la vez. El agua caía a chorros directamente sobre mi cabeza, lavando sin compasión mi rostro y mi hermoso vestido color de amanecer hasta desprenderle todo el brillo. Luego me dieron una infusión de cebolla que dijeron era lo mejor para quitar la borrachera. Lo que me produjo fue unas ganas horribles de vomitar, vomitar y volver a vomitar hasta dejar mi estómago totalmente adolorido y pegado a las costillas. Después me acostaron y el mundo seguía girando sin parar. Fue espantoso, pero casi peor fue el consabido guayabo. El vacío persistiendo en mi estómago, la sed que no se calmaba con nada y el dolor de cabeza tan fuerte me hicieron jurar que nunca más volvería a cometer tamaña brutalidad. Y lo cumplí porque desde ese día no fui capaz de tomar más de un trago, a lo sumo dos como la raya que nunca más debía pasar si no quería volver a vivir la misma experiencia tan repulsiva. Fue todo un aprendizaje porque esa vivencia me cerró de por vida la puerta a cualquier nueva práctica alcohólica. Si ya había aprendido lo desagradable que era ¿para qué volverlo a vivir? ¡Ojalá así hubiera sido con todo! Pero no, en lo tocante al tema del amor, mis elecciones generalmente equivocadas me fraguaron un futuro de desencanto, de humillación, de abuso físico y emocional. Yo misma, sin saberlo, fui depositando mi esencia en manos de otros talladores porque en mi ignorancia y búsquedas prematuras no pude medir las consecuencias de los juegos del amor nunca intrascendentes. La vida me enseñó que es peligroso jugar a ser grande antes de tiempo y que no hay nada que lastime y fraccione más el alma femenina que las exposiciones prematuras al mundo del pretendido amor porque no entender que todo tiene un momento y un propósito nos lleva inevitablemente por caminos de aflicción, caos y desencanto. Tal vez eso querían decir las abuelas con su famosa frase de "madurar biches", tan común en mi tierra.

¿Te gustó? Fue la pregunta de mi novio grande y hermoso que en lugar de amarme me llevó a conocer el sendero desconocido del que tanto hablaban mis amigas del colegio. Tuve que pensar en un delicioso helado de vainilla y suspirar largo para tomar fuerzas antes de responderle…, Siiiiii. ¿Por qué la mayoría de las mujeres tenemos desde niñas esa tendencia tan equivocada a complacer y callar nuestros pensamientos solamente para hacer sentir a gusto al sujeto de nuestro supuesto amor? No lo sabía, pero eran raíces que traía enredadas y cuyo origen estaba en las creencias que me fui formando cuando pensaba que a mi madre le había faltado ser más condescendiente con mi padre y que si lo hubiera sido con toda seguridad esa relación no habría tenido ese desenlace. Lo que no sabía en ese entonces es que en mi edad de la razón y supuestamente de la madurez, esas creencias se habían afirmado convirtiéndose en un patrón dominante: Necesidad de complacer, necesidad de aceptar, necesidad de ser lo que el otro espera para evitar cualquier rechazo o conflicto.

En ese ir y venir de cada día y de las risas asomadas entre los helados y las galletas, cantando canciones de grandes y escondiendo mis pensamientos, fui aprendiendo a ser la novia que él quería que fuera, disimulando entre conversaciones aparentemente maduras la escasez de mis años porque odiaba que él me dijera que era una niña y tampoco me atrevía a decirle que muchas de sus conversaciones me parecían triviales, por el contrario, le festejaba todas sus bobadas y chistes repetitivos porque eso era lo indicado. Sin embargo, nada de eso fue suficiente para protegerme de la herida, igual de precoz, al enterarme con el paso de los meses de la verdad escondida de una novia grande como él. En mi corazón ingenuo quedó la tristeza y la marca del engaño de un hombre en el que había confiado, aunque no fuera perfecto ni maduro como aparentaba ser. Frente al nuevo panorama de un amor imposible nació en mí otra raíz insana, la obsesión de una reconquista que levantara mi dignidad pisoteada por el simple hecho de ser demasiado joven, sumado a una culpa-vergüenza-secreta por mis actos ocultos con él, unido a una certeza indeseable de que a pesar de todo le pertenecía a él, encantado o no, mentiroso o no, traicionero o no… Una más de las tantas ataduras o taras femeninas que se tejen a lo largo de los años en un mundo eminentemente machista y en el que yo no era capaz de dimensionar las consecuencias de mi comportamiento basado en la ignorancia total de las leyes supremas e irrevocables del universo, del amor y del desarrollo humano.

Sí, existe un amor puro, noble, constructivo y un amor perverso, tóxico, diabólico inclusive porque cualquiera sea el caso, la primera experiencia sexual marca irremediablemente la vida de las mujeres y también de los hombres, aunque la mayoría lo ignore o se resista a aceptarlo. ¡Cuánto camino me faltaba por recorrer y cuántas cosas hubiera evitado vivir con sólo haber sabido esa verdad tan profunda y absoluta!, pero nadie me lo dijo, ni siquiera las amigas que creían saber sobre el amor, ni Esmeralda Amórtegui que debía saberlo por experiencia propia pero que lejos estaba de mi hacía mucho tiempo, en fin, ¡Nadie me lo advirtió!, pensaba muchos años después, sentada en la sala de mi casa pretendiendo unir las piezas del rompecabezas de mi proyecto de vida fallido con Santiago Torres Acero. Así me lo hubieran dicho de todas maneras me habría equivocado pero tal vez con conocimiento de causa porque en las cosas del corazón nunca tendremos suficiente información ni entrenamiento; es algo que se aprende en la marcha y esa era la experiencia que me había correspondido vivir no trágica sino inexpertamente para luego ganar la comprensión correspondiente y necesaria. Ahora lo sabía y no debía pensar que era demasiado tarde, nunca sería demasiado tarde para aprender ni para enderezar el camino por torcido que pareciera.

Esa era yo, una niña que pretendiendo saber de temas de mujeres, en mi soledad escribía poesías a una madre lejana y a un príncipe hermoso que un día vendría a salvarme, a rescatarme de esa vida de injusticia para recorrer conmigo el planeta y mostrarme que había una manera de vivir muy distinta a la que conocía en esa edad de los capullos en flor, de los sueños dorados, de los príncipes que vuelan en corceles blancos con armaduras a prueba de desencantos y espadas afiladas en busca de una princesa que cante los versos más bellos de amor eterno. La edad de los primeros besos, de los primeros amores, de la inocencia que se despierta hambrienta de respuestas.

Muchos años después estuve en el punto de madurez necesario para comprender que la mujer es el principio receptor y concebidor de la naturaleza y el hombre el principio generador o emisor. Por eso de tal unión nace la vida, como lo más sagrado que existe. Hombre y mujer, o en términos generales, varón y hembra, somos partes de un todo, pero no idénticos sino complementarios. El Libro de Oro enseña que Dios creó a Adán formándole del barro y soplando en él aliento divino, aliento de vida. A Eva por su parte la sacó del hombre, a petición de éste y por su necesidad evidente de una compañera ideal. La tomó de él, de sus necesidades, de su naturaleza, de una costilla para simbolizar que no es inferior ni tampoco superior, pero en realidad esa afirmación indica que la tomó del alma, es decir, de donde estaba ubicada la exigencia natural de Adán por alguien que fuera su compañera ideal.

La mujer debía ser lo suficientemente parecida a ese primer Adán para que pudieran ser amigos y a la vez lo suficientemente diferente para tener relaciones físicas y sexuales en una fusión perfecta de cóncavo y convexo. Eso exactamente hizo el Creador. Él tenía muy claras las características tan especiales de cada uno y sus propósitos. Dios no expulsó a Adán y a Eva del paraíso como consecuencia de que comieron del árbol del conocimiento del bien y del mal. Ese acto de la primera pareja humana encierra muchas otras consideraciones o lecturas. Pudo ser un grito de rebeldía o de libertad. Una manifestación de la necesidad innata de los seres humanos de recorrer caminos diferentes arriesgándose al fracaso que implica renunciar a lo perfecto para ir tras lo imperfecto. Tal vez representa una voz de liberación de la primera Eva, marcando a todas las hembras con ese impulso natural de búsquedas, de retos y de sueños. Una expresión del rechazo femenino a someterse a un hombre que aparentemente se dejó convencer para luego culpar de su decisión a su compañera de vida. Eterno modelo que ha prevalecido en un género que sucumbe a las tentaciones, pero no admite responsabilidad y frente al cual las mujeres históricamente hemos llevado la peor parte. ¿Cómo saberlo? Había dado mi vida por Santiago y aun así él me culpaba de todo lo sucedido, de lo desagradable, lógicamente. Finalmente, ambos, es decir Adán y Eva, se dejaron intoxicar, primero al abrirse a la tentación de alimentar su mente del árbol del conocimiento del bien y del mal, segundo, perdiendo la armonía y la convivencia pacífica propia del nivel de existencia en el paraíso. Lo más grave es que al abrirse al bien y el mal se introdujeron en las arenas movedizas del juicio, raíz de todos los temores, con lo cual entraron en disputas, en recriminación, en culpas, todo lo cual los excluyó del paraíso, entendido como la convivencia armónica. Ellos no fueron expulsados literalmente, sino que voluntariamente se cerraron a los privilegios de esa convivencia a la imagen de Dios; igual nos ha sucedido desde entonces a todos los hombres y mujeres de la humanidad que no sabemos superar el nivel de juicios, en otras palabras, de temores, con lo cual bloqueamos la energía superior del amor hasta caer en la autodestrucción y destrucción de los demás, en especial de los más cercanos. En conclusión, el temor, en cualquiera de sus manifestaciones nos sume en la inconsciencia y ésta es la que acaba con la armonía en las relaciones. Por eso la opción más sabia es poder sobreponernos a los juicios que limitan nuestra existencia y nos mantienen en un nivel bajo de conciencia.

Estaba sola y entendiendo que la separación me había servido para deshacerme de la espesura interna que había querido anularme; aprendiendo a no avergonzarme de mi pasado, sino a buscar las raíces de mis paradigmas y de los modelos mentales heredados e impuestos de manera automática desde el hogar, el colegio, las influencias igual de limitadas en cada etapa de mi vida. Tal vez lo más valioso de mi aprendizaje era poder reconocer las motivaciones ocultas de las muchas veces que dije sí queriendo decir no. Podía pensar que había sido inútil pero el propósito se había cumplido pues más allá de pretender sentirme fiel a Santiago sin que él me lo pidiera y sin que lo mereciera, me quedaba la certeza ganada de haber superado esa inclinación nefasta a hacer cosas que no quería por el simple hecho de complacer a otros a costa de mi sacrificio o por pretender tener relaciones en paz, llevando la carga sobre mis hombros, como un conflicto callado y nunca resuelto. Así que estaba dando un paso enorme en mi propio desarrollo, en la reconstrucción de mi autoestima tan pisoteada y por supuesto en mi dignidad y valía.

Una mujer no iniciada en el terreno de la sexualidad posee un alma común con todas las mujeres vírgenes que es el sello de la naturaleza divina viviendo en ella, simbolizada en el himen. Al romperse este sello a través de la iniciación sexual se da vida a una condición nueva, humana, diferente a la fuerza creadora inicial, que vivirá en ella a partir de ese momento, determinando en gran medida la felicidad o la desgracia en su vida afectiva, dependiendo del nivel evolutivo de su primer compañero sexual. Este secreto espiritual permite descifrar, en parte, el meollo de la virginidad que transciende el plano moral. Resulta que la calidad humana del primer amante, su delicadeza, amor, caballerosidad o bajeza y agresión quedan grabadas de manera indeleble en el alma de la mujer que las recibe, así como los estados de conciencia y de espíritu que estuvieran en él durante ese primer coito. Las relaciones posteriores con otros hombres no logran modificar la marca negativa o impronta espiritual que haya dejado en su ser su primera relación sexual. Si el iniciador fue un ser agresivo, patán, bajo en su nivel de desarrollo y el segundo un hombre maravilloso, elevado, amoroso, la influencia del segundo, por perfecto que sea no podrá borrar los estragos de la relación inicial, la cual se mantendrá de manera inconsciente o no reconocida en el alma femenina y sólo será superada cuando la mujer haya logrado llegar a un grado de conciencia tan alto en el cual todos los demonios o creencias limitantes que la han marcado sean eliminados de su mente y de su espíritu, lo cual no es un trabajo fácil.

Desconocido o ignorado por la mayor parte de la humanidad, la iniciación sexual viene a ser la experiencia más decisiva y trascendental en la vida de una mujer, no por razones legales, morales ni religiosas sino por las implicaciones espirituales de la misma ya que el despertar de la sexualidad femenina determina su crecimiento o su degradación e igualmente el establecimiento generalmente inevitable de una atadura psicológica y almática con su iniciador, que por lo general se confunde con amor, así en lo físico nunca se vuelvan a encontrar ni lo recuerde más. De ahí que sea tan importante tener claridad de quién va a ser esa primera pareja sexual por la poderosa fuerza creativa de esa unión, más allá de la reproducción humana. En el caso de los hombres también se da esta unión almática, por eso la mayoría de varones que inician su vida sexual mediante la unión con una prostituta tienden a mantener a lo largo de su vida esa misma tentación, reflejada en promiscuidad sexual o infidelidades.

Ahora, en el caso de la mujer resulta ser más determinante porque por su naturaleza ella es una especie de útero en el que se depositan las semillas o simientes de los hombres que a ella lleguen. Por eso las mujeres que indiscriminadamente reciben distintas fuerzas masculinas terminan por perder su identidad, alejándose de su esencia primera o divina, porque la mujer es como un vaso frágil, no precisamente como sinónimo de debilidad sino en el sentido de su delicadeza y de lo fácilmente que se puede contaminar de acuerdo con lo que el hombre deposite en ella, ya que muchos llegan cargados de desperdicios, mentiras, violencia, agresión que producirán efectos consecuentes. Otros comparten niveles elevados de amor, respeto, ternura, entrega, que producirán frutos acordes con esa naturaleza. Muchas cosas dependen de lo que la mujer permita entrar en ella y en su alma, en su útero, en su ser, hasta el mejoramiento de la humanidad, de su nivel de relaciones, desarrollo de conciencia y en general de la raza humana.

Este planteamiento no es del agrado de las posturas feministas, ni de los defensores de las relaciones libres y sin compromiso, pero es una revelación altamente feminista, un llamado a rescatar el profundo sentido de vida que habita en la mujer. Tal información ha sido vedada a fin de mantener un estado de cosas que favorezca el afianzamiento de una sociedad narcisista y consumista donde todo se consume, hasta el sexo sin responsabilidad, compromiso ni transcendencia, por un desconocimiento social e individual en torno a las implicaciones de dicho consumismo que alejan a las personas de esta verdad, constituyéndose en parte de las muchas cortinas de humo o distractores en los cuales vive la humanidad. No olvidemos que el sexo es una de las características más poderosas del ser humano, es la fuerza creadora y más allá de que tengamos o no relaciones sexuales, esta fuerza se hace evidente en nuestra capacidad de crear, en nuestra pasión en lo que hacemos, en nuestra imaginación donde se transmuta la sexualidad sabiamente entendida y llevada.

Tal vez un poco tarde pude acceder al conocimiento y claridad sobre el profundo valor de mi sexualidad. Mi cuerpo es el lugar en el que habita mi creador, mi esencia suprema o mi acomodador espiritual. Por ello me sentía segura en esta nueva etapa de mi vida, manteniéndome voluntariamente apartada de cualquier manifestación de supuesta liberación femenina porque para mi entender ser mujer no es sinónimo de promiscuidad sino de dignidad. Tema álgido de tratar porque no es de fácil comprensión ni socialización en una cultura machista, predominante aún en las mismas mujeres, presionadas de muchas formas por esos mensajes de liberación que ha llevado a un gran número de ellas a convertirse, tal vez sin darse cuenta, en un simple objeto de deseo. El poder mediático usa figuras femeninas y masculinas desde el plano meramente visual y sexual para seguirnos manteniendo atados a la tentación, como el piso seguro de un pobre nivel de conciencia. Una consecuencia de ese ataque generalizado es la falta de identidad o aceptación de la propia imagen a causa de la estandarización de patrones de belleza socialmente exigidos, lo cual nos evidencia una vez más el grado básico de conciencia generalizado, donde predomina lo banal sobre lo trascendente, considerando como divino al que cumple con esos patrones superficiales de belleza física, olvidando que lo divino se refiere a nuestra naturaleza.

Hasta ahora estaba comprendiendo que como consecuencia de esa primera experiencia que alteró mi alma fue que me negué la posibilidad de construir una familia con Felipe Leal quien en lugar de caballo llegó en una moto poderosa con un corazón de noble caballero, todo lo cual fue insuficiente para desatarme de mi ignorada tara amorosa porque desconocía que las mujeres que no aprenden a amar quedan inhabilitadas para reconocer y aceptar el verdadero amor hasta tanto no sean conscientes de esa creencia tan limitante. Quedamos absurdamente predestinadas a buscar en el sufrimiento la expresión más elevada del amor. En mi caso esa situación se repitió varias veces, cada vez que descarté a hombres sinceros, respetuosos, responsables, prefiriendo a otros no tan correctos, ni tan respetuosos, hombres que no me ofrecían un amor tranquilo sino un panorama de engaño, de angustia, de sufrimiento, siendo Santiago Torres el que se llevó todas las palmas, absoluto ganador de esa jauría masculina. Me reconozco en ese sentido como un arquetipo de Eva, por mi elección de cambiar la tranquilidad de un paraíso conocido por una vida de incertidumbre, de permanente oposición entre el bien y el mal, como banderas que indican que estamos instalados en un mundo de juicios, los cuales nos llevan a tumbos, alejándonos de la posibilidad de alcanzar una conciencia superior.

Largo ha sido mi camino de sucesivas elecciones dictadas por una conciencia limitada como expresión de los paradigmas que había acumulado en mi mente y en mis emociones, evidenciadas en la escogencia de relaciones acordes con mi nivel de desarrollo, las cuales me llevaron a asumir la negación como esa verdad no aceptada del engaño, el sometimiento y el abuso emocional. Yo era el ejemplo típico de ello. No estando preparada para un amor sano, opté por un príncipe que me atrapó con su mirada y sonrisa encantadoras, montado en un corcel negro, no precisamente para rescatarme y mucho menos para redimirme de mi pasado sino para sumirme en la profundidad de un amor destructivo. Un príncipe de antifaz y látigo que me hizo conocer todos los límites inimaginables del dolor y del escarnio. Cuando una mujer no tiene el suficiente amor propio ni una clara conciencia de su valía y de su dignidad, cambia lo acertado por lo equivocado, rechaza el amor sincero que endulza la vida para meterse en el túnel misterioso del supuesto amor que hiere sin piedad. Desafortunadamente yo desconocía que los esquemas de relaciones insanas que marcaron mi infancia me llevaban a desechar las relaciones sanas y estables prefiriendo las que me lastimaran o en últimas que no edificaran, es decir, relaciones sin propósito, en un círculo vicioso de ilusión y sufrimiento, tanto de mi parte como del otro, porque cuando no tenemos un patrón correcto de relaciones también caemos en el rol del que lastima, en otras palabras, del victimario. Como para completar este panorama, las mujeres provenientes de hogares disfuncionales guardamos la convicción de que no merecemos ser amadas por lo cual, en un alto porcentaje, terminamos atascadas en relaciones complicadas de amor y desamor, dolor y odio, entrega y abandono, resignándonos a esa manera de amar como única vía posible de mantener el ídolo en su lugar, convencidas de que esa es la mayor muestra de amor y adoración y el único camino posible para mantener una relación afectiva por dañina que sea.

En el momento de mayor esplendor de mi vida Santiago Torres Acero se apareció como el más gallardo salvador, como el único y verdadero, el más apropiado para mí, no había un candidato mejor, más hermoso y perfecto a los ojos de mi alma, marcada por el error y la imperfección de mi historia y en especial de mi propio inicio sexual. Por supuesto, en mi ignorancia espiritual desconocía que en Santiago convivía una multitud de seres espirituales densos y tóxicos que se conectaron con los seres de igual naturaleza espiritual que habitaban adormecidos en la parte oscura de mi alma, esperando el momento de salir. Ellos se dieron vida mutuamente, alimentándose en cada entrega, nutrién-dose en cada encuentro de energías que se unieron magnéticamente en lo que a simple vista parecía un amor a toda prueba, de dimen-siones exorbitantes y sobrenaturales pero que, al paso de los años, se convirtió en un ser con vida y personalidad propia, sin ninguna sujeción a sus padres espirituales.

Santiago traía adherida a su alma una profunda impronta de depen-dencia sexual y lujuria, iniciada a temprana edad en los cuartos de prostitutas donde adquirió los mil espíritus demoníacos que hombres insanos habían depositado en ellas. Sin saberlo él adoptó esos hijos espirituales nacidos en la oscuridad y en la ignorancia. Los nutrió con sus múltiples fantasías eróticas, con conversaciones inapropiadas, con películas pornográficas. Los fortaleció con historias vulgares, con publicidad erótica, con prácticas carnales, anales y orgiásticas que le alejaron cada vez más del amor sano y sincero haciéndole creer, sin lugar posible a dudas, que el sexo por el sexo era la razón de la existencia, que el orgasmo era el fin único de un encuentro sexual y la fantasía el plato central. Se apartó o desconoció desde siempre la forma natural y sencilla de amar a una mujer, la cual no lograba transcender en su imaginario como un objeto de deseo, alguien en

218

quien reflejar sus fantasías, a quien hacerle la transferencia de sus espíritus sexuales consentidos y permanentes. De esa manera fue que se conectó conmigo, operando desde su inconsciencia y la mía. Primero proyectó sobre mí su fantasía, su fantasma mimado al que le dio vida a partir de ver en mi la imagen de la mujer de sus sueños. Por un tiempo se convenció de que yo era la pareja ideal a causa de su proyección sexual. Más tarde, al ir descubriendo que yo no estaba alineada con sus búsquedas y apetencias bestiales y que cada vez nos desfasábamos más en esa línea, se dedicó a recuperar su fantasma que era lo realmente valioso para él. En su desapego de mí, o de la imagen que se había formado de mí como la receptora perfecta de sus fantasías, salió precipitadamente a buscar otra mujer real que le prestara su cuerpo o le recibiera con su fantasía incluida para volver a encarnar en ese otro cuerpo su visión erótica predilecta. Estos indi-viduos centrados en su perversión de alguna manera buscan una muñeca inflable que se ajuste a sus apetencias. Mujeres frívolas, superficiales o cabecihuecas, o mujeres con un nivel muy bajo de conciencia, identidad y autoestima. En términos generales mujeres que han crecido con la creencia tan limitada de no negarse a ninguna de las pretensiones de su pareja con la idea de que esa es la manera de mantenerlo a su lado, esas son las que se acomodan perfecta-mente al patrón de hombres como Santiago Torres. Son las muñecas inflables de hoy, rellenas de silicona, ajustadas por el bisturí, acomo-dadas a esquemas de belleza socialmente establecidos que las alejan cada vez más de una identidad femenina auténtica. Los patrones o moldes son eso, esquemas, modelos, imposiciones. Las mujeres que no conocen su verdadero valor pagan para ser encajadas o modeladas a fin de alcanzar el éxito en medio de una sociedad que se mueve por estereotipos. Triste realidad de quienes no han forjado una identidad de aceptación propia, de valoración, de gratitud y de reconocimiento como obras perfectas salidas de las manos del mejor de los escul-tores. ¿Quién ha dicho cuáles son las medidas ideales? ¿Quién ha establecido que hay un modelo de nariz estándar? Peor aún, ¿quién estableció que las personas que no se aceptan cómo son deban pagar grandes sumas de dinero para convertirse en las muñecas inflables que satisfagan los deseos de quienes tampoco tienen claridad sobre el verdadero valor de una mujer? ¿Quién entonces es el que se ha cosifi-cado? La mujer ha permitido ser humillada de esa manera al meterse, muchas veces sin saberlo, en un mercado de oferta y demanda donde se deben vender de la mejor manera. Si alguien ama acepta, no exige que se deba cambiar un cabello oscuro por uno rubio, ni unos senos naturales por unas siliconas. Sin embargo, la excusa incuestionable de Santiago era la de hacerme ver tanto a mí como a cualquier otra que hubiera estado en mi lugar, como la más imperfecta, vacía y vulgar mujer, desprovista como por arte de magia de todo encanto. El paso siguiente de esta clase de sujetos es repetir una y otra vez el proceso, sin preocuparse por entender que el vacío no es la falta de algo en su compañera, sino que proviene de él mismo, de sus fantasías incontrolables y dominantes, no de un ser real. Ahora podía entender que yo no había dejado de ser la compañera idónea, sino que había dejado de encajar en la imagen fantasiosa que él mismo se había creado para dar vida a su propio espectro sexual, desconociéndome por completo, apartándome como una muñeca que ya no le servía. Era un comportamiento a todas luces aberrante para no caer en juicios porque una persona no es su conducta, pero dentro de los patrones culturales de la sociedad pocas cosas se ajustan a esa denominación ya que todo parece ser normal y válido. Esa era su forma de amar, era lo que Santiago sabía dar y lo que no quise recibir a pesar de mi incapacidad ya superada de no saber decir no, por mi temor inconsciente a ser rechazada. Y por ese cúmulo de temores y de paradigmas me sometí a muchas cosas, acepté demasiadas contra mi gusto, contra mis deseos, llena de esperanzas y con toda la negación posible de la realidad, queriendo creer que él superaría cualquier circunstancia. No obstante, por las razones que fueran y sin lugar a justificaciones innecesarias, me sometí a una relación cuyos resultados no podían ser diferentes al abuso y al fracaso.

Una perversión o patología sicológica engendra muchas otras. El psicópata es, innegablemente, una persona tremendamente manipuladora y de un encanto a toda prueba. De ahí que quienes hemos tenido la desgracia de ser pareja de este tipo de individuos, conocidos como psicópatas integrados, terminamos convirtiéndonos, más tarde o más temprano, en mujeres dependientes e inseguras. Eso puedo ver ahora, a la luz del retrovisor del dolor que ya pasó y del aprendizaje que he logrado. Me convertí en alguien que vivía en función de un psicópata experto en parasitar a su contraparte con el propósito de anularla. Santiago vivía enfocado en sus intereses propios, desconociendo de manera campante mis necesidades y pensamientos o los de nuestras hijas. Cuando empezó a ver que sus manipulaciones no me doblegaban y dándose cuenta que yo no era una muñeca inflable ni el objeto de sus deseos sexuales, entonces recurrió a otro tipo de estrategias de humillación y agresión, por ejemplo, me acusaba de robarle cosas, las cuales muchas veces encontré escondidas, como una cámara fotográfica, o dinero; de revisarle todo, de perseguirlo, de hostigarlo, incluso de atacarlo físicamente. La realidad es que muchos matrimonios no son ajenos a esta situación de persecución y abuso psicológico del hombre hacia la mujer, en un deseo de dominarla y someterla a sus caprichos. En este punto límite de una relación insana el hombre realmente goza infringiendo humillaciones, castigos, desprecios e insultos que atribuye a supuestas faltas de su compañera de fórmula, no importándole si son ciertas o no. En la mayoría de los casos las inventa con cabeza fría. El objetivo es generar desesperación y culpabilidad en su compañera para poder propiciar continuas situaciones de conflicto, de sumisión, de ansiedad, de humillación, de culpabilidad especialmente, que le permitan desencadenar problemas reiterados. De esa manera la convivencia se hace insoportable hasta crear motivos reales de separación. Todo este obrar de Santiago era consciente como parte de su estrategia para poder huir del lugar que ya no le proveía diversión ni el logro de su prioridad que era el disfrute sexual extremo y sin compromisos.   De ninguna manera aceptaba que estuviera moviéndose en los límites peligrosos de la perversión. Tampoco aceptaba que fuera una deslealtad a nuestro compromiso y proyecto de vida. La convivencia se nos volvió entonces un círculo vicioso de acusaciones, arrepentimientos fortuitos, sentimientos de culpabilidad, humillación, impotencia, imposibilidad de cortar el círculo y como broche de oro, encuentros sexuales apasionados como válvula de escape o de emergencia con la que continuábamos bombeando más cargas negativas y nutrientes contaminados a nuestra relación ya deteriorada y envenenada, en la creencia todavía más dañina de que todo se empareja en la cama, con lo cual seguíamos alimentando esos espíritus inmundos de desunión.

Nada puede ser peor que tener relaciones sexuales en medio del conflicto, como una vía de escape, con emociones encontradas, con ira y dolor en el corazón o como un paliativo a las dificultades, eso es absolutamente dañino, tóxico, insano y su fruto no puede ser de otra índole. El sexo como una solución, una evasión o un medio para alcanzar placer sin ninguna transcendencia se convierte en sexo animal, genital, físico, y peor aún, en sexo depredador. Las relaciones integras, respetuosas, pacíficas, con un fuerte componente espiritual son las que satisfacen, reconfortan, llenan, y construyen llevando a entregas que van mucho más allá de lo meramente sexual porque transcienden a lo espiritual. Las relaciones compulsivas dictadas por el deseo producen desengaño, envilecen, separan y finalmente conducen a la muerte del alma, de los sentidos y de la conciencia y propósito supremo del amor.

Santiago Torres Acero, como tantos otros hombres y mujeres, es el estereotipo y víctima predilecta de un sistema que satura los sentidos con mensajes de relaciones perversas, aberrantes, sin límites, mostradas como normales, pero realmente antinaturales, lujuriosas más no amorosas ni enriquecedoras del ser. Los hombres por lo general son más susceptibles a este tipo de bombardeo diario de publicidad y sin darse cuenta terminan metidos hasta el fondo en la maraña de la mentira y del engaño. Corren tras espejismos que tienen a su alrededor sin saber que a la postre terminarán más vacíos y contaminados. Poco a poco todo su entorno se convierte en oscuridad y en odios insospechados ocasionados por su comportamiento compulsivo o adictivo que cada vez necesita más, como toda adicción.

Algunas manifestaciones de estas conductas apremiantes y descontroladas que arrastran la energía creadora y creativa del ser humano se reflejan en comportamientos como la sensualidad premeditada o manipuladora, la promiscuidad, el placer por el placer mismo y la seducción. Otras características son el narcicismo, el masoquismo, el voyerismo, sadismo, sexo anal, sexo inconcluso, orgías, intercambios, prostitución, sometimiento, violación. Todo lo cual muestra las carreras frenéticas y bestiales de una sociedad altamente contaminada que corre tras orgasmos de placer y no del alma. Encuentros cercanos pero lejanos, entregas falsas, coitos salvajes, infidelidad, engaños, y toda una serie de autoengaños y manipulaciones que saturan el planeta de morbo y lujuria carente de todo sentido constructivo y creativo, tergiversando el propósito de la sexualidad. De esa manera se va poblando el planeta de hijos pervertidos y padres desconocidos, desprovistos de la esencia pura del amor. Esa es la vida de los amantes de turno que van por calles y avenidas, hoteles de sexo y perdición, camas ajenas y contaminadas que llaman a ser usadas, recibiendo un sinnúmero de retoños espirituales de la más baja calidad energética que rondarán eternamente en caminos oscuros en busca de experiencias y cuerpos que los reciban y los cuiden para seguirse multiplicando infinitamente, aparejado al paradigma socialmente aceptado de libertad, que se ha fortalecido con los modelos de educación y de libre expresión de la personalidad.

La estrategia del manipulador afectivo o psicópata relacional funciona en dos fases. La primera es hacer sentir a su víctima que es la pareja ideal, la persona perfecta, la más amada e irreemplazable, manipulando así el plano emocional, afectivo y preponderantemente el sexual, a partir del cual se genera la más estrecha conexión. En esta fase inicial la víctima recibe todo un bombardeo de amor que la hace sentir el centro del universo de su pareja, es decir, del psicópata. Es la etapa de las conversaciones largas y agradables, de la aprobación, de las dedicatorias, canciones, mensajes, flores, regalos, atenciones que hacen que la víctima perciba sin lugar a dudas que es una relación diferente a todas las anteriores y sienta una seguridad absoluta de haber encontrado su pareja ideal. Es una estrategia de seducción basada en una altísima calidez gracias a la gran habilidad que tiene el psicópata relacional de propiciar empatía a todo nivel. Lógicamente que de la mano con esta seducción va aparejada una agenda oculta que nunca se la dejará conocer a su pareja de turno, una lista clara e interminable de lo que espera recibir, pero no de dar. Recordemos que el psicópata es una persona sumamente ávara yególatra, en ese sentido siempre estará preparado para recibir en grandes cantidades y lo que da lleva esa expectativa, recibir cada vez más. Dada la sobredosis de seducción que recibe la víctima, cae prontamente en un profundo estado de enamoramiento. Su cerebro segrega cantidades ilimitadas de la hormona del amor que acto seguido va a producir una adicción muy fuerte que conlleva la pérdida del control. La adicción por amor incapacita o disminuye ostensiblemente la posibilidad de terminar la relación haciéndose una víctima cada vez más vulnerable del manipulador, una persona sumisa y dependiente en grado sumo de su agresor. Una característica del psicópata es su personalidad narcisista, autoritaria, manipuladora que lo hace querer tener siempre la razón y el control. En la relación de pareja buscan dominar, subyugar o someter al otro en el deseo de sentirse fuertes. De hecho, la relación de pareja alimenta esa necesidad perversa de dominio para la cual la táctica utilizada es la triangulación, que consiste en generar celos a través de una tercera persona, que puede ser real o ficticia, como parte de la manipulación y daño emocional que el psicópata busca producir en su pareja sin que ésta alcance a entender ni interiorizar que está siendo utilizada. El objetivo es el de inducir a la víctima a caer en la celotipia, valiéndose de mensajes vía celular, correo electrónico, redes sociales, etc., para poder acrecentar los conflictos y culpabilizar a la víctima por sus celos, apego, dependencia, falsedad, reclamos, inseguridad, etc. Al cabo de un tiempo la persona que no había sufrido antes esas situaciones de celos empieza a creer que sí es la culpable porque el psicópata la hace sentir de tal manera, aumentando drásticamente su tendencia a culpabilizarse, a sentirse incapaz, dependiente, parasita de su victimario. En pocas palabras una persona sin valía. Ignora que todo lo que está viviendo, pensando y sintiendo es el resultado de una baja o vil maniobra de sometimiento, lo cual es absolutamente terrible porque la victima vive en carne propia esa situación nueva y agobiante en la que se va enredando cada vez más, llegando al extremo de espiar en el afán de encontrar respuestas, completamente ajena a que está siendo empujada a hacer esas cosas que no eran parte de su comportamiento. En otras palabras, caer en manos de un psicópata conlleva a la transformación completa pero negativa de una persona normal, convirtiéndola en un ser celoso, desconfiado, inseguro que muy probablemente nunca volverá a ser igual después de su relación con un psicópata, aunque tampoco volverá a vivir tanta postración emocional si logra salir de esa relación tan nociva para cualquiera. Es difícil encontrar una situación emocionalmente más dura que la de haber compartido la vida con un psicópata. Quienes logran sobrevivir a esta experiencia difícil y sumamente compleja de relacionamiento pueden estar seguros de que son muy afortunados, aunque las marcas quedan para siempre, en unos más que en otros.

La gran mayoría de víctimas de un psicópata queda sufriendo del síndrome de estrés postraumático después de haber vivido con un psicopático dominante. Este trauma puede acompañar a la persona durante mucho tiempo, en algunos casos por el resto de su vida. Si no se trabaja o se cura a tiempo se hace crónico, es decir, que mucho tiempo después continúan con el daño que se manifiesta en irritabilidad, hipervigilancia, ataques de pánico, insomnio, desconfianza, inseguridad, tristeza, reacciones desmedidas frente a posibles amenazas afectivas, lo cual complica sus relaciones posteriores a la experiencia traumática. Ese tipo de vínculos en la vida de una persona es un paréntesis que no volverá a ocurrir salvo que se repita esa relación lo cual complicaría mucho más las cosas, pues hace que el problema se vuelva crónico, especialmente cuando la persona afectada decide volver con el psicópata. A pesar de las condiciones lamentables de este tipo de relaciones un gran número de personas vuelve a caer en las manos del depredador relacional. Hay quienes reinciden hasta siete veces con la misma persona o con otra de iguales características psicóticas repitiendo indefinidamente el daño y el modelo de relacionamiento tóxico y desgastante.

En conclusión, el nexo afectivo con un psicópata devasta todo el sistema de confianza de la víctima quien después de un tiempo ya no sabe confiar, ni qué hacer. Infructuosamente busca una salida, una solución, una estrategia que le permita enderezar esa relación que cree importante y vital. Como si fuera poco, termina aislándose o llenándose de una gran inseguridad con respecto a futuras relaciones de pareja. Es necesario que la víctima de un psicópata relacional entienda que es digna del amor sano o normal con otra persona. Eso le ayudará a terminar con esa relación insana y a ser capaz de establecer una nueva correspondencia afectiva en términos saludables y beneficiosos para ambos. A la víctima le va a costar un mayor trabajo aceptar y entender que puede ser amada por lo cual muchas veces termina haciéndole daño a personas sanas en su exagerado deseo de protegerse de posibles abusos. Quiere decir que sus alarmas viven permanentemente activadas y que sin proponérselo en muchos casos se va a cerrar la posibilidad de construir una nueva relación de pareja. Sin embargo, una de las mayores dificultades para el individuo en su rol de víctima, que muchas veces es inocente, ha fortalecido de alguna manera este tipo de comportamientos dañinos y el sentimiento de culpa en el afectado. Lo indicado es poder aceptar que su pareja la manipuló, la engañó, la utilizó y que siempre tuvo una agenda secreta, guardada, escondida. Parte de esa dificultad es que el psicópata se muestra como una persona íntegra, honrada de intención, de acción y de pensamiento, una persona de palabra, de principios, lo cual no coincide con su doblez de pensamiento y de acción. Lo que el psicópata dice no es lo que piensa y mucho menos lo que hace pues siempre tienen un interés propio y buscan su satisfacción a costa de llevarse por delante a los demás, por eso son personas inescrupulosas y sin sentido de culpa hacia nada. Una característica muy visible en ellos es su marcado egocentrismo y narcicismo.

Persistir en la convivencia o relacionamiento con una persona que no ofrece comprensión, apoyo, lealtad, confianza, respeto, lleva inexorablemente a un suicidio emocional o a un proceso que va a terminar en sufrimiento psicológico, emocional y muchas veces físico por las enfermedades que puede generar en la víctima por los abusos y trato violento. La única solución es ponerle límite y freno antes de que sea demasiado tarde porque muchas relaciones de este tipo pueden terminar en verdaderas tragedias ya que el psicópata llevado a su límite es una persona que no tiene el más mínimo reparo en lastimar y destruir a su víctima hasta acabarla. Es necesario que quien es sujeto de un perverso emocional entienda que estas personas no modificarán su conducta y difícilmente desisten de sus comportamientos. A lo sumo se tranquilizan un tiempo, se comprometen a cambiar, ofrecen periodos de relativa calma, de renovado amor, de esperanza en que todo va a ser mejor pero sólo mientras su pareja vuelve a confiar. El psicópata sigue fraguando sus planes de manera callada y en cualquier momento vuelve a asestar la puñalada, el golpe bajo, la estocada, muchas veces final, generando en cada intento un mayor daño a su víctima, quien una y otra vez se ilusiona creyendo ingenuamente que su relación va a poder salir a flote, desgastándose cada vez más en cada nuevo intento y arriesgando no solamente su salud mental y emocional sino su propia vida. El psicópata no renunciará jamás a seguir engañando, es parte de su naturaleza y con cada situación logra fortalecer sus estrategias de engaño y manipulación, dejando a su paso víctimas inocentes que de alguna manera siguen viviendo en la certeza que por su culpa esa relación no funcionó o se dañó y convencidas, a pesar de todo, que ese agresor o victimario fue la pareja perfecta e insuperable de sus vidas. En otros casos logran salirse definitivamente de esa relación degradante, pero buscan reproducirla igual o peor con otro psicópata que siempre va a estar a la vuelta de la esquina, prestando su hombro sobre el cual la afectada de la anterior relación pueda llorar, ofreciendo su ayuda, mostrándose como la tabla de salvación para caer sobre su presa, sola, debilitada y vulnerada por otro depredador de almas. A veces más sutil y peligroso que el anterior porque sabe de la necesidad afectiva de la víctima quien muchas veces cae rendida ante la suavidad de una nueva pareja que tampoco la va a redimir sino a utilizar así no sea agresivo como el anterior, pero que también va en busca de sus propios intereses. Por ejemplo, si la víctima es una persona con una alta posición social y económica, podrá ser la presa de nuevas parejas hermosas, maravillosas, insuperables que en el fondo sólo van tras el interés del dinero o de la posición. Es un círculo muchas veces interminable frente al cual la persona que salió lastimada debe tener mucho cuidado sin que eso signifique que se convierta en alguien absolutamente incrédulo y desconfiado frente a todo.

Parte del efecto nocivo y que puede permanecer en la víctima es la llamada amnesia perversa. En este caso la víctima se recrea a lo largo del tiempo acordándose de lo gratificante, olvidándose de todo lo que haya sido degradante. Es un acto voluntario, muchas veces inconsciente, un mecanismo de supervivencia del cerebro porque volver a las escenas de sufrimiento es revivir el momento. La persona que ha salido de una relación psicopática tiende a recordar aquello que formó parte de la creación bonita e insuperable de ese vínculo traumático. Esto es un fenómeno normal y está presente en todos los procesos de victimización. Explica la vinculación de las víctimas con sus perpetradores tan conocido como el Síndrome de Estocolmo, quien maltrata, quien quita la libertad, quien oprime es el objeto de admiración, de amor, de deseo, de entrega y sometimiento por parte de quien es el sujeto de acciones perversas. Finalmente es un reforzamiento del sistema de apego de la víctima a su abusador y es lo que explica que reincida con su pareja psicopática o que nunca más vuelva a conseguir alguien que en su criterio sea superior a ese compañero o cónyuge perfecto que tuvo. La solución es que la víctima reconozca todo lo nocivo que le ocurrió en esa relación, no para flagelarse sino para hacer un proceso terapéutico que le permita recordar los momentos terribles vividos con su psicópata en lugar de ocultarlos, disfrazarlos y negarlos. Esto es un ejercicio valiente y sano que ayuda a salir al otro lado luego de una experiencia traumática.

También es necesario trabajar en la recuperación de la autoestima. No es decirme que bella soy, merezco lo mejor y darme besos frente a un espejo. No es cuestión de adoptar un pensamiento positivo, sino que quien ha sufrido este tipo de relación tan dañina lo acepte y en esa proporción asuma que es o ha sido víctima de un proceso de manipulación emocional. La convivencia con un psicópata lleva a la víctima a sentir que no es capaz de ser amada y que no ha sabido amar, culpándose por lo uno y por lo otro. La recuperación de la autoestima debe entonces partir de la compasión de la víctima hacia ella misma, es decir, aceptar que es absolutamente inocente de lo que le ha ocurrido. Es también aprender a perdonarse porque fustigarse sólo aumenta la culpa y consecuentemente el daño. Simplemente cayó en la trampa afectiva, confió, creyó y jugó sin saberlo el juego perverso del psicópata. No hay nada humano ni divino que justifique esa situación. Lo primero entonces es que la propia víctima de el paso de reconocer su condición sin avergonzarse de ello. Una señal de que está avanzando en el camino es cuando puede hablar del tema ya sin dolor, sin sufrimiento, sin evocaciones y sin negaciones, libre de toda culpa y eso es el resultado de un proceso consciente de reconocimiento y de identificación de los patrones de pensamiento limitantes. Lo ideal es que el otro, el agresor, el que ha abusado de su pareja también pueda reconocerlo, pero eso es mucho más complicado porque los abusadores difícilmente lo reconocen, por el contrario, de una y muchas maneras afirman su inocencia y continúan culpabilizando a su víctima más allá del tiempo y la distancia que los separa. Además, en su inconsciencia nunca piden perdón. Cuando lo hacen, solamente es parte de un proceso consciente de manipulación que busca perpetuar la conexión. De esta manera se mantienen en su zona de confort, sin asumir jamás su parte por el daño cometido al otro. Por el contrario, el otro siempre será el causante de la separación. Y como el psicópata relacional es tan astuto y manipulador, termina convenciendo al círculo familiar y social de que él fue la víctima, jamás el victimario, con lo cual daña más la imagen y autoestima de su víctima que muchas veces termina siendo apartada por quienes formaban parte de su entorno cercano.

La aceptación del dolor produce y favorece la elaboración del duelo que no debe ser sobre la persona que ha desaparecido, no es llover sobre mojado ni anhelar volver a lo mismo, no, esa persona con quien convivía era una fachada, una mentira, una farsa; una persona cuyo único propósito era obtener su propia satisfacción al precio que fuera.

Cuando la víctima se da cuenta y acepta que esa alma gemela no existía, que era una construcción ficticia surgida de su anhelo de amar y de la manipulación de la cual fue objeto, va ganando terreno en su recuperación aun con dolor y lágrimas hasta lograr aceptar que esa persona ideal no existía como tampoco existió ese sentimiento profundo y perfecto. El duelo necesita tiempo para que la víctima inocente de la estrategia perversa logre entender, reconocer y asimilar que no existió jamás esa persona como alma gemela ni como compañero del alma ni como socio de vida. Reconocer esa condición ayuda a salir de ella más pronto. Para quienes han sido víctimas de un psicópata el duelo resulta ser más complicado que si esa persona hubiera fallecido porque tendrá que esforzarse en aceptar que aun viviendo ya no es parte de su vida. Los duelos son tantos como personas dolientes, son procesos personales e intransferibles que marcan el alma y la existencia de quien los sufre y difícilmente son comprendidos por los demás para quienes siempre habrá un componente de drama y exageración por parte de la víctima. La indolencia o falta de solidaridad o comprensión del entorno incrementan la pena ya que la víctima generalmente deberá guardar sus sentimientos para evitar la censura o rechazo familiar y social. Es importante tener eso claro, para los demás el duelo siempre será una exageración. Sólo el que lo vive sabe que su dolor va mucho más allá de lo que puede expresar.

A fuerza de sufrir, a fuerza de saber que en medio de tantas cosas adversas mi amor por Santiago había sido del alma, me dediqué a estudiar sobre el tema, devoré libros enteros, entendí a través de algunos estudios de expertos reconocidos, tales como el psiquiatra Heinz Leymann y el psicólogo Iñaki Piñuel, de quien tomé gran parte de los conceptos de este capítulo, lo que era la verdad de mi traumática relación, no importa si lo descubrí tarde, nunca es tarde para sanar y empezar de nuevo. En realidad, estas verdades fueron como otra puñalada directa entre pecho y espalda, que me hacía anhelar que todo hubiera sido diferente o queriendo en algún momento volver a instalarme en el terreno de la negación y de la justificación de Santiago, a quien una parte de mí todavía se resiste a reconocer en el prototipo de psicópata relacional. Con trazas de dolor interponiéndose en mi proceso de comprensión no me fue difícil admitir que todo encajaba perfectamente y a pesar de mi deseo de querer seguir creyendo que mi unión con Santiago había sido verdadera, las evidencias me mostraban que yo había sido la víctima inocente del juego perverso de un hombre alterado en cuerpo y alma, en todo lo que pensaba, decía y hacía, lo que los expertos en el tema llaman un psicópata relacional o integrado. Ya no quería seguir pensando en lo bonito, en lo que habíamos vivido en las noches enteras en que nos amábamos sin afanes, sin miedos ni temores, uniéndonos más allá de cualquier intrusa fantasía que de golpe irrumpía como un espectro que acaparaba toda la atención de Santiago, desplazándome a un segundo lugar, salvo que yo accediera a hacerme parte de esa fantasía en la ingenua creencia de que de esa manera sería la compañera ideal. Ahora puedo agradecer el poder y la fuerza de esas apariciones fantasmales porque fueron las que comenzaron a separarnos, quitándole a Santiago su capacidad inicial de amarme y de recibir mi amor, hasta hacer de nuestros encuentros sexuales un campo de batalla orgánica, física, de persecución de orgasmos inútiles que en lugar de llenarnos el espíritu nos fueron matando el amor y dejando su lugar a la pasión fortuita, en este caso lujuria, que es todo lo contrario a la acción creativa del amor.

La lujuria es negación del amor, la lujuria es la que llena los espacios a falta de razones de verdad y de compenetración. Es ese frenesí momentáneo que logra producir una mujer experta en las lides sexuales en un caballero apresurado que busca desfogarse sin intención alguna de querer recibir ni hacer crecer el alma de su compañera de faena.

Sentirme así y aceptar la profunda falsedad de todo lo vivido al lado de Santiago Torres Acero ya no me debilitó, por el contrario, me ayudó a avanzar un poco más en la recuperación de mi amor propio, de mi estima, y a no continuar culpándome por lo sucedido. Yo no era la culpable sino la víctima de un ardid hecho con mentiras, engaños y fantasías de una mente enferma, de un hombre que jamás supo ni podrá saber lo que es amar. Sin embargo, en mi proceso estaba limpiarme también de esa marca negativa porque un individuo es víctima cuando se instala en ese rol, cuando se asume como tal, pero en la medida que no lo acepta y se apropia de su condición de individuo con capacidad de pensar, de decidir, de actuar, el vestido de víctima ya no le queda. En mi caso decidí no seguirlo siendo porque victimizarse no ayuda a salir de esa condición deplorable del que se siente poca cosa o que le quedó grande recuperar su autonomía. Yo no quería instalarme en ese papel a pesar de reconocer que sin proponérmelo lo había sido, pero ahora debía seguir siendo Sofía Valor y empoderarme en todas mis cualidades, habilidades y talentos para seguir adelante. No puedo negar que en mi terco corazón todavía pataleaba fuertemente la esperanza, porque una parte de mí seguía reclamando esa oportunidad definitiva pero lo vivido con Santiago me demostró que cuando una pareja está en niveles tan diferentes de desarrollo espiritual, la relación y la comunicación siempre se emparejan por lo bajo porque cuando el amor no es suficiente las palabras no alcanzan a explicar lo que se anhela y la incomunicación como expresión demoníaca hace de las suyas en su objetivo inmodificable de destruir, de acabar, de separar. Ángeles y demonios no se comunican sino se oponen, se repelen, se excluyen mutuamente hasta separarse o rendirse uno al otro. No hay término medio de convivencia.

Todo lo que yo quería y necesitaba saber de mi sexualidad ya lo sabía, lo que pretendía descubrir de mis pasiones oscuras ya lo había descubierto, lo que aspiraba vivir de aventuras extremas ya lo había vivido, lo que ambicionaba haber dado por amor ya lo había dado aunque me quedara tanto por dar a manos llenas pero el hombre, hasta ese momento dueño absoluto de mi ingenuo amor no era el indicado, nunca lo fue porque no tenía la capacidad de ser el receptor de la fuente inagotable que brotaba de mi corazón con el deseo de regar valles de soledad, hacer brotar ríos en medio del desierto más estéril, atravesar el firmamento sin temor a desgastarse ni a secarse, porque así de generoso e inacabable era mi amor.

Cerré la puerta, cansada de escribir y apagué la lámpara. Me sentía agotada, había sido una larga jornada terapéutica como le decía a esos tiempos de intimidad conmigo y con mi fuente suprema de amor y sabiduría. A esa hora no quería pensar en Santiago, ni en lo que él estuviera pensando o haciendo en su mundo de pasiones mundanas, rodeado de espíritus de lujuria y seguramente con su nueva compañera de pasiones tan bajas como las de él, cada vez más apartado de la verdadera esencia del amor. Sentí compasión por él, a fin de cuentas, ya entendía que el amor que se convierte en compasión es otra manifestación del amor. Alcancé a sentir pesar de que él no se hubiera dejado ayudar a salir de ese foso profundo de la desesperanza y la perdición. Es inevitable, quien no escoge el camino de la verdad irá cada vez más y más abajo en su camino de evolución, hasta instalarse en el terreno del temor, que es lo totalmente opuesto a la vibración cósmica del amor. Una verdad universal que yo no podía cambiar ni evitar, pero sí aprovechar a mi favor para seguir avanzando en mi proceso.

Escuché cómo la puerta se abría lentamente, mi corazón dio un vuelco, ¡por fin se había rendido!, ¡por fin había renunciado a su silencio largo y catatónico! No respiré, no me moví, petrificada lo sentí acostarse a mi lado. Estaba tensa y nerviosa, no sabía lo que haría, ni qué diría. Acababa de renunciar a él y a todo lo que tuviera que ver con él, pero ahí estaba; podía sentir su respiración acelerada, agitada. Me quedé aún más quieta, incapaz de volverme, incapaz de hablar. Sentí un temor inexplicable en lugar de alegría por tenerlo a mi lado. De repente y sin mediar palabra, una mandíbula fuerte, gigante, horripilante, se clavó sobre mi espalda, justo debajo de mi hombro derecho, paralizándome del dolor. Mis gritos de angustia hicieron que la enorme bestia saliera de un salto de la habitación, dejándome sola, temerosa, confundida, sin fuerzas ni para moverme y sin alientos para decir nada más. Los demonios o miedos siempre salen de esa manera, intentando hacer daño hasta último momento y renunciando a abandonar el terreno en el que han dominado.

Una vigilia de sobresaltos llenó las horas que faltaban para el amanecer. Al abrir nuevamente mis ojos el sol entraba radiante por la ventana. Sentí una alegría infinita e indescriptible por el nuevo día y por saberme viva. La bestia había huido dejando su marca de dolor que no podía ser más fuerte que la verdad.

LA ESPERANZA

*"Podemos tener la certeza de que ya
existe el camino aún sin haberlo recorrido,
así como existe un mundoperfecto para
vivir, una vez seamos capaces de quitarnos
el velo de nuestros ojos que no nos
permite ver el horizonte."*

Sofía

Santiago remaba con todo su vigor en medio de las corrientes del rio, reclamándome que remara más fuerte para que pudiéramos hacerle frente a la embestida de las aguas que pretendían llevarnos hacia el remolino. En uno de los muchos giros el remo de Santiago cayó al agua. Yo no era una experta, ni siquiera una principiante, pero en momentos de dificultad cada quien da de lo que tiene, así que remé con todas mis fuerzas. Mis brazos se convirtieron en dos aspas potentes luchando contra la corriente de aguas turbulentas, eran nuestras vidas las que estaban en juego. Era salir o desaparecer en el remolino que quería quitarnos hasta el último pensamiento de vida. El agua continuaba golpeándonos fuertemente. Me concentré en el remo como única posibilidad de sobrevivir, buscando el lado débil del agua, atenta a su descuido, pero en uno de los revolcones Santiago salió disparado a las profundidades. No sabía qué hacer. De pronto sentí como si una fuerza me atrajera hacia arriba y afuera de las fauces del torbellino, vomitándome lejos, sobre aguas tranquilas y silenciosas. A lo lejos alcanzaba a divisar el hueco mortal que rugía furioso por haber perdido su presa. No sentía dolor ni siquiera cansancio, sólo una esperanza de poder divisar a Santiago. Él era experto en corrientes profundas, conocía sus misterios así que saldría a flote, de eso estaba segura. Esperar en silencio era la única alternativa posible. Los minutos pasaban demasiado lentamente. El cambio de telones en el cielo anunciaba un atardecer cercano cuando el rostro eufórico de Santiago me reconfortó de la espera tan agotadora. Le había tocado nadar mucho y luchar contra la corriente que, cual mujer enamorada, se resistía a perder a su hombre. Rápidamente subió al bote que de puro milagro había resistido. Nos abrazamos conteniendo el llanto y la emoción. Lo peor ya había pasado. Habíamos perdido el rumbo y nos quedaba un solo remo, pero juntos podríamos avanzar en cualquier dirección.

Llegamos a la única orilla visible. Acuarelas de colores inimaginables nos recibieron. Variedad de flores nunca antes vistas, árboles gigantes, hojas decoradas y sonrientes, frutos silvestres, mariposas de ilusión recién pintadas, pájaros cantores. Aquello era imposible de describir con palabras. Nos bañamos en el agua cristalina que nos quitó todo el cansancio. No había duda, estábamos en tierra firme, en un lugar al que sólo podían llegar los sobrevivientes del remolino, las personas capaces de vivir en armonía, en respeto, en solidaridad. Ante nuestros ojos se desplegó un lienzo inmenso en tonos sepia y pastel y nosotros en medio, caminando abrazados sobre un sendero iluminado con los colores infinitos de la eternidad. Fue la última imagen que me quedó grabada como una esperanza viva de un mañana mejor porque mientras resplandeciera una luz de esperanza no todo estaba perdido y el paraíso aquí en la tierra era una realidad posible y cercana.

A esa hora busqué las acuarelas y lápices de todos los colores e intenté plasmar fielmente lo que acababa de ver. El resultado fue una burbuja sostenida desde el cielo y un paraíso de color y sonido en el que estábamos protegidos con nuestras hijas. Santiago debería ponerle la música, ¿cuándo? No lo sabía.

Podemos tener la certeza de que ya existe el camino aún sin haberlo recorrido, así como ya existe un mundo perfecto para vivir, una vez seamos capaces de quitarnos el velo de nuestros ojos que no nos permite ver el horizonte. Lo que falta es crear al interior del ser humano una correspondencia con lo que ya está dispuesto, algo a lo que muchos llaman destino pero que no es tal sino la proyección elaborada de ese futuro deseado desde una conciencia superior. Yo prefiero llamarlo plan divino. La mayor esperanza que me sostenía era la convicción de estar aprendiendo a diseñar mi mejor experiencia personal de vida. La esperanza más grande de la humanidad es la de lograr vivir sin sufrimiento, para ello es necesario aprender a mirar de manera diferente todo lo que existe en nuestra vida y nuestro alrededor y liberarnos de los juicios que tanto limitan nuestro avance. Es aprender a ver más allá de lo que pueden ver nuestros ojos, tan limitados por tantas percepciones distorsionadas, por tantas barreras autoimpuestas, creencias equivocadas, y por supuesto por experiencias dolorosas. En ese proceso es necesario limpiar con el más puro detergente de amor y comprensión aquello que nos causa dolor, sin desviar la mirada de un futuro prometedor. No dudaba que era posible llegar a convivir en paz y armonía, el secreto estaba en compartir lo mejor, amar y aprender a liberarme cada día del ciclo de hacer y volver a hacer lo mismo en medio de la lucha por la subsistencia que tanto desgasta. Es posible apostarle a la construcción de una sociedad verdaderamente justa, decorada con paz, respeto y solidaridad.

¿Era inadecuada o absurda mi visión de poder construir relaciones pacíficas con todo el mundo? Eso depende del nivel personal de desarrollo humano porque en la sociedad existen dos clases de niños. Los mentales, que son los que no han abandonado sus limitaciones y el profundo individualismo que enceguece, y los que han decidido vivir de acuerdo con las leyes universales del amor, como motor de desarrollo humano, aplicándolas en sus colectivos, entendiendo que la justicia social es la que debe primar. Sólo cuando coincida la pedagogía de los hombres con la pedagogía divina podrá entrar toda la civilización en un estado renovado, armónico y realmente superior, pacifico, justo, solidario, sin necesidad de ir a otro planeta ni de encarnar en otro cuerpo. Únicamente el que pueda fomentar un pensamiento y acciones coherentes de construcción en amor podrá llegar a ese plano de desarrollo espiritual en el que su convivencia personal y colectiva

235

sea absolutamente pacífica y armónica con el universo, nada en él debe generar contradicción. Un niño mental deja de serlo cuando no predominan en él los sentimientos de narcicismo, hedonismo y toda manifestación ególatra de existencia. En otras palabras, cuando deja de ser un individuo ofendible, susceptible y variable. Es cierto que el sentimiento es necesario para el autoconocimiento, pero resulta ser un completo estorbo para lo que se refiere a convivencia pacífica. Nadie puede vivir en un ambiente deseable de armonía si aún se mueve por su propia susceptibilidad, por las relaciones de violencia y las creencias limitantes que han contaminado la educación, transcendiendo negativamente de generación en generación.

La prohibición por respuesta, el castigo, los gritos, el abuso, la invalidación del otro, la falta de compasión, la crítica, son el común denominador de la gran mayoría de familias, prueba de que no hay una pedagogía basada en el amor que proyecte a los individuos hacia mejores niveles de relacionamiento. No se están formando arquitectos del amor. La pedagogía ordinaria no proporciona las herramientas necesarias para este tipo de construcción de vida que tanto se necesita. Tal vez desde siempre yo había tenido la esperanza de poder llegar a comprender lo que sustenta las relaciones porque el amor no es producto de la improvisación sino de un proceso consciente de desarrollo. Es absolutamente necesario que todos los individuos de la sociedad nos dediquemos a aprender seriamente cómo reinventarnos, porque no es posible reconstruir desde el caos y la negación. Semejante tarea implica una reingeniería total de procesos en la vida personal que lleve a descartar lo viejo involucrando tecnologías avanzadas aplicadas al mejor programa de desarrollo personal y colectivo posible: La construcción del amor, como una dimensión diferente que permita dejar todo lo viejo atrás y lanzarnos a la más maravillosa experiencia creativa.

La vida, aún en medio de mi duelo de amor y desamor, de encanto y desencanto, era un pozo maravilloso lleno de muchas cosas gratas. La esperanza era precisamente el poder nacido de la imaginación y de la decisión para acceder siempre a dar y recibir lo mejor mediante una ley sencilla y eficiente de correspondencia universal o sobrenatural. Mi esperanza en las cosas extraordinarias y posibles habitaba en mi mente y en mi corazón por eso estaba centrada en poder quitar la roca del camino para descubrir el tesoro debajo de ella. Los bloqueos o ataduras sólo estaban en mi interior, justificados o no, reales o no, pero ahí estaban. La clave era poder desbloquearlos para acceder a la abundancia de vida que se manifestaba en mi entorno como escasez de todo, de amor, de compañía, de amistades, de deseos, de recursos, de realizaciones. En eso reflexionaba, dejándome inundar de pensamientos esperanzadores, al tiempo que sorbía de mi taza de agua de panela caliente, algo dulce, algo ácida por el limón, pero tan reconfortante en las noches frías de la capital de los amores y los desamores. Mientras tomaba pequeños sorbos, acomodaba mentalmente sentimientos, percepciones y reflexiones que se daban cita a esa hora en medio de la soledad de mi apartamento, retapizando con suaves colores de esperanza el sofá antes revestido de mi dolor ya casi superado. Este era el tiempo de trabajar en la trama de lo vivido, de lo esperado, de lo comprendido y más aún, en lo incomprendido. Extrañamente las mismas cosas que nos consolidan la vida también la desestabilizan. Las mismas reflexiones que nos torturan queriéndonos sumir en la oscuridad, nos arrojan luz, haciendo que el proceso sea una espiral inagotable y necesaria en el camino del comprender.

Un pensamiento nunca retorna igual, sino que toma una identidad tal que puede salir de nosotros e indagar, robustecerse o hasta debilitarse, y finalmente volver con una información adicional que nos permite ese crecimiento interno tan necesario para seguir viviendo, sin decir "a pesar de…", sino "gracias a…". Valioso aprendizaje porque me ayudaba a ver lo vivido desde otra óptica, el de la gratitud que sólo se da cuando hay esperanza en lo por venir. Mientras el calor de la taza me hacía una deliciosa vaporización facial, y el sabor agridulce se deshacía en mi boca calentando mis pensamientos, yo seguía allí, acomodada en mi sofá, que ahora era para mí sola cuando mis hijas dormían, un amigo fiel que me ayudaba a pensar en cosas que podrían parecer intranscendentes, como la decoración de mi casa, el cambio de residencia, la ambientación, los espacios. Las mujeres tenemos esa habilidad de estar pensando en hacer cambios que a los demás, especialmente a los hombres, les pueden parecer innecesarios pero que para nosotras son un motivo y también la esperanza en un mejor estilo de vida.

Una de las diferencias de género es precisamente la capacidad que tenemos las mujeres de pensar y hacer varias cosas a la vez mientras que los hombres son más puntuales y prácticos. Las mujeres necesitamos pasearnos en los detalles de un evento, o de un proyecto, como ese de remodelar, los hombres no, lo cual es causa de más de una situación de comunicación errada en las parejas.

¿Complementarios? Sí, pero tan diferentes y necesarios, pensé, en un momento de mi vida en la que también me estaba revaluando ese punto de la complementariedad. Mi mirada recorría una y otra vez los rincones de mi casa. Quería hacer algo con ellos, modificarlos, renovarlos y pronto. Quería todo nuevo, de ser posible cambiaría hasta el último clavo de la última pared, levantaría ladrillos y pisos para sacar todos los recuerdos de Santiago que de muchas maneras se empeñaban en querer acorralarme en cada paso y en cada suspiro. Ciertamente deseaba mudarme, dejar todo atrás y reiniciar mi camino. No era fácil tomar decisiones precipitadamente teniendo la responsabilidad por mis pequeñas hijas. No era el momento propicio para los impulsos y las presiones emocionales. Atrás quedaban las épocas en que el impulso había sido la constante en mi vida, llevándome a elecciones tan desacertadas como mi relación con Santiago Torres. En la precipitud se obnubila la conciencia y se pierde la capacidad de dimensionar las consecuencias de nuestros actos. En el torbellino del apremio amoroso se experimenta un deseo irrefrenable de obtener todo lo que en la imaginación se alcanza a vislumbrar. Es precisamente en esa carrera desbocada hacia la felicidad ilusoria, centrada en el otro, o hacia un cambio transcendental que las personas terminamos por creer que ese amor que se nos acaba de aparecer es único e inaplazable. Una vez superada la etapa de loca velocidad, de embriaguez extrema, de pasión sin límites, siguen subsistiendo las sensaciones y los sentimientos que acompañaron la vivencia inicial. Las mismas que hicieron correr por nuestras venas torrentes incontrolados de adrenalina que con el tiempo se fueron disipando. Por eso muchos llegan a creer que el amor se ha acabado, desconociendo que después de la tempestad viene la calma del amor sereno y maduro que sacia sin sudores urgentes la sed que ya no ahoga. Ya no creía en el amor a primera vista. Mi ingenuidad a toda prueba no me podía permitir seguir creyendo que amar era una necesidad impetuosa de un momento. Sin embargo, somos probados repetidamente hasta demostrar que en efecto hemos superado ese nivel.

238

Esa mañana había pasado volando entre una variedad de quehaceres. Estaba contemplando la idea de reintegrarme al bufete de abogados que pacientemente esperaba por mi regreso. Era una profesional experta en las situaciones de los demás, pero mi dura experiencia personal me decía que esa excelencia había brillado por su ausencia para resolver mis propios problemas. Tantas cosas se habían desestabilizado en mi vida con la partida de Santiago que hasta el ejercicio de mi profesión me lo estaba cuestionando. No podía ser una buena asesora para las mujeres en estado de separación sin tener un buen testimonio en mi propia vida. No podía desligarme de mi historia tan reciente y no quería arriesgarme a ver en cada pareja un espejo de mi vivencia o arremeter contra cada sujeto masculino como si fuera un clon de Santiago. La objetividad debía ser una característica de la justicia y para nada me consideraba una consejera familiar ecuánime y guiada por los principios de la verdad, de lo justo y de lo posible desde la ley. Era una defensora acérrima de la familia, de la importancia de esa institución como lo más importante de la sociedad, como el semillero de los hombres y mujeres de principios, pero yo no tenía ya ese hogar porque había sido desbaratado contra mi voluntad. Antes de mi separación acostumbraba a hablarle a las mujeres sobre la importancia de entender a sus esposos, de no fastidiarlos, de suavizar las diferencias, de dialogar, de ser su mejor compañía, y de aprender a ceder porque es más sabio el que cede, siempre y cuando no sea algo que vulnere los principios fundamentales de cada persona, ¿Cómo podría tener la cara de seguir hablando de cosas que no eran tan fáciles de llevar a la práctica? Personalmente había usado todas las técnicas, estrategias y opciones posibles y finalmente nada había funcionado para retener el amor de Santiago ni para impedir su traición y abandono. Tal vez la vida me estaba mostrando que el acompañamiento a otros seres humanos en dificultades matrimoniales ya no era el plan para mí y que esa función ya había sido cumplida. Necesitaba sabiduría y mucha ecuanimidad para tomar una decisión porque mi existencia había dado un vuelco tan grande que todavía no sabía en dónde estaba ni para dónde iba. No quería precipitarme en tomar decisiones. Primero era lo primero.

Manejé hasta el supermercado en compañía de mi amiga Amada Baute quien me visitaba esa tarde; evitaba salir para no encontrarme con personas conocidas de Santiago. No quería dar explicaciones ni recrear fantasmas que generalmente se aparecían con preguntas inoportunas y juicios no pedidos. A pocas calles de mi casa mi vehículo quedó detenido por voluntad propia entre la habitual congestión vehicular de la ciudad de los trancones. Los rostros de los muchos conductores, felices o amargados, apasionados o serenos, plácidos o convulsionados, todos habían coincidido en el lugar de las incoherencias, de los encuentros y de las perdidas. Insistí en arrancar, pero no fue posible, todas las luces del tablero se apagaron y mi carro, siempre tan sumiso y obediente se negó a moverse de ese punto de quietud o rebeldía mecánica. Nunca había estado en esa circunstancia. Seguramente era el momento de aprender a defenderme en ese terreno, un curso intensivo de mecánica automotriz no me haría daño. Sabía de un carro menos de lo que imaginaba porque esos temas me parecían vedados a mi entendimiento femenino, igual que conectar cables, perforar paredes, arreglar puertas, cambiar conductos, desbaratar planchas, cambiar llaves, quitar goteras, en fin...reparar no era mi fuerte, así buscara cada día reparar relaciones rotas o en corto circuito antes de que fueran a dar a la caneca de las cosas inservibles. La electricidad no era mi lenguaje favorito así que intenté empujar mi vehículo sin lograrlo. Luego me dirían que había sido el carburador, equivalente al corazón humano, el que había fallado. Tenía obstruidos los conductos y mangueras y en esas condiciones no podía bombear combustible al resto del motor. ¡Tan curioso! Mi vehículo estaba totalmente identificado conmigo porque eso mismo sentía que le pasaba a mi corazón. No era coincidencia, seguramente mi carro también estaba sufriendo. Hasta de las peores cosas es posible reírnos y mientras no perdiera la capacidad de reír, todavía tendría esperanzas de sobrevivir.

Un vehículo se detuvo detrás de mí y un hombre joven descendió ofreciéndose a ayudarme. Revisó mi auto y le dio corriente con el de él, acompañándome hasta el parqueadero de mi edificio de apartamentos. No me fijé en los hermosos ojos del desconocido, tampoco en su sonrisa ni en su dentadura perfecta. No detallé la pulcritud de su vestir, de su hablar, de su especial deseo de colaborarme, hasta que Amada Baute me hizo caer en cuenta de ello. Yo simplemente le agradecí la ayuda tan oportuna, pasando por alto todos los detalles, absorta como estaba en la necesidad de salir del apuro, pero esos ojos me siguieron con cuidado, alcanzando a ver más allá de mi sonrisa agradecida. El resto de la tarde Ángel Salazar sintió oleadas fuertes y desconocidas que le impedían concentrarse en su trabajo de creativo. Quería conocer a esa mujer tan distinta a las modelos de sus anuncios. La coincidencia de destinos la había puesto en su camino esa mañana en una congestionada avenida de la capital donde había creído que cosas extrañas no sucedían, por lo menos no a él.

Ángel Salazar no era un hombre seductor ni atrevido, sin embargo, al día siguiente me llamó a ofrecerme una vez más su ayuda. Los días pasaron tranquilos, ni veloces ni lentos, cumpliendo cada uno con su papel. No tenía afán, no estaba buscando salirme de esa rutina sino aprovecharla para restaurar las heridas de guerra que llevaba en mi cuerpo y en mi alma como señales de una cruenta batalla de amor y de olvido. No era mi decisión apartarme del mundo, sino aprender a reconciliarme con ese entorno del que voluntariamente estaba apartada en mi necesidad de protegerme de más dolor y de la falta de conmiseración humana porque muchas personas insistían en hacerme sentir la culpable de mi desgracia. Los juicios duelen, y muchos seres humanos, la gran mayoría, son especialistas en juzgar, pero no en ayudar. De todo eso me estaba protegiendo. A fin de cuentas, la supervivencia en la que estaba instalada es una de las características de la especie humana, siendo uno de los niveles básicos de desarrollo humano.

Sin previo aviso ni autorización alguna, Ángel Salazar quiso entrar en mi vida. Lo encontré esperándome a la puerta de mi casa, con una sonrisa de poster publicitario y un saludo más que cordial. Llevaba en sus manos una carpeta llena de trabajos realizados por él. Al cabo de un buen rato me pesqué in fraganti, hablando con un hombre hasta ahora desconocido, contándole de mi reciente separación, de mis anhelos y temores, de mis pensamientos sobre un mundo mejor, olvidando por un momento mis compromisos, las tareas en mi casa, los proyectos pendientes, la llegada de mis hijas y cual jovencita con amigo nuevo me permití disfrutar de una amistad inesperada y reconfortante que me hacía reír a carcajadas soltando las amarras de mi represión autoimpuesta. Cantamos, reímos, dibujamos, leímos, desciframos jeroglíficos, llenamos crucigramas reales e imaginarios, jugamos y hasta inventamos recetas de cocina lo cual era una manifestación de confianza absoluta.

No estaba preparada para un nuevo amor, ni siquiera había salido a buscarlo, pero Ángel estaba decidido a borrar de mí toda huella del dolor dejado por Santiago. Tenía la habilidad de escucharme, de hablarme, de conectarse conmigo sinceramente. Me reconfortaba con sus palabras, con su compañía, con sus detalles. De muchas maneras me ayudó a verme nuevamente como una mujer hermosa por dentro y por fuera, invitándome a recuperar mi amor propio tan pisoteado por Santiago Torres.

Ángel Salazar tenía la habilidad de hacerme sentir feliz, así él no tuviera una historia de amor y desamor como la mía. Pero una noche, al calor de la chimenea, Ángel se atrevió a estrecharme contra su pecho, acariciándome con sus palabras que como una pluma suave acababa de sacar una melodía nueva de mi alma. Me invitó a olvidarme de mi pasado, del que poco a poco me había ido desprendiendo, a que enterrara por completo el recuerdo de un esposo infiel y ausente y aceptara que ya era tiempo más que suficiente de espera y de olvido. Yo merecía vivir y él me ofrecía esa oportunidad que a pesar de lo posible no cabía en mi raciocinio.

Una sensación indefinida me embargó, no era miedo a enamorarme, tampoco la certeza de que fuera un error aceptar la propuesta de Ángel Salazar porque él podía ser el compañero indicado, pero algo muy en mi interior me decía que no era el momento. No quería exponer a mis hijas a compartir nuestras vidas con un hombre diferente a Santiago. Entendí que estaba demasiado expuesta y vulnerable por esa necesidad natural de amor y atenciones. Me sentía muy frágil todavía como para arriesgarme a una equivocación que podría enredarme mis días de tranquila soledad. Tuve la oportunidad de elegir entre iniciar una relación amorosa y fresca con Ángel Salazar o decidir que aquello ya era una experiencia vivida, asimilada, superada y comprendida que no necesitaba repetir porque hacerlo era correr el riesgo innecesario de enamorarme de quien no era o de hacerle daño a quien no lo merecía.

Ya no creía en el amor a primera vista, ya no creía en los impulsos hormonales que irrumpen haciendo creer que son las campanas del amor. En esta edad de la razón no podía ser de otra manera. No era Ángel el hombre que pudiera llenar mis esperanzas y expectativas de vida porque ya había aprendido que otra persona no era ni podría ser la razón de mi existencia. No podía aventurarme con ningún hombre por perfecto que pareciera. Santiago había sido más que perfecto a mis ojos y a pesar de ello resultó ser el más cruel. Sólo el tiempo nos mostraría si nuestros caminos podrían correr paralelos. Mi conciencia se encargó de hacer las conexiones necesarias de acontecimientos pasados y presentes que me permitieron ratificar en paz mi decisión.

Regué las semillas diminutas de mostaza alrededor de Saron, nuestra matica del amor. Eran semillas de esperanza, de fe en lo que aún no se ve pero que ciertamente será. En ese momento tomó forma de música, envuelta en ondas color púrpura y azules rosa, porque la esperanza también cambia de color.

"Sé que lo imposible se puede lograr,
que la tristeza algún día se irá,
y así será, la vida cambia y cambiará.

Saber que se puede querer que se pueda,
quitarse los miedos, echarlos afuera,
pintarse la cara color esperanza,
tentar al futuro con el corazón."

COLOR ESPERANZA - *Diego Torres*
https://www.youtube.com/watch?v=abPk8SFK374

En ese momento le dediqué esa canción a todo aquél que por amor es capaz de esperar, de creer que se puede, de soñar que se puede y mantenerse con sus alas al viento hasta lograr tentar al futuro y cambiar el presente con el corazón. Candy llegó y juntas danzamos, levantando nuestros brazos, sintiendo que mis fuerzas y mi esperanza en un mañana mejor se renovaban, sosteniéndome con mis alas abiertas, así estuvieran todavía en proceso de regeneración o latonería y pintura, como dirían en Cayena. Me sentí como una cigarra aprendiendo a volar....

" Tantas veces me mataron, Tantas veces me morí
Sin embargo estoy aquí resucitando
Gracias doy a la desgracia y a la mano con puñal
Porque me mató tan mal

Y seguí cantando
Cantando al sol como la cigarra
Después de un año bajo la tierra
Igual que sobreviviente
Que vuelve de la guerra
Tantas veces me borraron
Tantas desaparecí
A mi propio entierro fui sola y llorando
Hice un nudo del pañuelo, pero me olvidé después
Que no era la única vez
Y seguí cantando
Cantando al sol como la cigarra
Después de un año bajo la tierra
Igual que sobreviviente
Que vuelve de la guerra, Tantas veces te mataron..."

LA CIGARRA *– Mercedes Sosa*
https://www.youtube.com/watch?v=ArcS3QeYR8s

Las goteras iban en aumento, el agua se colaba por cada una de las rendijas del techo sin que yo pudiera recoger las gotas de lluvia que empezaron a inundar mi apartamento que parecía un colador. El tapete se convirtió en un charco de agua fría y trozos de hielo que caían sin cesar. Yo corría de un lado para otro intentando resolver ese desastre dentro de mi casa. La sensación de desamparo era muy fuerte frente a la lluvia que, apiadándose de mí, comenzó a disminuir. El sol llegó a secar el agua que había caído.

Reynaldo Rayo llegó en ese instante como un salvador caído del cielo. En un abrir y cerrar de ojos compuso todo lo que se había estropeado. Lo conocía desde hacía mucho tiempo, cuando yo jugaba a la velocidad subiendo y bajando por las calles de Cayena. Él era alegre como una papayera y tan receptivo como el mar que recibe y devuelve lo mejor. Así lo vi al despertarme de mi sueño pasado por agua, luego de correr a revisar y encontrar que no había rastros de lluvia por ningún lado. Todo estaba seco, seguro y confortable como antes de dormirme. Era la primera vez que soñaba con Rey, como le decíamos.

Reynaldo Rayo llevaba muchos años esperando de mí algo más que una amistad, por eso, una vez supo de mi separación pensó que podía ser su momento. Era un hombre inteligente, persuasivo y capaz de descubrir la necesidad exacta de afecto por ello no le costó ningún esfuerzo intentar meterse en mi vida y proponerme una vez más que fuera su pareja. Reynaldo se apropió de mi sueño, él era el paraguas que yo necesitaba, el refugio seguro, la calma después de la tormenta. El repicar de su celular me permitió darme cuenta que era un hombre comprometido con una mujer que no le perdía pisada porque sabía de sus aventuras. La voz de su enamorada fue nítida y directa, como para no dejar lugar a ninguna duda. Lo que él me ofrecía era el engaño disfrazado de protección. Las llamadas fueron un campanazo de alerta que me mostró a un lobo con piel de oveja, y la señal clara de que en mi situación era muy propensa a atraer a este tipo de hombres. Rápidamente comprendí que debía blindarme con película de seguridad, tanto por dentro como por fuera, contra estas propuestas tan engañosas. Me acepté como un ser realmente privile-giado y protegido de manera sobrenatural. Si hubiera querido un tipo de relación superficial habría aceptado la propuesta de Santiago de que siguiéramos siendo solo amantes, de esos que no se dan explica-ciones y que solamente se codician con el cuerpo. Ese patrón de rela-cionamiento no estaba hecho para mí porque no podía comprender que a una persona se le ame sin entrega, sin compromiso y sin verdad. Yo no bajaría mis expectativas por eso no tenía ninguna duda en que no me degradaría a acceder a las propuestas de Reynaldo Rayo por el simple hecho de no sentirme sola. Recordé el dicho conocido de que mejor sola que pobremente acompañada. No era el momento, así que volví a asegurar los candados de mi soledad voluntaria.

Me sentí muy tranquila de saberme lejos de las relaciones físicas mezquinas y limitadas que matan el amor en busca del placer por el placer mismo. Sonreí feliz de haberme salvado de esa trampa, reiterándome que una mujer separada está expuesta a demasiadas cosas, especialmente a que cualquier hombre quiera llevarnos a su cama. Reynaldo se sintió golpeado en su gallardía y en su capacidad de conquista sin entender que una mujer en la plenitud de su vida decidiera estar sola. Era fácil distinguir las intenciones del corazón de los hombres, generalmente tan primarios en su forma de actuar y dividirlos en dos grupos: Los que están dispuestos a demostrar su amor en una cama o los que están dispuestos a demostrar que su amor es un compromiso sagrado. Preferí esperar por un hombre que quisiera amarme más allá de los límites de una cama por muy doble o extra doble que pudiera ser, si es que esa podía ser una posibilidad para mí, pero no era una preocupación en ese momento. Realmente estaba disfrutando de mi aislamiento.

Todos los seres humanos del planeta tienen la esperanza maravillosa de saber que, dependiendo de su grado de conciencia, podrán vivir el cielo en la tierra. La existencia humana es un caminar que nos permite alcanzar un nivel superior y trascendente. La esperanza va de la mano con la paciencia y la persistencia en ese recorrido que tarde o temprano dará los frutos esperados. Desafortunadamente muchas actitudes limitan la comprensión de dar y recibir que también forma parte del aprendizaje sobre la dimensión espiritual. En esa parte de mi proceso me ubicaba, en el de incrementar mi espiritualidad.

Con el último sorbo de mi taza de agua de panela ya no tan caliente pude aceptar que todo lo que estaba viviendo era perfecto y necesario. Sentí plena tranquilidad en mi ser y una esperanza renovada en el mañana que me miraba desde mi cuadro de la visión del paraíso pintado con acuarelas de todos los tonos y colores imaginables. Eran los trazos que me recordaban el camino que había recorrido, sembrando semillas de fe y esperanza para mi futuro. En ese preciso instante renuncié a mirar atrás y a seguir sufriendo. Renuncié a volver a sentirme como la mujer abandonada y engañada porque el rol de víctima no era parte de mi aprendizaje ni de mi misión. Seguiría limpiando mi pasado con una comprensión de amor hacia mí misma. No importaba qué tan perverso hubiera sido Santiago o que tan apartado estuviera de la verdad, ese era su proceso, personal, inalie-nable, único. Me sentí como una guerrera del amor porque había batallado duramente entre el temor y el amor, entre sufrir o vivir y las opciones de vida habían ganado sobre las de muerte. Esas eran mis herramientas para un futuro promisorio de amor y perdón sin límites. La esperanza se convirtió en una gratitud infinita no sólo de todo lo vivido sino por haber sanado esa parte de mis emociones, de mi razón y de mi corazón. Sólo podía pedir a mi fuente suprema de amor que algún día Santiago comprendiera que también él estaba invitado a participar desde su decisión a la construcción de un mundo de amor genuino, basado en el respeto. Tal vez un día él podría comprender que para ser feliz no es necesario agredir a los demás. Deseé que, así fuera lejos de nosotras, él también pudiera acceder a los principios universales y divinos del amor que le permitieran liberarse, no sólo del error garrafal de culpar a los demás y de ultrajar en el deseo de dominar sino también de la inutilidad de culparse a sí mismo. Las culpas no construyen, sino que destruyen en el propósito perverso de liberarse de cualquier responsabilidad. Anhelé que donde estuviera él pudiera sentir la misma paz y sosiego que me embargaban. Lo abracé en mi imaginación, transmitiéndole parte de esa paz y de ese amor sobrenatural. Más que amor sentí compasión por él y por todos los que se estuvieran debatiendo en medio de las contiendas y los conflictos producidos por la no aceptación, por el deseo de imponer las propias ideas, por el afán de demostrar quién tiene la razón. Lucha inútil de los seres humanos que desgasta y aparta de todo plan divino o supremo.

Mis hijas dormían plácidamente imaginando en medio de sus sueños de fantasías que un mundo mejor les esperaba. Ellas eran mi ancla en el lago ahora sereno de esperanzas sobre un mañana promisorio. Me acosté del mismo lado de mi cama, no esperaba nada inmediato, pero lo esperaba todo, no sé cómo explicarlo, pero la paz que me arrulló me indicaba que estaba aprendiendo a fluir en el tiempo de Dios. Mañana sería otro día que podría vivir en plenitud y confiadamente. Estaba aprendiendo a usar las herramientas de amor y la paciencia era una de ellas. Esperar, creer, confiar. Difícil tarea, más no imposible. Cerré mis ojos confiadamente, le estaba ganando la batalla al temor. Finalmente, esto también iba a pasar y todo el dolor quedaría atrás como un valioso aprendizaje. Me sentí arrullada por el Espíritu de Dios. Esa era mi fortaleza, mi esperanza.

LA LIBERTAD

*"¿Si soy libre y puedo elegir, por qué elijo
caminos o situaciones desagradables?".*

Sofía

Santiago apagó su potente moto azul fosforescente. Se bajó y caminó hasta el lugar desde donde lo llamaba una música como de fuego que lo hizo desviar de su destino. Entró por curiosidad y un relámpago de luz lo recibió, al tiempo que era sacudido por un coro de voces esplendorosas. En ese entonces no había pensado siquiera en desarrollar su programa de música personal pero tal vez allí nació la idea cuando sintió su corazón conectado al universo, queriendo atrapar y reproducir la melodía que lo envolvía. Una atmósfera apacible lo acarició en medio del calor reinante en el salón. Sin saber cómo se dejó llevar por una embriaguez extraña, nueva para él, tan acostumbrado a los más fuertes guayabos etílicos.

Mujeres inusualmente hermosas, sin asomo alguno de seducción, danzaban con movimientos perfectos, suaves, decididos y entregados. Santiago nunca había visto algo así, ni de cerca ni de lejos, ni en sueños ni en visiones ni en ninguna de las películas de ficción o eróticas que tanto le gustaban. Había llegado hacía pocos días a Pesquisas, una provincia alejada de Congruencia, atravesando las aguas turbulentas del río Quereres que los separaba, con el fin de acompañar en su matrimonio a Magdalena, su hermana mayor quien desde hacía algunos meses vivía en esa pequeña ciudad. Era un lugar de veraneo permanente con gran variedad de atracciones para los turistas desprevenidos que muchas veces se quedaban allí atrapados, olvidándose del tiempo y de los compromisos, de los trabajos, de las familias, perdidos en un eterno retorno a sus pasiones más escondidas.

Tan pronto Santiago Torres desembarcó encontró para su uso exclusivo la mejor de las motos. ¡Qué acertadamente conocía Magdalena su gusto por las motocicletas y las emociones fuertes! Arrancó veloz, sin detenerse a pensar su destino, guiado por su atracción hacia las mujeres exóticas que encontraba a su paso, con sus pieles oscuras y ese olor a almizcle de negra y de mestiza que tanto le seducía. Las veía contonearse en lugar de caminar, sonreían y sus dientes blancos y perfectos le hablaban de placeres desconocidos y posibles, sus cabellos rizados se movían con la brisa de la tarde y el calor del día les dejaba la ropa adherida a sus cuerpos. Hasta pensó en quedarse a vivir en ese paraíso de sensualidad incomparable. Estaba en el esplendor de su juventud, la vida era para él un paseo y no tenía ningún motivo ineludible por el cual volver a la capital de su cotidianidad. Pero la experiencia de esa tarde pondría una profunda impronta a sus creencias.

Había estudiado en un colegio de curas y su aversión a todo tema religioso era total después de haber visto y sufrido la doble moral de muchos sacerdotes, sus temperamentos autoritarios o reprimidos, las preferencias sexuales poco disimuladas de muchos de ellos y sus actitudes agresivas que fortalecieron en él un espíritu confrontador y rebelde. Terminar sus estudios fue una batalla donde finalmente venció por el placer de ver el rostro de desagrado de sus superiores eclesiásticos y escuchar los vítores de sus compañeros de combate. No quería parecerse de ninguna manera a uno de esos padres espirituales torturadores de almas. Todo eso lo llevó desde muy joven a querer borrar cualquier expresión religiosa de su vida. Pero la sensación que estaba viviendo no se parecía a nada conocido. La música lo recibió como su compañera inseparable y perfecta que era, desde la soledad de tantas tardes encerrado en su habitación, aspirando el humo de un cigarrillo tras otro, en esa búsqueda de sensaciones y experiencias que saciaran sus vacíos y colmaran sus deseos. Fue ella quien lo ayudó a sacudirse de los embates de la educación religiosa, de los deberes, de los castigos, de los miedos, de los silencios paternos y de las ausencias maternas. En todos los momentos importantes o intranscendentes de su vida estaba presente como una amiga incondicional. Sabía de sobra que donde la encontrara cosas emocionantes le sucedían por eso al hallarla en aquel templo, entendió que esa música tenía un propósito muy distinto al de toda la que había escuchado hasta entonces. Ella fue quien lo atrajo una tarde tras otra al mismo lugar al que llegaba para sumergirse en el éxtasis que le hacía sentir delante de una presencia majestuosa pero desconocida. No se lo dijo a nadie, ni siquiera a su hermana Magdalena para evitar que se burlara de él, así como él se había burlado de ella por su devoción a un Dios de amor del que tanto le hablaba. Sin embargo, a pesar de pasar horas delante de ese Dios desconocido, pero extrañamente cercano, por las noches no podía evitar irse tras la música ardiente y las mujeres que danzaban incansablemente para él y para un dios de pasión y deseo. Santiago no supo cuántas tardes estuvo frente al mismo santuario viendo el rostro sonriente de un Dios complacido con la misma música que embelesaba sus sentidos. Entre canción y canción su mirada se posaba en él, llenándole de una tranquilidad inexplicable. Imaginaba que un día le entonaría con su guitarra o su piano alguna melodía creada especialmente para ese Dios musical del que entonces recibiría sonrisas de aprobación y agrado. Lejos estaba de saber que gradualmente es que podemos comprender la presencia de esa fuente infinita de amor en nuestro propio ser como un arquetipo deseable y alcanzable, como una imagen por lo general lejana de nuestra propia naturaleza esencial.

La identidad divina suele emerger en el individuo tras la evidencia de eventos sutiles, iluminaciones auditivas, contacto con el espacio infinito, reconocimiento de la creación, que van estableciendo el empalme inicial sobrenatural. Con el deseo de mantenerse en esa nueva presencia sobreviene el riesgo de fracasar en el avance del despertar de la conciencia superior. Cuando una persona tiene un encuentro personal con la Presencia Suprema, con el Espíritu puro o Ajustador divino, en su yo interior se produce un quiebre. Si la sensación de unidad divina recién experimentada no se mantiene, entonces sobreviene una impresión de fracaso. El simpatizante de Dios se siente más dividido que antes y sin saberlo comienza a experimentar un distanciamiento inexplicable entre su conciencia y el recién conocido espíritu superior o Dios. Una de las características de este distanciamiento repentino con el encuentro divino es el sentimiento de depresión o de abandono que generalmente se instala en el alma que alcanzó a degustar la experiencia de lo divino, pero en su impotencia de retener dicha experiencia, cae en lo que se conoce como el síndrome de la oscura noche del alma o huida de la presencia divina. De esta manera el individuo renuncia a seguir en la apertura de su conciencia divina al darse cuenta que no es un suceso instantáneo, mágico y contundente, sino que requiere de su decisión.

Como consecuencia de ese descenso en el desarrollo de la conciencia surge un bloqueo en la búsqueda de lo espiritual. Todos los obstáculos y excusas posibles para alcanzar la anhelada liberación del alma ganan predominio, impidiéndole acceder a la verdadera espiritualidad del ser humano a través de su contacto con su Fuente Infinita o Dios. En términos sencillos es como si un niño entra a la escuela y no logra pasar al grado siguiente entonces se queda en el mismo curso de manera indefinida, es una manera de representar lo que es el proceso de desarrollo de conciencia. Esto se conoce también como un Fracaso en la Diferenciación, que es el camino hacia la unidad del ser humano con su creador. El individuo con intenciones de hacer ese recorrido siempre se encontrará ante la alternativa de conservación o negación, mantenimiento o abandono. También puede optar por identificarse o desidentificarse con la imagen del creador. Su espíritu o centro de imaginación que promueve la voluntad podrá elegir entre diferentes niveles, esto es, ascender, integrándose a niveles superiores de conciencia, ubicados en la línea del Amor, o descender hacia niveles de integración ubicados por debajo de la línea del miedo. A mayor grado de desarrollo de conciencia la tendencia es a desear elevarse en la escala, no a descender voluntariamente. Cuando de manera espontánea una persona inicia su proceso con el anhelo de integrarse con la esencia de Dios, ninguno de estos conceptos es racionalmente aplicado, no es algo matemático sino una vivencia, una experiencia espiritual. Santiago no era la excepción a la regla porque el espíritu puro, en su esencia de creador tiene diferentes maneras de llegar a sus criaturas, hasta lograr en ellos su obra perfecta que es la libertad completa del ser en su esencia verdadera y transcendente.

Llegó juicioso a su cita vespertina, anhelando encontrarse nuevamente con la presencia de ese Dios amistoso y divertido que lo había acogido. Para su sorpresa no había música, ni ángeles ni danzas de adoración. En su lugar debió escuchar una prédica interminable sobre los muchos pecados humanos, entre ellos el adulterio y la fornicación como pérdida irresponsable de energía creadora regada en uno y otro cuerpo. El ministro de Dios habló de la prostitución, diciendo que roba a los hombres su alma preciosa haciéndoles creer que fuera de su hogar hay mayores placeres y que la lujuria es un exceso que aparta al hombre del control y dominio propio, de la pornografía que obnubila los sentidos y los deseos de la carne espantando la presencia del espíritu divino, distorsionando el poder de la energía sexual creativa a un plano de no creación. También decía aquel hombre, consagrado por años a servir al Dios redentor, que la solución a todo eso es muy simple pero que desafortunadamente la inmensa mayoría de personas la rechaza. Esa solución liberadora consiste en arrepentirse de cualquier acto equivocado y renunciar a recaer en tal conducta. Invitó en ese momento a cambiar las creencias viejas y arraigadas por una vida renovada en el amor y enseñanzas de Cristo, como una decisión personal, libre y voluntaria, no una imposición. En ese proceso Dios mismo obra, ayudando a cambiar la mente y el corazón, activando las herramientas que le ha dado a cada persona para que sean utilizadas en favor de los demás. Algo así como cambiarnos la piel cansada por otra tersa y limpia. Aquello le pareció extraño, diferente, pero le cautivó pensar que al hacerlo podría acceder a una mayor creatividad y a una vida eterna, disfrutando de esa sensación indescriptible de paz y alegría que había sentido cada tarde. Le gustaba ese Dios que había podido sentir tan afín a él mismo. Esa tarde salió de allí dispuesto a intentar poner en práctica lo de cambiar su estilo de vida. No se consideraba el más pecador sobre la tierra así que no sería difícil pero pronto, realmente esa misma noche, sus mejores intenciones de ser una persona nueva e íntegra se diluyeron entre los brazos apasionados de una morena espectacular de cabellos hechiceros y pechos fascinantes. Con ella olvidó todas sus intenciones de arrepentirse de sus pecados y de cambiar su estilo de vivir. Descartó de plano la afirmación del ministro de Dios acerca de que las obras de la carne para nada aprovechan. Dios mismo lo había creado así, de carne y hueso y lleno de pasión. Aquella aparición era más que celestial, era como estar en el cielo y él no se perdería tal bendición hecha a su medida. Definitivamente había personas para todo y su lugar estaba en ese mundo de erotismo que le movía hasta la última fibra de su ser.

Al día siguiente cruzó veloz en su moto azul por el templo blanquecino para no flaquear en su decisión. Irse tras la fantasía de una vida eterna y perder el placer de vivir sería una imperdonable debilidad. En su corazón se afianzó la creencia de que vivir una vida al modelo de Jesús era cosa de locos, de santos o de tontos y se reafirmó en que la mejor alternativa era vivir a su manera y bajo sus propios principios. No era sencillo cambiar su naturaleza humana, carnal o como le quisieran decir. Ya lo había intentado y no pensaba volver a hacerlo por el resto de sus días. Otras cosas eran más fáciles y vivir en el pecado, como el fanatismo religioso le llamaba, era algo delicioso. No renunciaría a sentir entre sus brazos el cuerpo pegajoso de una mujer tan apartada de Dios como él mismo, pero tan llena de música como la mejor adoración. Esas cosas no estaban hechas para él y aunque Dios existiera él podría seguir llevando su vida a su manera seguro de que nada desagradable ni terrible le sucedería. Finalmente, Dios mismo decía que era libre de hacer lo que quisiera y que Cristo ya había pagado por todos nuestros pecados, entonces, ¿qué le preocupaba? Él también era hijo de dios y como tal, hiciera lo que hiciera, tendría el mismo derecho de alcanzar la salvación que ya le había sido dada así qué ¿Para qué privarse de los placeres terrenales si su paso al cielo era un derecho ya ganado? Sonrió feliz de su conclusión.

La negación es uno de los inconvenientes más grandes de los seres humanos. Una de esas negaciones es la de no aceptar que se es prisionero de los deseos y las mentiras propias y colectivas. Los deseos son muy atractivos, pero en su gran mayoría engañosos, por tanto, falsos y generalmente erráticos. Si la relación de comunión entre Dios y el hombre se da como entre dos individuos, se entiende que tal comunión es facilitada por una entidad espiritual que es el Espíritu de Dios, Observador Supremo o Ajustador Divino que actúa permanentemente en la mente humana para que todos sus niños o criaturas espirituales alcancen el nivel superior de existencia como seres libres y con pleno uso de sus facultades celestiales.

Santiago estaba haciendo uso de su libertad de decidir, sólo que creyendo que estaba escogiendo la vía más sencilla no contempló la otra cara de la moneda y es que por su decisión libre y voluntaria también estaba renunciando a la mejor opción, eligiendo seguir preso en sus apetitos transitorios. En ese tiempo tampoco tenía la más mínima idea de Sofía Valor, pero juró por sí mismo, como dios todopoderoso de su vida que nunca uniría su vida a la de una mujer cristiana.

Ese juramento se activó mucho tiempo después, cuando empezó a recriminarme por mi fe irrenunciable. Él no quería compartir su vida con una mujer creyente y seguidora de Cristo, pero nunca me confesó su experiencia personal de acercamiento a Dios, ni su decisión de apartarse para   siempre de ese camino. Quise compartirle muchas veces acerca de los fundamentos de mi fe y de la obra redentora de Jesús, pero de los labios de Santiago nunca salió la confesión de lo que había dado al traste con esa relación en sus albores.

Siendo una mujer creyente no me identifico como religiosa porque lo religioso es toda creencia limitante que se instala en nuestra mente como una realidad sin posibilidad de cambio; es una doctrina establecida que recibimos sin derecho a ser modificada. Lo religioso ralentiza el curso de la transformación porque es un conjunto de dogmas cuestionables que pretende quitarnos nuestra capacidad de reflexión por tanto nos anquilosa, privándonos del derecho a pensar y por ende a avanzar en nuestro desarrollo de conciencia; en ese sentido lo religioso es retrógrado por eso no quería convertirme en una persona religiosa y mucho menos fanática o legalista sino alguien con una mente abierta al cambio, capaz de superar mis propias limitaciones heredadas o aprendidas. Por todo eso estaba en contra de la religión que oprime y formatea la mente, en el propósito de anular nuestra creatividad y esquematizarnos en patrones de conducta que pretenden hacernos iguales hasta en la forma de vestir y hablar. En ese sentido es un instrumento de manipulación y de dominación, un arma letal de sometimiento. Jesús es lo más opuesto a la religión, él llegó a transformar y a establecer la justicia social, no a reprimir sino a enseñarnos el camino para ser libres "conoceréis la verdad y la verdad os hará libres" mientras que los sistemas religiosos buscan apartarnos de la verdad y mantenernos en la oscuridad.

Sacudirnos de la religiosidad termina siendo una de las tareas más difíciles porque nos han hecho creer que es apartarnos de Dios y que es un pecado abominable, poniendo a Dios en el lugar de lo más estático y regresivo cuando la verdad es que Dios es el súmmum de la libertad, de la imaginación, de la creatividad sin límites con la cual nosotros también hemos sido dotados. En ese orden de ideas la espiritualidad es lo más alejado de la religiosidad; es el puente que nos conecta con nuestro creador, quien nos da todo en abundancia. Es él quien no quiere vernos sumidos en las profundidades tenebrosas de la religión que altera nuestra razón, limita nuestra imaginación y doblega nuestra voluntad. Dios nos lleva de la mano hacia el todo que es El mismo, nos guía hacia la luz, no hacia la oscuridad que pretende tenernos sujetos en la ignorancia.

Diferencias irreconciliables que separan a las personas. Mi decisión de amar a Dios no cambió mi manera de hablar, de vestir, de reír ni de ver la vida, igual que en Cayena he seguido amando la música y el baile, pero a los ojos de Santiago yo había caído en las redes evangélicas que él tanto detestaba. Ya había perdido a sus hermanos en esos caminos religiosos, por un pelo casi cae él mismo en la red, ahora también perdería a su mujer porque mantener una relación de pareja con un dios poderoso de por medio, observándolos en todo momento, era algo imposible de aceptar y de sobrellevar. Su paciencia no le daba para tanto.

¿Si soy libre y puedo elegir, por qué elijo caminos o situaciones desagradables? Juntos o separados y más allá de una estructura de personalidad, Santiago y yo teníamos en común pertenecer a una generación marcada por la rebeldía y un cuestionamiento permanente de la libertad expresada en actitudes de liberación tan diversas que fueron conformando una amalgama tal vez extraña de pensamientos y deseos en todos los órdenes. Era la marca personal innegable de infinidad de hombres y mujeres que, como nosotros mismos, conocimos de cerca la leyenda de héroes que dieron su vida por un ideal, de los muchos que se perdieron en eternos exilios y aventuras en busca de su identidad, de intelectuales que escribieron sus mejores líneas en el anhelo de expulsar sus visiones fatales. No faltó quien en su oscuridad y desesperanza renunció tempranamente a volver a escribir, afirmando la indignidad y el despropósito de vivir más allá de los veinticinco años, con lo cual condenó a sus sobrevivientes a sentirse ancianos prematuramente. Una generación marcada por el sinsentido, la locura, la falta de pertenencia, de afectos naturales, de compromisos, de proyectos de vida, reflejados en una fatal rebeldía que continúa carcomiendo a sus sobrevivientes y herederos en un esquema ya obsoleto de libertades falsas o acomodadas a conveniencia. Realmente es toda una herencia espiritual compulsiva y pesada. Una problemática filosófica innegable, reflejo del pensamiento de occidente en el presente siglo y cuyas manifestaciones más conocidas han sido el famoso síndrome de vacío existencial, el cuestionamiento permanente de la identidad, el replanteamiento de los valores burgueses establecidos, los sentimientos de soledad, en otras palabras, toda la enfermedad del hombre del siglo veinte sobre la que tanto se han pronunciado filósofos y pensadores pero de la que escasamente saben los que la sufren y poco los que en ella siguen perdidos, arañando ilusiones de juventud a los años que corren veloces, apegados a recuerdos nostálgicos que se resisten a morir y a envejecer. Gritos desesperados de libertad en medio de las prisiones de la necedad o el miedo a la cotidianidad. Triste cuadro de locura y obstinación, paranoia de la vida que va dejando destrucción y nostalgia.

Yo entendía todo esto como parte de una historia que de alguna manera me había tocado, pero sin alcanzar a precisar qué fue lo que me salvó de caer en las manifestaciones correspondientes con la psicodelia desquiciada y fantasmal, por ejemplo, en las drogas que obnubilaban el pensamiento y los sentidos en la búsqueda de un pretendido letargo de los vacíos del alma, al parecer tan difíciles de llenar de otra manera. Estuvieron a la puerta pero nunca osaron pasar más allá, acaso gracias a un misticismo recóndito y hasta desconocido enraizado en alguna parte de mi existencia convulsionada pero transparente y casi candorosa que me protegió de caer en la utilización de cualquier alucinógeno diferente al amor, a la risa, a la irreverencia inocente , a la música, al baile, a la negación del dolor, a la contemplación si se quiere, a la alegría de saberme viva y embriagada de placeres menos estridentes, de pensamientos fantásticos o disonantes, en medio de un mundo imperfecto y extraviado. Realmente fui ajena de alguna o de muchas maneras al vaivén de una generación que se entregó a sus búsquedas propias y hasta irreconciliables en las que muchos siguen sin encontrarse, negados a toda racionalidad y a toda aceptación, sumidos en la persecución del elíxir de la juventud extrema sin querer convencerse que ni las drogas, ni los deportes extremos, ni el sexo ni las pasiones exacerbadas podrán entregarles ese regalo que no puede venir del cuerpo sino del alma y de la conexión con nuestra Mente Infinita.

Santiago no era el único que vivía y moría en esa lucha por la libertad, esquiva, alucinante y depredadora de verdades que termina por crear prisiones en torno a la nada y a la búsqueda incesante de una felicidad efímera que ni siquiera se comprende ni se asume. Él no concebía la libertad como un camino para escoger una vida en niveles superiores de amor y entrega sino la libertad mundana del placer por el placer, sobre la creencia tan difundida y predominante de que lo importante es el disfrute como prioridad de vida por eso en su confusión no reconocida le seguía entregando su ser y esencia al logro y satisfacción de sus necesidades más bajas, desconociendo que eso lo ubicaba en un nivel absolutamente primario de desarrollo humano.

Ser libre es tener la capacidad de romper las ataduras de las creencias y de los condicionamientos sociales, aprendiendo a liberarse no ya de la sociedad sino de uno mismo, eligiendo ser distinto y mejor cada día. La libertad es el poder de edificar en nosotros un ser humano especial y superior, reconociendo que no somos un producto terminado sino susceptible de ser mejorado a través de las oportunidades de cambio que a lo largo de la existencia vamos teniendo. Interminables son los cambios que se dan en el ser, como permanentes y extraordinarias son las invitaciones a crecer y a acercarnos a nuestra mejor versión. No obstante, la cantidad de creencias erradas, aprendidas sin ser procesadas a nivel consciente, y de limitaciones mentales que han predominado en nuestro comportamiento, nos impiden desarrollar la capacidad para asumir tales cambios. Hemos sido domesticados de tal manera que nos acostumbramos a vivir una vida por repetición mecánica, por patrones culturalmente aprendidos. Inclusive muchas veces ni siquiera las experiencias dolorosas son suficientes para ayudarnos a dar ese paso, sino que nos llevan a buscar un alivio temporal, un escape, una excusa, una huida para no escudriñar sobre la raíz del dolor ni sobre la medicina adecuada.

Santiago no había querido deambular ni compartir con nadie, tampoco dialogar con su computador sobre su programa de creación musical, estancado hacía rato en el mismo sonido de la confusión. Sin muchas esperanzas de descanso se recostó en el sofá verde aceituna opacado por el uso de quien sabe cuántas otras personas que huyendo de sus pensamientos turbulentos también se habían tendido sobre él. Acomodó su cabeza sobre los corazones de sus hijas, bordados por ellas mismas sobre dos cojines color naranja para recordarle cuanto lo amaban. Metió su mano en un paquete gigantesco de fritos, afirmando su libertad a comer todo aquello que antes le reprochaba Sofía, y con un sorbo interminable a su gaseosa oscura tamaño familiar degustó el sabor de poder vivir a su manera, sin interferencia alguna. Su abdomen había crecido, lo cual no era un punto a favor de los principios de vida sana que predicaba Sofía, sino una aprobación de sus decisiones grandes o pequeñas, de su elección de vivir una vida de libertad, sin términos medios pues para él todo era blanco o negro, vivir o morir, comer o ser comido, huir o pelear, ganar o perder en la competencia del día a día en un mundo de depredadores en el cual no podía distraerse. Él no estaba hecho para perder y si Sofía hubiera entendido esa verdad tan elemental jamás se le habría opuesto ni habría insistido en obligarlo a llevar una vida distinta. Eso jamás se lo perdonaría. Sus diferencias e incompatibilidades eran absolutas y profundas, por eso, como triunfador empedernido había impuesto su estilo propio que nadie le podría quitar, ni siquiera sus hijas ni el recuerdo aún lacerante de Sofía Valor en su retina.

Con su mirada fija en un televisor que le hablaba sin que él lo escuchara pero que nada le reprochaba, continuaba enfrascado en convencerse una vez más de que toda la carga de la separación caía exclusivamente sobre Sofía. Ella era un ser despreciable, una minusválida emocional, fraudulenta en su amor, incapaz de haberlo retenido a su lado, desprovista de toda creatividad, de todo gusto por la vida, de toda capacidad de sacrificio a favor de su hogar. Ella lo había tenido y lo había perdido, era la única forajida de esa deteriorada historia y como tal debía estar en el banquillo de los acusados pagando por sus actos. Él podía sentirse tranquilo de haber hecho lo único que podía hacer: Marcharse para no perecer, huir para no perder su libertad.

El televisor que se oscureció le devolvió la imagen de su ceño fruncido y sus labios apretados. Sentía rabia, muchos deseos de apretar el cuello de Sofía hasta que le pidiera perdón y se humillara delante de él. La odiaba y de alguna manera acabaría con ella y con su voz suave e inalterable. La humillaría hasta aniquilarla, no le daría ni un centavo, no la ayudaría en nada, no cumpliría ni siquiera con lo que la ley le obligaba porque aun estando lejos Sofía Valor tendría que admitir que él seguía teniendo el poder y la autoridad sobre ella y sobre sus hijas. Ella lo necesitaba, sin él no era nadie, tendría que venir a suplicarle que la ayudara y él estaría esperándola para hacerle sentir el peso inigualable de su fuerza. De todas maneras, debía andar con cuidado porque de ella podía esperar cualquier cosa por eso ya había ajustado todos sus bienes y pertenencias. Nada le daría de lo que él había trabajado y ganado, ella nada había aportado, sólo gastos y padecimientos, eso mismo recibiría. Jamás podría estar por encima de él y se lo demostraría hasta el cansancio.

La personalidad no es la esencia de cada persona sino la afirmación de sus respuestas mecánicas ante las diversas circunstancias. Cada individuo es el resultado de una mezcla o amalgama ajustada de lo que ha recibido desde su nacimiento sin que sea posible ubicar a quien corresponde originalmente cada idea, juicio, prejuicio, gusto, pensamiento y demás conceptos que tiene como propios. Por esa razón la gente se rodea de lo que permanentemente confirma su sistema de valores y creencias para validar su comportamiento y personalidad mecánica o repetitiva en sus grupos de amigos, vecinos, pasatiempos, etcétera, de tal manera que al encontrarse con personas o situaciones que difieren de su sistema de creencias, su reacción automática es negar o descalificar a quienes creen, piensan, reaccionan o viven de manera diferente. Obviamente el asunto no queda ahí, es una madeja de actitudes y comportamientos equivocados y nocivos cuya sumatoria produce sociedades altamente contaminadas de ignorancia, intolerancia, agresión, individualismo, susceptibilidad excesiva, rigidez mental, que a su vez siguen reproduciendo comportamientos individuales y colectivos cada vez más contaminantes, peligrosos y patógenos. Esta es la lectura del virus que sin compasión ataca el tejido social de todo grupo humano que se resiste a cambiar y a subir de nivel de conciencia y de acción y que corresponde a las cárceles planetarias en las que miles y miles de presidiarios pagan sus propias penas, como consecuencia de no haber aprendido a respetar, a ganar la confianza, a convivir pacíficamente con todos los demás seres del universo.

Santiago y yo compartíamos una característica común y muy particular de nuestros temperamentos. Así viviéramos de manera totalmente opuesta, teníamos debilidad por el exceso. Para mí no era suficiente lo que Santiago me daba y para él tampoco lo que yo le brindaba, haciendo de nuestras necesidades o apetencias una lista insaciable para ambos. Manifestaciones diferentes de la avaricia humana llevadas al plano del amor y la convivencia y que de manera inconsciente habían formado nuestros propios estilos de personalidad y por ende de relacionamiento.

Santiago tenía claro que su mayor cualidad era su fuerza, la misma que lo llevaba a emprender las aventuras más locas, a vivir cada día sin necesitar de nadie más y sin incomodarle lo que otros pensaran o sintieran porque para él lo más importante era hacer su voluntad. No lo sabía, pero vivir en la creencia de sus argumentos y fortalezas era la vía más despejada hacia la perdición de la libertad verdadera. Por esa autosuficiencia estaba sumido en sus pasiones extravagantes que reafirmaban sus convicciones y su valor personal. Entregado a la vida que él mismo había elegido. Se sentía particularmente cansado, sin ganas de hacer nada, ni siquiera de salir a comer porque detestaba comer solo y eso no lo había podido superar. Sofía lo sabía, a ella también le incomodaba comer sola, por eso a la hora que él llegara lo acompañaba, aprovechando que era un momento ideal para compartir cómo les había ido, los avances de su programa, los negocios, entre muchas otras cosas.

A lo largo de la existencia humana siempre habrá oposición entre la multiplicidad de identidades y pensar en unificarlas es prácticamente imposible. No son máscaras sino características propias de cada individuo que se manifiestan en determinadas circunstancias, situaciones o eventos, tomando el control en cada caso. ¿Cuál debe predominar? ¿Cuál es la verdadera? Eterno dilema del conocimiento humano difícil de precisar y del cual yo no me escapaba. No era ajena a esa condición de vivir fraccionada y alejada de la posibilidad de acercarme a una mayor comprensión, la cual solamente llega cuando existe la capacidad de reconocer la propia ficción interna, la gran negatividad interior, las motivaciones superficiales, la separación de nuestra fuente original que es la conciencia del propio ser. La identificación del yo real y divino es lo que nos permite integrarnos, comprender, avanzar, sentir compasión, amor, perdón y sanidad propia y del entorno. Para llegar a ese punto se deben asumir las debilidades a fin de que no sigan siendo lo que motiva a destruir o enjuiciar a otros como parte del nefasto juego de la acusación y la mentira que busca devastar, no solamente el yo divino sino todos los yo conocidos. La intolerancia es la máxima expresión de insensatez humana, característica del nivel básico de la civilización que se rige por los principios bestiales de la depredación y la subsistencia a cualquier costo, incluso el de llevarse otras vidas por delante. El ansia de ganar y de poder decir que se tuvo la razón es también una de las manifestaciones de este nivel primario que históricamente ha predominado en el relacionamiento de las diferentes personalidades humanas, las cuales siempre son el resultado de lo aprendido y no un componente del diseño original de Dios.

En ese contexto tan poco promisorio, las decisiones son difíciles porque la tendencia es a confundir una decisión con una conveniencia personal. Elegir lo mejor implica tener en cuenta las necesidades de quienes amamos lo cual no parecía haber ocurrido en el corazón de Santiago. En apariencia, en lo que yo podía percibir desde mi posición, lógicamente muy subjetiva en muchos aspectos, Santiago sencillamente cerró sus ojos a toda circunstancia para lanzarse a la aventura de vivir su propia vida sin pensar en mí, en nuestras hijas ni en el futuro que estaba destruyendo.

Acostada en la inmensa cama que sin Santiago parecía más grande, volví a reconocer la punzada en una parte de mi ser donde tal vez la comprensión sabia y respetuosa por el otro no alcanzaba a llegar, allí justamente me dolía todavía lo sucedido. No podía hacer nada diferente a aceptar y como tantas otras noches desearle todo lo mejor, suponiendo que lejos de mí él estaría tranquilo con su decisión y con su nueva vida. Como hablándole al oído le agradecí tantos momentos hermosos compartidos durante esos quince años de crecimiento y aprendizaje. En mi soledad y en esos espacios de reflexión, profundos e interminables, había podido comprender que la causa fundamental del estancamiento está en la mente y en la gran dificultad para aceptar los cambios reales y de paradigmas. Los esquemas aprendidos niegan la necesidad de un estímulo superior que acompañe cualquier proceso de trasformación. La voluntad y capacidad de elegir permite desencadenar eventos ocultos o visibles que conllevan sosiego y zozobra. A pesar de mis elucubraciones no podía evitarlo. Sin resentimiento, pero con un recuerdo calientito acostándose a mi lado, las lágrimas que me quedaban rezagadas de lo que otras noches fueran ríos de dolor, corrieron por mi rostro y descansaron en mi almohada, dejándome finalmente adormecida pero no lo suficiente como para no escuchar el sonido de una llave en la puerta. Guardé silencio para escuchar cada pisada que daba Santiago, recorriendo el espacio que lo separaba de la habitación. Pronto vi aparecer su figura en medio de la penumbra. Continué en silencio, paralizada de asombro. Santiago se quitó la ropa en el mismo orden de cada noche y con un cuidado inusitado la depositó sobre el ropero que también lo había extrañado. Cada prenda le habló al perchero y a mí de sus andanzas por tierras desconocidas, por camas nuevas, por cuerpos extraños saturados de caricias repetidas sin amor, por labios henchidos de besos fingidos. Santiago se acomodó en el lugar que le guardaba sagradamente, recogió su calor que allí permanecía y uniéndose a su olor me abrazó cubriéndome por completo en esa caricia. Sin decir palabra me calentó como cada noche fría, frotando mis pies helados de doncella recién rescatada de la nieve. Una melodía dulce y suave llenó el ambiente, una sensación perfecta de amor y armonía nos cobijó. Dancé con él toda la noche irradiando una nueva luz en mi ser. Muchos rostros antes hoscos nos sonreían afablemente, personas que se habían apartado de nuestras vidas estaban allí celebrando nuestra eterna unión. Otros optaron por juzgarnos, como siempre, juicios salidos de la ignorancia y de la dureza de los corazones. No hubo preguntas, él estaba a mi lado y una paz inmensa nos llenaba. Una mesa enorme vestida de azul y blanco, servida con los manjares más exquisitos era el deleite de todos. Entre tanto Santiago y yo danzábamos sin parar, temiendo que al soltarnos el encanto pudiera desaparecer.

Desde que Santiago partió en una tarde sombría del septiembre más negro de todos los septiembres, cuando hasta las nubes lloraron su partida, yo me instalé en otra habitación como un grito callado de liberación que me ayudó a escapar de las caras burlonas de los fantasmas que durante noches vinieron a visitarme y a contarme historias de Santiago Torres, el mismo por el que la gran ciudad de las lluvias dejó de ser una estación para convertirse en mi destino. Había renunciado a recibir un dardo más en mi nuevo corazón. Mi voluntad apuntaba a morir a todo lo pasado para nacer a una vida nueva, libre de toda esclavitud. Había vivido con la creencia falsa de un amor que se estaba amasando entre dos, hoy vivía por el golpe demoledor de un amor desamasado por un solo lado. Igual que una persona que de repente sabe que parte de su cuerpo está deteriorado, que un cáncer fulminante le ha invadido y que la única posibilidad de continuar con vida es extirpando el órgano lesionado, así me sentía. Estaba siendo sometida sin anestesia a la extirpación inevitable de una parte de mi ser. No podía precisar si me había sido eliminado el estómago por ese vacío que no me abandonaba, otras veces pensaba que mis piernas, tan cansadas de caminar tras el amor y los recuerdos de Santiago. Otros días parecía que mis brazos se habían ido tras los abrazos de él y mis manos no se resignaban a dejar de esperar. Mi corazón, por supuesto, era el más resentido con el proceso, seguramente había tenido que soportar la peor parte. Mi casa de tantos años y en ella mi habitación nueva era mi unidad de cuidados intensivos. Poco salía, poco buscaba fuera lo que necesariamente debía encontrar dentro. Era una presa voluntaria de mi espacio en el cual me sentía segura, no quería ser una víctima de la calle tan inclemente, de las preguntas escuetas, de la falta de solidaridad, de las miradas indiferentes o burlonas, de los cuestionamientos indolentes, de los juicios y sentencias. Las prisiones también son del alma por eso prefería seguir en mi refugio a prueba de fuegos. Esa era mi elección hasta que pudiera sentirme totalmente sanada de todas mis dolencias y de cualquier aflicción que tuviera el poder de devolverme a mi estado inicial ya bastante superado. Allí radicaba ahora mi libertad de elegir.

No obstante, las calles están atiborradas de personas que por no ser confiables se convierten en presos, presos de sus reacciones e ímpetus porque la desconfianza es el resultado de los comportamientos agresivos que, aunque sean aceptados como normales, en realidad son de característica animal. Hay un camino inicial hacia el logro de comportamientos verdaderamente humanos y consiste en dejar de relacionarse por medio de conductas territoriales, como son la defensa, la ofensa, la agresividad, las suposiciones y la competitividad. Un cambio en ese sentido debe reflejarse a través del respeto, el diálogo, la convivencia pacífica y la confianza mutua, pero una de las mayores dificultades a resolver por parte de los prisioneros de sus reacciones, los cuales viven en las cárceles levantadas por ellos mismos, es su característica de ofendible o susceptible que predomina en todas las formas de personalidad, en mayor o menor medida, generalmente ubicados en la misma línea que lleva hacia el límite inferior. Indudablemente mientras existan personas que permanentemente culpan a otros de lo que sienten o viven, seguirán existiendo las penas o castigos que se manifiestan en forma de agresión, venganza, auto castigo, rencores y resentimientos. Hasta tanto todo eso no desaparezca de la faz de la tierra, la humanidad no podrá salir de su cárcel y pasar a un nivel superior de desarrollo humano y de pleno uso de sus libertades.

Estaba dedicada a escribir luego que mis hijas se dormían, era mi mejor terapia, la forma de llenar constructivamente mi tiempo y mi espacio ahora tan míos. Ya no tenía necesidad de escaparme al árbol de guayabas ni esperar a que Santiago durmiera para levantarme sigilosamente a leer o a escribir. Tenía a la mano mi árbol y un lugar en donde las horas se deslizaban suavemente, acompañándome sin interrupciones. También disfrutaba poder dormir y me sentía muy agradecida de que el insomnio jamás hubiera podido entrar en mi vida a torturarme. Suspiré de pensar que no hay peor prisión que aquélla que cada quien se construye. ¿Cuántas personas en ese mismo momento estarían sintiéndose presos, anhelando un día de libertad? Y ¿cuántos otros miles de millones estarían declarando su libertad sin saber que eran presos de sus propias circunstancias y decisiones?

Había sido un día pesado, agitado, cotidiano en exceso y calladamente perdido en un sinnúmero de quehaceres. Desde la partida de Santiago mis días se habían llenado de la repetición de lo doméstico. Levantarme, despachar a mis hijas para el colegio, arreglar, cocinar, lavar, poner todo en orden, sabiendo que sería un orden nuevamente alterado que inevitablemente debería ser vuelto a ordenar y así interminablemente. En esta etapa de mi vida entendía que, al igual que yo, muchas mujeres pasaban sus mejores días, semanas, meses y años recogiendo el desorden de otros para mostrar un orden de nadie y de todos, un orden aparentemente simple de trabajo abnegado y permanente. Trabajo ingrato de desgaste absoluto y poca retribución, excepto la satisfacción personal de respirar limpieza y darles comodidad a todos. Sin embargo, ese trabajo doméstico tan recién llegado a mi cotidianidad me permitía estar más tiempo conmigo misma. Gracias a estas recientes tareas me había apartado, como en un aislamiento social voluntario, del ruido de las calles, de los afanes y fatigas individuales y colectivas, de las turbas enardecidas que diariamente se mueven por el ansia de lo no realizado, de lo aplazado, de lo anhelado, de lo perdido, de lo entregado, de lo urgente, de lo inaplazable. Me sentía privilegiada, realmente era posible ver el lado amable de cualquier situación. Me acosté cansada y una vez más mi cama helada y silenciosa me hizo recordar la ausencia de Santiago, no sentí dolor, tampoco nostalgia, sólo su ausencia que seguía hablándome y mostrándome a la vez que me dolía menos. Aceptar que todavía me hacía falta era parte de ese proceso largo y enriquecedor de desapego y renuncia.

Se me ocurrió que un cambio rotundo de imagen me ayudaría a modificar la forma de ver la vida. Algo que me ayudara a renovarme, aunque no soy una mujer de cambios físicos bruscos. Me miré detenidamente en el espejo de la misma peluquería donde solía ir comprobando que definitivamente soy una mujer de hábitos. Busqué con lupa las razones de mi tímido deseo de querer cambiar, cuando reflejadas en un mismo punto pude ver varias mujeres con un estilo idéntico de cabello, color y peinado. Las miré una y otra vez sin comprender la razón de que se hubieran quitado el color de sus cabellos. No eran cabellos blancos sino completamente descoloridos, la negación de todo color. Miré sus atuendos y estos también parecían despigmentados. Asombrada busqué el contraste con el color de sus ojos, pero en ninguno de ellos había brillo alguno. Me sentí erizada pero no dije nada, tampoco pregunté. Me asomé a la calle y en medio de la amplia avenida la gran mayoría de transeúntes lucían el mismo aspecto. Cambié de calles, miré a un lado y a otro. Una multitud de personas caminaba apresuradamente, ninguna alcanzaba a rozarme porque todas guardaban una distancia más que prudencial y ninguna me miraba, tampoco hablaban ni se tocaban. Sentí un gran sobresalto. ¿Qué había ocurrido durante el tiempo de mi encierro, de esa cuarentena voluntaria y prolongada que había transformado tanto a las personas? Regresé a la peluquería, mi amiga Concepción me miró con una expresión comprensiva, ella sabía lo que yo estaba viendo. No, no son fantasmas me dijo, leyendo la pregunta en mi rostro. Son personas que aún no han despertado,

266

van por el mundo como muertos andariegos que no saben que dentro de ellos no hay luz, en sus ojos no hay esperanza y en su corazón no hay amor porque ellos aún no han alcanzado la verdad que los hará libres. No puedes apartarte de ellos porque ya los distingues, sólo quien ha recibido la luz puede alumbrar el camino de quienes permanecen en la oscuridad. La imagen nítida y perturbadora de tantos seres fantasmales a mi alrededor me llenó de una compasión extrema. Con mi alma más reposada comprendí su significado. El mundo está lleno de personas que no han sabido asumir sus experiencias de dolor, que no han canalizado el sufrimiento, la violencia, la angustia, la soledad, y tantas otras circunstancias negativas. A raíz de ello se han llenado de una profunda amargura que los lleva a vivir sin vivir, aislados en sus propios temores. Inconscientemente van por el mundo dejando en los demás su veneno, incrementando como un virus incontrolable esos estados tóxicos y alterados del ser humano. El mundo parece querer auto-destruirse por no ser capaz de romper el círculo vicioso de la desolación humana que camina sin avanzar, mira sin ver y oye sin escuchar. El mayor flagelo de la humanidad es que la gente está inconsciente. Existen miles y millones de seres humanos que creyendo existir arrastran un cuerpo automatizado que duerme y se levanta, come y respira. Humanidad dormida, negada a la verdad, a la búsqueda de su real sentido de existencia, que agranda en su libertad negada y ansiada un cumulo de frustraciones, alimentando las muchas perturbaciones mentales, incomunicación, violencia, abusos, suicidios, agresividad y demás problemas sicosociales que no solamente hacen daño a cada uno sino a toda esa multitud dormida que atemorizada no logra encontrar el camino.

¡Ciegos, guías de ciegos!, pensé. Por eso la gente usa máscaras para cada situación, para su trabajo, su familia, sus amigos y para los diferentes contextos en que se desenvuelven, no tanto por un deseo hipócrita de ocultar su identidad carente de todo propósito sino porque no saben quiénes son y en esa avidez de adaptarse han ido perdiendo aún más su propio sentido de la vida. El resultado es una bola de nieve conformada por afinidad de gustos, ideas, creencias, hábitos y escapes de los individuos no pensantes, dormidos, sin comprensión, a los que se unen otros de las mismas características, logrando multitudes que caminan sin entender qué es la vida, defendiendo causas perdidas, absolutamente carentes de propósito. Es una nefasta masa crítica que puede llamarse masa dormida donde la energía o pensamiento predominante es el que prolifera, impidiendo el desarrollo de un pensamiento creador como posibilidad insuperable de libertad y felicidad.

El problema de fondo es que la gente no admite estar enferma o dormida, huyen de ataques externos, de contaminaciones del aire, desconociendo que la enfermedad está dentro de cada uno. Creen equivocadamente que si funcionan en sus roles y si reaccionan ante los estímulos entonces están vivos. En realidad, vegetan convencidos de que los otros son los enfermos y que las bacterias de la indiferencia, la desconfianza, la deslealtad y el desamor habita en otros. Es el letargo de una vida-muerte que les condena a la frustración porque si nunca se examinan las actitudes mentales el resultado será siempre el mismo, mayor negación. Otras personas buscan el conocimiento, se sienten poderosos e inteligentes más no buscan la comprensión de su existencia, sino que sin saberlo se convierten en un zombie más y en esa condición es poco lo que se puede sentir, cambiar y transcender. Están convencidos de tener vida porque cuidan un cuerpo sin preocuparse en lo que va por dentro, olvidando por completo que más que la cirugía del cuerpo lo que se necesita con urgencia es la cirugía del alma para sacarla de ese hueco negro donde está olvidada y destinada a perecer con sus pretensiones vanas que mueren como el cuerpo y se olvidan como la fama. Clínicas, clínicas y más clínicas, procedimientos tortuosos de una carne no aceptada, de unas formas que esclavizan cuando lo que la humanidad precisa es internarse en una clínica que le cure el alma.

Cuando una persona comprometida con su cambio se dispone a internarse en una clínica del alma, el éxito material, el poder o las ventajas personales disminuyen en importancia permitiendo apreciar cuál es el verdadero valor de la vida. Quien pueda escoger la opción de quedarse agarrado a ese proceso de cambio profundo sabrá que su búsqueda no quedará allí, no se detendrá, sino que estará inmerso, resuelta y felizmente en una exploración integral continua que le dará a su existir el sentido más alto que tiene hasta llegar a vivir en el amor perfecto y eterno que es el amor de Dios. Yo misma sería libre cuando pudiera soltar todos los lazos que aún me seguían aprisionando, ya con menos fuerza; recuerdos dolorosos, palabras de desdén, actitudes, gritos o silencios que seguían martillando en mi mente, cada vez con menor intensidad. Sería libre cuando pudiera abrazar por completo la verdad que sólo proporciona una vida en la dimensión espiritual, alineada con la mente de Dios porque la libertad es una experiencia personal de apertura de conciencia que produce la transformación de las personas en creaciones divinas reales, dentro y fuera de cada ser. La libertad es la oportunidad inaplazable que tengo en mis manos de construir desde mi interior para recoger los frutos en el exterior, con la certeza de poder vivir el cielo en la tierra.

Sí, soy una soñadora de un mundo mejor, entonces ¿por qué no creer que esa realidad es totalmente posible para mí, para Santiago, para mis hijas y para todos los seres que amo, sean conocidos o no? Puedo creerlo porque la libertad no es un concepto material ni restringido a los muros que se pueden ver sino una realidad interna que transciende las limitaciones mentales y físicas del individuo. Por eso el desarrollo de la personalidad transcendente es la que conduce hacia el camino de la libertad para poder acabar o por lo menos neutralizar las actitudes de destrucción y de negativismo que impiden el paso hacia una dimensión inagotable del ser.

Santiago seguía rumiando su ira, la rabia le embargaba espantando de él todo descanso. Una angustia no identificada le aumentaba su fastidio. Quería cerrar sus ojos y dormir, olvidarse de todo, descansar apaciblemente en su nueva cama de libertad tan duramente conquistada. Cerraba sus ojos e imaginaba que Sofía bailaba en brazos de un desconocido, su sonrisa y su mirada enamorada puesta en otro hombre le hicieron despertar inquieto. No había querido pensar en ello, pero, ¿qué tal que Sofía se hubiera enamorado tan pronto de otro?, ¿sería ese el motivo de su silencio e indiferencia? Ella no lo había buscado y tampoco hizo nada por evitar que se fuera. Posiblemente ella deseaba que él se marchara y le dejara el camino libre y él creyendo que ella todavía lo amaba. Unos celos profundos se apoderaron de él. Imaginó que pronto las niñas o alguien cercano le comunicarían sobre el matrimonio de Sofía con un desconocido que llegaría a ser parte de la vida de ella, a disfrutar su amor, a convivir con sus hijas. Sabía que Sofía no compartía la idea de ponerle un padrastro a las niñas y con esa seguridad había dado el paso de marcharse, igual la duda le asaltó. Por muy duro que fuera en sus críticas contra ella jamás había sido capaz de negar su entrega incondicional a sus hijas y su deseo de darles un ejemplo de vida mejor al que ella había tenido. Pero una vez lejos ya no podía sentirse tranquilo al respecto. ¿Qué le garantizaba que Sofía no hubiera cambiado de opinión?, ¿Qué le podía asegurar que un hombre astuto no la convenciera de que ella tenía derecho a rehacer su vida? Había pensado muchas veces que él podía dedicarse por completo a deleitarse en su libertad recién adquirida mientras Isabela y Sara estaban con la mejor mamá que hubiera podido conseguirles, pero las dudas le hacían pensar que las había expuesto a vivir la experiencia de un extraño en sus vidas. Ya no confiaba en Sofía, ya no podía seguir creyendo que ella renunciaría a compartir su vida con otro hombre por dedicarse exclusivamente a sus hijas. En ese mismo momento ella debía estar disponiéndose a darle un vuelco a su historia si es que ya no se lo había dado y él sería el último en enterarse.

No importaba cuan lastimada hubiera salido de la guerra del desamor, yo seguía viva, más diligente ahora que antes, más libre y segura. Mi aislamiento social seguía siendo mi decisión. Mi mirada introspectiva una necesidad del alma, y mi calma antisísmica un premio a mi perseverancia de dar un solo paso a la vez para que dos no fueran atraso. Nada ganaba al ir por el mundo abriendo mis heridas con cualquiera. ¿Qué de positivo podía tener compartir mi fracaso con quienes no pudieran entender lo que para mí significaba ver mi familia destruida y a mis hijas sufriendo las consecuencias de la relación estropeada de sus padres? No quería ni me permitiría volver a entrar en el juego de la culpabilidad porque esa no era la solución y ya era un tema superado. Nadie podría ponerse en mis zapatos y caminar por mí ese tramo duro y escarpado de mi vida. Valía la pena encerrarme y apartarme para mirar tranquilamente dentro de mí, para buscar la paz tan necesaria y la fuerza de lo alto para continuar. Nada conseguiría contando a todos que mi marido se había ido tras sus fantasías y caprichos, en pos de las mieles de amores juveniles, como diciéndole al mundo con su abandono que su amor por mí se había envejecido y no había sido posible restaurarlo ni pintarlo o renovarlo de ninguna manera, sino que, cual mueble viejo, había sido más fácil desecharlo y colocar en su lugar un mueble nuevo. Era parte de mi duelo y como en todo duelo, muchas cosas duelen. Me dolía aceptar que había sido tratada como un mueble que ya no sirve, aunque entendiendo que mejor era haber sido botada a la basura que relegada a un segundo, tercer o cuarto lugar desde donde tuviera que presenciar el entusiasmo de Santiago por el sofá nuevo en el que reclinaría su naturaleza irracional de macho que olfatea sin distinguir. Como esclavo de esa ignorancia seguiría repartiendo de su esencia indiscriminadamente, viviendo por instinto más no por amor ni por raciocinio, sumergido en los sudores de su locura pasional con el anhelo de recuperar el vigor de sus mejores años que contra su voluntad se le escapaban. Todo eso me consolaba un poco, así como saber que yo estaba allí, en mi propio sofá blanco y limpio, cómoda, tranquila y sin necesidad de salir a buscar afuera ningún consuelo a mi confortable soledad. Esa decisión me llenaba de una paz inexplicable y de una gratitud infinita hacia mí por ser capaz de madurar y salir adelante en medio de la dificultad. En otra época muy seguramente habría caído en la tentación de pretender llenar mi dolor con la ilusión de otro amor, pero ahora, en este momento y en este tiempo, en uso de mi plena libertad renunciaba a hacerlo por mi tranquilidad y la de mis hijas. No quería exponerlas a convivir con un padrastro que en algún momento quisiera mancillarlas o alterarles su tranquilidad. Nada me haría mover de mi decisión de no ponerle a mis hijas un padrastro, así eso me costara un sacrificio mayor.

El proceso de transformación que deben realizar los seres humanos a fin de ser libres es largo y muchas veces tortuoso en especial cuando no se ha llegado a la comprensión de que Dios, en su perfecta sabiduría, es un espíritu superior permanente, real y eterno que desea alcanzar a todos los seres humanos y acompañarlos en el camino de la liberación que es el de la unidad con Él. Resulta fascinante entender o por lo menos acercarnos al entendimiento de la metodología usada por el Creador de todo lo que se ve y lo que no se ve, que en su amor infinito a sus criaturas les da la posibilidad de progresar espiritualmente hasta alcanzar la eternidad donde podrán ser libres de todo sufrimiento y apego a las cosas que limitan.

Renovar la mente y el pensamiento es un resultado de las experiencias vividas, pero también de las decisiones. Una muestra de renovación en mi proceso fue entender que Santiago ya no era mi héroe ni mi ídolo ni mucho menos mi todo. Mis años junto a él transcurrieron en el deseo permanente de complacerlo, de agradarle, de amarlo de todas las maneras posibles, de reinventar el amor para ajustarme a sus exigencias inusitadas e inagotables que me llevaron a entregarle mi vida como en una transfusión directa que terminó por dejarme sin fuerzas, pero ni siquiera de esa manera había logrado colmar sus expectativas, sus deseos, sus caprichos, sus ansias de dominación. Cual animal domesticado o esclavo resignado, me había acostumbrado a vivir en esa condición de sometimiento por eso ahora, transcurridos varios meses de su partida en lugar de sentirme plenamente feliz de ser libre de toda dominación y de la autoridad devastadora de él, a ratos me sorprendía añorando volver a revivir la misma situación con tal de tenerlo a mi lado. Me veía a mí misma buscando en el clóset cerrado los grilletes oxidados para voluntariamente volvérmelos a colocar. Sabía que era un proceso largo y que poco a poco lograría superar esa debilidad porque la paz o el infierno lo construye cada uno, libremente, voluntariamente.

Aproveché la tarde fresca e iluminada para responderle a Lulú Luna, mi amiga de juventud y de risas, cuando no sospechábamos que la vida nos uniría en un mismo sentir. Lulú también conocía lo que era el dolor del abandono y del maltrato. Paradójicamente su esposo la había dejado para irse tras otra mujer mucho mayor que él, sin la sonrisa dulce y encantadora de Lulú, sin sus ojos color de noche suave, sin su caminar de mujer caribe acabada de salir del mar, sin su ternura, sin su alegría contagiosa. Con todo eso pude comprobar una vez más que los hombres cuando deciden irse no tienen en cuenta la hermosura de lo que están dejando, sino que sus ojos se van tras espejismos o quimeras de pasión. Lulú tenía dos hijas, una vida por delante, un corazón por sanar y una sonrisa primorosa que ningún marido desleal le había podido robar. A ese corazón, que también había sido roto en mil pedazos, le hablé desde mi experiencia personal porque cuando se comparte desde el alma se puede ayudar a otros a pasar el trago amargo del abandono y el engaño.

"... a esta altura de mi acercamiento a un área poco conocida para mí, te puedo decir que siento y creo realmente que el propósito se ha cumplido. He podido correr algunos velos que me oscurecían la luz. He podido pensar en mí de una manera amorosa y respetuosa, en esta misma medida he podido acercarme más desprevenida y honestamente a muchas personas antes lejanas para mí, principalmente a mi hermana Carmen, confidente y escucha inmejorable. Siento que mi liberación, o lo que he logrado ganar de ella es también la liberación de los otros, especialmente de quien hasta hace poco fuera el ser más cercano a mí, ya sabes a quien me refiero. Sorprendentemente me he sentido en correspondencia con mis avances, con mis desapegos, con mi nuevo respirar. He visto en la cotidianidad de mi vida que efectivamente puedo dejar ir de mí muchas cosas y en lugar de sentir pesar, tristeza o dolor, he disfrutado de esas idas como diciéndole adiós a un amigo muy querido que se va a recorrer otros mundos y al que se le desea lo mejor. No hay necesidad de reemplazarlo, y menos con premura, no hay que agarrarlo, no hay que llenarlo de recomendaciones, sencillamente darle nuestra bendición y regalarle una gran sonrisa, como aquellas de nuestros años adolescentes. Es como escribirle una tarjeta en el cielo con letra indeleble, diciéndole que mientras estuvo aquí fue muy grato, pero en su ausencia no hay lugar a quejas ni a dolor sino casi que a una gratitud eterna. Ese espacio vacío no tiene que ser llenado por otra persona porque imposible es reemplazar una amistad por eso nunca he puesto a nadie en tu lugar querida amiga. Esta experiencia me ha dejado muchas enseñanzas, una de ellas es que puedo ser feliz, así mi vida ya no sea lo que un día soñé. Me siento tranquila de saber que aún en medio de la prueba de vida estoy ayudando a crecer a mis hijas, sin interferir directamente en sus destinos, aun sabiendo que ha sido marcado irremediablemente, confío en que ellas puedan tener la sabiduría de tomar lo mejor y dejar lo que no sirva. Te regalo esta frase que leí en alguna parte: "No llores porque terminó, sonríe porque sucedió" ¿Qué tal? Genial ¿cierto? Que nadie te robe tu sonrisa maravillosa e inolvidable mi amiga hermosa. Puedo entender lo que estás viviendo porque yo misma lo he vivido."

Me pellizqué en mi inconsciente, no quería ni imaginar que una vez todo el dolor fuera superado o por lo menos llevadero en mi vida, me olvidara de extender mi mano y ofrecer mi voz de aliento a quienes estuvieran atravesando por similares circunstancias. Si algo podía aspirar era a que mi experiencia ayudara a otros a atravesar más rápidamente por ese desierto. Tampoco quería dejar de agradecer a quienes me ayudaron a levantarme cuando estuve herida y convaleciente. No ha sido un trabajo fácil, por el contrario, ha sido una tarea muy ardua que me ha exigido y me seguirá exigiendo, pero era eso o morir en la oscuridad, en el llanto, en el sufrimiento de no aceptar la experiencia. El peor error que yo misma o cualquier persona en similar condición puede cometer es creer haber aprendido lo suficiente como para sobrellevar la vida, mitigar el dolor o manipular el entorno y las circunstancias y desconectarse del proceso completo. Los verdaderos resultados no son inmediatos, vienen luego, paulatinamente, al ir viendo los avances en el diario vivir. El curso de cambios y experiencias conexas debe ser tomado como un trampolín que nos permita revaluar el pensamiento, las creencias, las acciones y las palabras, en un trabajo honesto y transparente de transformación personal. Las experiencias pueden ser parecidas pero el proceso en cada persona es tan individual que nada me garantizaba que un día Santiago pudiera también llegar al mismo aprendizaje o superior. Intenté ponerme en sus zapatos, ciertamente me quedaban grandes, muy grandes. Sonreí al recordar las veces que me los puse y recorrí la casa con ellos, sólo para verlo reír por mis payasadas. Qué fácil es reír y ser feliz pero que duro es cuando nos toca el turno de sufrir.

No hay nada por encima de la libertad que proviene de obrar de acuerdo a las leyes del amor universal, de los cuales la lealtad es uno de esos principios superiores, inalcanzable para muchos, innegociable para otros. Lealtad es la virtud imprescindible que sostiene el compromiso mutuo del amor. Cuando hay lealtad es posible cumplir los compromisos establecidos y asumidos de común acuerdo con la otra persona. No es una obligación que se deba hacer valer a través de normas o leyes, sino un compromiso voluntario establecido bilateralmente, en condiciones de armonía y compatibilidad. Un compromiso se cumple de manera discrecional y absoluta entre individuos confiables y firmes en sus decisiones de vida y sólo se modifica a través de otro acuerdo, nunca de manera unilateral porque cuando así sucede, falló el principio de la lealtad y prevaleció la falta de amor y compromiso para respetar los acuerdos iníciales que sostenían la relación. No sólo hay individuos sino sociedades enteras con una gran incapacidad de vivir por acuerdos, haciéndose obligatorio el uso de la ley para regir las relaciones de esas personas que no alcanzan a comprender el inmenso significado espiritual de vivir en armonía, de respetar los acuerdos y los compromisos, dándole mayor valor a las palabras que a las normas.

Las relaciones establecidas entre personas que no se rigen por el valor de la lealtad se denominan incompatibles mientras que quienes se relacionan respetando lealmente sus acuerdos son personas compatibles,

274

con mayor grado de desarrollo de conciencia individual y colectiva. Así que eso desmonta la idea generalizada de incompatibilidad como diferencia de gustos y caracteres. En efecto es un concepto que trasciende lo moral y lo ético. La lealtad siempre requerirá amor, comunicación, acuerdos y compromiso con todo lo establecido por las personas involucradas. Ser leal implica no terminar un compromiso o romper un acuerdo de manera unilateral para no fallar ante las personas que confían en nosotros.

¿Qué más podía pedir? Era libre de escoger entre sufrir o reír, entre quejarme o agradecer, entre apresurarme inútilmente o esperar pacientemente, entre morir un poco cada día o renacer cada mañana. Nunca más me sentiría incapaz de salir adelante ni renunciaría a nada por amor porque el más alto amor no nos hace renunciar a nada sino por el contrario, nos anima a alcanzar nuestros sueños y propósitos. El amor no frustra sino motiva, no anula sino ayuda a crecer.

En mi carácter comenzaron a darse las muestras de ese proceso de transformación que había vivido en aislamiento y libertad. La paciencia empezó a tomar su lugar, la fe asumió las riendas de mis deseos y la gratitud dirigió cada uno de mis pensamientos. Los días dejaron de ser monótonos y un cielo cada vez más azul me presagiaba la llegada de la aurora, del tiempo de recoger los frutos. Mi vida había cambiado radicalmente. Nada me hablaba de los meses de confrontación permanente conmigo misma en los que me había sido tan complicado aceptar mi nueva condición. La comprensión de que una dificultad o una crisis es la oportunidad de aprender a ser mejor me alentaba a continuar. Mis heridas habían sido sanadas y sabía que en la ciudad eterna hacia donde dirigía mis pasos, cada herida y cada lágrima se había transformado en una estrella que iluminaba el firmamento. La tarea era proteger mi corazón y mis sentimientos de nuevas heridas. La madeja se había comenzado a deshacer, los nudos habían sido quitados. Había ganado mi derecho a la libertad en la contienda más aguerrida. Y en uso de esa libertad renunciaba a ser una presidiaria de las cárceles humanas tan extendidas como consecuencia de los odios, los resentimientos, las amarguras de corazón, las palabras ofensivas, los pensamientos irracionales y todo lo que ata y destruye.

Volví a arreglarme con esmero. Había llegado el momento de terminar mi aislamiento voluntario porque los gérmenes que me habían amenazado ya estaban controlados desde mi ser interior. Escogí un vestido azul con líneas blancas muy delgadas, una fina pañoleta de seda de colores fuertes porque el tiempo de luto ya había pasado, y unos zapatos color ámbar. Me puse la actitud de sobreviviente de las mil batallas que más juego me hacía y salí a recorrer nuevamente el mundo con mis alas ya reparadas. Me agradó mi imagen, sentirme bella también era mi elección. Podía sonreír tranquilamente y sin ningún temor, segura de haber sido liberada ahora y para siempre.

EL PERDÓN

*"El perdón es un acto de sanación
del alma, del corazón, de la mente
y del espíritu."*

Sofía

Durante años Eudine Parra había vivido ajustando sus días y sus noches al regreso temporal o definitivo de Santiago Torres; por él renunció a sus largos viajes de exploración a fin de poder permanecer más tiempo en la capital de los desencuentros y las incongruencias porque creía que haberlo dejado solo había sido la causa de su fracaso matrimonial y no quería volver a cometer el mismo error. Todo se lo había aceptado, hasta que tuviera una familia con una mujer diferente a ella, pero vivía por la esperanza o testarudez de recuperarlo y enmendar de alguna manera su error. Su obsesión era verlo separado de Sofía Valor porque en su corazón de mujer abandonada creció el resentimiento y un deseo profundo de venganza del que nada ni nadie podría hacerla desistir. La única culpable del fracaso de su relación con Santiago Torres era Sofía Valor por haberse atravesado en el camino y en los pensamientos de Santiago, a quien exoneraba de toda culpa. Su estrategia desde entonces fue la de no apartarse más de la vida de él. Estaba enterada de cada uno de sus pasos lo cual le permitió mantener una relación íntima y cercana con él a través de cuerdas sutiles que lo mantuvieran atado a ella. La principal de esas cuerdas casi invisibles fue el sentimiento de culpa de Santiago que de muchas maneras Eudine le seguía alimentando. Sofía nunca llegó a intuir siquiera que parte del posterior desamor y abandono de Santiago fuera ese sentimiento de culpa no resuelto con Eudine. En su confianza absoluta desconoció que Eudine Parra jamás había cerrado la puerta de su corazón ni de su habitación al retorno de Santiago. Por el contrario, durante todos esos años mantuvo latente su decisión de recuperarlo prestándose a una relación esporádica y tormentosa que no hizo sino llenar de más resentimiento su corazón tan lastimado. Las noches la asaltaban esperando por él en medio del llanto, la rabia y una embriaguez absoluta en su intento infructuoso de no dejarlo salir por completo de su vida. Su pretensión ambigua de llegar a mirarlo sin amor, como se debería mirar a un hombre en el cual no es posible confiar, terminó nutriendo su deseo de cobrarle hasta la última lágrima derramada. En ella ya no había asomo de compasión ni por él ni por Sofía ni por las hijas de ellos que eran el reflejo vivo de su desgracia.

Santiago y yo pretendimos durante muchos meses tapar con nuestras manos el cielo gris que desde temprano comenzó a cernirse sobre nosotros presagiándonos tormentas que podrían hacer naufragar nuestra embarcación, así que, cuando el diluvio finalmente llegó a nuestras vidas nos sorprendió en el mutismo más completo, sin preparación alguna, sin provisiones de ternura guardadas en la despensa, sin nutrientes para el momento de la desnutrición del alma, ni sueros para la emergencia. No tuvimos la posibilidad de ajustar la estrategia de navegación porque comunicarse es la única manera de sobrevivir en cualquier relación y eso ya estaba más que perdido. Así fue desde el principio de la eternidad y así será por siempre pues la palabra crea, da vida, restaura. En una relación madura, entendida como el compartir de dos seres conscientes y aterrizados en un mismo proyecto de vida, la comunicación debe fluir como el agua y no endurecerse como el barro, impidiendo ver la verdad y la belleza del otro. Sin embargo, en una separación el que toma la decisión de abandonar es el que lleva la peor parte y eso estaba viviendo Santiago, queriendo encontrar responsables que le mitigaran su condición y la ira de su callado sufrimiento. El desconocía que un arrepentimiento desde la bondad por uno mismo no debe ser una acusación dolorosa sino una reflexión gentil y sincera que ayude a soltar y abrir el corazón a una comprensión mayor de los planes perfectos de Dios en nuestra vida.

Durante mucho tiempo trasegué en el deseo equivocado de querer desaparecer muchas cosas vividas, pero parte del saber que estaba ganando me llevaba a entender que sólo viviendo esas situaciones de aprendizaje es posible avanzar en nuestro propio desarrollo. Ya no a pesar sino gracias a ellas podía saber que había llegado el momento de perdonar todo lo ocurrido, así lo creyera doloroso o dañino y perdonarme a sí misma. Gran parte del aprendizaje era la comprensión de que no hay bien y mal, vivimos en un mundo acostumbrado a rotular todas las cosas en esas dos categorías sin comprender que aquello que consideramos bueno o malo no es sino la muestra de nuestros propios juicios e inconsciencia. Y un principio fundamental del perdón es el de no juzgar porque siempre que nos instalemos en el territorio de los juicios no seremos capaces de perdonar pues si no quitamos nuestra subjetividad todo lo seguimos viendo con los lentes de lo que a nuestro juicio está bien o está mal.

Perdonar es dejar ir el pasado liberándonos de todo, en especial de lo que pensamos que los demás nos han hecho y de lo que creemos que hemos hecho a otros. El perdón es un acto de sanación del alma, del corazón y de la mente. Es la mejor medicina y al mismo tiempo la más difícil de aplicar. Yo lo veo como una sustancia transparente, cargada de todos los minerales, vitaminas y aminoácidos posibles que por decisión propia nos colocamos de manera intravenosa y rápidamente sentimos como va arrastrando, limpiando, desintoxicándonos de resentimientos, censuras, culpa, y sobre todo llevándose el dolor que ha ocupado el lugar del amor. Ese suero de perdón al entrar en nuestro ser nos recarga de vitalidad y de libertad. El perdón entonces es una potente aspiradora que arranca de las paredes del alma lo que en ella se ha acumulado durante siglos, heredándonos una memoria cargada de odios ancestrales y desconocidos, innecesarios y agobiantes. Muchos seres humanos prefieren aferrarse al dolor pasado y encerrarse por completo en la caverna de su resentimiento, haciéndose emocionalmente incapaces de dar y recibir afecto. De esa manera se rechaza la bondad que el perdón genera hacia nosotros mismos y hacia los demás.

Me llegó el olor a madera fresca del día en que mis hermanos me metieron dentro de una caja enorme para luego saltar sobre ella disfrutando de su travesura al tiempo que mis gritos traspasaban las paredes y cortaban el aire. El miedo y la rabia no eran tan grandes como la impotencia de no poder hacer nada para salir. Por pura protección divina mi mamá alcanzó a escucharme desde la esquina y pudo llegar a tiempo para salvarme de morir asfixiada a mis ocho años de edad. La evocación me produjo alegría, ya no me molestaba recordar el momento dentro de la caja oscura. Por supuesto mis hermanos nunca me pidieron disculpas porque a la mayoría de los seres humanos no se nos ha enseñado ni a perdonar ni a pedir perdón. Afortunadamente muchas cosas se habían superado satisfactoriamente. Raymundo, mi hermano mayor se ha convertido en un ejemplo de amor, un hombre sin odios en su corazón. Octavio vive consagrado a su familia, igual que Luis Miguel, el menor, porque quienes venimos de hogares destrozados tenemos la capacidad de valorar más nuestras familias, Francisco es el único que partió antes de crecer, dejando a Esmeralda con esa tristeza para siempre. Carmen Del Rosario es mi única hermana, heredera indiscutible del color de piel de nuestro bisabuelo, por ese cruce indefinido de razas, pensamientos, deseos y hasta temores. Haber nacido en medio de los últimos compases y notas de Vicente y Esmeralda la hicieron una guerrera del amor a pesar de su certeza de no ser producto del amor sino de los estertores del mismo, lo cual es igual a decir fruto del desamor o de una última excusa para seguir unidos en medio de la desunión. Con todo y eso Carmen es una maestra del perdón, una mujer que ha podido sobrevivir a las acometidas más duras de la vida y sin embargo nunca ha perdido su sonrisa ni su alegría ni ha cargado su corazón de odios ni culpas. Ella es como un cristal a través del cual se puede ver la belleza de sus senti-mientos y del amor por su familia. Por ser la persona más cercana a mí fue de gran ayuda en mi camino del perdón porque sabía de lo impor-tante que era para mí terminar de arrancar todo recuerdo de dolor para que pudiera seguir viviendo no a pesar de esa experiencia sino gracias a ella. Mi hermana tenía motivos de sobra para estar segura de que ese es el camino a seguir porque ella creció lejos del amor de papá, creyendo que él jamás la había amado pero la verdad es que Vicente Valor la amaba tanto que la buscó por tierra y aire, en cada lugar donde alguien le decía que había visto a Esmeralda Amórtegui. Él lloró cada noche por su pequeña hija y no tenerla cerca fue una

280

experiencia superior a sus fuerzas y una de las razones por las que nunca pudo perdonar a Esmeralda de haberse marchado sin darle una explicación. Saber eso fue el mejor regalo para Carmen del Rosario, a partir de ese momento pudo pensar en su papá como ese hombre que tantas cosas hizo por recuperarla y que así no lo hubiera logrado, lo había intentado todo por ella. No culpaba a su madre por habérsela llevado, aunque durante mucho tiempo cargó con ese dolor de pensar que hubiera podido ser diferente pero tampoco la juzgaba, su corazón no era capaz de guardar resentimiento hacia ninguno de sus padres y conociendo las experiencias tan duras que había vivido Esmeralda, sería la última persona en juzgarla por la decisión de abandonar a Vicente Valor. No desconocía que su madre siempre había buscado la felicidad de todos y muy especialmente la de ella, tal vez por ser su hija menor y por su esperanza en que las cosas con Vicente Valor fueran superadas, pero un error no deja de serlo por la buena voluntad con que se haga. Aceptarlo sin juicios ayuda a sanar el alma y a liberarnos de culpas y resentimientos innecesarios, en otras palabras, a perdonarnos aligerando nuestra carga.

Carmen ha sido la más cercana a nuestra madre, nunca la podrá ver como alguien que la apartó del amor paterno sino como quien hizo lo mejor por ella porque cada ser humano da de lo mejor que tiene, de eso estaba más que segura. Cada experiencia de vida es diferente, por ejemplo, Carmen no tuvo la oportunidad que tuve yo de disfrutar con papá su gran afición por los boleros. Esos fueron los mejores momentos que compartí con él, diría que fueron mis canciones de cuna. Con la hermosa melodía se fue cualquier sentimiento de dolor que pudiera quedar en nosotras, latiendo sólo el más bello recuerdo de Vicente Valor.

"Ya que no puedo decírtelo al oído,
por la suerte cruel que nos separa
Quiero decirte por medio de mi canto,
que no puedo seguir sufriendo tanto.

Tú me haces falta tal vez más que mi vida,
mi vida eres tú y te me has ido
Que pretendes mi amor que yo te quiera
Y tú en cambio me pagas con olvido.

Tú me haces falta,
porque las noches se hacen tan largas cuando en ti pienso
Tú me haces falta,
por el recuerdo que tú has dejado en mi corazón
Ni la distancia ni todo el tiempo que estoy sin verte
Me hacen que olvide la triste historia de nuestro amor.

Tú me haces falta,
porque las noches se hacen tan largas cuando en ti pienso
Tú me haces falta,
por el recuerdo que tú has dejado en mi corazón
Ni la distancia ni todo el tiempo que estoy sin verte
Me hacen que olvide la triste historia de nuestro amor."

TÚ ME HACES FALTA - *José Feliciano*
https://www.youtube.com/watch?v=jBQUCdsvKnU

Me había visto con mi padre hacía unas semanas. Él llegó con su piel cansada y marchita por el tiempo, el sol y el peso de lo que pudo haber sido y no fue. Me recibió con una sonrisa que se resistía a dejar de ser preciosa, mostrando una dentadura completa, con algunas marcas innegables de los años que terminaron por separar sus dientes de tanto apretarlos en sus noches de dolor. Caminando por la playa su voz de antes lo encontró desprevenido y juntos le cantaron al mar, como recordando que sólo les faltó una oportunidad para mostrar su talento. Las canciones le fueron brotando como un rosario, en el mismo orden que yo las guardaba en mi memoria. Admiré la entereza de mi padre, pero mi compasión por él fue mayor. Evidentemente la fortuna no lo iluminaba ni la vida le había dado la oportunidad de sostenerse con la pasión por sus boleros. La vista ya no le ayudaba en su trabajo de relojero en el que había dejado toda la precisión de sus ojos y la ilusión de devolver el tiempo, deteniéndolo en el momento preciso en que nos tuvo en brazos o paralizarlo para no separarse jamás de Esmeralda Amórtegui, y poder enderezar el camino. Sus zapatos cansados por las largas distancias recorridas, un maletín casi desocupado y su mirada buscando un horizonte mejor no se disimulaba ni con los brotes de alegría que pretendían callar lo incallable. Mi padre procuraba ocultarnos que su orgullo seguía siendo su mayor característica y no lo reconocería así la imposibilidad de perdonar le estuviera

secando hasta los huesos. Le insistí para que viajara conmigo a la capital de las congruencias, pero no hubo argumentos suficientes para derribar las defensas tan cuidadosamente levantadas por mi padre en sus muchos años de aislamiento. El no renunciaría a lo que consideraba su dignidad, una lamentable dignidad que le hacía incapaz de recibir con gratitud y humildad el amor, la ayuda y la compañía de su familia. La soberbia lo había llevado a cerrar las puertas a una mejor calidad de vida porque su mente y su conciencia se quedaron en la escasez de todo, especialmente de amor. Una sonrisa cansada fue lo último que vi de mi padre, suficiente para dejarme con una sensación de adiós extraña e incomprensible. Quise correr tras el bus en que se alejaba la sonrisa desdibujada de mi padre, sin poder escuchar su voz que parecía tener vida propia. No pude insistirle para que cambiara de opinión, porque su mirada ya resignada me confirmó su negativa. No me quedó ninguna duda de que nada ni nadie lo podría convencer de lo contrario porque su elección había sido la de apartarse de todo para seguir conviviendo con mil fantasmas que envejecían a su lado al igual que su falta de perdón hacia Esmeralda Amórtegui. Sus pies, cansados de la carga de sus penas se negaban a llevarlo una vez más al mismo espacio oscuro y silencioso donde se había confinado. Un lugar decorado con sus sinsabores en donde nadie podía verle derrumbado y sin la máscara de su sonrisa perfecta. Allí no tenía que aparentarle a nadie su infelicidad ni los problemas respiratorios que le ahogaban las ganas de seguir viviendo. En su soledad, sin más testigos que la miseria de su alma resentida y adolorida, negada a salir de ese encierro, Vicente Valor lloró a solas su incapacidad para habernos dicho cuánto lo sentía y hasta pedirnos perdón. Sin embargo, su creencia predominante de que los padres no deben pedir perdón a los hijos siguió siendo más fuerte. Primero tendría que perdonarse a sí mismo y eso era lo que todavía no había comprendido. Encendió su radio, su amigo inseparable que le regaló una de nuestras canciones favoritas, Santiago me la cantaba muchas veces y era la canción obligada de las noches de rumba y pasión cuando él aprovechaba cualquier escenario para declararme su amor....

"Amada mía...
grata sorpresa la que me has dado
yo necesitaba un amor, y me has enamorado.
Amada mía, eres mucho más de lo esperado

dulce mujer que había soñadoyo soy todo de tí.
Ha surgido el silencio, orientada hacia el cielo
con tus ojos de estrellas y tu voz de consuelo.
Eres más de una vida, por dejar de ser tuya
y entregarte al amor.

Amada mía...
mis lares claman tu presencia
riega tu lluvia de inocencia por mi corazón.

Amada mía...
reina de luz y la esperanza
tienes el don de dar la calma es que eres el amor.
Ha surgido el silencio, orientada hacia el cielo
con tus ojos de estrellas y esa voz de consuelo.
Eres más de una vida
por dejar de ser tuya
y entregarte al amor.

Amada mía...
grata sorpresa la que me has dado
es que yo necesitaba un amory estoy enamorado."

AMADA MÍA – *Cheo Feliciano*
https://www.youtube.com/watch?v=aFDXptabGYw

Cerró sus ojos mientras su pequeña Sofía corría hacia él. Cuanta alegría había traído a su vida desde que nació, convirtiéndose en su sol y su luna. La película rodó. Sus primeros pasos, sus rizos oscuros, esos ojos inmensos y alegres que nunca cambiaron. Sofía había sido su vida y sus palabras órdenes para él. Recordó cuando la enfermedad casi logra matarla mientras él corría entre calles estrechas y andenes irregulares con ella envuelta en sábanas, atrapada por la fiebre devastadora, sintiendo que su niña moría entre sus brazos. Por salvarla atravesó fronteras, gastó hasta lo que no tenía, lloró, gritó y finalmente saltó de alegría al ver a su hija nuevamente sonreír. Ella era un regalo de Dios, que había nacido y sobrevivido por un propósito muy especial. También sabía, más allá de su amor de padre, que su amada Sofía brillaba con luz propia por eso le dolía profundamente que sufriera en silencio por el abandono de Santiago Torres. A él no lo conocía mucho, aunque las veces que compartieron habían tenido una excelente comunicación, pero sí conocía a su hija y no alcanzaba a comprender que un hombre abandonara a una mujer tan especial como ella. ¿Qué más hubiera deseado para sí mismo que haber encontrado en Esmeralda el amor que sentía Sofía por su esposo y por sus hijas? Cuánto le hubiera gustado evitarle a su pequeña el dolor de una separación, ¿quién más que él sabía lo que era eso?

El amor de un padre es tan inmenso que sólo puede permitir a sus hijos que vivan y asuman sus propias experiencias porque como padres no podemos decidir por nuestros hijos, no podemos pensar por ellos, ni mucho menos escogerles sus compañeros de vida, solamente mostrarles el camino y desear que todo lo que hagan sea lo mejor para ellos mismos y para los demás. Suspiró deseando que su valiente Sofía terminara de superar esa dura prueba de la mejor manera posible. Ni por un momento imaginó Vicente Valor que gran parte del origen de esa separación estuviera en aquella tarde en que él mismo vertió de su tormento y falta de perdón sobre Santiago, transmitiéndole sus miedos como una servidumbre demasiado pesada para Santiago Torres.

Mi padre, Vicente Valor se enterró en vida por no ser capaz de pasar la página. En su muerte inconsciente pero voluntaria arrasó con toda posibilidad de perdonar y ser perdonado hasta restaurarse y ser feliz con su existencia. Tal vez nunca alcanzaría a saber que renunciando a esa inmunidad a la que tenía derecho, renunció a darnos un ejemplo de amor a través del perdón, y a aprender para enseñarnos con su ejemplo que el perdón, igual que el amor, es una decisión para ser tomada, retomada y renovada todos los días de la vida, una y otra y otra vez. A pesar de ese legado de odios y resentimientos no superados puedo decir sin temor a mentir que nunca he sabido lo que es odiar. De alguna manera nací con esa incapacidad que ha sido mi mayor fortuna. Sin embargo, en medio del proceso descubrí lo dura que podía ser conmigo misma y eso, en el fondo es una falta de perdón. Me veía imperfecta, impaciente, torpe para muchas cosas, demasiado sensible, extremadamente confiada, desinteresada, soñadora, romántica, ingenua, apasionada, impulsiva, en fin. Necesitaba perdonarme de una vez y para siempre por los juicios severos que me hacía, por las cosas que había recogido y guardado como ciertas limitando la ampliación de mi conciencia y frenando mi desarrollo, todo lo cual, de una manera o de otra me habían llevado no sólo a rechazar oportunidades maravillosas sino a estancarme en un círculo vicioso de culpa, resentimiento, falta de perdón no hacia los demás sino hacia mí. Me enjuiciaba por ejemplo por mi falta de prudencia en la administración de mis recursos, por mi confianza excesiva en los demás, por mi dificultad para decir no y por muchas otras cosas que no hacían sino desviarme del camino y mantenerme en el mismo nivel o de pronto más abajo porque toda persona que no da el paso hacia el siguiente peldaño fácilmente se devuelve y lo grave es que cuando eso sucede resulta mucho más difícil volver a la escala anterior, es como cuando una persona pierde un curso y lo vuelve a perder, cada vez se siente más incapaz de pasar al siguiente grado. Así mismo ocurre con nuestro desarrollo y cuando nos dejamos devolver por conectarnos con eventos pasados, con pensamientos negativos, con actitudes y sobre todo con los juicios, como muestra de no saber vivir más allá del bien y del mal como conceptos enjuiciadores, el proceso se puede retardar indefinidamente. Tantas cosas me cuestionaba que sin darme cuenta o tal vez conscientemente había puesto sobre mis hombros un bulto enorme atiborrado con mis propias recriminaciones. Mi vasija estaba llena de muchos elementos de juicio que debía sacar si quería ser limpiada de todo lo inservible. Necesitaba aceptarme en mi ilimitada valía porque para sanar y perdonar es prioritario comenzar por el amor propio continuamente tan lastimado e ignorado. Un amor por mí misma que me reconfortara y dignificara para seguir con la frente en alto, ya no a pesar de nada sino gracias a todo. No tenía ningún propósito cargar con una maleta de juicios propios y ajenos que retardaban y obstaculizaban mi caminar. Cual montañista profesional necesitaba llevar la carga precisa y suficiente, ni más ni menos de lo que requería para sobrevivir en mi ascenso hacia la cima de mi proceso. Todo lo inservible e inútil debía ser sacado, amarrado y echado a lo profundo del mar donde ningún buzo pudiera rescatar ni reciclar nada. Estaba a la puerta del perdón y decididamente me dispuse a abrirla.

Ubiqué en fila india, de mayor a menor, todos mis juicios propios o adoptados. Llamé a lista mis resentimientos, arrastré a los que pretendían evadirse, a los inquietos que se escondían o no querían dar la cara. También a aquellos indecisos que se negaban a ser rotulados como resentimientos o que pretendían burlarse de mi decisión. Rescaté a los olvidados o inocentes y a todo pensamiento, idea o recuerdo que en algo pudiera parecerse a un sentimiento de odio, una antipatía, un juicio, una culpa, un abuso, un silencio, un abandono o una huida. En otro grupito pude ubicar los que se guardaban, un grito, un llanto, una lágrima, una palabra asesina, un gesto hiriente, un dardo venenoso, una carta arrugada, un abrazo no entregado, un abrazo no recibido, una sonrisa interrumpida, un amor rechazado, una libertad esquiva o un sueño destrozado. Todos se organizaron, conociéndose o reconociéndose, juntos o apartados, discretos o imprudentes, pero atendiendo a mi convocatoria. Unos con decisión otros con temor. Algunos con gusto otros con desagrado. Todos habían vivido y convivido conmigo, quitándole espacio vital a mi ser y oxigeno limpio a mis pulmones. Se habían ubicado en carpas, hamacas, corrillos, tendederos, colonizándome cada uno a su manera, hasta contaminarme, con la intención de impedir que el agua fresca y limpia del perdón llegara hasta el último rincón de mi ser.

Larga era la fila de quienes esperaban una petición de perdón, corta la de quienes querían pedirlo, confirmándome que de las personas solamente podemos recibir ofrendas de amor o peticiones de amor. Las peticiones se responden con perdón y comprensión. No hay otro camino hacia la sanidad interior. Lo demás es continuar navegando en el mismo océano de confusión, odios, agresiones, venganzas, resentimientos, juicios y culpas cuyo único sentido es afianzar los miedos que siempre nos jalonan hacia abajo, no hacia arriba, esa es su función. Por grave que haya sido el error siempre puede ser superado porque el amor cubre infinidad de fallas y se refleja en perdón y paz interior como aspectos propios del amor. En realidad, sólo existen dos situaciones emocionales: Amor y Miedo, así de simple. Sólo hay dos maneras de ver la vida, una a través de los ojos del amor y otra a través de los ojos del temor. El temor es el que impide perdonar y lleva a las personas a encerrarse en el resentimiento. El amor por su parte nos lleva en la ruta del perdón.

Un viento recio llenó el espacio, llevándose el resto de lo que aún pudiera quedar de los inquilinos indeseables. Las paredes de indiferencia, juicios ocultos, dolor y culpa cayeron, derribando a su paso los muros de resistencia. El ambiente se impregnó con la fragancia indescriptible del perdón y mis ventanas quedaron abiertas para seguir recibiendo aire limpio. No dudé que en cualquier momento algún pesar persistente volvería enmascarado y con su legión de siete más, a querer recordarme mi pasado, pero en mi ya no encontraría hospitalidad alguna. Me sentí renovada, dichosa y en paz. Una luz blanca me cubrió y con mis ojos cerrados como en éxtasis pude ver rostros conocidos y desconocidos que me agradecían ese gesto de amor y liberación. Entonces de lo mismo que di recibí y repartí, mirando a los ojos a tantas personas que en algún momento fueron parte de mi vida. La mayoría esquivaban la mirada porque los seres humanos poco acostumbran a mirar a los otros hacia dentro, grato fue reconocer que cada uno, de alguna manera, era un espejo del otro. En cada mirada evasiva, sonriente, nerviosa, agradecida, enamorada, olvidada, indiferente, callada o apasionada pude descubrirme como un caminante que recorre una avenida inmensa sin percatarse que los demás también son seres humanos llenos de similares sensaciones, emociones, sueños y un deseo no manifestado de perdonar y ser perdonados, de amar y ser amados porque el amor todo lo sana pero sólo el perdón es el camino al amor en su capacidad infinita y sobrenatural de curar los pensamientos implacables. Perdonándome pude también perdonar a los demás, lo cual me llenó de mucha paz y alineó todas mis emociones. El amor perdona y olvida, sana y restaura, revive y restituye lo que se creía perdido para siempre. Esa noche escribí mi declaración de perdón universal y la coloqué al frente de mi cama para recordarla todos los días, creyendo que la palabra es el sello de los pactos de amor:

"A quienes he amado y a quienes no he amado. A quienes me amaron y a quienes no me han amado. A los que viven en mí y a quienes vivo en ellos. A todos los que me han regalado un recuerdo o su olvido. A quienes herí o a quienes me hirieron. A los que he soportado o a quienes me soportaron. A todos los reunidos en torno al propósito del perdón, quiero decirles: ¡Gracias! Sin ustedes no habría podido vivir, ni crecer, ni morir o nacer un poco cada día a la necedad, la locura, el desencanto y a la fantasía. Sin ustedes, héroes incógnitos de mil batallas, no habría podido subir ni un solo peldaño en la larga escalera de la vida. Hoy les digo, desde el fondo de mi corazón: Gracias, por quererme, aceptarme, olvidarme o rechazarme. Gracias por sus palabras cargadas de amor o de indiferencia. Gracias por la palabra entregada o guardada. Gracias por la paciencia o la intolerancia. Gracias por su entrega o su negación. Todo, absolutamente todo lo que me dieron o negaron, forma parte de mi historia y de mi aprendizaje, por eso les digo sinceramente, sin ustedes no sería lo que soy. Sin ustedes, pasajeros de la vida, errantes de la eternidad o futuros serafines del paraíso, mi misión en la tierra sería imposible de lograr. Hoy entiendo que hay situaciones que hieren, mientras nos pulen, en este campo de encuentros y desencuentros de nuestra existencia, como preparación para todo lo que vendrá."

Sin pensarlo más solté la carga hasta ese momento tan pesada a un lugar tan profundo y lejano de donde nunca más la podría sacar. Inmediatamente los muchos habitantes del espacio, presentes y lejanos, ausentes o perdidos, respondieron a coro a mis peticiones de sanidad para mi alma y de perdón sobre toda la humanidad; "Gracias Sofía, ser de luz y de amor, desde nuestro apartado lugar sentimos la alegría que da saberse recordado y reconocido. Muchos tuvimos la suerte de acompañarte, otros tuvimos una labor muy dura que cumplir porque fuimos el obstáculo, el estorbo, el juicio indolente, la piedra inoportuna en tu camino, la palabra que te amilanó, la lágrima que te entristeció, el recuerdo que te atormentó. Fuimos un simple momento o un instante en el largo camino de la eternidad, pero hoy te decimos, feliz viaje y gracias por liberarnos. "

Levanté mis manos y saludé a la multitud que se había levantado a despedirme, ya no volverían a vivir en mis pensamientos. Pude reconocer rostros familiares como el de Felicia, mi abuelita en alguna época desalmada. Ella también había llegado a la cumbre del perdón y desde entonces se había convertido en una hermosa abuela, bisabuela y tatarabuela tierna y amorosa. Por años estuvo casi ciega porque sus muchos temores le habían impedido operarse, hasta que un día se decidió a conocer a los nietos cuyos rostros nunca había podido ver y por amor aceptó recuperar su visión para volver a disfrutar del brillo del sol o de la luna sin que otro le describiera la belleza de cada día.

Mi abuela Felicia perdió su inocencia antes de saber lo que era tener quince años y de ese evento casi brutal nació Esmeralda. Poco después cayó en manos de Agustín Mora, más por la necesidad de un hombre que la recibiera con su hija que por amor. Agustín era un hombre mucho mayor que ella, nacido en un pueblo cercano a las montañas de la capital, cuyo nombre no recordaba porque jamás tuvo la oportunidad de conocerlo, sólo sabía que las personas de ese lugar no sabían lo que era bailar, reír, hablar y comer al tiempo. En todo caso, Agustín Mora era un hombre parco, de tez colorada y ojos siempre encendidos por la pasión al licor. Fue el único marido de Felicia y el padre de sus tres hijos. Con él convivió y sufrió por más de veinte años, hasta que su hígado se rebeló a recibir más alcohol. Sólo en esa situación extrema se casó con ella, con tan buena suerte que ya no le podría decir no, así en lugar de un vestido largo y blanco llevara puesto uno negro con mantilla de encajes hasta la rodilla y zapatos nuevos de tacón puntilla que la consolaron del luto. Finalmente tuvo la honra que nunca le dio en vida y una pensión que le permitió darse los gustos que él jamás le dio y que alcanzó a disfrutar siendo una viuda de tan solo cuarenta años, de cuerpo delgado, hermosas piernas, delicada piel color canela y mirada retadora. Compensaciones de la vida, pensé en ese momento, porque cada uno tiene lo suyo, como dice el dicho popular. La abuela Felicia recuperó las ganas de vivir gracias a que pudo perdonar todo lo que había padecido a manos de esos dos hombres que marcaron su vida. A sus ochenta y cinco años decidió que, así como había podido perdonar y sanar su corazón, también podría sanar sus ojos. Una cirugía, tal vez menos complicada que la del alma, le permitió volver a ver a sus cuatro hijos, veinte nietos, treinta y cuatro biznietos y ocho tataranietos reconocidos legítimamente. Las lágrimas le impidieron contarnos, pero infinidad de manos, abrazos y besos le confirmaron que había valido la pena perdonarse a sí misma por todo lo que antes había creído era un error, que a la vuelta de los años se convirtió en la bendición incomparable de una familia numerosa unida en torno a ella y por ella.

También reconocí a mi amorosa tía Magali, quien dedicó su vida a sus hijos y a su hogar, guardando en sus canas el recuerdo de los días y noches de silencio porque nunca se rebeló contra nada ni contra nadie. Ella fue de las pocas que se puso en la fila de los que me pedían perdón. Nunca entendí por qué mi tía Maga me pedía perdón si por el contrario siempre fue un ángel de protección para mí, luego la escuché pidiéndome perdón por no haber podido ser una mejor tía ni haberme ayudado en mis problemas con Santiago porque en ese tiempo ya vivíamos muy lejos una de la otra. Ella hubiera querido darnos muchas cosas, pero en sus manos sólo tuvo amor para dar. La amé aún más en ese momento por eso le regalé un beso eterno. Luego vi el rostro de hermosas facciones de Esmeralda, mi mamá. En silencio me pedía perdón, sin saber en ese momento que era la primera persona a la que yo había perdonado, deseando que su corazón también fuera sanado por el poder incomparable del perdón para que comenzara a vivir los mejores años de su vida. Preferí pedirle perdón una vez más, motivos tenía de sobra para hacerlo. A su lado estaba Vicente Valor, mi padre, que sonreía por mi liberación, feliz de que yo hubiera podido alcanzar la paz que tanto él anhelaba tener. Fueron muchos rostros, unos conocidos otros no, unos recordados y amados otros no. Me impresionó la amargura en el rostro del tío que se esforzó en torcerme el camino de la inocencia y nunca pidió perdón. Allí estaba, obligado tal vez a estar presente pero desolado y abatido, sufriendo su propia tortura. Saludé también a Felipe Leal, a quien me apresuré a pedirle perdón, una vez más; él me devolvió una sonrisa hermosa y una mirada de aceptación. El ciclo estaba cerrado. En medio de la multitud pude distinguir a esa amiga lejana que cualquier día se apartó sin que yo supiera sus motivos, seguía con sus ojos apagados y su mirada insegura porque aún no había descubierto el secreto para poder transcender la barrera que la separaba de una existencia marcada por los juicios, en otras palabras, seguía sumida bajo el peso de sus temores, negada a avanzar y a ser libre.

Casi escondido en la fila de los que necesitaban perdón reconocí a Santiago. Me sorprendió verlo, cuán difícil debió haber sido para su espíritu indómito aceptar esa invitación a la reunión tan inusual del perdón, pero allí estaba. Cuando pasó al frente como queriendo que la tierra se lo tragara, sentí que esa era mi prueba de fuego, todo me temblaba, tal vez no sería capaz ni de perdonarlo ni de pedirle perdón y todo mi esfuerzo se vendría a pique. Luché contra todo pensamiento de resistencia y en uso de todas mis facultades humanas y divinas imploré a mi Dios de amor para que me ayudara en ese punto tan difícil de mi proceso. De mi examen, diría yo.

Dios de todo amor permito que tu favor se mueva en mí y a través de mí a fin de que pueda perdonarme y perdonar hasta olvidar por completo toda ofensa y todo dolor. Confieso con mis palabras que he dejado de juzgarme, de culparme, de condenarme. Reconozco que me he perdonado y que perdono a quienes en algún momento de mi vida me lastimaron. Elijo libremente seguir adelante con este proceso de perdón y sanidad para estar en paz gracias a tu ayuda tan necesaria en este momento precioso.

De inmediato dos seres alados y hermosos depositaron delante de mí un cofre hecho de madera de acacia, recubierto de oro puro por dentro y por fuera, con ribetes de oro alrededor. Cada uno de los seres alados levantó la tapa en un extremo, uno frente al otro, con sus rostros hacia la tapa y sus alas extendidas. Coloqué el inmaculado sobre blanco en el que habían quedado registrados todos mis pensamientos y peticiones de perdón hacia Santiago y con mi dedo índice escribí las palabras perdón, amor y restauración. Deposité un beso del alma dentro del sobre, lo cerré y lo puse dentro del baúl, cerrando suavemente la tapa de oro puro. Desde lo alto de la tapa los dos seres alados levantaron el cofre y lo entregaron a Santiago, quien lo recibió y con gesto adusto levantó la tapa, retiró el sobre blanco, abrió sus extremos con cuidado y extrajo la blanca hoja de papel.

"Amado Santiago, esta carta la he escrito día a día y segundo a segundo desde nuestra separación. Su propósito es el de confesar ante Dios mi necesidad profunda de perdón para ti y para mí por todo lo que hemos vivido. He querido de una y otra forma expresarte mi deseo de que esta separación hubiera sido diferente pero cada intento resultó más fallido que el anterior hasta dejarme sin fuerzas para volverlo a intentar. Sin embargo, hoy, frente a ti y frente a Jesús que conoce lo más íntimo de mi corazón y de mis pensamientos, quiero pedirte que me perdones por todo el daño que consciente o inconscientemente te haya podido causar. Te pido perdón por haberte convertido en el centro de mi vida. Te pido perdón si fui tan avasalladora, impetuosa y excluyente, que en mi ambición de compartir mis días y mis noches contigo, no medí consecuencias ni pensé en nada diferente a nosotros y a nuestra vida juntos. Si algo manipulé no fue premeditadamente, si a alguien herí no fue esa mi intención pues, aunque cueste trabajo entenderlo, yo no pensaba en nada ni en nadie que no fueras tú. Perdóname por haberte amado de esta manera y no haber cambiado al ritmo que cambiaste tú. Todo en ti se volvió tan desconocido para mí que sólo puedo pedirte perdón por no haber podido entender ese mundo tan tuyo que en lugar de unirnos nos alejó por caminos tan distintos.

De mi parte te perdono todo. Tus agravios, tus ofensas, tu indiferencia. Perdono tus palabras que pretendieron dañarme una y otra vez. También perdono tus mentiras porque una razón poderosa debiste tener para decirlas. Perdono tu deseo de desdibujar nuestros recuerdos hermosos, haciendo que nuestra memoria feliz se perdiera en tus aspiraciones de desaparecer todo lo que un día nos unió. Yo perdono todo lo que por una u otra razón ha salido de ti con la intención de atacarme, porque así no lo comprenda, yo sé que todo ataque es una defensa, una petición de amor y el reflejo de un miedo profundo. Confío que a tu espíritu llegará esta declaratoria de perdón, haciéndote comprender en un instante que no hay nada que yo pueda hacer para dañarte ni para herirte porque esa no ha sido ni será nunca mi intención. Hoy, en la tranquilidad de mi soledad, con mi corazón en paz y con todo el perdón humano y divino que pueda albergar en mi ser, en mi mente y en mis pensamientos, levanto mis manos limpias de todo resentimiento y toda maldad para ofrendarte este perdón más grande que el amor que te tuve.

Te doy gracias por el tiempo compartido, por los sueños que alcanzamos a realizar y por los que no, te doy gracias por nuestras hijas, por tus demostraciones de amor, por tus canciones, por tus palabras de apoyo en momentos de dificultad. Infinitas gracias por tu sonrisa que tanto amé y tus miradas que llenaron mi espíritu de alegría. Siempre agradeceré el regalo maravilloso de tu amor, mostrándome durante muchos días hermosos que es posible construir una vida llena de afecto y armonía cuando hay voluntad de hacerlo. Reconozco que innumerables veces y durante muchos de los años compartidos fuiste un maestro extraordinario de amor y de entrega.

Te perdono y te libero de toda culpa y pido a mi Dios de amor que te proteja, enviando su consuelo y perdón sobre ti para que todas tus heridas sean sanadas y la alegría y el amor te vuelvan a acompañar por el resto de tus días. Desde lo más sano de mi corazón te perdono y te envío un abrazo infinito de mi alma a la tuya para que nuestros espíritus puedan hoy unirse en un sentimiento de perdón sincero que supere todo dolor, toda culpa, todo resentimiento. Siempre estarás en mi corazón y en mis oraciones. Cuídate amado, siempre estaré deseando lo mejor para ti. "

El rostro hosco y taciturno de Santiago se fue debilitando con cada palabra y cada línea. Al terminar de leer, gruesas lágrimas de dolor, tanto tiempo aprisionado, resbalaban por sus mejillas. Su corazón había sido tocado por el poder del perdón y sus argumentos de odio y resentimiento anulados y enviados a lo profundo del mar. Levantó su mano y desde el lugar distante que ocupaba inclinó su cabeza en actitud de aceptación y tímida reverencia. El perdón había sido entregado, recibido y retornado. Ahora podíamos seguir nuestra marcha sin esa carga sobre nuestros hombros. Yo también levanté mi mano despidiéndolo como al mejor amigo que se dispone a iniciar un viaje del que tal vez nunca regresará. Santiago había sido mi dios y mi ídolo, ya no lo era porque todos los ídolos deben ser rotos para que prevalezca sólo la verdad del amor. Un rayo luminoso brilló sobre nosotros, el círculo de luz creció y creció hasta envolvernos por completo. Era la luz del perdón supremo que todo lo sana.

Santiago se alejó con su corazón quebrantado, hubiera querido decirle muchas cosas a Sofía, pero ya no era el tiempo de hablar, era el tiempo de escuchar a su corazón que en ese momento activó una melodía nueva en su programa personal:

"Pido la paz para esta guerra, quisiera deponer mis armas,
parar con esta hostilidad que no conduce a nada,
te propongo una tregua.

Hago un llamado a tu conciencia, la mía ya me está matando,
quien te está hablando se rindió
perdió todas sus fuerzas y hoy viene a suplicarte
y a pedir perdón.

Coro:
Hay perdóname, perdóname
No me hagas llorar, no sé cómo hablar
Hay perdóname, perdóname

Que tengo que hacer,
si quieres me rindo a tus pies.

Quiero que sepas que he cambiado
que estar sin ti ha sido amargo
porque me tuve que perder, y andar en malos pasos
y hoy que vuelvo a encontrarte quisiera volver.

Coro:
Hay perdóname, perdóname
No me hagas llorar, no sé cómo hablar
Hay perdóname, perdóname
Que tengo que hacer,
si quieres me rindo.

Perdóname, perdóname."

PIDO LA PAZ PARA ESTA GUERRA – *Gilberto Santa Rosa*
https://www.youtube.com/watch?v=COSF2Vj7nXo

Esa noche Santiago se sentía lleno de una gran nostalgia. Había llamado con insistencia a sus hijas sin obtener respuesta, suponía que lejos de él se sentían más felices y que seguramente Sofía llenaba sus espacios con mentiras y acusaciones en su contra. Imaginaba que reían y compartían con extraños que no sabían de sus sobresaltos y de su soledad. La televisión no le consoló, la música no le habló, el teléfono no sonó y nadie absolutamente nadie le respondió. El mundo parecía estar escondiéndose de él. Estaba cansado de deambular por las calurosas, húmedas e inhóspitas calles de Libertad, la pequeña ciudad donde se encontraba como un extraditado, llamando al cansancio y al sueño a hacerle compañía. Rendido se tendió en su cama desarreglada. No tuvo alientos para desvestirse, nada quería hacer sino dormir y no volver a despertar. Desde que vivía solo el sueño se le había vuelto esquivo haciéndolo merodear hasta altas horas, procurando llegar tarde y agotado a su apartamento de soltero recién estrenado, buscando distracciones diferentes e infinidad de cosas que llenaran el cráter inmenso que había quedado en su vida. No quería aceptar que Sofía y sus hijas colmaran tanto de él, pero la realidad se lo reiteraba cada día, por eso, cuando lograba conciliar el sueño podía descansar y olvidar el infierno en que se había convertido su existencia.

Un largo pasillo con puertas entreabiertas a lado y lado lo recibió. Muchas personas desconocidas lo esperaban. Sin pensarlo pasó por la puerta ancha para continuar su recorrido por el corredor. De repente vio a sus hijas entrar por una de las puertas más estrechas. Apuró el paso para llegar hasta ellas, pero desaparecieron tras una puerta más angosta todavía. Cautelosamente giró la manivela y abrió. Una música suave lo recibió. Al fondo Sofía y sus hijas se disponían a consumir los manjares de una mesa decorada magníficamente y servida con abundancia. Su primer impulso fue acercarse a ellas antes de que un temor intenso lo detuviera. Quería compartir con ellas, cenar con ellas, escucharlas hablar y contarles sus anécdotas de héroe invencible, sólo que un miedo inexplicable lo paralizó. No sabía qué era, pero una esfera morada, brillante, radiante, desconocida, giraba en el centro de la mesa iluminando el rostro de sus hijas y el de Sofía que en voz alta leía un libro dorado de tapa gruesa del que salían rayos de luz infinitos. De pronto una voz le invitó a seguir y cenar con ellos. Sólo busco a mis hijas. No hay otra intención.

Si la hay, tú eres el único que puede decidir entrar y cenar con nosotros sólo debes tocar la esfera morada y todos tus deseos con propósito de amor se cumplirán.

Sentía mucho temor sin atreverse a confesarlo. Sudaba copiosamente, su habitación estaba totalmente a oscuras cuando de pronto una luz suave se encendió, él no quería moverse sino permanecer allí tendido indefinidamente, eternamente. Seguía sintiéndose cansado y con su corazón destrozado pero la luz suave y directa le incomodó haciéndole abrir sus ojos pesadamente. La imagen de Sofía estaba frente a él. Tenía puesto un vestido blanco con una túnica plateada sobre sus hombros y con una sonrisa le decía adiós con la mano mientras depositaba sobre su pecho todavía agitado, un sobre blanco con el perfume inconfundible de ella. Rápidamente lo destapó y un torrente de besos calmó su hambre y sed de amor. Seres alados y hermosísimos llenaron su habitación con carteles luminosos que decían Perdón, Amor y Restauración. Extrajo el pergamino azulado y leyó lo que fuera la carta de amor más hermosa que jamás hubiera imaginado. Quiso correr detrás de Sofía, alcanzarla,

pedirle que lo perdonara. No fue capaz de articular ni una palabra. En ese instante eterno que le duró la duda, la silueta de Sofía desapareció de su habitación, dejándolo sumido en la oscuridad más completa y con sus manos vacías. El sueño también lo abandonó y ni toda el agua del planeta pudo saciar su sed. Buscó incansablemente hasta en el último rincón de su apartamento, con la certeza de que Sofía había estado allí, no encontró ningún rastro, excepto un aroma suave como de azahares y lirios del campo. Marcó el número de la que fuera su casa hasta hacía poco tiempo y escuchó al otro lado la voz suave y adormecida de Sofía. Nada dijo, nada preguntó, el silencio seguía siendo su herramienta de comunicación preferida.

Saqué de mi baúl tantos años cerrado, mi sueño de siempre de llegar a comprender un poco más sobre las relaciones tan complejas de los seres humanos y su manera de negarse al amor. Esa fue una de mis motivaciones al momento de escoger mi carrera y especializarme en el tema de familia. Abrí el baúl y nuevamente me llegó el olor de mil cayenas y el rumor del mar a la hora del crepúsculo y del amanecer tal vez para recordarme que cuando más parece estar oscuro es porque más cerca está el nuevo día. Mi función como abogada que de una u otra forma pelea por los derechos de los otros ya había sido cumplida. Una cosa es la función que como seres humanos ejercemos durante un determinado tiempo y otra la misión de vida porque nada que se aprenda tiene propósito si no se acompaña de la acción de dar. Después de todo lo vivido, nada me impediría avanzar en ese propósito, y éste era el momento porque de lo que recibimos y tenemos de eso damos o como diría había llegado el momento de probarme a sí misma que de lo que había recibido estaba preparada para dar.

Poco a poco el gran salón se llenó de un ambiente perfecto, los asistentes se fueron desprendiendo de sus prevenciones para hablar sobre las relaciones, el amor, el desamor, el perdón, la compasión, los temores, la restauración y todo lo que de una u otra manera hace eco al corazón de cada persona. Aquello no era un curso para subir de nivel salarial o profesional sino para aspirar a un escalón más en el arte tan difícil de aprender a vivir. La música fue llenando y suavizando el borde duro de cada corazón, tan ajeno a una dinámica real de perdón. Hombres y mujeres sin distinción de género se fueron uniendo en una danza perfecta de reconocimiento del otro, abriendo poco a poco su corazón y cerrando su mente a pensamientos diferentes. Cada uno fue invitando a sus amigos y enemigos, semejantes y desconocidos, a sus víctimas y a sus victimarios y sin tener en cuenta los sonidos del reloj se entregaron al rito transcendente de perdonar y ser perdonados. Miles de rosas rojas fueron entregadas ese día, muchas eran racimos manchados de sangre y de lágrimas, ofrendas de amor y peticiones de perdón como lo más santo que podemos dar y recibir. A medida que facilitaba el proceso de perdonar - perdonando confirmé una vez más que cuando realizamos nuestro verdadero propósito de vida nuestra entrega es ilimitada. Igualmente comprobé que entre más damos más recibimos. Ríos de agua limpia corrieron de principio a fin, de un extremo a otro, lavando la geografía extensa del país de la guerra y los sueños de paz tan esquivos. Las aguas abundantes y cristalinas de la reconciliación cubrieron hasta el último rincón tan horadado por los conflictos. Una paloma blanca se posó suavemente en la cima desplegando su mensaje de paz. Nunca más el odio habitaría en los corazones de los habitantes de esta gran nación de la esperanza. Como confirmación soltó con su pico un brillante cordón rojo que colgaba desde el infinito y una lluvia de corazones cubrió el pasto, la tierra, el cemento, las montañas, los edificios, las casas, los estadios, las praderas, los árboles, las avenidas. Cada persona que quiso tomó un corazón nuevo, limpio de todo dolor, de toda culpa, de todo resentimiento y lo colocó en su pecho en señal de que comenzaría a caminar por la senda de amor y perdón.

La simbiosis maravillosa del Amor y el Perdón produce revolucionarios cambios. ¿Hasta dónde el amor de los seres humanos es capaz de perdonar? O ¿Hasta dónde el perdón puede ser un acto de amor? Es parte del proceso de cada persona y muestra su nivel de desarrollo, a mayor apego menor perdón, a mayor soberbia menor renuncia y entrega. La capacidad de perdonar y de restaurar sólo puede darse en los seres que han superado sus niveles primarios de conciencia, juicios y vanidad. El amor no vive de un lado para otro, prendiéndose y apagándose por factores externos o circunstancias adversas. El amor no establece condiciones, sino que está dispuesto a dar, entregar, servir y ayudar. El amor no sabe de traiciones, no miente, no hiere, no defrauda, no se aparta cuando más se le necesita, sino que siempre permanece. El amor es la fuerza y el motor para seguir adelante porque tiene el poder de dar cuando todo indica que lo más fácil es negarse y apartarse. Su característica es el servicio porque el amor servicial se mantiene y persiste. Puede fallar, pero no deja de ser, sino que tiene la capacidad de reinventarse y volver a comenzar. Todo lo demás es simple y vano deseo, querer que se entrega a cuenta gotas, que vive por el momento, por el placer, la satisfacción o la exigencia. El amor volátil de este tiempo está marcado por el tener y el hacer. El querer condicional es aprendido, un querer rosa que en cualquier momento se deshoja porque no sabe de entregas, de paciencia, de firmeza e ignora que el amor es una construcción diaria y permanente, una elección de cada día y de cada momento.

Dentro de esas relaciones guiadas por las herramientas de la ignorancia las personas establecen una serie de exigencias al otro que son dictadas por sus propias expectativas no satisfechas. Cuanto menos capaces seamos de satisfacer nuestras necesidades o deseos de una manera sana y adecuada, más exigentes seremos con quienes nos aman. Existen tantas expectativas, condiciones o exigencias en el mundo tan convulsionado de las relaciones afectivas de hoy, que la gran mayoría no son ni válidas ni razonables para el fluir perfecto del amor. Por el contrario, ese cúmulo de exigencias de consumo ha hecho de los hogares productos desechables de uso limitado. Una de las creencias características de la sociedad líquida actual es que el matrimonio no es para toda la vida, que las personas son accidentes que pueden estar hoy y al día siguiente no, que todos los seres son fácilmente reemplazables por otros y que los hijos pueden crecer perfectamente sin necesidad de un hogar, convirtiendo a las familias en una especie en vía de lamentable extinción, víctimas de su propia devastación. Por todo eso se requiere trabajar en el fortalecimiento y restauración de la familia, a partir de la sanidad de los corazones. Sólo el perdón permite hacer florecer el amor por encima de cualquier otro sentimiento y es la característica de los humanos en mayor grado de desarrollo de conciencia.

LA ENTREGA

*"Las obras de la luz siempre son
perfectas y construyen,
las de la oscuridad destruyen"*

Sofía

El tiempo es inexorable, ni las lágrimas pueden detenerlo ni la sonrisa prolongarlo. El tiempo había pasado, muchas hojas habían caído del calendario desde la partida de Santiago Torres y cantidad de cosas habían sucedido. Por mi parte estaba acomodada y tranquila en mi situación por esa increíble capacidad de los seres humanos de transformarnos y crecer en medio de la dificultad. Mis hijas ya eran capullos en flor. Contra mi voluntad inicial pero acorde a un plan superior seguían creciendo y viviendo apartadas de su padre, aprendiendo también de la experiencia de cada una, así no fuera lo que hubiéramos preferido. Ya no soñaba con que Santiago regresaría arrepentido y que juntos seríamos el testimonio vivo de lo que el perdón puede hacer, sino que había entendido que es un proceso individual. A ratos todavía me asaltaban los sueños caminando de su mano y rodeados de muchas personas. Unas felices de vernos juntos otras no, otras enjuiciadoras de nuestra historia, otras no, lo cierto es que en medio de la multitud siempre podía distinguir el rostro de don Severo Torres. Tal vez porque cada noche, sagradamente, oraba con mis hijas por la salud bastante quebrantada del abuelito y seguramente por eso era uno de los visitantes asiduos de mis sueños, a los que siempre llegaba con su semblante taciturno.

Decidí ir a visitarlo porque llevaba varios días hospitalizado. Lo dudé porque no quería encontrarme con Santiago, pero una misión siempre es mayor a cualquier temor así que armada de coraje y amor por mi suegro llegué a la clínica. Mi esfuerzo se estrelló con la negativa de Doña victoria Acero para que me dejaran entrar a la habitación. Me dolió, claro que me dolió. Sentía que era mi obligación visitar a Don Severo porque él había sido como un padre para mí durante más de quince años, era el abuelo de mis hijas y una persona a quien yo quería profundamente. A pesar de su carácter recio él siempre había sido muy especial conmigo y por todo eso deseaba darle las gracias por su afecto, su apoyo y por el amor hacia nosotras. Despedirme de él por si fuera la última vez que pudiera verlo y entregarle un mensaje de amor de parte de Jesús. Esa era mi misión, pero los muros levantados por el desamor inexplicable de Victoria Acero me impidieron cumplir mi tarea. Me marché de la clínica, apesadumbrada pero tranquila de haber hecho mi mejor esfuerzo. Sabía que el estado de don Severo era muy delicado porque mis hijas me contaban lo enfermo que estaba el abuelito, así como su tristeza y decepción por la decisión de su hijo de irse con Aydee Santamaría, su secretaria, abandonando el lugar que le correspondía. Luchó, se opuso, pero sus fuerzas no le dieron. Les confesó a sus nietas que lo había intentado pero que la estrategia de Santiago de no volver a visitarlo había sido demasiado fuerte y finalmente había tenido que doblegar sus principios para no seguir perdiendo a su hijo. Cuánto le dolía no haber podido cumplirles su promesa de que mientras él viviera no aceptaría esa situación. No pudo cumplirlo y eso le hacía doler aún más sus heridas aumentándole la sensación de ahogo en su pecho porque era un hombre de palabra y de carácter que se vio golpeado duramente al tener que ceder. Palabra que en su lenguaje no existía, así como tampoco en el de su hijo Santiago.

Cómo habían cambiado las cosas. Hacía apenas unos años yo me quedaba toda la noche en la misma clínica acompañando a Santiago a cuidar a su padre. Doné sangre cada vez que don Severo lo necesitaba porque Santiago no aplicaba como donante, pero ahora me cerraban la puerta en la cara como si yo les hubiera fallado en algo o los hubiera traicionado. Esa era la cruda realidad del desamor que a todos golpea tarde o temprano. Era algo que ya había procesado pero que en este momento me volvía a asaltar por la enfermedad de Don Severo a quien no veía hacía varios años.

Al día siguiente falleció Don Severo. Mis hijas me avisaron prontamente, a pesar de que estaban en el colegio. Nadie más me llamó, finalmente yo había sido excluida de esa familia que había sido mi familia porque las órdenes expresas de Santiago habían sido esas. Esperé a que mis hijas llegaran y salimos para la funeraria. Era un compromiso moral con Don Severo acompañarlo en esa última y obligada cita como también era mi deber con Santiago porque así él lo hubiera olvidado yo no podía faltar a nuestra promesa de acompañarnos hasta el final, en los días en que nos reíamos pensando en quién se iría primero. Y el primero fue Don Severo por esa ley natural de la vida de que deben partir primero los mayores. Entré a la funeraria y como si alguien dirigiera mis pasos caminé con mis hijas hacia un corredor apartado. Nunca había estado en esa capilla de velación, pero dirigimos nuestros pasos justo al pasillo donde estaba Santiago. Tan pronto nos vio caminó hacia nosotras y sin decir palabra nos fundimos en un abrazo del alma, lleno de consuelo. Las palabras sobraban, Santiago amaba profundamente a su padre y sabía que yo también lo quería y lo respetaba como a un padre. No era el momento de pensar en que estábamos separados ni en todo lo que había sucedido en esos años, solamente en que estábamos unidos como una familia que se acompaña en las circunstancias felices o tristes, en este caso era lo segundo y eso vale más que asistir a una fiesta. Santiago secó sus lágrimas, era evidente que estaba haciendo acopio de toda su fuerza para no dejar ver el dolor que lo tenía quebrado. Me agradeció por estar ahí y se fue a la sala donde estaba Victoria Acero. En ese momento debía saludar a quienes habían sido mi familia más cercana. Muchos se alegraron de verme allí y lo demostraron con un abrazo sincero, otros se extrañaron y no disimularon sus miradas recriminatorias. Luego supe que las apuestas estaban 9 a 1. Nueve personas apostaban que yo no sería capaz de presentarme al velorio de Don Severo mientras una sola persona, Magdalena Torres Acero, estaba segura de que yo sí llegaría. Victoria me recibió sin alegría, en realidad no era momento de celebraciones, pero lo que presencié superó cualquier imaginación. Aydee Santamaria se había convertido en la persona más cercana a Doña Victoria Acero, más que Magdalena, su propia hija, que de lejos había llegado a acompañar a su padre en sus últimos días de vida. Los usurpadores terminan por hacer mejor el papel que aquel a quien han despojado de su lugar y Aydee no era la excepción.

Allí estaba, como en una de mis peores pesadillas, mostrándole a todos que ella había ocupado mi lugar y que nada ni nadie la movería de allí. La imagen de la dragona engulléndose el alma preciosa de Santiago volvió a pasearse por el salón, con la gran diferencia que esta vez ya no me afectó, no me sacó de mi centro, no me causó dolor, ya no tenía que hacer ningún esfuerzo, por el contrario, esa escena me pareció divertida, lo que puede hacer una persona en el afán de demostrar que ha ganado sin saber que el supuesto perdedor es el que más ha ganado en el proceso. La verdad sentí mucho pesar de Aydee porque tal vez yo hubiera hecho lo mismo en su lugar con lo cual me hubiera degradado a uno de los niveles más bajos de desarrollo del ser humano, el de los celos, el temor y la inseguridad. Aydee no podía comprender que para mí nunca fue una rival, sino alguien a quien le dejé el camino libre para que pudiera vivir en correspondencia con Santiago, por eso nunca moví un dedo para recuperarlo, nada hubiera ganado con eso sino retardar más mi proceso.

Los hombres no se pelean, no son un trofeo que se gane en una competencia porque cuando hay que convencer al otro ya no hay amor sino humillación y en el caso de Santiago esa no era una opción posible para mí, ya bastante había sido humillada, de todas las maneras ya había pagado un alto precio para salir de esa condición. Aydee en cambio seguía moviéndose en esas arenas movedizas de la competencia y la rivalidad sin sentido, juego engañoso en el que caen muchas mujeres en situaciones de triangulación. Cuidar a un hombre es señal de que no hemos superado el nivel primario de la supervivencia y la competencia en donde cualquier cosa es válida con el fin de lograr el resultado deseado. Pretender cuidar al compañero es denigrarse más allá de cualquier percepción porque nadie puede ser lo suficientemente vigilado, cuidado o manipulado sin que se haga evidente la ley de la conciencia y la ley de leyes porque todo tiene consecuencias.

Saludé a todos, hablé con quienes tuvieron esa disposición y pruden-temente me despedí y salí. Un beso de despedida con Santiago fue mi grito de libertad y de respuesta por el acecho de Aydee y sus amigas, un beso delante de ella con el cual le dije sin necesidad de palabras que, por más que ella custodiara a Santiago como muestra de su inseguridad tan grande, yo podría tenerlo si quisiera, si no estaba con él es porque ya no era parte de mi propósito.

Qué deplorable que un espacio que debía ser de respeto y despedida a Don Severo se hubiera convertido en el escenario de ese tipo de mensajes tácitos, pero así fue y Aydee lo tuvo perfectamente claro. Santiago también, por eso me agradeció que hubiera ido y me pidió que llegara temprano al día siguiente para las exequias.

Y el día siguiente llegó, predominando el color negro como señal de duelo y yo no fui la excepción, por más que supiera que el dolor no iba en ese color, tampoco era momento para vestirme de rojo porque nada celebraba, aunque sin saberlo sí sería mi mejor celebración. Busqué un conjunto oscuro con una blusa blanca tan suave como mis esperanzas de seguir avanzando en mi proceso sin ninguna dependencia de Santiago; mucho más allá de cualquier expectativa personal estaba en esa despedida fúnebre como un gesto de agradecimiento hacia Don Severo Torres Sinfín y eso me daba toda la tranquilidad que necesitaba para enfrentarme a una jauría que de muchas maneras iba a atacarme nuevamente, con palabras, con silencios, con gestos o con los juicios que nunca faltan porque para muchos, entre ellos Doña Victoria Acero, yo seguía siendo la única responsable del abandono de Santiago. Igual tenía que ponerme la máscara, como muchos de los asistentes, máscara de no me importa nada, ya lo superé, mírenme, soy feliz, puedo sonreír, hablar, saludar y ser la misma Sofía Valor de siempre como si la despedida más cruel de mi vida, la del adiós sin palabras no me hubiera afectado en lo absoluto.

Esa mañana percibí muchas cosas, entre ellas que la mayoría de las personas me saludaban también desde sus propias máscaras, salvo muy contadas excepciones. Victoria Acero llevó su máscara de indiferencia inescrutable, rechazo disfrazado de la diplomacia que correspondía a una viuda de su nivel, orgullosa de sus cincuenta o más años de convivencia con Don Severo como un matrimonio ejemplar para todos. El orgullo se regodeaba en cada esquina, en cada gesto, en cada palabra. Por eso para muchos yo sobraba, ya no pertenecía a esa manada, había sido desechada, apartada, yo era el lunar por no haber podido sacar mi matrimonio adelante como sí lo habían hecho los demás. La mujer es la que lleva la carga, solía decir Doña Victoria, agregando que una mujer sabia e inteligente sabe conservar su hogar por encima de todo. Qué posición tan machista con la que se somete a las mujeres a soportar más allá de toda dignidad con tal de mostrar un matrimonio de muchos años, así por debajo corran las aguas sucias del engaño. Don Severo nunca me rechazó y a pesar de su carácter fuerte siempre fue muy cariñoso conmigo, tuvimos una excelente relación, tanto que durábamos horas y horas hablando mientras me contaba de sus muchos proyectos, la mayoría de los cuales no fueron exitosos, pero de ellos se sentía orgulloso, en especial de haber sido cultivador de flores de exportación, más de una vez me llevó a mostrarme el lugar de su hacienda donde tuvo los cultivos. Por todo eso yo estaba ahí, acompañándolo o despidiéndolo, en medio de un ambiente poco amigable, haciendo alarde de mi apellido para darle un último homenaje de afecto y gratitud a Don Severo Torres Sinfín, así él ya no lo pudiera ver, o de pronto sí.

Santiago me recibió con la misma mirada amable del día anterior y con una sonrisa que no disimulaba su gratitud. Tal vez él mismo no había creído que yo lo acompañaría en ese momento tan difícil de su vida, el de despedir al hombre que más amaba, con el que tantas diferencias tenía y al que cada vez se parecía más. Miré sus manos, idénticas a las de su padre, seguramente por esa razón Victoria se aferraba a ellas en un deseo de seguir reteniendo a su esposo más allá de su partida porque difícil resulta aceptar cualquier partida. El ataúd fue sellado por orden de Victoria Acero porque prefería que lo recordaran como había sido en vida. Incluso ella misma hacía grandes esfuerzos por recrearse en imágenes más gratificantes que las vividas los últimos días antes de que él entregara su existencia para siempre. Lo había acompañado por tantos años, había sido su sombra o tal vez él había sido la sombra de ella. Nadie hacía esos comentarios porque en un funeral cada quien se encarga de buscar los mejores retratos, las mejores palabras, la mejor pose del que yace en el cajón. Cada quien puede abrogarse el derecho de crear su imagen personal del difunto y ese día no fue diferente. Nadie hablaba de las ráfagas de ira de Don Severo, de su falta de alegría para vivir, de sus exabruptos en medio de cualquier reunión o de su intolerancia frente a la diferencia, en especial sobre temas políticos. Era un hombre que rechazaba de manera frontal muchas cosas, entre ellas lo nuevo que quisiera arrebatarle lo aprendido. Su mente se había quedado en el pasado o en algún lugar al que tal vez ni la misma Victoria de Torres tuvo las llaves para entrar. Era un maestro del hermetismo humano que aísla pero que a la vez protege cuando hay secretos que carcomen y silencios que matan, desconociendo probablemente que quien calla muere lentamente hasta llegar al cadalso, al tribunal del juicio o como prefieren llamarle la mayoría, al descanso eterno. ¿Qué tanto habría pasado Don Severo a mejor vida? Nadie podría saberlo, pero esa es la esperanza que sostiene a quienes sobreviven hasta que le llegue a cada uno su propio turno, intransferible e impredecible.

Mientras contemplaba el desfile de personas en su mayoría conocidas, pensaba, como en otros funerales, si todo ese ritual era necesario. Una misa, luego otra, en medio del último desfile de una persona sin decisión ni voluntad ni vida, entregado mansamente en un ataúd que tampoco tiene vida y unos dolientes sufriendo hasta lo indecible. Era una ceremonia pensada para los vivos más no para los muertos. Para los vivos como Aydee Santamaría que, aprovechando las bancas de madera, llenas de los pesares que cada visitante o familiar había dejado en ellas, no desaprovechó la oportunidad para dejarle a Don Severo su ofrenda, mostrándole a todos que por encima de la voluntad de su recién conocido suegro ella era la elegida de Santiago. Una victoria con el sello de la inseguridad que necesitaba ser reafir-mada en el momento y lugar menos indicados.

Unas filas más atrás, sentada en una de las bancas de madera tan finamente pulida yo no podía evitar pensar en lo inmaduros y egocéntricos que podemos ser los seres humanos, sintiéndome en paz de estar haciendo lo correcto y observando a distancia sin que nada me afectara. Concentré mi atención en los honores militares que le rindieron al por siempre abuelo y héroe de mis hijas, héroe incógnito de muchos. Yo podía haber sido expulsada del clan de los Torres Acero, pero las nietas de Don Severo e hijas de Santiago seguirían allí por derecho propio, recordándoles a Aydee Santamaría y a todos los demás, amigos o enemigos declarados o callados que ellas tenían una madre que era yo, Sofía Valor Amórtegui, y un padre que por siempre sería Santiago Torres Acero y que ellas, sus amadas hijas, no eran ni nunca serían un accidente. Inútiles son las deci-siones humanas que no pueden pasar por encima del orden y justicia divinos. Todo era perfecto.

La comparsa del funeral siguió, cada personaje representaba su papel, unos magistralmente, otros no tanto. Cada uno se encargó de ocupar su lugar secretamente marcado, por eso supe, sin necesidad de que nadie me lo dijera, que no debía estar en las primeras filas. Mi lugar era atrás, sin tener que esconderme y tampoco mostrarme innecesariamente, lo más alejada posible de las estrategias de persecución de Aydee Santamaría, candidata indiscutible a ocupar el lugar de Victoria Acero cuando ésta tuviera que pasar en su momento a la loza de mármol, como ese día lo hacía Don Severo Torres. ¿Será que todos podían estar viendo y pensando lo mismo? ¿Sería posible ignorar el desfile de amigas de Aydee cumpliendo su papel de agentes de seguridad? ¿Sería que los demás no notaban el ambiente de guerra y de agresión en una cita que debía ser de amor y compasión? ¿Cuántos otros dramas se estarían desarrollando en el mismo lugar, cumpliendo una última convocatoria y a la vez de pretexto para otros intereses?

El duelo finalmente es también un acto personal, tanto por la persona que se va, que ha desaparecido ya de nuestra mirada como por uno mismo. En mi caso, mi duelo no confesado era el de darme cuenta, una vez más, que mi alma gemela nunca existió, fue una construcción ficticia, y el duelo era el de seguir aceptando esa verdad, el de seguir soltando mi creencia tanto tiempo consentida para aceptar definitivamente que esa persona no fue tal como tampoco lo fue ese amor de fantasía. El duelo necesita tiempo para que la víctima entienda y acepte que no existió esa persona como alma gemela, como compañero del alma. Y precisamente estar en un funeral, ver un féretro con un ser que conocimos vivo y que ya no lo es nos lleva a acelerar ese proceso de reconocimiento y de aceptación de algo que nos duele, como la partida de un ser querido, así que entre más rápido lo aceptemos, mucho mejor.

Yo era un simple personaje más, lo sabía. Otros marcaban el liderazgo y la notoriedad, por ello preferí pasar lo más desapercibida posible. Esperé a que toda la familia saliera en la marcha fúnebre con el ataúd. Santiago y su hermano cargaban el féretro con toda la gallardía de los Torres Acero, reprendiendo cualquier lágrima; detrás de ellos los más cercanos, hermanos, sobrinos, cuñados de Don Severo, hombres como él, mayores algunos, más jóvenes la mayoría, pero todos enlistados en el mismo ejército que un día marcharía a su morada final. A lado y lado el cortejo. Yo iba protegida en cada flanco por mis ángeles personales en quienes confiadamente me podía guarecer de más ataques, ellas eran mi escudo contra los dardos venenosos que no podían franquear esos muros de amor y ternura. Cada una me llevaba de una mano, sabiendo, sin necesidad de decirlo, la propia desdicha que su mamita iba viviendo. Temprano tendrían que comprender que enterrar un amor duele, y eso era lo que estaba viviendo Victoria Acero, pero también se sentirían orgullosas de haber contado conmigo en esos momentos de prueba. Queríamos que pasara rápido, muy rápido. Aún con su inocencia como corazas seguras, sus corazoncitos estaban arrugados como ciruelas pasas y sus ojos no dejaban escapar ningún detalle. Era la primera vez que estaban viviendo la pérdida de alguien tan cercano y aprendiendo acerca del protocolo de las despedidas fúnebres.

Pero la tragicomedia de la vida no había terminado. La marcha fúnebre marcaba sus pasos de redoblante hacia la última estación, la capilla de cremación, ya que Don Severo había pedido que sus restos fueran incinerados. Con ese último deseo quiso asegurarse que no sobreviviera ni uno solo de sus pensamientos y menos aún de sus culpas. Su cuerpo se quemaría por completo y con eso desaparecería cualquier dolor o remordimiento y hasta el último vestigio de vida, sobre todo desaparecería hasta la última conexión con un pasado que lo persiguió sin piedad hasta exhalar su existencia. En su cama de enfermo, agonizando y viendo que el tiempo se le agotaba, quiso hacer el mayor esfuerzo y abrirle su corazón a Victoria, confesarle lo que le atragantaba su respiración dejándolo sin oxígeno. Tomó la mano de su esposa entre las suyas, débiles, enflaquecidas, ya casi mortecinas. La miró con una mirada sin brillo, sin ganas de seguir viviendo. Su herida en el pecho, la misma que había recibido en el campo de batalla, se expandió buscando más aire para que aflorara su voluntad, pero Victoria le hizo callar, diciéndole que no debía esforzarse en hablar. En el último momento, el del coraje de un combatiente de muchas guerras, se dejó acallar. Esa fue su última oportunidad de haber sido libre, de haber podido pedir perdón y de esa manera haber entregado su vida en paz, sólo que hasta en ese preciso momento, el de la honrilla, el temor fue mayor. La zozobra frente a la reacción de Victoria fue insuperable, no supo si mayor al miedo de no poder morir dignamente porque sus fuerzas y esperanzas se le fueron al tiempo en ese último intento. Lo había planeado tantas veces, lo había decidido noche tras noche antes de sus crisis respiratorias que le sobrevenían como si una mano gigantesca le tapara la boca para que no hablara. Él supo lo que fue convivir con esos demonios. Espíritus inmundos de acusación, de culpa y remordimiento, huestes completas de silencios, conmiseración y falta de perdón, especialmente hacia él. Para todos era orgullo, para él era el terror de descubrir su dolorosa verdad y quedar desnudo delante de los juicios que lo acribillarían sin piedad.   Hasta el milisegundo final de su existencia creyó que su tranquilidad estaba en recibir el perdón de Victoria Acero y de sus tres hijos, pero murió sin alcanzar a saber que el principal perdón debía provenir de él y para él mismo. La nube gris que le acompañó durante casi toda su existencia fue su propia falta de aceptación y de coraje para enfrentar su verdad y no alcanzar a entender que sólo la verdad nos hace libres. Preso fue de su secreto, de una vida doble que a nadie confesó, de una tortura que él mismo se infringió por la incapacidad de los hombres de asumir sus errores o por el deseo inmodificable de mantener su familia unida hasta el último de sus días al precio que fuera. Para él esa sería su mayor condecoración.

El desfile no había terminado. Yo había creído que mi archienemiga declarada era Aydee, lo cual no podía entender porque quien se atravesó en el camino y decidió levantarse con el trofeo del supuesto afecto de Santiago fue ella, quien utilizó todas las estrategias más perversas de conquista fue ella, quien persistió, pasando por alto que se estaba metiendo en la boca del lobo, fue ella y nada de eso era ya asunto mío ni quería volver sobre lo mismo ya superado, aunque tuviera que seguir presenciando los vanos ataques visibles y no visibles de una mujer como Aydee para quien no había límites ¿Por qué me odiaba si ella se había quedado con Santiago? ¿Por qué me odiaba si nunca le reclamé ni peleé por él, sino que lo solté? Tal vez eran interrogantes a los que nunca les daría respuesta y llegaría ese instante en que ya no serían una pregunta con necesidad de respuesta, es más, ya no eran parte de mis interrogantes. En cualquier caso, creyendo que solamente los ojos de Aydee me vigilaban sin descanso no me percaté de una mirada más destructiva, una mirada que me robaba fuerzas, que quería acabar conmigo y que, sin darme cuenta, me mantuvo todo el tiempo con la sensación de querer irme de ahí. Era una energía pesada, negativa, oscura, en un principio llegué a pensar que era la intensidad del dolor que se concentra en un funeral, la dureza de la muerte, la frialdad de una partida no planeada o no aceptada. Todo eso pensé, ignorando que mi percepción de incomodidad procedía de otro personaje al que nunca había visto pero que de alguna manera conocía.

En una de las treguas que me di, apartándome del tumulto buscando respirar aire fresco, unos ojos desconocidos se cruzaron con los míos. Era la primera vez que la veía en mi vida, pero inmediatamente supe que esa mujer vestida de negro y de mirada que taladraba era Eudine Parra. Era impenetrable, la persona más fría e inaccesible que me hubiera podido imaginar. Fue evidente que yo era su única enemiga porque allí estaba, abrazando a doña Victoria Acero y a Aydee Santa-maria, con quien reía sin el más mínimo disimulo.

¿Desde cuándo eran amigas? ¿Por qué esa complicidad? En ese momento yo no lo sabía ni tampoco era algo para preguntar, pero con la seguridad de que todas las cosas ocurren para algo mejor y que en los designios de mi Dios de amor y justicia todo tiene un propósito, esperé a que terminara la parte más difícil de la ceremonia, la introducción del ataúd al horno de fuego que nunca se apaga. Las compuertas fueron abiertas como la boca de un dragón que se tragó de un sorbo la caja de madera con todo lo que contenía sin detenerse a pensar que en su interior iba el cuerpo y el alma de Don Severo, con sus luchas, sus tristezas, sus contadas alegrías, sus temores, su carácter y hasta con sus sueños de suaves colores que le hicieron la vida más llevadera en las guerras en las que tuvo que ponerle su pecho al enemigo, luchando por su patria todo lo cual no fue suficiente para ayudarlo a ganar la batalla por la vida, posiblemente porque fue él quien no quiso vivir más. ¿Dónde quedaría todo eso? No había nadie que pasara por el féretro retirando esa memoria y entregándosela a sus dolientes como un último presente. El dragón se engulló la urna de la más fina madera con sus bordes de plata y decoraciones de lujo, dignas de un general como él y sin más honores cerró sus compuertas dejando un silencio más que sepulcral en la capilla de cremación y un nudo apretado en la garganta de todos, especialmente en el de Victoria Acero. Yo estaba familiarizada con unas fauces parecidas, las de la dragona de hermosas pestañas y ojos enormes que delante mío se sorbió el alma de mi amado Santiago. ¿Qué decir? ¿Qué hacer? ¡Nada! Lo que él difunto hubiera hecho o dejado de hacer ya era parte de un pasado indescifrable e inexpugnable que él se había llevado puesto, por lo menos eso creyó porque sin que se hubiera convertido aún en cenizas las evidencias comenzaron a tomar vida propia, apartándose del cuerpo todavía caliente que les dio vida.

Dos hombres discretos, callados, desconocidos para todos, pero de facciones hermosamente varoniles, casi idénticas a las de Don Severo, acompañaron la ceremonia a la distancia. Sus gafas oscuras no les dejaban ver sus ojos llorosos por la partida de un padre que amándolos no pudo darles la compañía ni la convivencia familiar que ellos hubieran querido tener. Hijos salidos de la nada, de la oscuridad, del engaño y del silencio, pero también de un amor incondicional y sumiso de una mujer que se resignó a no ser reconocida, ni presentada, ni honrada. Que nunca fue a un evento social ni a un restaurante del brazo de Don Severo Torres pero que le dio el fruto maravilloso de su vientre. Una mujer que jamás le reclamó nada porque con sólo verlo cuando él podía ella se llenaba de nuevas fuerzas para seguir viviendo. Hijos que como Santiago, Magdalena y Amado Torres Acero también tenían el derecho de estar ahí, así fuera de incógnito, despidiendo al padre que tuvieron por ratos y a escondidas, al que no pudieron disfrutar en ninguna navidad ni celebración porque amándolos como a sus otros hijos, Severo Torres se debía a su familia. Esa había sido su palabra y en sus principios inamovibles lo cumplió hasta el final, enseñándoles a mantener la distancia, pero en su autoridad no pudo prohibirles a esos otros vástagos suyos que fueran a despedirlo como tampoco pudo prohibirles que ocultaran sus rostros para no ser vistos o que negaran su indiscutible parentesco.

La gran comedia humana siguió haciendo su representación fúnebre en ese escenario de dolor y adiós, de odios y temores, de apariciones y despedidas, de verdades y mentiras. En medio de todo ese drama estuve segura que era mi oportunidad para cerrar ese capítulo de mi vida, liberándome de la carga con Eudine Parra. Pero una cosa es invitar a otros a perdonar y ser perdonados y otra muy distinta tener delante mío a la mujer que tantas veces había estado en mis sueños o visiones, en mis culpas o negaciones y hasta en mis discusiones con Santiago, invitada por él para agraviarme cuando sentía que tenía que sacar su as bajo la manga. Eudine me miró una vez más con la intención de taladrarme el corazón. No sentí intranquilidad ni temor, sólo la gratitud de que ese momento tantas veces temido y deseado por fin hubiera llegado. Escogí las palabras mil veces ensayadas buscando el mejor tono desde donde poder tocar suavemente el corazón tan lastimado de Eudine. La llevaría hacia la tarde en que conocí a Santiago, mostrándole cómo, desde ese momento nos fundimos en uno solo hasta creernos capaces de dar la vida el uno por el otro. Le explicaría que jamás pensé en ella, que nunca imaginé que con mi amor le estuviera haciendo daño a alguien, que no medimos ninguna consecuencia, ningún límite ni imposibilidad porque entre Santiago y yo no había nada imposible de superar. Le contaría que en las noches nos prometíamos morir juntos y en los amaneceres agradecíamos tenernos el uno al otro, que anhelamos desde un principio tener hijos, construir una familia, disfrutar cada día, envejecer juntos, y amarnos toda una eternidad. Le aclararía que nunca hice nada para lastimarla ni tampoco para ignorarla, sencillamente Santiago copaba toda mi atención y mi vida entera. Pero que, a la vuelta de los años, al estar del otro lado de la historia, había podido comprender lo que ella había sentido. No había sido mi intención lastimarla, pero la vida nos devuelve de lo mismo que consciente o inconscientemente damos y en ese intercambio perfecto en el que no hay perdedores, ni ganadores, ni vencidos, yo misma había pagado el precio más alto por mis actos que ni el amor que me había unido a Santiago podía justificar. Con todas esas palabras en mi mente y en mi corazón caminé decididamente hacia Eudine y le pedí que habláramos porque ambas lo necesitábamos por nuestra sanidad mental y espiritual. Eudine me miró como quien mira una garrapata que está pidiendo permiso para subir. En una sola palabra me soltó todo el veneno emocional y la amargura guardada durante años, negándome de tajo cualquier opción de perdón. Me quedé inmóvil, esperando un cambio de actitud que me permitiera decir algo más o un apoyo solidario de los más cercanos a ella y a mí, pero la indiferencia fue más apabullante que el menosprecio de Eudine que lo único que pensaba era en ¿Cómo me atrevía a dirigirle la palabra, yo, Sofía Valor, la mujer que años atrás había destruido todas sus ilusiones y su vida con Santiago sin la más mínima compasión? Tenía todos los motivos del mundo para odiarme y para desear seguir vengándose de mí, más allá de haber propiciado la relación de Santiago con Aydee Santamaría de la cual era amiga desde mucho antes. Más que recuperar a Santiago lo que anhelaba era verme destruida igual que a mi familia y eso ya lo había logrado aliándose con Aydee. No había podido quedarse completamente con Santiago, pero sí podía disfrutar de saber que una tercera persona se había levantado con el trofeo para compartirlo con ella, no le importaba quien hubiera sido, lo realmente importante era destruirme por haberme cruzado en su camino y en su comprensión ya lo había logrado. No era el momento de quejarme de nada, el de ella tampoco porque lo cierto es que nos quejamos cuando no somos conscientes del plan divino en nuestra vida y por eso en lugar de agradecer optamos por lamentarnos de las oportunidades de aprendizaje. Agradecí en silencio haber superado esa etapa de quejas y lamentaciones que a nada conducen, sino que nos acercan o nos colocan sobre la línea exacta del miedo, totalmente alejados de la vibración superior del amor.

Hice un último intento de hablar con Eudine, pero su respuesta fue tajante, "no me interesa". Me aparté pensando, en medio de la confusión que me originaba la situación, que ni yo ni Eudine y tampoco Aydee éramos culpables de nada porque la culpa sólo habita en quien no ha comprendido la experiencia y no se ha perdonado. Ninguna era mejor que la otra, sino víctimas inocentes e ignorantes de los deseos siempre perversos y del amor insano de un hombre como Santiago Torres Acero. Nadie podría saber quién había sido más afectada, si Eudine o yo que seguía pagando el alto costo de esa relación de más de quince años. Una familia más destruida y un sueño de amor fracasado, uno más en la lista interminable de familias y amores fragmentados. En fin, no supe en qué orilla era preferible estar, pero sí supe que en ese ambiente de duelo por la partida de Don Severo había intentado establecer un pacto tácito y profundo con Eudine. Como mujeres estábamos o debíamos estar del mismo lado de todas las mujeres en el universo que un día creyeron poder llenar con amor y sacrificios el corazón de un hombre atormentado y perdido en sus propias carencias. Aunque Eudine no lo reconociera, habíamos estado militando en el mismo ejército, en el de las víctimas inocentes de un amor perverso y manipulador que casi nos acabó la vida. Bastante habíamos entregado para aprender que una persona que no es honesta no puede dar amor a otro ni tampoco recibirlo. Evidentemente Eudine aún estaba alimentándose del árbol del conocimiento del bien y del mal, lo cual la tenía instalada en el resentimiento y con sus heridas sangrando, asumiendo una actitud de primera esposa engañada y con derecho a odiar, pero ajena a todo gesto de compasión por una mujer que también había dejado hasta la última gota de su sangre en el terrado del hogar. No pretendía ser amiga de ella, esa no era mi intención, porque perdonar no implica hacerse amigo del otro, sólo quería que mutuamente pudiéramos apoyarnos en el camino a la sanidad del alma que tanto necesitábamos y perdonarnos era un paso indispensable en ese objetivo. Igual para Aydee Santamaría quien todavía estaba muy lejos de ese punto, mientras siguiera creyendo que era la vencedora y no una víctima más de la vil estrategia del amor acomodado y falso de Santiago en el cual ella llevaba una gran ventaja porque los hombres como él terminan cayendo en manos de alguien más cruel y perverso que sí los logra controlar y manipular. El tiempo lo demostraría. Por mi parte había cumplido los pasos, había pedido perdón sabiendo que toda petición puede ser aceptada o rechazada. En este caso había sido rechazada. No era necesario humillarme más allá de lo humanamente soportable frente a la negativa rotunda de Eudine que no estaba todavía en el nivel de comprender que el perdón es una decisión y el camino a la liberación. Había llegado mi ocasión de apartarme por completo de seres regresivos que siempre están al ataque porque ¿Qué de común puede tener la luz y la oscuridad? Las obras de la luz siempre son perfectas y construyen mientras que las de la oscuridad destruyen.

El dolor no es condenable de ninguna manera, aun así, es la señal de que el proceso está en un nivel incipiente. El dolor es señal de estancamiento, de circunstancias no aceptadas, no perdonadas, no superadas, todo lo cual se manifiesta en sufrimiento, juicios, auto juicios y odios que indican no aceptación. Los seres humanos sufren porque no aceptan, no ceden y se resisten queriendo pasar por encima de los demás, lo cual los lleva a luchar unos contra otros en el esfuerzo de hacer prevalecer la voluntad individual. Esos choques generan las crisis, los conflictos que emanan chispas de insatisfacción que finalmente son las que causan dolor. Las chispas del resentimiento de Eudine me podían causar cierto dolor, pero ya no como antes. Por el contrario, pude sentir una infinita paz porque el perdón no se exige, sino que se pide y se espera en humildad; se recibe con gratitud y se devuelve con amor. No es suficiente el perdón si la mano que lo pide nada recibe y si el que tiene la potestad de perdonar no cede. El perdón no es una simple palabra, sino que debe involucrar acción y restauración. Restaurar no es volver a lo pasado, es la decisión de aprovechar lo aprendido para transcender a un grado superior de relacionamiento en el cual lo vivido, lo sufrido, lo perdonado, sea parte de la estructura que emerge de las cenizas del pasado. No se olvida, se deja ir y en ese dejar ir muchas cosas se van desdibujando hasta desaparecer.

No hubo muchas personas de quien despedirme, la mayoría se habían ido y el hambre se había hecho ya notoria. Abracé a mis angelitos protectores porque ellas debían seguir con su papá en el ritual familiar del cual él ahora era el jefe indiscutible, inclusive desde antes de la partida de Don Severo. Salí en paz, liberada, reconfortada, tranquila. En casa me esperaba la soledad para compartirle los detalles de esa cita con el más allá o esa despedida hacia la incierta eternidad. Ya nada me afanaba. Un día pensé que Don Severo Torres podría ser el salvador de mi hogar que se desmoronaba, pero tampoco lo fue porque su autoridad resultó insuficiente para detener la debacle y enderezar la carreta desbocada. Hoy sabía que esos salvadores vestidos de pretendientes, de amigos, de pastores, de profetas, de maestros, de psicólogos y hasta de suegros no tienen en sus manos el poder de salvar. Pensé en la salvación de Don Severo. Tal vez muchos de los que alcanzaron a sorprenderse por la existencia de los otros herederos pensarían que él debía ser condenado al fuego eterno. Palabras que no se dicen, pensamientos que nos mantienen estancados. ¿Sería que su pecado, si así podía llamársele a sus obras, podía ser mayor a su arrepentimiento? ¿Quién puede juzgar que tan correctos o no hemos sido los seres humanos en nuestro paso por esta tierra, sino sólo el juez de la vida? porque nosotros en este plano no debemos dejarnos llevar por esas arenas movedizas, nunca sabremos que es bien y mal sin hacernos jueces de los demás, sólo podemos aprender a entender lo que es Amor y lo que es Temor, sabiendo además que lo contrario del amor no es el odio sino el miedo, esos son los opuestos, esos son los faros que guían una u otra vida y cada acción en la dirección escogida. ¿Habría comprado Don Severo los tiquetes para su estadía en la ciudad eterna? ¿Ya le habrían

recibido como al general de 5 soles que siempre soñó llegar a ser? ¿Quién podría saberlo? Sólo el Dios de amor y justicia.
Y en cuanto a mí, ¿qué hubiera preferido?, ¿El abandono indolente y fríamente fraguado de Santiago o el engaño de una doble vida sostenida por años para mostrar la integridad de un matrimonio y de un hogar?

Definitivamente ninguna de las anteriores. Me quité la chaqueta que llevaba puesta para sentirme más ligera, aceleré y con ese acto me deshice de todo juicio. La marcha fúnebre ya era parte del pasado. La salvación el presente. Una vez más entregué mis pensamientos y mis anhelos de un futuro mejor en manos de mi Creador y ligera de equipaje seguí el rumbo marcado por líneas blancas de esperanza.

En el cielo las nubes me mostraron la imagen alta y erguida de Don Severo con su nuevo traje azul, hecho a su medida y las 5 estrellas relucientes en su pecho, dispuesto a prestar su mejor servicio. Me sentí llena de una infinita gratitud, hoy había podido comprender un poco más el ciclo permanente de muerte y vida. Por fin había logrado entender la gran sabiduría que surge del dolor, el cual nos ayuda a salir de la zona de comodidad y de temor al atrevernos a mirar dentro de nosotros mientras atravesamos el desierto de la pena. Había logrado superar la línea del terror y avanzar hacia lo mejor, hacia mi unidad con el perfecto amor, con la mente suprema de mi Creador.

EL AMANECER

*"Mis alas de gaviota luminosa se desplegaron,
mis ojos se llenaron del color de mis sueños
y me hice una sola con ese mundo maravilloso"*

Sofía

Tal vez mi amor por Santiago había sido tan grande que lo único que anhelaba era poder comprenderlo por completo, así ya no estuviera conmigo, así no estuviera de acuerdo con lo que había sido y seguía siendo su comportamiento, pero esforzándome en separarlo de su conducta porque una persona no es su conducta, aunque la conducta es el reflejo de sus creencias más arraigadas. No es sencillo de entender, para quien no haya pasado por una experiencia como la mía, que yo no era esclava de un amor emocional, sino que estaba en otro nivel de amor, libre de toda presión y de toda condición. Quienes no alcanzan a comprender esta verdad acerca del nivel humano y el nivel divino del amor me juzgaron sin piedad por mi espera sin futuro, pero las críticas que me hicieron me reafirmaron mi decisión de instalarme en un plano superior de relacionamiento y de amor.

Imaginé entonces que mi amor, como el de un granito de mostaza, crecía y crecía, haciéndose cada vez más grande, se multiplicaba y se esparcía por toda la tierra en una entrega eterna sin esperar nada.

319

Con ese pensamiento subí y subí por la columna plateada de mis anhelos hasta llegar a una cima enorme desde la cual pude observar un lugar hermoso donde todos convivían en la entrega más perfecta y armoniosa. Mis alas de gaviota luminosa se desplegaron, mis ojos se llenaron del color de mis sueños y mi piel se hizo como la piel misma de ese mundo maravilloso. Me sentí tan libre como la libertad misma, sin ningún arbusto que pudiera rozar mis alas ni mis pensamientos, invadida por el esplendor de un cielo más que azul. Maniobré hacia la izquierda, guiada por la voz susurrante de mi poderoso espíritu superior que me mostró el lugar del infinito adonde podemos llegar y hacia allí me dirigí. Las luces resplandecientes me indicaron la ruta de navegación. Un viento suave acariciaba mi rostro. Acomodé nuevamente mi casco bipolar perfectamente conectado con la vibración del cielo y recibí las coordenadas a seguir, mientras las cuerdas precisas de mi equipo de navegación se alineaban en la dirección de la torre de control. Seguí navegando en el infinito disfrutando del paisaje y sintiéndome parte y dueña perfecta de la creación. Todo soplaba a mi favor y en medio del vuelo placentero de mi espíritu la ilusión se hizo realidad. Proyecté mis alas sin necesidad de girar porque el viento me envolvió diciéndome al oído que a veces es necesario movernos para no caer y sostenernos para no perecer porque los retos hay que afrontarlos hasta superarlos. Enderecé mi cuerpo cada vez más liviano y accionando todos los comandos de mis potentes alas me preparé para hacer un aterrizaje tan perfecto como mi despegue. No sentía temor ni ansiedad, solamente una paz infinita de estar llegando al planeta invisible adonde sólo pueden acceder las personas que han logrado superar todas las limitaciones mentales, los miedos, los juicios, los apegos, las condiciones a su amor y a su entrega, pero en especial, los que han tenido el valor de perdonar.

Las puertas de la ciudad se abrieron de par en par, todo era resplandeciente y acogedor, nada parecido a lo que conocía en ninguna otra parte. Las construcciones no eran elevadas, ni mucho menos hacinadas, eran casas gigantescas de un solo nivel en su mayoría, rodeadas de prados, fuentes y árboles frutales. Las personas caminaban sin empujarse por aceras amplias y adornadas con sillas y miradores porque la ciudad del resplandor estaba rodeada de agua, de valles, llanuras, montañas, lagos, nieve y un color de eterna primavera. Sus habitantes podían contemplar cualquiera de todas las estaciones y paisajes con solo tomar un boleto de los trenes rápidos que salían permanentemente. Pasajeros del espacio que podían atravesar largas distancias con sólo desearlo.

Ningún vehículo pasó a mi lado porque en la ciudad eterna los carros habían desaparecido, igual que todos los afanes humanos. Sus habitantes podían desplazarse a cualquier sitio ingresando a cabinas especializadas en transporte interespacial. Opté por el mirador marino y todas las especies posibles comenzaron a desfilar ante mi mirada atónita. No era necesario que buceara, aunque mi temor a las profundidades y al abandono ya había sido erradicado de mi conciencia, pero un gigantesco corredor submarino me permitía caminar y deslizarme dentro del océano para deleitarme en su inmensidad y belleza. Todo el universo que habita bajo las aguas lo tuve a la mano, pero nada necesitaba tocar para sentir placer por su existencia. Mis ojos se llenaron de todos los colores posibles e imposibles y el canto de las sirenas y de los delfines inundó mi exótico recorrido. No existía ningún tipo de apremio y los relojes no eran un concepto de medición porque el tiempo era la propia vivencia, no una hoja desprendida del almanaque diario. No supe cuánto tardé en mi recorrido. Mi conciencia, ahora tan abierta a la contemplación, se quería llenar de más y más paisaje submarino porque en mi naturaleza anterior sólo conocía el mar por fuera, en todo lo exterior y superficial. El sol no necesitaba alumbrar nada porque en ese punto desconocido del universo la oscuridad no existía. Así que el sol era el guía de la excursión marina.

Regresé a la calle inicial de mi recorrido. Mis ropas habían sido cambiadas porque los trajes contaminados de los planetas vecinos no podían ser utilizados en esta metrópoli celestial, limpiada de costumbres y hábitos terrestres. Cada persona que adquiría el derecho a llegar pasaba por un proceso absolutamente completo de esterilización y limpieza. Frente a cada nuevo visitante o residente se disponían estantes automáticos con ropas nuevas y exclusivamente diseñadas a la medida de cada uno. Escogí un conjunto color lila en algodón natural y zapatos más oscuros de tacón ligero y cuero forrado con plantillas adaptadas a la forma de mis pies. Sentí un gran placer al calzarlos porque hasta ese momento me percaté de los muchos días que me había sentido tan cansada, ahora todo dolor había desaparecido de mi cuerpo y de mi mente. Me sentía más joven, llena de vitalidad, de energía y con un deseo inmenso de permanecer por siempre en esa ciudad de rostros siempre amables, alegres, gustosos y serviciales que me atendieron como a una reina, como atendían a todos los huéspedes de honor, a todos los que, como yo, habíamos ganado el permiso de ingresar a ese lugar mágico, de ensueño, pero real. Nada me faltó, degusté los mejores manjares y las bebidas naturales más exquisitas. Luego fui conducida al lugar donde se instalaban los nuevos residentes. La mansión me mostró que mis sueños ya no eran sueños sino una realidad muy superior a mis mejores visiones. No aguanté el impulso de dejarme caer en la mullida cama y unos brazos que parecieron salir de ella masajearon mi espalda y mis pies donde tenía depositado el cansancio de lo que aún no había podido soltar, aceptar o comprender. Todo en mí se relajó encontrando su lugar; hasta el más pequeño de mis músculos y todo mi sistema óseo agradecieron la terapia de recibimiento.

En el computador portátil que encontré sobre la mesa, una lista de tareas disponibles me indicó que yo podía escoger la actividad que más se ajustara a mis capacidades, preferencias y talentos. En la ciudad del amor las personas trabajaban en el lugar donde fueran necesitadas y en turnos de cinco horas diarias porque las demás horas debían ser dedicadas al fortalecimiento familiar y a la formación espiritual obligatoria para todos los habitantes. El trabajo era una actividad adicional y de intercambio de habilidades para el mejoramiento permanente de la comunidad, pero no una carga necesaria para el sustento. El dinero como tal no existía, cada persona obtenía lo que necesitaba y daba de lo que tenía; los almacenes no eran un negocio para generar riquezas sino para compartir lo que cada habitante podía requerir y los centros comerciales estaban a la disposición de todos para socializar, pero nadie era dueño de nada porque el sentido de propiedad y de poder había sido eliminado de las conciencias. Eran seres felices que sabían que tenían en abundancia absolutamente todo lo que precisaban para vivir, sin la angustia de tener que acumular. Como administradores responsables y eficientes de muchas cosas no sufrían por el temor de perder lo ganado con el sudor de la frente; lo único que se debía ganar con esfuerzo era la información suficiente, eficiente y oportuna para el desarrollo de talentos y habilidades propias y colectivas. Muchas veces me había imaginado que así debía ser el mundo por eso, encontrarme allí era un privilegio que no creía merecer. Pedí por el computador una cita personal con uno de los maestros consejeros que me fue concedida inmediatamente. En la ciudad de la hermosura no existía la burocracia y la espera había acabado.

Un hombre de edad indefinible y rasgos tranquilos, voz pausada y andar sereno me recibió. Le abrí mi corazón sin temor porque todo temor había sido suprimido de mi nueva razón, aunque el olvido no era parte del proceso de limpieza. Todos los que eran admitidos en la ciudad blanca debíamos seguir recordando lo vivido a fin de poder enseñar luego a otros para no retroceder a los niveles inferiores por donde ya habíamos pasado. Era parte de la pedagogía, así que yo tenía mis experiencias completamente frescas en mi memoria, sólo que sin dolor ni señales de amargura. Comencé por hablarle de mi soledad, de mi renuncia a sufrir, de mi anhelo de una familia que creciera en amor y en armonía, le hablé de mis luchas y retos diarios por unas hijas que aún sufrían por el abandono de su padre. Todo eso hablé y el hombre de mirada apacible me escuchó atentamente; sin embargo, poco a poco y mientras desocupaba mi pensamiento, pude darme cuenta que el hombre de edad indefinida y rostro perfecto irradiaba total paz en su mirada y en sus gestos. No tenía prisa, tampoco aburrimiento. Estaba interesado en mí, pero no sufría por mí. Tampoco yo sufría, hablaba tranquilamente como dando un informe de lo realizado en mi misión en la tierra. El hombre no me interrumpió hasta cuando fue su turno de hablar, lo hizo amorosamente, es decir, respetuosa y prudentemente. Me dijo que yo había pasado todas las etapas del proceso y por eso había sido admitida en la ciudad de la luz pero que aún era mi decisión libre y voluntaria quedarme o volver. En mi sistema de información no había ningún error y el nivel de conciencia, comprensión y servicio que yo dudaba tener, registraba como suficiente para vivir de manera pacífica y armoniosa con los demás habitantes de la ciudad. Al igual que las demás etapas, mi decisión seguía siendo primordial, por tanto, nada me sería obligado ni impuesto. Todavía estaba en uso de mis facultades decisorias de vivir por misión o por destino, de volver o continuar, de mantenerme o mirar atrás. Nada me sería descontado de mi aprendizaje.

Pensé en mis hijas, ellas dependían por completo de mí, de mis cuidados y de mi amor. Sin necesidad de decirlo mi interlocutor puso frente a nosotros a mis hermosas y amadas hijas. No sentí extrañeza alguna. Al igual que yo, ellas estaban viviendo un proceso muy difícil que las había empujado fuertemente hacia su propio desarrollo de conciencia el cual no depende de la edad cronológica. El hombre de edad indefinida, facciones y gestos perfectos volvió a hablar. En la ciudad de la eternidad lo más importante siguen siendo los núcleos familiares. Trabajamos por la unidad familiar no por la desunión. Armonizamos no desarmonizamos ni generamos inestabi-lidad al interior de los hogares. Cada persona puede elegir libremente un hogar o una familia siempre y cuando no tenga uno establecido y esa información es abierta a toda la población. Habiendo sido escogido el hogar y lugar a vivir no hay motivo a cambios. La libertad llega hasta el momento de la elección que una vez realizada, ninguna excusa o razón es tenida en cuenta para un cambio. Cuando los hijos crecen y son enviados en misión a otros lugares, la pareja puede optar por recibir otros hijos o quedarse solos, en ese caso deben servir más tiempo a la población más joven. Ustedes son una familia conformada por Sofía Valor, Isabela y Sara Torres Valor, como tal pueden tomar en este momento una decisión unánime de permanecer aquí o de retornar a su ciudad de residencia donde seguirían siendo fortalecidas en su crecimiento personal, familiar y comunitario.

Miré a mis hijas, sus ojos brillaron por la exuberancia del paisaje, por la belleza de la casa que era la casa de nuestros sueños. Ellas también habían sido vestidas con ropas nuevas que destacaban su inocente y fresca belleza. Miraban una y otra vez sus zapatos, sus rostros, sus manos pulcras, su corazón en paz. La pequeña Sara, siempre inquieta y directa levantó su mano para saber si podía preguntar algo.

- Puedes pequeña, en este lugar no hay secretos. Toda la información que se requiera es suministrada oportunamente. Con su voz de niña inteligente que sabe lo que quiere preguntó:

- Si nos quedamos a vivir en este lugar, ¿qué pasará con mi papá?, ¿Podremos volver a verlo?

Guardé silencio. Yo no había pensado en Santiago, pero su recuerdo me llegó y supuse que él también habría escogido el recorrido marino que yo acababa de realizar y que él lo habría disfrutado mucho más.

324

El Maestro de sabiduría le respondió:

- Los procesos son individuales, personales, únicos para cada ser. Tu papá, al igual que ustedes, está viviendo su propio proceso. De igual manera como en el colegio cada niño ingresa a un nivel dependiendo de su edad y de sus conocimientos, él se encuentra en un grado diferente al que ustedes han alcanzado y hasta tanto no esté en el mismo nivel no le será permitido ingresar a este nuevo colegio. ¿Me has comprendido?

- Lo comprendo señor, pero yo no podría dejar a mi papá lejos; en estos momentos lo veo corriendo en un bosque espeso buscando la salida y gritando que nos ama y nos necesita, yo sé que él nos necesita para ser feliz y quiere saber en dónde estamos. Está triste y desesperado.

- Tienes razón porque el amor no depende del nivel en que tu papito esté, sólo puedo decirte que tu propio desarrollo no debe ser limitado por el amor a tu padre porque tú puedes vivir en la ciudad del amor y visitar a tu papá todas las veces que él o tú lo deseen. Sólo que él no podrá estar aquí con ustedes hasta tanto no esté preparado para vivir en paz y en armonía, es decir, que haya superado las manifestaciones de violencia propias de las civilizaciones de primer nivel de desarrollo.

- Pero, ¿podremos verlo y estar con él?

-Por supuesto que podrán hacerlo todas las veces que lo deseen.

- Maestro, preguntó discretamente Isabela. ¿Mi papá podría venir un día y quedarse con nosotras, así no fuera definitivamente?

- No Isabela, eso no es posible. No podemos permitir estilos de vida alejados de la verdad y de la convivencia pacífica por eso no puedo decirte que sí. Eso sería una mentira y en este lugar apartado del mundo subterráneo la mentira no es parte de nuestra convivencia. Tu papá no podría vivir todavía con ustedes hasta que no esté preparado para ello. No podría visitarlas en este lugar porque la ciudad es custodiada y guardada de toda contaminación y de toda ignorancia de quienes todavía no han aprendido a vivir en paz y en armonía. Ustedes podrán ir donde él y cada vez que regresen serán sometidas a nueva descontaminación y revisión de sus archivos originales a fin de cercio-rarnos que sus costumbres y creencias no han sido modificadas por el contacto paterno ya que en su lugar de origen los humanos aún viven llenos de manifestaciones de violencia, gritos, ofensas, abusos, castigos, engaños, censuras, prohibiciones que se presentan en el 99% de los hogares.

- ¿Podemos pensarlo más tiempo?

- Sí Sofía, pueden pensarlo todo el tiempo que lo deseen, nunca habrá presión para que den un paso del que no estén completamente seguras. En cualquier proceso siempre existe un margen de duda. Solamente queríamos darles el premio a su esfuerzo y a sus anhelos de una vida mejor. Mostrarles que sí existe este mundo y que está abierto para ustedes. No solamente en sus mejores sueños, sino que es una realidad accesible y posible. Estamos viendo sus corazones y sabemos que la razón de querer retardar su camino de regreso a casa es el deseo de amor de esperar a que Santiago las pueda acompañar y disfrutar de lo mismo que ustedes.

En ese momento abracé a mis hijas. No había lugar a reproches ni a tristezas. En la estación de salida revisaron nuestros tiquetes de ida con fecha de regreso abierta. Observaciones: Regreso sujeto a decisión voluntaria.

- ¿Podemos conservar los vestidos nuevos?

- Pueden conservarlos, aunque deben saber que difícilmente se mantendrán incontaminados, cuando decidan regresar recibirán otros nuevos y a su medida.

Inmediatamente estuvimos en nuestro hogar de siempre, las paredes no eran tan resplandecientes como las de la hermosa casa del planeta invisible para los humanos que aún no han perdonado ni aprendido a vivir bajo las leyes del amor. La decoración no era majestuosa, la cama no tenía un colchón de plumas ni había árboles frutales a la entrada, pero tan pronto entramos supimos que estábamos en nuestro hogar y que todavía era el tiempo de seguir en él. Sonreímos mientras nos abrazamos, felices de haber tomado la mejor decisión.

326

Aún era necesario esperar a que la puerta del amor se abriera completamente desde los cielos. El perdón sembrado y entregado daría sus frutos en su tiempo y en su momento. La puerta del amor perfecto estaba abierta.

" Que seas mi universo
Que seas todo lo que siento y lo que pienso
Que seas el primer aliento en la mañana
Y la luz en mi ventana
Que seas mi universo
Que llenes cada uno de mis pensamientos
Que tu presencia y tu poder sean mi alimento
Oh Jesús es mi deseo
Que seas mi universo
No quiero darte solo parte de mis años
Te quiero dueño de mi tiempo y de mi espacio
Que seas mi universo
No quiero hacer mi voluntad quiero agradarte
Y cada sueño que hay en mi quiero entregarte
Que seas mi universo
Que seas todo lo que siento y lo que pienso
Que seas el..."

MI UNIVERSO - *Pelusa & la Banda Carambaa*

https://www.youtube.com/watch?v=R6S3domGtbQ

Agradecimientos

A Cristo, por su amor redentor y por darme su Espíritu Santo para acompañarme en este proceso.

A mis amadas hijas, Melisa y Catalina, mis hermosas maestras de amor, compañeras de aprendizajes y las que más me animaron a publicar esta novela.

A mis padres, que me permitieron nacer y me labraron un camino.

A mis hermanos porque la infancia nos unió para siempre.

A mi tía Deisy por ser un ángel protector y una gran inspiración por su dulzura y noble corazón.

A Myriam Mazzilli por ser la primera persona en decirme el propósito de Dios para mi vida.

A unos grandes que ya partieron y que siempre me impulsaron a escribir, amigos y maestros de vida: Alfredo Correa de Andreis y Adolfo González Henríquez. Siempre los llevaré en mi corazón.

A Alvin Góngora, maestro de las letras, por sacar este libro del cajón del olvido y darme su voto de confianza.

A Diego Saportas por leerme tan cuidadosamente y ayudarme en la revisión del texto, dándole valiosos aportes.

 A Julio César Alarcón y su hermano Eduardo por su invaluable apoyo para la diagramación y publicación de este libro.

A todos los amigos y amigas que han sido cómplices de mis sueños y pacientemente han esperado este libro.

A mis coaches, mentores, maestros, amigos y a todo el maravilloso equipo de John Maxwell, ustedes han sido instrumentos de Dios en mi vida.

Deseo que pronto nos encontremos en la ciudad de la luz y la armonía.

Se terminó de imprimir este libro
en los talleres gráficos de Espiral
Creativo en el mes de mayo de 2020.
Bogotá, D.C. - Colombia, Suramérica.

www.ingramcontent.com/pod-product-compliance
Lightning Source LLC
Chambersburg PA
CBHW061503120726
48001CB00004B/1193